◆ 本书由黄河文明传承与现代文明建设河南省协同创新中心资助出版

◆ 本书为国家社科基金重大项目"《仪礼》复原与当代日常礼仪重建研究"
（项目编号：14ZDB009）的阶段性成果

先秦古礼探研

曹建墩 著

社会科学文献出版社
SOCIAL SCIENCES ACADEMIC PRESS (CHINA)

说　明

本书使用的出土简帛资料，一般对古文字采用宽式隶定，或者采取灵活的叙述方式，特殊情况者加以说明。为避免烦琐，本文引用次数较多的古文字材料著录书均用简称，简称如下。

《合集》：中国社会科学院历史研究所：《甲骨文合集》（1~13册），中华书局，1978~1983。

《屯南》：中国社会科学院考古研究所编《小屯南地甲骨》，中华书局，1980。

《花东》：中国社会科学院考古研究所编著《殷墟花园庄东地甲骨》，云南人民出版社，2003。

《英藏》：李学勤、齐文心、〔英〕艾兰：《英国所藏甲骨集》，中华书局，1985。

《集成》：中国社会科学院考古研究所编《殷周金文集成》（1~18册），中华书局，1984~1994。

《近出》：刘雨、卢岩编著《近出殷周金文集录》（1~4册），中华书局，2002。

《铭图》：吴镇烽编著《商周青铜器铭文暨图像集成》，上海古籍出版社，2012。

上博简：马承源主编《上海博物馆藏战国楚竹书》（1~7册），上海古籍出版社，2001~2008。

信阳简：河南省文物研究所编《信阳楚墓》，文物出版社，1986。

包山简：湖北省荆沙铁路考古队编《包山楚简》，文物出版社，1991。

望山简：湖北省文物考古研究所、北京大学中文系编《望山楚简》，中华书局，1995。

郭店简：荆门市博物馆编《郭店楚墓竹简》，文物出版社，1998。

九店简：湖北省文物考古研究所、北京大学中文系编《九店楚简》，中华书局，2000。

新蔡简：河南省文物考古研究所编《新蔡葛陵楚墓》，大象出版社，2003。

目 录
CONTENTS

礼制起源诸说综述 …………………………………………………… 1
先秦祼礼考 …………………………………………………………… 34
霸伯盂与西周时期的宾礼 …………………………………………… 65
匍盉铭文的释读及相关礼仪问题 …………………………………… 76
《老子》"虽有拱璧以先驷马"臆解
　　——兼论上古馈献礼仪中的"先""后"之序 ………………… 90
周代牲体礼考论 ……………………………………………………… 101
周代祭祀用牲礼俗考略 ……………………………………………… 118
东周淫祀探析 ………………………………………………………… 130
从"德以事神"至"尽心成德"
　　——两周祭祀观念之嬗变 ……………………………………… 152
论儒家祭祀的内向化 ………………………………………………… 170
儒家祭品观念及其渊源 ……………………………………………… 185
先秦儒家的祭祀理论及其现代意义 ………………………………… 204
东周社会变迁中儒家婚姻伦理的构建 ……………………………… 216
先秦儒家丧礼观及其现代价值 ……………………………………… 232
论朱子礼学对《五礼通考》的影响 ………………………………… 244
切近人伦日用：中国古代曲礼的现代价值 ………………………… 261

中国传统日常礼仪与当代公民的修身实践 …………………… 268
思孟荀礼学思想比较论纲 …………………………………………… 280
先秦儒家礼乐文明的内涵及其特质 ……………………………… 303
数字与中国古代礼乐文化的建构 ………………………………… 317
三代礼器符号学论纲 ………………………………………………… 338

后　记 ………………………………………………………………… 376

礼制起源诸说综述

中华民族素有"礼仪之邦"的美誉，礼乐文明是中华文明的重要内容。在中国古代，礼和一个国家民族的存亡兴废息息相关。《礼记·礼运》云："夫礼，先王以承天之道，以治人之情，故失之者死，得之者生"，"故坏国丧家亡人，必先去其礼"。正因如此，历代王朝奉之为为政之舆、治国之器。礼渗透到政治生活的各个方面。由于礼在中国文化以及政治中的重要地位，所以探究礼的制作本原，是历代学者所孜孜以求的目标之一。他们从不同的角度，对礼的起源进行考察，但众说纷纭，莫衷一是。今作归纳，希望对今后对该问题的研究有所裨益。

一 古代学者关于礼的缘起的论说

东周时期，王纲解纽，诸侯征战，礼崩乐坏，王官失守，社会处于大变更时期，政治、经济、文化思想等各方面都出现了新的变化。由于学术下移，诸子百家纷纷提出改造社会的良方。对于作为维系社会秩序的传统礼乐制度，有人开始怀疑、批判，代表人物如老子、庄子和韩非等；有人则力图重新确立礼的权威，试图重建王道政治，恢复社会秩序，代表人物如孔子、孟子等。儒家努力探究礼的合理性，并赋予它神圣的地位，为自己的政治理想提供理论依据。

先王或圣人制礼是古代很盛行的看法。古人多认为，作为"人道之极"的礼起源于远古时期，如《庄子》《韩非子》《吕氏春秋》《淮南子》《论衡》等书，多将礼追溯到上古时代。他们认为上古时期天地万物，磅礴为一，蒙昧世界，民智未开，浑然无知，兽处群居，男女杂游，后来圣人制礼作乐，使人兽相别、男女有分，开始步入文明时代。

古代学者对于先王制礼作乐的目的和依据的本原阐发尤多，概括起来，古人对于礼的缘起，主要有以下几种说法。

（一）礼本于天说

礼源于天的说法，在先秦时期颇为流行。该说沿袭传统的从天道推延人道的天人合一的思维模式，为礼的存在赋予终极的哲学依据。此说认为礼是先王先圣取法于天地宇宙之则而作。《礼记·礼运》曰："故圣人作则，必以天地为本。"类似之说屡见于文献：

> 天尊地卑，君臣定矣。卑高已陈，贵贱位矣。动静有常，大小殊矣。方以类聚，物以群分，则性命不同矣。在天成象，在地成形，如此，则礼者，天地之别也。（《礼记·乐记》）
>
> 凡礼之大体，体天地，法四时，则阴阳，顺人情，故谓之礼。（《礼记·丧服四制》）
>
> 是故夫礼必本于大一，分而为天地，转而为阴阳，变而为四时，列而为鬼神。其降曰命。其官于天也。（《礼记·礼运》）

所谓太一，是天地形成之前就存在的混沌物质元气，即孔颖达所说"谓天地未分，混沌之元气也。极大曰大，未分曰一，其气既极大而未分，故曰大一也"[①]。但孔颖达又说礼产生于天地未分之前："夫

[①] 李学勤主编《十三经注疏·礼记正义》卷22，北京大学出版社，1999，第707页。

礼者，经天地，理人伦，本其所起，在天地未分之前。"① 要之，礼的产生大致与天地同步。

上述关于礼的起源的思想，其内在理路是：礼是宇宙（太一、天地）间所固有的合理的规则，它导源于天地宇宙，具有不可抗拒的合理性，拥有终极依据。它的缘起可以概括为天地宇宙法则（理）→礼的路径。儒家非常强调礼合乎天地宇宙的特性：

> 夫礼，先王以承天之道，以治人之情。（《礼记·礼运》）
> 万物本乎天。（《礼记·郊特牲》）
> 取财于地，取法于天。（《礼记·郊特牲》）
> 礼以顺天，天之道也。（《左传·文公十五年》）②
> 夫礼，天之经也，地之义也，民之行也。天地之经，而民实则之。（《左传·昭公二十五年》）③
> 大乐与天地同和，大礼与天地同节。（《礼记·乐记》）
> 君子之道，造端乎夫妇，及其至也，察乎天地。（《礼记·中庸》）

及至宋代，理学家认为礼源于天命或者天理，如朱熹谓"礼者，为天理之节文，人事之仪则"④，赋予礼以哲学上的本体地位。

（二）礼源于神灵说

《大戴礼记·曾子天圆》认为神灵是礼之祖，并进而以阴阳观念解释礼的起源。文中，曾子在回答其弟子单居离关于天圆地方的问题

---

① 李学勤主编《十三经注疏·礼记正义》，第4页。
② 杨伯峻编著《春秋左传注》，中华书局，2009，第614页。
③ 杨伯峻编著《春秋左传注》，第1457页。
④ 黎靖德编《朱子语类》卷六，王星贤点校，中华书局，1986，第101页。

时说:"阳之精气曰神,阴之精气曰灵。神灵者,品物之本也,而礼乐仁义之祖也,而善否治乱所兴作也。"而后,曾子又用阴阳理论解释自然现象,又说圣人生而"立五礼以为民望","序五牲之先后贵贱",此之谓"品物之本,礼乐之祖,善否治乱之所兴作也"。王聘珍《大戴礼记解诂》引北周卢辩云:"乐由阳来,礼由阴作,仁近乐,义近礼,故阴阳为祖也。"① 曾子认为,礼乐乃阴阳化施的产物,始于天地的造化。

(三) 缘情制礼说

在儒家学者看来,人类天生具有情欲,人类情欲具有合理性。

> 何谓人情?喜、怒、哀、惧、爱、恶、欲,七者弗学而能。(《礼记·礼运》)
>
> 饮食男女,人之大欲存焉;死亡贫苦,人之大恶存焉。(《礼记·礼运》)

然而,人类内在情欲受外物刺激如果不加以裁节,则容易导致社会混乱,因此有人提出了"礼因人之情而为之节文"的命题。

> 人生而静,天之性也。感于物而动,性之欲也。物至知知,然后好恶形焉。好恶无节于内,知诱于外,不能反躬,天理灭矣。夫物之感人无穷,而人之好恶无节,则是物至而人化物也。人化物也者,灭天理而穷人欲者也……是故先王之制礼乐,人为之节。(《礼记·乐记》)
>
> 故礼以道其志,乐以和其声,政以一其行,刑以防其奸,礼

---

① 王聘珍:《大戴礼记解诂》,中华书局,1983,第98页。

乐刑政，其极一也，所以同民心而出治道也……是故先王之制礼乐也，非以极口腹耳目之欲也，将以教民平好恶，而反人道之正也。(《礼记·乐记》)

礼者，因人之情而为之节文，以为民坊者也。(《礼记·坊记》)

称情而立文。(《礼记·三年问》)

夫悲哀在中，故形变于外也……此孝子之志也，人情之实也，礼义之经也。非从天降也，非从地出也，人情而已矣。(《礼记·问丧》)

郭店楚简中有儒书多篇[①]，学者多认为部分篇章是属于子思学派的作品，其中不乏对于礼的论述，如：

礼因人情而为之节文。(《语丛一》)
情生于性，礼生于情。(《语丛二》)
始者近情，终者近义。(《性自命出》)
礼作于情。(《性自命出》)

彭林认为，上引文字是子思学派对礼的理论诠释："礼根植于人性，故礼能体现人类最普遍的特性。人性得自天道，故有天然的合理性……要用节文来齐一性情，使人性合于理性，节文就是礼的具体形式。"[②]

礼缘人情而作的观点，后世学者多沿袭此说。西汉司马迁考察三

[①] 荆门博物馆编《郭店楚墓竹简》，文物出版社，1998，第194~203页。
[②] 彭林：《始者近情 终者近义——子思学派对礼的理论诠释》，《中国史研究》2001年第3期，第13页。

代之礼后，云："余至大行礼官，观三代损益，乃知缘人情而制礼，依人性而作仪，其所由来尚矣。"①《汉书·礼乐志》也有相似的论述："人函天地阴阳之气，有喜怒哀乐之情。天禀其性而不能节也，圣人能为之节而不能绝也，故象天地而制礼乐，所以通神明，立人伦，正情性，节万事者也。"②

宋人郑樵《礼经奥旨》对礼与情的关系，作了更为透彻的阐发。

> 礼本于人情，情生而礼随之。古者民淳事简，礼制虽未有，然斯民不能无室家之情，则冠昏之礼已萌乎其中；不能无交际之情，则乡射之礼已萌乎其中；不能无追慕之情，则丧祭之礼已萌乎其中。自是以远，日趋乎文。燔黍捭豚，足以尽相爱之礼矣，必以为未足，积而至于笾豆鼎俎。徐行后长，足以尽相敬之礼矣，必以为未足，积而至于宾主百拜。③

王夫之《礼记章句》也说："修己治人之道，礼而已矣。性之所由失者，习迁之也。坊习之流，则反归于善，而情欲之发，皆合乎天理自然之则矣。"④ 然"习俗泛滥，以利其情欲者，为凡民之乐趋"，故需要以礼来节制情欲。

清代礼学家凌廷堪的《礼经释例》中有《复礼》三篇，提出礼以节情复性。

---

① 《史记》卷23，中华书局，1982，第1157页。
② 《汉书》卷22，中华书局，1962，第1027页。
③ 郑樵：《礼经奥旨》，丛书集成初编本，上海商务印书馆，1936，第5页。该书作者是否为郑樵，尚待考证。
④ 王夫之：《礼记章句》卷30，《船山全书》（第4册），岳麓书社，1996，第1213页。

夫人之所受于天者，性也。性之所固有者，善也。所以复其善者，学也。所以贯其学者，礼也。是故圣人之道，一礼而已矣……夫性具于生初，而情则缘性而有者也。性本至中，而情则不能无过不及之偏，非礼以节之，则何以复其性焉？父子当亲也，君臣当义也，夫妇当别也，长幼当序也，朋友当信也，五者根于性者也，所谓人伦也。而其所以亲之、义之、别之、序之、信之，则必由乎情以达焉者也。非礼以节之，则过者或溢于情，而不及者则漠焉遇之，故曰："喜怒哀乐之未发谓之中，发而皆中节谓之和。"其中节也，非自能中节也，必有礼以节之，故曰非礼，何以复其性焉？①

凌氏认为，礼的重要功能在于使人回复其本性；人性本来具有善的特质，理论上应该及于"至中"的境界，而人情却或者过之，或者不及，不能自发地达到中和之境。因此，需要以礼节情之"过者"或"不及者"，使之回复人性之本。从思想理路看，凌氏继承了传统的性善说而强调外部规范礼对于人性的内在回复的功用，和宋明理学意趣相异。

(四) 缘义制礼说

还有人认为礼出于义，类似的记载也非常之多。

> 义以出礼，礼以体政，政以正民。(《左传·桓公二年》)
> 义者，谓各处其宜也。礼者，因人之情，缘义之理，而为之节文者也。(《管子·心术上》)②

---

① 凌廷堪：《礼经释例》，彭林点校，中研院中国文哲研究所，2003，第59~60页。
② 黎翔凤：《管子校注》卷13，中华书局，2004，第770页。

> 故礼也者，义之实也，协诸义而协，则礼虽先王未之有，可以义起也。（《礼记·礼运》）

关于义的含义，古今说法纷杂，孟子和告子就人性问题辩论时，告子提出："仁，内也，非外也；义，外也，非内也。"《墨子·经下》谓："仁义之为内外也。"① 《管子·戒》云："仁从中出，义从外作。"② 《韩非子》《国语·周语上》等也多有对仁义之表述。新出郭店楚墓竹简亦有许多论述仁义之文，例如，《六德》："仁内也，义外也"；《语丛一》："仁生于人，义生于道。或生于内，或生于外"③。天理是与生俱来的，而义则属于外在，当指合于天理而又为人们所认知的种种外在的原则，故《礼记·礼运》强调"修义"，"合于义"。因此，礼以义起或礼缘义作，当指礼应合乎社会和人情的准则而作。

（五）礼以制欲说

此说是从礼制功能而论。荀子认为，先王之所以要制作礼仪，是为了解决人的欲望无限而社会物质有限的矛盾。《荀子·礼论》云：

> 礼起于何也？曰：人生而有欲，欲而不得，则不能无求；求而无度量分界，则不能不争；争则乱，乱则穷。先王恶其乱也，故制礼义以分之，以养人之欲，给人之求，使欲必不穷乎物，物必不屈于欲，两者相持而长，是礼之所起也。故礼者，养也。……君子既得其养，又好其别。曷谓别？曰：贵贱有等，长幼有差，贫富轻重，皆有称者也。④

---

① 孙诒让：《墨子间诂》卷10，中华书局，2001，第331页。
② 黎翔凤：《管子校注》卷10，第509页。
③ 荆门博物馆编《郭店楚墓竹简》，第194~203页。
④ 王先谦：《荀子集解》卷13，中华书局，1988，第346~347页。

荀子的礼起源观点是基于他的性恶论的："人之性恶，其善者伪也。"是故，"古者圣王以人之性恶，以为偏险而不正，悖乱而不治，是以为之起礼义，制法度，以矫饰人之情性而正之，以扰化人之情性而导之也"①。

《礼记·礼运》也有同样的看法。

> 何谓人情？喜、怒、哀、惧、爱、恶、欲，七者弗学而能。何谓人义？父慈、子孝、兄良、弟弟、夫义、妇听、长惠、幼顺、君仁、臣忠，十者谓之人义。讲信修睦，谓之人利，争夺相杀，谓之人患。故圣人之所以治人七情，修十义，讲信修睦，尚辞让，去争夺，舍礼何以治之？饮食男女，人之大欲存焉；死亡贫苦，人之大恶存焉。故欲恶者，心之大端也。人藏其心，不可测度也。美恶皆在其心，不见其色也。欲一以穷之，舍礼何以哉！

把礼的缘起看作节制人的欲望，为调和人群之间因为资源争夺导致的冲突而制作的观点，对于后世影响很大，汉代王符、唐代柳宗元、北宋王安石等人都在不同程度上继承这一观点。

与制欲说相对的是顺欲说，以北宋李觏为代表。他一方面继承了荀子的礼论，从人性论角度阐述礼的起源，同时又有所发挥，他认为："夫礼之初，顺人之性欲而为之节文者也。人之始生，饥渴存乎内，寒暑交乎外。饥渴寒暑，生民之大患也。食草木之实、鸟兽之肉，茹其毛而饮其血，不足以养口腹也。被发衣皮，不足以称肌体也。"② 于是，"圣王有作"，殖百谷，蓄牛羊，治饮食；为衣服，建宫室，造器皿。他强调"性欲"的重要，所谓性欲，即人的物质需求，满足了人

---

① 王先谦：《荀子集解》卷17，第435页。
② 李觏：《李觏集》卷2，中华书局，1981，第6页。

的这些需求后，方可以正夫妇、亲父子、分长幼、辨君臣，建立礼制。李觏认为，人的物质需求是制定礼仪的先决条件，因而提出了礼源于顺人之欲而作的说法，这种说法与荀子认为礼源于物质有限和人欲无穷的矛盾而主张礼以制欲是有区别的。

（六）礼生于治乱说

先秦道家和法家持此说。此说认为，由于社会秩序混乱，所以圣人制礼以为纲纪，来整齐社会秩序。各家之说大同之中又略有小异。

《老子》三十八章云："故失道而后德，失德而后仁，失仁而后义，失义而后礼。夫礼者，忠信之薄而乱之首。"[1] 细绎老子的逻辑理论，则礼是在道失序之后才产生的。社会失去了道，不得不退而求其次，故而才有了礼，实际上是一种倒退。类似的表述，也屡屡见于《庄子》，如：

> 夫至德之世，同与禽兽居，族与万物并，恶乎知君子小人哉！同乎无知，其德不离；同乎无欲，是谓素朴；素朴而民性得矣。及至圣人，蹩躠为仁，踶跂为义，而天下始疑矣；澶漫为乐，摘僻为礼，而天下始分矣。

> 夫赫胥氏之时，民居不知所为，行不知所之，含哺而熙，鼓腹而游，民能以此矣。及至圣人，屈折礼乐以匡天下之形，县跂仁义以慰天下之心。[2]

老庄的这一观点，也在一定程度上影响到法家，例如，《管子》

---

[1] 楼宇烈校释《老子道德经注校释》，（魏）王弼注，中华书局，2008，第93页。
[2] 郭庆藩辑《庄子集释》卷4中，中华书局，2004，第336、341页。

认为，礼是社会秩序失控的产物，强调礼对社会秩序的积极作用。

> 古者未有君臣上下之别，未有夫妇妃匹之合，兽处群居，以力相征。于是智者诈愚，强者凌弱，老幼孤独不得其所。故智者假众力以禁强虐，而暴人止。为民兴利除害，正民之德，而民师之。是故道术德行出于贤人，其从义理兆形于民心，则民反道矣。名物处违是非之分，则赏罚行矣。上下设，民生体，而国都立矣。是故国之所以为国者，民体以为国；君之所以为君者，赏罚以为君。致赏则匮，致罚则虐。财匮而令虐，所以失其民也。是故明君审居处之教，而民可使，居治战胜守固者也。夫赏重则上不给也，罚虐则下不信也。是故明君饰食饮吊伤之礼，而物厉之者也。①

在儒家的言论中，也有世道衰微而礼制之起的说法。

> 今大道既隐，天下为家，各亲其亲，各子其子，货力为己，大人世及以为礼，城郭沟池以为固，礼义以为纪。以正君臣，以笃父子，以睦兄弟，以和夫妇，以设制度，以立田里，以贤勇智，以功为己。（《礼记·礼运》）

在《墨子》《商君书》《吕氏春秋》等文献中，衰世制礼之说也多有所见，魏晋时期的玄风盛行，也认为礼乃道失后产生，说法多相同，故不就此多引。

以治乱之说来解释礼的历史起源，具有一定的合理性，然把礼看

---

① 黎翔凤：《管子校注》卷11，第568~569页。

作社会纲常失序下的产物，未免会只强调礼的对社会制约强制意义，为后来法家以及黄老学派"从礼到法"提供了理论依据，而忽略了礼对人道德培育的积极作用。再者，这种说法更多的是时人痛感当时礼崩乐坏，对现实社会的体认不同而产生的对礼起源的追溯。

（七）礼为人性所固有说

此说以孟子为代表，主要从人性的角度论证。孟子认为，人性原本为善，人具有先天性的道德萌芽，即"善端"。《孟子·公孙丑上》："恻隐之心，仁之端也；羞恶之心，义之端也；辞让之心，礼之端也；是非之心，智之端也。"[①] 孟子认为，仁义礼智来源于人的恻隐之心、羞恶之心、辞让之心、是非之心等"四端"，而四端是与生俱来的，是先天存在的，是人之所以为人的本质之所在。"仁义礼智，非由外铄我也，我固有之也。"[②] 孟子对于礼的本源的看法，是从人性的角度加以论述的。

（八）礼源于尊祖崇孝

关于孝与礼的关系，《左传·文公二年》云："孝，礼之始也。"把孝置于重要地位。儒家非常强调慎终追远，尊崇祖先，《礼记·礼器》曰："礼也者，反本修古，不忘其初者也。"《礼记·乐记》："礼反其所自始。"

今人刘泽华认为："古代的尊祖和孝敬家长除了为保障人的再生产这一目的外，还有经济的原因。在当时自然经济条件下，家庭是社会的经济细胞，家长则是细胞核，尊祖崇孝也是维护社会经济细胞所必须的。"[③] 刘泽华认为，尊祖崇孝的礼仪，是为了人类的再生产。

---

① 焦循：《孟子正义》卷7，沈文倬点校，中华书局，1987，第234页。
② 焦循：《孟子正义》卷22，第757页。
③ 刘泽华：《先秦礼论初探》，载《中国文化研究集刊》（第4辑），复旦大学出版社，1987，第57页。

(九) 礼始于婚姻说

此说认为,礼肇始于男女之别和夫妇之伦的确立。儒家特别强调这点,把礼作为人与禽兽的区别。此说在《礼记》等文献中多有表述。

> 男女有别然后父子亲,父子亲然后义生,义生然后礼作。(《礼记·郊特牲》)
>
> 夫唯禽兽无礼,故父子聚麀。是故圣人作,为礼以教人,使人以有礼,知自别于禽兽。(《礼记·曲礼上》)
>
> 夫礼始于冠,本于昏。(《礼记·昏义》)
>
> 敬慎重正,而后亲之,礼之大体,而所以成男女之别。男女有别,而后夫妇有义;夫妇有义,而后父子有亲;父子有亲,而后君臣有正。故曰"昏礼者,礼之本也"。(《礼记·昏义》)
>
> 礼,始于谨夫妇,为宫室,辨外内。(《礼记·内则》)
>
> 古之为政,爱人为大,所以治爱人,礼为大。所以治礼,敬为大。敬之至矣,大昏为大,大昏至矣!……爱与敬,其政之本与。(《礼记·哀公问》)
>
> 天地合,而后万物兴焉。夫昏礼,万世之始也。(《礼记·郊特牲》)
>
> 有天地然后有万物,有万物然后有男女,有男女然后有夫妇,有夫妇然后有父子,有父子然后有君臣,有君臣然后有上下,有上下然后礼义有所错。(《易传·序卦》)

上引文献非常强调辨男女之别的意义。人伦关系的基点始于夫妇,人类社会的种种伦理关系无不建立在男女两性关系的基础之上,因此,严谨男女之别,是确立各种伦理的首要前提。此说认为礼始于夫妇男女之别，有它的历史意义。

陈来指出："《内则》的说法并不是真正对礼的起源的追溯，而是基于论点的强调，也可以看作是对既成立的周礼体系的逻辑起点的一种看法。"① 儒家对于婚礼的论述，不过是强调男女之别对于礼的基础作用。

（十）礼起源于饮食说

此说实际上是由于对《礼记·礼运》如下文句的误解而形成的。

> 夫礼之初，始诸饮食，其燔黍捭豚，污尊而抔饮，蒉桴而土鼓，犹若可以致其敬于鬼神。及其死也，升屋而号，告曰："皋某复！"然后饭腥而苴孰。

郑玄注："污尊，凿地为尊也。抔饮，手掬之也"，蒉桴，"抟土为桴也"，"土鼓，筑土为鼓也"。蒉桴，周一良谓："'蒉桴'乃指与食相谐之匕。"② 土鼓，有学者考证为土釜之类的饮食器③，结合上述引文所指和考古研究④，颇有道理。此段引文的意思是将谷物和撕下的猪肉置于烧热的石板之上而烘熟之，凿地为池而盛酒，用手掬之而饮，把匕置于土釜之类的食器上，而致敬于鬼神。郑玄注："言其物虽质略，有齐敬之心，则可以荐羞于鬼神，鬼神飨德不飨味也。"

此文的"夫礼之初，始诸饮食"所指究竟为何，因文义古奥，前人解释颇相左。清人孙希旦则认为早期的礼当源于人类的饮食活动，

---

① 陈来：《古代宗教与伦理：儒家思想的根源》，生活·读书·新知三联书店，1996，第244页。
② 转引自《金文诂林》卷5（上），香港中文大学出版社，1974。
③ 雷汉卿：《"礼"字原始探微》，《西北师大学报》1995年第1期，第35~39页。
④ 王大道、肖秋：《论铜鼓起源于铜釜》，载《古代铜鼓学术讨论会论文集》，文物出版社，1982，第34~38页。

《礼记集解》曰："礼经纬万端，无乎不在，而饮食所以养生，人既生则有所以养之，故礼制始此焉。"① 细绎全文之意，以解释为早期饮食活动的目的是祭祀神灵为妥。据此，早期的礼始于以简陋的餐具供奉祭祀于鬼神。

礼始于饮食说的影响较大。现代学者如刘泽华就认为，人以食为先，礼当出于饮食之道②。也有学者撰文重申此说，认为"人类社会最初的等级差别就体现在饮食分配的差别上。'礼始诸饮食'"，并运用动物学、文字学、史学材料为其证。③

陈来对《礼运》的这段话分析道："在《礼运》，'始诸饮食'明指上古烧石熟肉、凿池盛酒的操作活动即是礼的原始根源，因为，《礼记》所理解的'礼'是一个无所不包的文明体系，饮食器皿的发明及其形制，都属于'礼'。从这个角度来看，前陶器时代的原始烧食方式和盛酒方式，只要是从动物性的自然饮食方式摆脱出来，而开始以工具利用自然力，它所利用的方式和结果就是文化，也就是'礼'的起源"，"《礼运》的这个说法意味着，'礼'就是'文化'、'文明'，把原始的人造的器物文明作为礼的起源"，"一方面是把使人的物质生活超离自然状态的工艺技术进步看成礼的重要本质。另一方面是把这些工艺技术进步的成果用于敬事鬼神作为礼的重要本质"。因此，"工艺文明与宗教仪式二者构成了'礼'的主要内涵"④。

（十一）礼起源于祭祀说

此说是比较传统的说法。周代礼家对祭祀的重要性及其深层的社会功能做了阐发。如《礼记》《荀子》中即有很多论述。

---

① 孙希旦：《礼记集解》卷21，沈啸寰、王星贤点校，中华书局，1989，第586页。
② 刘泽华：《先秦礼论初探》，第44~61页。
③ 杨英杰：《关于礼起源的再探讨》，《辽宁师范大学学报》2000年第6期，第91~94页。
④ 陈来：《古代宗教与伦理：儒家思想的根源》，第243~244页。

凡治人之道，莫急于礼。礼有五经，莫重于祭。(《礼记·祭统》)

礼也者，反本修古，不忘其初者也。(《礼记·礼器》)

万物本乎天，人本乎祖，此所以配上帝也。郊之祭也，大报本反始也。(《礼记·郊特牲》)

礼有三本：天地者，生之本也；先祖者，类之本也；君师者，治之本也。(《荀子·礼论》)①

上引论述揭示了礼和祭祀之间的关系。从礼字的字源上考察，许慎《说文解字》云："禮，履也，所以事神致福也。从示从豊。"徐灏云："礼之言履，谓履而行之也。礼之名起于事神，引申为凡礼仪之称。"此说因地下出土材料的发现而自近代以来比较盛行。

二 近代以来礼制起源诸说综述及其思考

今对诸说略作归纳，主要有以下几种观点。

(一) 礼起源于原始社会的祭祀

此说影响很大，王国维、刘师培、郭沫若、杜国庠等人皆持此说。该说立论依据主要有二：其一，根据古文字"礼"的构形，从文化学角度进行解读和诠释；其二，运用考古学上的墓葬、祭祀遗存等立论，认为祭祀是最原始、最狭义的礼，早期的祭祀礼节是古礼的来源，其他如冠礼、婚礼、丧礼等皆源于它或包括在祭礼之中。

王国维根据甲骨文礼字构形首作发覆，他在《释礼》一文中解释甲骨文礼字说："象二玉在器之形，古者行礼以玉，故《说文》曰：'豊，行礼之器。'其说古矣。……推之而奉神人之酒醴亦谓之醴，又

---

① 王先谦：《荀子集解》卷13，第349页。

推之而奉神人之事通谓之礼。"① 郭沫若也根据礼字构形认为祭祀是吉、凶、军、宾、嘉诸礼之源，"大概礼之起，起于祀神，故其字后来从示，其后扩展为对人，更其后扩展为吉、凶、军、宾、嘉的各种仪制"②。刘师培《礼俗原始论》说："古代礼制悉该于祭礼之中，舍祭礼而外，固无所谓礼制也。"③ 杜国庠认为："'礼'这个名词，最初就是用来称呼祭神的仪式，后来才普遍地用于一般的仪式。"④ 姜亮夫也赞同此说⑤。有些学者对甲骨文、金文中的"礼"字的字形做了进一步分析，认为王国维的解读有问题，主张"礼"字的初形并非从豆，而是从壴从珏，"壴"是一种鼓的名称⑥。对此，林沄辨之甚详。⑦ 郑杰祥进而认为，古文字"礼"字的字形，"即古人在鼓乐声中以玉来祭享天地鬼神之状"⑧。

许顺湛从考古学角度对礼制起源做了系统的论述，他考察了大量的考古墓葬、祭祀遗存，进而讨论礼制起源问题，认为礼制源于原始宗教，和祭祀活动密不可分。⑨ 何炳棣在《原礼》一文中指出，祭祀作为氏族部落最重要的集体活动，培养了全体成员的集体意识，使人们明了是非善恶等道德价值和长幼尊卑人际关系中的伦理问题。因此，祭祀与伦理道德一开始就是牢不可分的，于礼的起源情形而言也

---

① 王国维：《释礼》，《观堂集林》卷1，中华书局，1959，第291页。
② 郭沫若：《十批判书·孔墨的批判》，《郭沫若全集·历史编》（第2卷），人民出版社，1982，第96页。
③ 刘师培：《古政原始论》第10《礼俗原始论》，载刘梦溪主编《中国现代学术经典·黄侃刘师培卷》，河北教育出版社，1996，第697页。
④ 杜国庠：《略论礼乐起源及中国礼学的发展——给提倡制礼作乐的先生们的一个答复》，载李锦全、李鸿生编《杜国庠中国思想史论集》，汕头大学出版社，1997，第270页。
⑤ 姜亮夫：《释礼》，载《语言文字学术论文集》，知识出版社，1989，第147~150页。
⑥ 裘锡圭：《甲骨文中的几种乐器名称》，《中华文史论丛》1980年第2期，第67~81页。
⑦ 林沄：《豊丰辨》，载《古文字研究》（第12辑），中华书局，1985，第181~186页。
⑧ 郑杰祥：《释礼、玉》，载《华夏文明》（第1辑），北京大学出版社，1987。
⑨ 许顺湛：《论古代礼制的产生、形成与历史作用》，载《许顺湛考古论集》，中州古籍出版社，2001，第115~143页。

是如此。他认为，最原始、最狭义的礼就是祭祀的仪节。何先生还考察了考古发掘出土的陶、石祖以及殷商甲骨卜辞所记载的周祭制度等，进而推论礼起源于史前的祖先崇拜。①另外，近年来有学者从原始宗教的角度论述宗教崇拜和礼的起源问题，认为原始宗教内部孕育着礼的萌芽，并决定了礼的内涵、构架以及基本特征。②

礼起源于宗教祭祀说影响甚大，杨华、王炜民、谢瑞芳、刘宗迪、金尚理、谢谦、柳肃、乔伟等学者皆赞同此说。③

（二）礼源于原始社会的巫术

该说强调巫史、宗祝等宗教人员的作用，认为礼脱胎于巫觋的事神活动，礼乐文化由巫史文化发展而来。此说与礼起源于原始宗教祭祀的说法颇有相似之处。这种说法受西方文化人类学的影响甚大。20世纪二三十年代以来，泰勒、马林诺夫斯基、弗雷泽等西方文化人类学者的著作和理论传入中国，加之某些与占卜祭祀有关的考古遗物出土，联系到甲骨文多有占卜、祭祀方面的记载，使学者对于中国巫和巫史文化的探讨出现热潮。许多学者进而从这一角度考察礼制起源。

例如，李泽厚认为，礼"是原始巫术礼仪基础上的晚期氏族统治体系的规范化和系统化"。④张辛认为，礼是由原始社会以原始、无序

---

① 何炳棣：《原礼》，《二十一世纪》1992年第2期，第102~110页。
② 李禹阶：《史前中原地区的宗教崇拜和"礼"的起源》，《中国史研究》1995年第1期，第101~109页。
③ 杨华：《先秦礼乐文化》，湖北教育出版社，1997，第42~43页；谢瑞芳：《中国古代礼仪探源》，《湖南社会科学》1997年第4期，第84~87页；刘宗迪：《礼仪制度与原始舞蹈》，《民族艺术》1998年第4期，第102页；金尚理：《礼宜乐和的文化理想》，巴蜀书社，2002，第10~92页；谢谦：《中国古代宗教与礼乐文化》，四川人民出版社，1996，第7~9页；柳肃：《礼的精神——礼乐文化与中国政治》，吉林教育出版社，1990；乔伟：《中国法律制度史》，吉林人民出版社，1982，第23~24页。
④ 李泽厚：《中国古代思想史论》，人民出版社，1985，第8页。

和盲目为特征的巫觋者流事神活动脱胎而成的。① 吴予敏说:"中国礼乐文化的渊源是古代酋邦时期盛行的巫教文化","礼乐文化却是利用了巫教文化体系原有的祭祀仪式的结构功能,利用了巫教文化的政教合一架构和巫职世袭的操作机制而建立起来的",礼乐文化和巫教文化一脉相承。② 马健鹰认为,"礼作为一种文化现象,从巫觋祭礼到礼俗到礼制,经历过一个相当漫长而复杂的历程。在这个历程中,以原始宗教改革为发端,以巫觋为礼俗执着强化道德约束力为内容,以'史'将礼俗理性化进而形成礼制为定格。可以说,礼的最终实现不仅是巫史文化漫长演进的结果,也是价值理性能动驱使的必然反映"。③

有些学者在考察了先秦时期礼的演变之后提出相似观点,认为礼起源于宗教活动,经历了巫觋时代和人文意识觉醒的礼乐文明时代,如陈来、金尚理等都有此论④,此不赘述。

近代以来,中国史学研究无论是方法还是理论,往往多为西方话语系统所笼罩,巫术理论亦不例外。"巫术时代"理论是否符合中国的实际,早期巫术在中国礼的起源中的地位如何?巫史的作用,是否如弗雷泽所说,不仅致力于文化的创造和知识的探索,还是神圣君权得以形成的关键?⑤ 礼的起源是否和巫史密切相关?都值得重新认识。饶宗颐对史学界的"萨满主义论"曾提出批评,他认为那些认同"萨满主义"古史观的人,"把古人记录下的典章制度,一笔抹杀,把整

---

① 张辛:《长江流域早期青铜文化的形上观察——关于三星堆和大洋洲青铜器的历史定位》,载《长江流域青铜文化研究》,科学出版社,2002,第37~46页。
② 吴予敏:《巫教、酋邦与礼乐渊源》,《北京大学学报》(哲学社会科学版)1998年第4期,第117~121页。
③ 马健鹰:《"礼之初始诸饮食"质疑——兼论礼制的起源问题》,《江汉大学学报》1998年第1期,第95~98页。
④ 金尚理、陈代波:《从神道到人道——谈礼在原始宗教阶段的演化及其对早期民族精神的影响》,《复旦学报》(社会科学版)2001年第3期,第43~48页。
⑤ 弗雷泽:《金枝》,徐育新等译,中国民间文艺出版社,1987,第17~18页。

个古史看成巫术世界,以'巫术宗教'作为中国文化的精神支柱",而实际上"魔术决不等于宗教","巫卜只是其庞大典礼机构中负责神事的官吏"。①饶宗颐不同意以"巫术"涵盖中国古史的做法。李零通过考察古文字史料中的巫在先秦两汉时期的历史地位,认为"中国历史上一直有'巫'和'巫'的影响存在,但这种影响从很早就被限制,不再具有支配地位"②。

(三)礼源于原始社会的风俗习惯

先秦时期,人们已经意识到礼和俗之间的关系,如《慎子·逸文》云"礼从俗"。近代以来,随着学界对西方人类学、民俗学、社会学等学科的理论方法日渐熟悉并用于史学研究,礼源于俗的看法开始盛行。该说以人类学、民俗学等学科的研究成果以及文献记载等立论,为礼制起源诸说中影响较大的一宗。近人刘师培、柳诒徵、李安宅等皆申赞此说。③现代学者杨宽、钱玄、彭林等学者也赞同此说,并撰文做了论述。

黄遵宪论及习俗与礼的起源时说:"礼也者,非从天降,非从地出,因人情而为之者也。人情者何?习惯也。川岳风区,风气间阻,此因其所习,彼亦因其所习,日增月益,各行其道,至于一成而不可易,而礼与俗皆出于其中。"④

通过考察冠、婚、丧、祭等礼后,刘师培的《古政原始论》称:"观此四端,足证上古之时礼源于俗。"

柳诒徵在《中国礼俗史发凡》中论及礼的起源时说:"究其实,

---

① 饶宗颐:《历史家对萨满主义应重新作反思与检讨——巫的新认识》,载《饶宗颐二十世纪学术文集·史溯》,台湾:新文丰出版股份有限公司,2003,第500~501页。
② 李零:《中国方术续考》,东方出版社,2000,第78页。
③ 柳诒徵:《中国礼俗史发凡》,载《柳诒徵史学论文续集》,上海古籍出版社,1991,第615页。
④ 黄遵宪:《日本国志》卷34,天津人民出版社,2005,第819页。

则礼所由起，皆邃古之遗俗。后之圣哲，因袭整齐，从宜从俗，为之节文差等，非由天降地出，或以少数人之私臆，强群众以从事也。"又谓："礼非尽循俗也，俗之甚敝，不可不革，而又不能尽革者，则有礼以适其情而为之坊"，"是则缘俗制礼，以礼移俗微眇之意也"。①

李安宅在《仪礼与礼记之社会学之研究》一书中论述礼和原始风俗的关系云：

> 中国的"礼"字，好像包括"民风""民仪""制度""仪式"和"政令"等等……据社会学的研究，一切民风都是起源于人群应付生活条件的努力。某种应付方法显得有效即被大伙所自然无意识地采用着，变成群众现象，那就是变成民风。等到民风得到群众的自觉，以为那是有关全体之福利的时候，它就变成民仪。直到民仪这东西再被加上具体的结构或肩架，它就变成制度。②

杨宽对此观点论述颇详，影响也很大。他指出，我国古代的礼起源于氏族制末期的习惯；在氏族制时期，人们有一套传统的习惯，作为全体氏族成员在生产、生活各个领域内遵守的规范，等到贵族阶级和国家产生，贵族们利用其中某些习惯加以改造和发展，逐渐形成各种礼，作为稳定阶级秩序和加强统治的一种制度与手段。杨先生还对各种礼仪做了系统而深入的探讨，在学界有着较大影响。③

钱玄《三礼通论》也有相同的表述，他认为：

> 在原始社会……经过长时期实践，逐步固定形成一套仪节。

---

① 柳诒徵：《柳诒徵自述》，安徽文艺出版社，2013，第95~98页。
② 李安宅：《仪礼与礼记之社会学的研究》，商务印书馆，1931，绪言，第4页。
③ 杨宽：《古史新探》，中华书局，1965，第234页。

其后又随社会的发展而发展。进入阶级社会,统治者利用礼的一部分,作为推行政治的工具,故曰"礼,政之舆也。"(《左传·襄公二十年》)于是在原有基础上,加以改造制订,以符合统治者的要求。礼的内容也由祭祀鬼神,而扩大到人的一切行为准则。由简单而复杂。①

彭林《从俗到礼》一文从文献和考古相结合的角度论证了从俗与礼的关系,认为远古时代出现的某些风俗,是礼的物质形式的直接来源;儒家对这些风俗进行了整理,并赋予了人文主义的思想内涵,使之出现了质的飞越。②

另外,阎步克在其《士大夫政治演生史稿》中,从中国传统士大夫政治角度申述此说:"'乡俗'则构成了'礼'的古老渊源……就是说,后来称为'礼'的那些东西源于早期的传统习俗。这样一点,就深刻地影响了'礼'的性质"。基于此点,阎先生认为,由于礼俗分化和礼来源于俗,礼制并没有达到法制的那种分化的程度,"我们认定'礼'是在分化程度方面居于'俗'、'法'之间的一种政治文化形态"③。近年来撰文持此观点的学者还有姚伟钧、蔡锋、王晓锋等学者。④

也有学者对礼源于俗的观点以及研究方法予以质疑,如陈剩勇说:"就古礼研究而言,恐怕没有什么比把'礼'混同于风俗习惯或以初民社会的习俗与之相比照的危害更大的了。……把'礼'与风俗

---

① 钱玄:《三礼通论》,南京师范大学出版社,1996,第10页。
② 彭林:《从俗到礼》,《寻根》1998年第5期,第26~28页。
③ 阎步克:《士大夫政治演生史稿》,北京大学出版社,1996,第74~86页。
④ 姚伟钧:《礼的发展脉络及其价值》,《华中师范大学学报》1996年第4期,第72~77页;蔡锋:《先秦时期礼俗的发展历程及其界说》,《山西大学学报》1991年第3期,第65~70页;王晓锋:《礼的起源、发展与功能》,《唐都学刊》2000年第3期,第103页。

习惯等而视之,显然是不妥当的。"①

(四) 礼起源于原始礼仪,原始礼仪产生于原始社会的手势语言

常金仓认为,在礼产生以前,存在一个原始风俗和原始礼仪的发展阶段,礼的前身是原始礼仪。②"礼仪的形成,我们一般把它分作两个阶段:第一阶段可以称为原始礼仪,它完全是史前的初民处理生活中各种关系的一些习惯性行为,通常也叫风俗习惯,不过它不是风俗习惯的全部,而只是风俗习惯中有固定仪式的部分。第二阶段就是文明时代的礼,随着等级制度的形成,它较之于原始礼仪已经灌注了浓厚的等级意识,它是国家产生后借助原始文化、改造原始文化而形成的国家制度。"他指出,研究礼的起源,仪式分析是唯一正确的方法,"最初的礼仪不过是由有限的几个手势和动作组合成的小片段",经过数千年的损益,礼仪由质而文,由简到繁,但是,作为礼起源的手势语言的某些本质特征仍深深影响了中国文化。③

(五) 礼本于人情和历史说

邹昌林在《中国礼文化》中依据《礼记》的相关论述考察了礼的历史起源,他认为,中国文化是一种原生道路的文化,礼是中国文化的标志;中国文化根于礼,而礼是一个完整的表意系统。它的起源,依据《礼记》中"反本修古"的说法,"所谓本,就是人的本性;所谓古,即是历史的根源。前者,人们称之为'礼本于人情说';后者尚无称呼,姑命之曰'礼本于历史说'"。他认为,"这两者是不可分

---

① 陈剩勇:《礼的起源——兼论良渚文化与文明起源》,《汉学研究》1999 年第 1 期,第 57~77 页。
② 常金仓:《周代礼俗研究》,黑龙江人民出版社,2005,第 10~15 页。
③ 常金仓:《手势语言与原始礼仪》,《陕西师范大学学报》1996 年第 1 期,第 26~32 页。

的，这证明礼是原生道路的文化"，礼的根源是礼本于人情和历史根源的结合。①

（六）礼起源于分别

张辛认为，礼是在社会发展的漫长过程中，由于不断出现分化而渐次形成的，他认为："人类社会乃由浑然一气为始，一步一步分别，一步一步开通，分化浑沌，告别蒙昧，战胜野蛮，步入文明。而礼由是脱胎诞生，礼制随之卓然确立。分化浑沌，则男女性有别，是为礼理（道）出；告别蒙昧，则排除血婚，是为礼事现；战胜野蛮，则夫妇定位，是礼形生、礼器成。而随着君臣有正，上下贵贱等级有分，则礼制完成。于是中国历史由混沌，而三皇，而五帝，终于实现三代文明。因此我们说礼生于分别，成之文明。礼是野蛮与文明的分野，礼是中国文明的基点，是中国文明形成的重要标志。"②

（七）礼起源于原始社会的"保特拉吃"社会制度

此说以杨向奎为代表。杨向奎通过考察民族学和民俗学材料，认为中国原始社会时期的礼具体起源于一种"保特拉吃"的社会制度。所谓"保特拉吃"，是西方人类学家、民族学家 Boas、Frazer、Barbeau、Mauss 等人研究原始人类的交换与馈赠现象时提出的。这种社会制度，应给予者必须给予，应接受者必须接受，而接受者经过相当期间后，仍必须予原来给予者以报酬。此种必须给予、必须接受与必须报酬之种种手段均须在一盛大的节日或公共宴会上举行。在这种典礼、宴会之内，一方面带有浓厚的宗教或巫术的色彩，另一方面也有财富、技术或美术的竞赛意味。又因为此种竞赛式赠借制度是与初民的整个生

---

① 邹昌林：《中国礼文化》，社会科学文献出版社，2000，第 61~78 页。
② 张辛：《由大一、混沌说礼——兼论中国文明的起源问题》，《北京大学学报》（哲学社会科学版）2002 年第 4 期，第 94 页。

活有关，所以莫斯名之曰"竞赛式之全体赠借"①。杨向奎认为"这种学说（保特拉吃）是解决中国古礼的关键"②，在原始社会，礼尚往来的礼品交换实质上是货物的交易行为；在封建社会初期，货物的交易行为还带有浓厚的礼仪性质。西周时的周公、春秋时的孔子，皆顺因往日的礼俗而加工，经过周公的加工，减少了礼仪中的商业性质；经过孔子的加工，去掉了礼仪中的商业性质。③

运用现代人类学以及民俗学的研究成果来解释中国上古的历史，很富有启发性，但是一方面它忽视了中国文化的独特性，另一方面，用现代的部落种族还保留的风俗习惯等文化来解释中国的上古史，把现代社会"空间的距离"转化为"古今时间"历史的差异，它忽略了文明演进的多样性，多多少少有点削足适履，杨先生的理论势必引起学者的质疑。杨华在《先秦礼乐文化》中明确提出："建立在血缘宗法基础上的等级礼制是与商品交易的价格尺度势不两立的，不可能进行公平的'礼尚往来'……世界其它民族的很多地方都盛行 potlatch 的原始交换风俗，且远远较中国更为典型，为什么惟独只有中国古代形成了等级严格的礼乐制度？……这些问题使我们不得不怀疑用'potlatch'理论来解释中国古代礼制的可行性。"④

（八）礼起源于父权制说

此说主要从个体婚制和父权制的出现角度来考察礼的产生，金景芳持此种观点，他认为，礼起源于父权制，从儒家论著中可以看出来⑤。在《谈礼》一文中，金景芳从个体婚制的角度申论此说。⑥ 此

---

① 杨向奎：《宗周社会与礼乐文明》，人民出版社，1997，第235页。
② 陈汉平：《西周册命制度》，学林出版社，1986，序。
③ 杨向奎：《礼的起源》，《孔子研究》1986年创刊号。
④ 杨华：《先秦礼乐文化》，湖北教育出版社，1997，第40页。
⑤ 金景芳：《古史论集》，齐鲁书社，1981，第158页。
⑥ 金景芳：《谈礼》，《历史研究》1996年第6期，第5~11页。

外,常金仓、李衡眉等人也持同论。①

(九) 礼起源于阶级压迫

这种观点形成的时代背景不言自明,主要以阶级分析的方法来论证礼的起源。如章权才《礼的起源和本质》一文认为,"在原始社会里,还无所谓'上下''尊卑''贵贱'之礼","礼扎根于私有制"。随着阶级社会的形成,国家运用自己的职能,维护既有的秩序,其中制礼即其中一项,因此,礼的形成和阶级、国家的形成是不可分的。具体来说,"礼是随着国家形成而最终完成的",它的形成时间在奴隶社会②。该说在一定时期比较盛行,如《中国大百科全书》"礼"条,《中国古代礼俗辞典》等书多持此论。

这种阶级分析方法和礼源于阶级社会中阶级压迫的说法带有很大的片面性,论证过于简单化。

(十) 礼起源于生产和生活

这种看法认为,劳动创造了人,劳动也创造了礼,礼是在远古人们的生活中产生的。

罗倬汉的《论礼乐之起源》一文认为礼乐起源于"人类之群即起于此共同劳作之际"。③ 杜国庠认为,礼节和音乐几乎是与人类俱来的,"人类的生活,自始就是社会的生活。在社会中,人们共同生活,共同劳动,也共同娱乐。经过了相当的时期,某些生活方式逐渐定型化了,一到大家认为非这样做不可的时候,它们便成为种种礼节,即是'礼'"。他进而又说,"由此可见,所谓礼乐的起源很古远,它们是从人类劳动生活中自然地产生出来的,根本说不上什么人的聪明所

---

① 常金仓:《周代礼俗研究》,第 11 页;李衡眉:《礼义起源于有虞氏说》,《烟台大学学报》1997 年第 4 期,第 69~72 页。
② 章权才:《礼的起源和本质》,《学术月刊》1963 年第 8 期,第 48~53 页。
③ 罗倬汉:《论礼乐之起源》,《学原》1947 年第 7 期。

'制作'。它们的作用，也只是借以获得生活上的便利和使神人快乐而已。"①

此外，罗通秀认为，礼的核心精神就是敬让，"人们在劳动中协同动作，互相帮扶就是敬让精神的体现"，"当协同、帮扶的言语、表情、动作在集体中形成共识，有了一定之规，它们就会演变成某些礼仪、礼节、礼貌"，因此，"礼主要源于经济活动（生产、生活和原始交换）"。②

（十一）礼起源多元说

陈戍国云："鄙意：不妨作礼的多元论者。和古史一样，礼制也是层叠地造成的，但礼制绝不是虚构的。"③ 此说主张礼的起源乃多元。

关于礼起源的时代，学者或从考古学角度，或从历史学角度进行了各自的分析，迄今为止，形成了以下几种主要说法。

1. 起源于龙山时代

考古学界对于礼制起源的探讨可以从两个方面来阐述。第一，随着一大批礼器与礼仪性建筑的发现，许多学者开始重新思考礼制起源、文明起源以及二者之间的关系。愈来愈多的学者认为，礼制的形成是文明起源的标志之一，甚至有学者认为，文明起源的标志就是礼制的形成。第二，从考古学角度考察礼制的物化表现，如祭祀遗址、墓葬、礼仪性建筑基址、礼器等，从而探求史前时期权力体制的形成和社会分层的出现，并考察礼制的具体形成过程。

对龙山时代礼制的阐述，始于1989年高炜发表的《龙山时代的礼制》一文。高先生通过对墓葬形制大小、棺椁葬具、随葬品、礼器等

---

① 李锦全、李鸿生编《杜国庠中国思想史论集》，汕头大学出版社，1997，第267~273页。
② 罗通秀：《论礼的意义及缘起》，《江汉论坛》1994年第9期，第38页。
③ 陈戍国：《中国礼制史·先秦卷》，湖南教育出版社，2002，第10、15页。

文化要素的考察，明确提出礼制产生于龙山时代。① 另外，他还在《中原龙山文化葬制研究》《晋西南与中国古代文明的形成》等论文中对山西陶寺文化所反映的礼制进行了深入的探讨。②

陈剩勇对良渚文化的祭祀遗存、玉器等做了详细的考察，他认为早在5000多年前的良渚文化时期，礼或礼制已经萌生，并且趋于系统化、规范化和制度化，成为兼具政治、军事、宗教、文化等多重功能，维系社会正常运转的礼仪体系。③ 林华东通过分析良渚文化出土的三叉形饰和"皇"的关系，认为良渚文化已经出现了礼制。④ 吴汝祚也有相同的认识，他认为良渚文化"大墓中常有制作精致的大量玉器随葬，这些玉器，是以琮、璧、钺为主体的成组玉礼器，成组玉礼器的出现，表明已有了礼制"⑤。另外，汪遵国、王明达等学者皆持有相同的看法。⑥

郭大顺通过考察红山文化的具体文化内涵，认为红山文化已经具有礼制的早期形态。⑦

杨志刚认为，"中国的礼大致起源于公元前3500年至前2000年这一段时间里"，依据是"在黄河、长江的中下游和辽西、燕山地区，有许多时代属于公元前3500年至前2000年的重要遗址，都发现了礼

---

① 高炜：《龙山时代的礼制》，载《苏秉琦考古五十五年论文集》，文物出版社，1989，第235~244页。
② 高炜：《中原龙山文化葬制研究》，载《中国考古学论丛》，科学出版社，1993，第90~105页；高炜：《晋西南与中国古代文明的形成》，载《汾河湾与晋文化》，山西高校联合出版社，1996，第111~118页。
③ 陈剩勇：《礼的起源——兼论良渚文化与文明起源》，第49~77页。
④ 林华东：《从良渚文化看中国文明的起源》，《浙江学刊》1994年第6期，第94~101页。
⑤ 吴汝祚：《良渚文化礼制的形成及其影响》，《杭州师范学院学报》2001年第1期，第33~37页。
⑥ 汪遵国：《良渚文化：东方文明之光》，《浙江学刊》1996年第5期，第20~21页；王明达：《论良渚文化在东亚文明进程中的贡献》，《浙江学刊》1996年第5期，第26~28页。
⑦ 郭大顺：《辽河文明的提出与对传统史学的冲击》，《寻根》1995年第6期，第10~11页；郭大顺：《红山文化的"唯玉为葬"与辽河文明起源特征再认识》，《文物》1997年第8期，第20~25页。

的'踪迹',即已出现了'礼制'、'礼仪'、'礼器'"①。

2. 起源于二里头文化时期

关于礼制的起源,学界或根据二里头文化的考古学文化内涵进行探讨。如俞伟超、高明认为,礼制萌芽于二里头文化时期。②邹衡、徐自强认为,二里头文化时期已经有礼制。③二里头文化是否为夏文化,尽管学界尚有不同认识,但学界多赞成二里头文化属于夏文化。另有学者从历史学角度以历史学语言来论述礼制的起源时期。陈剩勇认为,"礼在尧舜时代已初露端倪,但礼真正成为系统化、制度化和规范化的一代王朝之政教法度、朝章国典,则无论从历史文献记载还是从田野考古资料看,都是伴随着中国第一王朝即夏朝的崛起而诞生的"④。

章全才用阶级分析的方法,得出结论:"随着国家形成而最终完成的",具体时间在夏王朝。

此外,也有学者主张礼起源于原始社会末期或氏族制末期,如杨宽等人即持此说。也有学者认为,礼制起源于父系氏族社会时期,龙山时代是礼制的形成时期。⑤

三 关于礼制起源研究的反思与展望

综上所述,学术界关于礼起源问题的讨论,聚讼纷纭,迄今未有定论,主要有以下几个方面的原因。

第一,古代中国的礼的内涵、属性、涵盖范围、特质等充满了复杂性,礼具有多维度、多层面的特征,使得很难对它进行全面的把握,

---

① 杨志刚:《中国礼仪制度研究》,华东师范大学出版社,2001,第13页。
② 俞伟超、高明:《周代用鼎制度研究》,载《先秦两汉考古学论集》,文物出版社,1985,第62页。
③ 邹衡、徐自强:《郭宝钧:〈商周铜器群综合研究〉整理后记》,载郭宝钧《商周铜器群综合研究》,文物出版社,1981,第205~206页。
④ 陈剩勇:《"夏礼"初探》,《孔孟月刊》1994年第4期,第13~18页。
⑤ 杨群:《从考古发现看礼和礼制的起源与发展》,《孔子研究》1990年第3期,第3~11页。

从而给考察礼的起源带来一定难度。

先秦时期，孔子及其弟子对于礼的界说已很宽泛。据杨伯峻统计，仅《论语》记录孔子及其弟子在不同的地点、场合、时间所讨论的"礼"字即达74次之多，往往随文随时而解义，前后不一，彼此还有矛盾之处。① 而《左传》一书论礼者更比比皆是，春秋时女叔齐对于礼和仪的区分从另一个侧面也反映了当时已经有人把礼和仪二者混同，对礼的理解并不是那么清楚。考诸文献所云，古代的礼并非一般意义上的礼节或仪节，它又是"经国家，定社稷，序民人，利后嗣者"② 的政治制度与礼仪规范。如大而扩之，古人把礼看作文明的标志，是夷夏之辨的标尺和人与禽兽之别的标准。

中国礼的独特性以及多维度多层面的特征，使人很难把握，晚近学者对礼的属性和特征的论述也能体现这点。沈文倬称礼包括礼物、礼仪和礼意三部分。③ 陈来说，"这样一种'礼'的体系在整体上已经不能说是宗教礼仪体系，但它仍保留传统礼仪所具有的神圣性；它还不就是道德规范体系，但有道德规范的功能；它不就是政治体系，但包含着政治制度框架的安排。可见'礼'在某种意义上，实为一种政教、德法合一的体系"④。何炳棣在对中国古礼考察后，把礼分为三个层面：原始祭仪伦理层面、制度文物层面、理论意识形态层面。⑤

第二，对礼的本质和属性认识存在歧异，论者各自依据自己对礼的界定和理解而考察礼的起源，缺少共同的学术界定。因而，论述礼的起源之时，不免各执一端，得出不同的结论。

---

① 杨伯峻译注《论语译注》，中华书局，1980，第311页。
② 杨伯峻编著《春秋左传注》，第76页。
③ 沈文倬：《略论礼典的实行和〈仪礼〉书本的撰作》，载《宗周礼乐文明考论》，杭州大学出版社，1999，第1~54页。
④ 陈来：《古代宗教与伦理：儒家思想的根源》，第266~267页。
⑤ 何炳棣：《原礼》，第102~110页。

章太炎《检论·礼隆杀论》说:"礼者,法度之通名,大别则官制、刑法、仪式是也。"① 礼几乎涵盖或渗透了中国文化的方方面面。对于礼的界定古代已说法纷纭,达10余种之多,由此可见,学者对礼的认识差异颇大。

近人对于礼的界定亦多有歧异。钱穆云:"礼本是指宗教上一种祭神的仪文",后来则为"当时贵族阶级的一种生活习惯或生活方式,这一种习惯或方式里,包括有宗教的、政治的、伦理的三部门的意义。"② 杨宽认为,礼是礼仪,是阶级社会的统治者对古老的社会风俗习惯进行加工改造,用来巩固统治阶级内部组织和统治人民的一种手段。杨向奎把礼分为狭义和广义两种:广义的礼包括风俗信仰、礼仪制度等;狭义的礼则指礼仪、礼物两部分。③ 或抛却阶级分析方法而云"礼是敬让观念及其形化与物化"④。说法之多,不胜枚举。

第三,各家所站角度不同以及运用的研究方法各异,致使持论不一。

先秦时期,或从人性角度原礼,或从社会演化角度考察,或形而上为礼寻找终极依据,等等。近代以来,研礼各家或从民俗学角度,借鉴西方文化人类学的方法、理论,或从字源学视角,或用阶级观点看待中国礼的起源而忽视了中国社会的独特性,或广引文征诸古史,或以考古遗存实物论证,寻幽阐微,探究古礼起源。如此等等,不一而足,每种方法和视角都有其独特之处、可以借鉴之处,然流弊也不可免。

经过对前贤时哲对礼制起源探讨的梳理及初步的回顾,我们感到,以后需要在前人研究的基础上,进行深入、细致的研究。我们认

---

① 章太炎:《检论》,载《章太炎全集》(第3册),上海人民出版社,1985,第399页。
② 钱穆:《中国文化史导论》,商务印书馆,1994,第72页。
③ 参见杨向奎《宗周社会与礼乐文明》。
④ 罗通秀:《论礼的意义及缘起》,第32~38页。

为，需要注意下面两个方面。

第一，礼制因素的形成在早期文明进程中具有很重要的意义，但是单纯用一种静态的视角来考察礼制的起源，是很难对包孕丰富的礼做出合乎事实的结论的。从目前来看，对于早期礼制的起源，主要依据考古出土材料来考察礼制的物化表征，进而探索礼制起源。一方面，考古学为我们在探索这一复杂问题时提供了丰富的材料，部分地解决了几千年前古人"文献不足"的困难；另一方面，也应注意，鉴于上述礼的复杂性和包孕性等特征，以及礼的形成是一个动态的过程——时代相继而具有"因损"的继承性和扬弃性，因此，在考察礼制的时候，如何认定早期礼制的物化表征的集合何时具备一个质的飞跃，还需要综合运用各种资料做深入的研究。换言之，礼制的诸多因素在何时形成质变，尚需深入探索。值得注意的是，龙山时代礼制因素大量出现，社会分层明显，为维持不同阶层和社会的运作而出现礼制的诸多"因子"，但是，礼制要素本身都存在着发生、发展的过程，并不是某些要素的出现就标志着礼制的形成。而且，这些要素的起源时间不尽一致，有早有晚，不能一概而论。

我们可以用已知推测未知、向上追溯的路径来探究中国礼制起源。现在看来，中国礼的内涵的丰富性决定了中国礼的来源和形成并非单一的，而是多元的。因此，从多元视角来考察礼制的起源，综合运用各种研究方法，在原有基础上进行研究，庶几对礼制起源能够有所突破。因此，多学科的综合性研究对于探究礼制的起源和演进来说是很重要的环节。由于礼制体系不仅是外在的礼文，而且蕴含了精神原则与古人的价值观，所以既要探讨礼制体系的形成演进过程，还要考察礼制的内在原则精神的形成。

第二，重视夏商礼制的研究。如果今后要做进一步的研究，则需要对目前的研究框架进行调整，否则难以深入。目前的研究，主要从考古学角度，严格限定在龙山文化时代，不包括夏代和商代，其中存在文献不足的原因，而古代礼制的全面确立始于西周，夏商礼制的情况并不清楚。如今我们抛置夏商不论，直接探讨史前时代的礼制起源，不仅出现很大的缺环，而且在研究上很不方便。中国礼的形成是一个动态的过程，存在历代因损沿革的情况。如果能将二里头文化和殷商时代加上，不仅情况好得多，也符合礼制起源的实际。

先秦祼礼考

《说文·示部》云:"祼,灌祭也,从示,果声。"段玉裁注云:"《大宗伯》《玉人》字作果,或作淉。"① 祼祭是周代一重要礼仪。《诗·大雅·文王》记载周初祼礼盛况云:"殷士肤敏,祼将于京。厥作祼将,常服黼冔。"后世儒家对之推崇备至,认为祼礼为宗庙祭祀中最为重要的礼仪,《论语·八佾》:"禘自既灌而往者,吾不欲观之矣。"② 《周易·观卦》卦辞云:"观盥而不荐,有孚颙若。"李鼎祚《周易集解》引马融曰:"盥者,进爵灌地以降神也。此是祭祀盛时,及神降荐牲,其礼简略,不足观也。"③ 又《礼记·祭统》云:"夫祭有三重焉:献之属莫重于祼。"以上所引,足见祼礼为宗庙盛典。本文拟结合考古材料,对先秦时期的祼礼做一勾勒。

一 甲金文与殷周祼礼

下面对卜辞中的祼祭略作分析,来考察殷商时期的祼礼。请参以下卜辞:

---

① 段玉裁:《说文解字注》,上海古籍出版社,1988,第6页。
② 刘宝楠:《论语正义》卷3,高流水点校,中华书局,1990,第93页。
③ 宗福邦、陈世铙、萧海波编《故训汇纂》,商务印书馆,2003,第1541页。

①癸丑卜：祼彡中母，弜出友。（《合集》22258）

②贞：祼〈于父乙〉新穀出羊。（《合集》2219 正）

③壬辰卜：祼业方大甲。（合集 8425）

④祼业方大丁。（《合集》20623）

⑤壬午卜：其祼秋［于上甲］，卯牛。（《屯南》867）

⑥于妣己祼子狀。（《合集》3187）

⑦于丁祼彡。（《合集》24132）

⑧彡卯于二祼，惠牛。（《合集》27206）

⑨自父乙祼，若。

　自祖乙祼，若。（《合集》32571）

⑩甲子卜：二彡祼祖甲□岁彡三。

　甲子［卜］：二彡祼祖甲。

　甲子卜：祼咸，彡祖甲。

　甲子卜：二彡祼祖甲。（《花东》318）

⑪丁巳卜，殻贞：告🀰于祖，勿侑岁祼。（《合集》10613 正）

殷商时期的祼礼可以是单独的一礼典，如上揭卜辞中的祼彡中母、妣己、父乙、祖乙等，为单独对先祖先妣的祼祭，并不与其他祀典结合举行。又殷商青铜器毓祖丁卣铭文云："辛亥，王才（在）廙，降令曰：归祼于我多高，赐鳌。焱用作毓祖丁尊"（《集成》5396，《铭图》13305）。铭文大意是，辛亥日，王在廙地。商王降命说："回去祼祭于我多位高祖，赐福。"此铭文将祼祭单独列出，云祼祭于多位高祖神灵，可证祼是一种独立的礼典。

祼作为单独的礼典，在西周金文中亦有所反映。西周金文与《诗经》多将祼礼单独列出：

守宫盘："王在周，周师光守宫，使祼。"(《集成》16.10168)

史兽鼎："尹商史兽祼，易豕鼎一，爵一。"(《集成》5.2778)

内史亳同："成王易（赐）内史亳丰祼，弗敢虡，乍祼同。"(《铭图》9855)

殷士肤敏，祼将于京。厥作祼将，常服黼冔。王之荩臣，无念尔祖。(《诗·大雅·文王》)

由金文文辞分析，祼可以被赐予于臣属，如上引史兽鼎、内史亳同铭文等，对于此祼可以有两种理解：第一，所赐乃祼之鬯酒或祼玉之类用于祼礼的器物；第二，祼乃赏赐给臣属祼祭的资格，赋予祼礼资格的同时，赐予臣属鬯酒等物。由此可见，周代之祼礼，属于高级贵族的一种祭祀特权，非一般人所能使用。此或可说明，后代文献所谓赐鬯、圭瓒然后方可行祼礼之说，当渊源有自，非空穴来风。①

卜辞反映出，祼亦可为礼典中的一节目，多与侑、岁、宾等祭法结合，如：

丙申卜，贞：王宾大丁彡□，亡尤？

贞：王宾祼，亡尤？(《合集》35514)

癸丑卜，贞：王宾羌□彡……

贞：王宾羌甲祼，亡尤？(《合集》35708)

---

① 《礼记·王制》："赐圭瓒，然后为鬯。未赐圭瓒，则资鬯于天子。"参见李学勤主编《十三经注疏·礼记正义》卷12，第369页。西周金文中，屡言王为恩宠下属"赐鬯""赐祼"臣下，对被赐者来说，为宗族之荣事。可见鬯在宗庙祭祀中，非一般贵族所常使用。据《仪礼》记载，卿大夫、士祭祖，因其地位较低，径以馈食始，无朝践礼，则无祼鬯之礼。

> 癸未卜：延祼父甲至父乙酚一牛。(《合集》20530)
> 甲戌卜，宾贞：御王⃞于子𤉢，祼册□。①

上揭卜辞中，祼礼与宾、酚、御等祭典相互结合。又祼礼与牺牲并提，说明祼礼与宰割牺牲等礼仪共同构成祭祀先祖的礼仪。

东周及秦汉文献所言之祼礼，是宗庙祭祀大典中的降神之礼，为祀典中一重要节目。这一点，在西周金文中亦得到印证，如穆王时期的鲜簋铭文云："唯王卅又四祀，唯五月既望戊午，王在镐京，禘于昭王，鲜蔑历，祼。王赏祼玉三品、贝廿朋"(《集成》10166)。铭文记载了周王举行禘祭，而祼在其中应是禘礼中的一个节目。西周作册令方彝铭文云："明公赐亢师鬯、金、小牛，曰：'用祷'。"(《集成》16·9901，《铭图》24·13548)。祷为殷商、西周前期一种特定的祀典。铭文记载明公赏赐之鬯酒、小牛等，皆为用于祷祭之物。又不栺方鼎铭文云："王在上侯居，祷、祼"(《集成》5.2735)。结合令方彝铭文，可以认为，此处祼礼亦为祷礼中的一个节目。

殷商时期的祼礼，其使用的频繁程度远较周代为多，其性质亦并非单一。卜辞中提到祼礼用新鬯为祭品，卜辞云：

> 癸丑卜：惠二牢于祖甲。
> 癸丑卜：惠一牢又牝于祖甲。
> 癸丑卜：子祼新鬯于祖甲。(《花东》459)

此祼礼的性质盖与周代尝祭类似，是以新酿的鬯酒奉献于祖先神灵。商周时期，将新酿制的酒醴或新收获的谷物等首先奉献于神灵，

---

① 朱彦民：《〈明义士家藏中国文物展〉中两片甲骨考释》，《文史哲》2001年第4期，第80~85页。

以供品尝，称为"荐新"或"尝"。此礼渊源有自①，甲骨刻辞有献新黍、新鬯祭先祖者。

□□□，大贞：见新黍。翌……（《合集》24432）
乙亥卜：烝鬯三祖丁，牢，王受佑？（《合集》22925）
其烝新鬯二必一卣于……（《合集》30973）
烝鬯至于南庚，王受有佑。（《屯南》1088）

见读为献。卜辞是谓献新黍于神灵，与《逸周书·尝麦》"乃尝麦于太祖"② 相类，皆属于奉新谷物尝祭先祖。以新鬯祭祀祖甲，盖出于荐新目的，请先祖品尝新制之鬯酒。

殷商卜辞的祼礼，所祭对象主要为先祖神灵，然殷商祼祭之对象，不唯限于男性先祖，对于女性先祖，亦施以祼礼，此乃与周代祼礼不同之一端。又稽诸殷商甲骨刻辞，殷商祼礼，自然神以及上帝神灵并不包含其中。相较而言，西周金文之祼礼，亦可祭祀上天至尊之神。如德方鼎铭文曰："延武王祼自蒿"（《集成》5.2661，《铭图》5.2266）。李学勤将"蒿"读为"郊"③，可从。该铭指郊祀之祼。而何尊铭则直接指出祼天："复禀武王豐祼自天"（《集成》11.6014）。又天亡簋铭文云："乙亥，王又大豊，王同三方，王祀于天室"（《集

---

① 周礼，未荐不敢食新，尝祭作为献新之祭，是严格遵守的礼仪。《礼记·少仪》云："未尝不食新。"郑玄注："尝，谓荐新物于宗庙。"参见李学勤主编《十三经注疏·礼记正义》卷35，第1032页。《史记·龟册列传》褚少孙补，所记夏桀、商纣王罪行，其中谓"逆乱四时，先百鬼尝"，参见《史记》卷128，第3235页。《礼记·月令》记载季冬之月，"命渔师始渔，天子亲往，乃尝鱼，先荐寝庙"，参见李学勤主编《十三经注疏·礼记正义》卷17，第561页。《史记·封禅书》云："鸿、岐、吴、岳，皆有尝禾。陈宝节来祠。其河加有尝醪。"献禾，《集解》引孟康曰："以新谷祭。"参见《史记》卷28，第1372~1374页。驹为幼马，荐于神灵亦称尝。尝指献驹、献禾、献醪等，具有荐新性质。
② 黄怀信等：《逸周书汇校集注》卷6，上海古籍出版社，2007，第720页。
③ 李学勤：《释郊》，载《缀古集》，上海古籍出版社，1998，第189~194页。

成》8.4261）。铭文是说武王在天室山祭祀上天，①此"大豊"即《何尊》之"武王豊"，所指祭祀应包括祼祭。上引金文表明，周初祼礼可以用于上天之神，这与传统的"天神不祼"之说有所不合。

《周礼·天官·小宰》："祼将之事。"郑玄注："唯人道宗庙有祼，天地大神，至尊不祼，莫称焉。"后世学者多赞从郑玄说，少见异词。但《礼记·表记》云"天子亲耕粢盛秬鬯以事上帝"，《周礼·春官·大宗伯》有"凡祀大神，享大鬼，祭大示……苍玉鬯"，表明祭祀上帝时使用了鬯酒。宋人陈祥道主张"祀天有鬯者，陈之而已，非必祼也"，以佑郑玄之说。然馨香之鬯酒，唯奉献于宗庙以供人神歆享，而于天神无之，周人祭祀尚臭，遗天神而仅适用于宗庙，于礼意似有不合。周代祭祖降神，或以乐，或以鬯酒，而天帝与宗庙，皆可行祼礼。周人祼礼亦祭祀上天，已有金文可证，然则郑玄"天地大神，至尊不祼"说，与金文记载不合。其原因盖有二：第一，可能是两周礼典发展演变的结果；第二，两周时期，祼礼祭祀的对象即包括上天之神，《礼记·表记》与《周礼·春官·大宗伯》所言之鬯，非如陈祥道所言之仅仅是陈列而已，而是亦祼于上帝。我们倾向于后说。《左传·昭公十七年》记载春秋时期禳灾亦可以行祼礼："郑裨灶言于子产曰：'宋、卫、陈、郑将同日火。若我用瓘斝玉瓒，郑必不火'。"杜预注："瓘，珪也。斝，玉爵也。瓒，勺也。"② 禳火祼祭对象，非

---

① 此"同"旧释为"凡"，学者解释不一，多难以通读。李学勤释从前人吴式芬、孙诒让说法，释为"同"字，铭文是指四方诸侯朝王，王会同三方。于省吾认为三乃四漏刻，参见《关于天亡簋铭文的几点补正》，《考古》1960年第8期，第85页；李学勤《"天亡簋"试释及有关推测》，《中国史研究》2009年第4期，第8页。此说有理，可从。四方诸侯乃助祭者。《周礼·春官·大宗伯》："凡王之会同。""同"有会和之意，亦为朝聘之名。"殷见曰同"，参见宗福邦、陈世铙、萧海波《故训汇纂》，第321页。林沄认为"天室"指的是嵩山。参见《天亡簋"王祀于天室"新解》，载《林沄学术文集》，中国大百科全书出版社，1998，第166~173页。此从林说。
② 阮元校《左传正义》卷48，上海古籍出版社，1997，第2084页。

仅局限于祖先神灵，① 可证祼祭非仅施于宗庙。《考工记·玉人》："天子以巡守，宗祝以前马。"② 贾疏云："引之者，见礼山川非直灌，亦有牲牢。以山川地神，故用黄驹也。"③ 祭祀山川亦有灌。此说可从。综上所论，我们认为，两周祼礼乃宗庙之重礼，然亦可施用上帝、山川等其他神灵。

二 典籍中的祭祀祼礼仪节考辨

先秦祼礼之重要，已为人所熟知，然祼祭之法，前人众说纷纭，辜较而言，有如下几说。

一说认为，祼是以圭瓒等礼器灌鬯于地降神，此说本诸《礼记·郊特牲》。《礼记·郊特牲》云："周人尚臭，灌用鬯臭，郁合鬯，臭阴达于渊泉。灌以圭璋，用玉气也。既灌，然后迎牲，致阴气也。"《白虎通·考黜》："阴入于渊泉，所以灌地降神也。"④ 先儒持此说者，如马融云："盥者，进爵灌地以降神也。"⑤《论语·八佾》："禘自既灌而往者，吾不欲观之矣。"孔安国解释为："灌者，酌郁鬯灌于太祖，以降神也。"⑥ 祼礼降神之法是否直接将鬯酒灌于地上，或有异议。皇侃云："先儒旧论灌法不同，一云于太祖室里龛前，东向，束白茅置地上而持鬯酒灌白茅上，使酒味渗入渊泉以求神也。"⑦ 此说认为，祭神时，束茅于地，将鬯酒自茅上浇下，其滓留于茅中，酒汁则

---

① 《左传》所记的禳灾祭祀对象，神灵范围较广，有先祖、社稷、玄冥等。
② 郑玄注："天子巡守，有事山川，则用灌焉。"参见孙诒让《周礼正义》卷80，王文锦、陈玉霞点校，中华书局，1987，第3338页。
③ 李学勤主编《十三经注疏·周礼注疏》卷41，北京大学出版社，1999，第1125页。
④ 陈立：《白虎通疏证》卷7，中华书局，1994，第309页。
⑤ 李鼎祚《周易集解》引马融说。参见《周易集解》卷5，《景印文渊阁四库全书》（第7册），台湾商务印书馆，1983。另参见宗福邦、陈世铙、萧海波编《故训汇纂》，第1341页。
⑥ 刘宝楠：《论语正义》卷3，第93页。
⑦ 孔安国、皇侃之论参见《论语集解义疏》卷2，商务印书馆，1937，第33～34页。

渗透而下，象神饮之。具体的祼礼仪式，有"缩酒"之说。①《左传·僖公四年》："尔贡包茅不入，王祭不共，无以缩酒，寡人是征。"杜预注："束茅而灌之以酒为缩酒。"孔疏："《周礼·甸师》：'祭祀，共萧茅。'郑兴云：'萧字或为茜，茜读为缩。束茅立之祭前，沃酒其上，酒渗下去，若神饮之，故谓之缩。缩，渗也。故齐桓公责楚不贡包茅，王祭不共，无以缩酒'。"②《说文》解释"茜"字云："礼祭，束茅加于祼圭，而灌鬯酒，是为茜，象神歆之也。"许慎亦主张祼用束茅。

另一说认为酌鬯酒献尸为祼，此说本诸《礼记·祭统》"君执圭瓒祼尸，大夫持璋瓒亚祼"。《周礼·天官·小宰》："凡祭祀赞王，爵币之事，祼将之事。"郑玄注："祼送，送祼，谓赞王酌郁鬯以献尸谓之祼。祼之言灌也。明不为饮，主以祭祀。唯人道宗庙有祼，天地大神至尊不祼，莫称焉。凡郁鬯，受，祭之，啐之，奠之。"《周礼·春官·大宗伯》："以肆、献、祼享先王。"郑玄注："祼之言灌，灌以郁鬯，谓始献尸求神时也。"贾公彦疏："凡宗庙之祭，迎尸入户，坐于主北。先灌，谓王以圭瓒酌郁鬯以献尸，尸得之，沥地祭讫，啐之，奠之，不饮。尸为神象，灌地，所以求神，故云始献尸求神时也。"王国维亦云："祼之义，自当取祼尸之说，而不当取祼地之说。"③祼尸之具体礼法，据上引郑注、贾疏，可知郑、贾二人的主张是"酌奠"，乃尸受鬯酒后，祭酒于地，品尝一下，然后将酒奠置于地。与此说略有差异的是，或主张尸祭酒即灌。如皇侃认为，"酌郁鬯酒献尸，尸以祭，灌于地，以求神也。"《书·洛诰》："王入太室祼。"孔

---

① 一说，缩酒为以茅澄滤酒糟。《礼记·郊特牲》云："缩酌用茅。"郑玄注："泲之以茅，缩去滓也。"参见李学勤主编《十三经注疏·礼记正义》卷26，第819页。
② 阮元校《左传正义》卷12，第1791页。
③ 王国维：《观堂集林》卷1，第48~49页。

疏云："祼者，灌也。王以圭瓒酌郁鬯之酒以献尸，尸受祭而灌于地，因奠不饮，谓之祼。"①

其三，也有学者主张宗庙祭祀中祼地降神与祼尸二礼并行不悖，但二者存在一定的差别。如王鸣盛《尚书后案》认为有祼地降神之祼以及献尸之祼。②江声《尚书集注音疏》分疏更为详细，氏云：

> 祼有二节，《郊特牲》所言是祼地降神之祼，即所谓"灌用鬯臭，郁和鬯，臭阴达于渊泉"，所谓"先求诸阴"也。马融注《易·观卦》所云"进爵灌地以降神"是也。此经（笔者按：即《洛诰》）之祼，非是之谓，乃祼尸尔。《礼记·祭统》所云"君执圭瓒祼尸"是也。③

黄以周《礼书通故》认为，朝践之前迎尸之前"王入室自祼也"，出而后酌郁鬯献尸，此时尸直祭之、啐之、奠之。④黄氏进而解释祼尸之所以称为祼的原因曰："而初献尸亦谓之祼者，以其亦酌郁鬯故也。"此外，今人杨宽亦认为祼、献为二事，祼在献前⑤。

下面对以上诸说进行分析。

首先，祼地降神之礼，周人祭祖有此仪节。《尚书·洛诰》："予以秬鬯二卣，曰明禋，拜手稽首休享。予不敢宿，则禋于文王、武王……王宾杀禋咸格，王入太室祼。"⑥成王赐予周公鬯酒，周公嘉成

---

① 《尚书正义》卷14，上海古籍出版社，2007，第612页。
② 王鸣盛：《尚书后案》卷19，《清经解》（第3册），凤凰出版社，2005，第3407页。
③ 江声：《尚书集注音疏》卷7，《清经解》3册，第3086页。
④ 黄以周：《礼书通故》卷17，《续修四库全书》（第111册），上海古籍出版社，2003，第443~444页。黄说认为初献之祼取自以郁鬯为名，恐非。《礼记·表记》云"郁鬯以事上帝"，黄认为此"享酒，非祼酒也"，恐非。
⑤ 杨宽：《"乡饮酒礼"与"飨礼"新探》，载杨宽《古史新探》，中华书局，1965，第280~309页。
⑥ 孙星衍：《尚书今古文注疏》卷19，中华书局，1986，第418~420页。

王之赐，不敢自受，于是禋于文王和武王。前者之"禋"为精诚奉祭、精意以享、谓之禋①。经文记成王在洛邑举行盛大祭祀，作册祝告之后，王宾杀牲②，禋祀降神。这些仪式结束后，王入庙③举行祼礼。后者之"禋"是祭法，指生烟以臭达于神灵（文武王在天所，宾于上帝），"禋祀之用以降神而不徒以歆神"。④周王之灌礼，当为降神之礼。此处并未言及王后与大宗，可见灌礼乃王亲自为之。至于孔颖达以及王鸣盛、江声等皆以之为祼尸之事，是因无法解释杀、禋之后才祼。但周初礼制，属于草创，甚而多沿袭殷礼，礼制虽时而渐有变化，此等仪节，自不可与后来"既祼而迎牲"视之。

甲骨文之祼，或作如下之形：

（花东178）。

此字从又从束，从祼，为一会意之字。字像人持酒器灌酒形。从又从束，表示以束茅缩酒。此字可以视作祼的会意，表明祼与束茅关系密切。

又甲骨文有以下诸字：

（合377·宾间A）　（合15818宾三）　（合15819宾三）

（怀120）。

此字正像以束茅滤酒之形，即文献之"缩酒"。许慎对"茜"字

---

① 参见宗福邦、陈世铙、萧海波编《故训汇纂》，第1609页。
② 王国维根据卜辞认为王宾是先王，殷周称先王为王宾，杨筠如说同。参见杨筠如《尚书核诂》卷4，陕西人民出版社，2005，第333页。这种看法似非。从语法上看，王宾若成单独的名词，则孤立。若如王、杨说，则此句缺宾语，与卜辞语法不合。动词"杀"禋作谓语亦孤立。宾之用法，小盂鼎："咸，宾即位。""宾"指邦宾。《洛诰》之"宾"，当指助祭者。"王宾杀"，古代君王祭祀亲自杀牲，卿大夫（宾）助之，见《礼记·郊特牲》。
③ 王国维认为此为"文王、武王皆因禋祀而来格也"。参见王国维《观堂集林》卷1，第37~38页。《逸周书·酆保解》："恭敬齐洁，咸格而祀于上帝"，亦有"咸格"。黄怀信等：《逸周书汇校集注》卷3，第197页。
④ 王国维：《观堂集林》卷1，第43页。

的解释，比较符合古文字的字形。西周早期青铜器亢鼎记载公赏赐臣属"茅屏、鬯觚"，李学勤认为，茅屏既可以作为灌祭时缩酒之用，鬯酒用为灌祭。① 则茅草用于裸祭，有古文字以及金文作为依据。

其次，裸尸应属另一仪节，与用郁鬯裸地降神无涉。第一，灌而降神之礼，乃索神于虚无，希望以鬯酒的芳香感格神灵。若献郁鬯于尸为降神之灌，尸乃神象，如何神自所取？是以陈祥道云："尸，神象也，神受而自灌，非礼意。"② 第二，若王与后"初裸、亚裸"之仪为以郁鬯献尸，尸"祭之、啐之、奠之"，这与降神之旨扞格，诚如清人应㧑谦所云："啐之是飨味，奠之则非达于渊泉。"③ 至于"祭之"，贾公彦认为"尸受灌地降神，名为祭之"，秦蕙田谓"祭之便是灌地降神达于渊泉矣"，二说皆非。"祭之"应类似于"祭食"之仪，以少许酒献神，与《仪礼·乡饮酒礼》以及祭礼中的"祭酒"之仪相同。此"祭之"显非灌鬯降神之意。因此，如果认为尸仅"啐之""奠之""祭之"，则与"鬯臭""致阴气"矛盾。故裸尸非降神之礼。第三，裸尸属献尸，与宾客、飨礼之裸相类，若尸降神，且又受献，岂非混淆。况且《礼记·祭统》明言"献之属，莫重于裸"，其意强调裸重在"献"。王国维云："夫裸之事，以献尸为重，而不以尸之祭酒为重"，④ 此言为是。既然裸礼以郁鬯献尸为重，裸尸之事何必再与降神之礼纠葛？因此，裸尸非为降神之礼。裸尸所以名裸者，可能因用郁鬯之故。

综上论述，两周宗庙之裸，有如下几种：一为降神之裸，以郁鬯浇洒于束茅之上，鬯酒沥下于地，芬芳通达于上下，以感格神灵；一为裸尸之礼，以鬯酒献尸，尸受之，祭酒，品尝下即奠，此为祭祀献

---

① 李学勤：《亢鼎赐品试说》，载李学勤《中国古代文明研究》，华东师范大学出版社，2005，第87~90页。
② 陈祥道：《礼书》卷85，《景印文渊阁四库全书》（第130册），台湾商务印书馆，1983。
③ 秦蕙田：《五礼通考》卷87，《景印文渊阁四库全书》本。
④ 王国维：《观堂集林》卷1，第48页。

尸之礼，故《礼记·祭统》云"献之属，莫重于裸"。

三 宾客之礼中的祼

祼鬯之礼，殷商时期亦施行于宾客礼中。卜辞云：

> 癸巳卜：子祼，惠白璧肇丁。（《花东》37）

上例卜辞，盖指子为商王武丁祼鬯①，此礼同于周代之祼献，然后以白璧作为酬币以劝侑。②

周代，祼有祭祀之祼，有宾客礼之祼③。在祼的仪节上，二者有同有异，下面试考析之。

（一）礼宾之祼

主人以酒浆等饮宾，以申主人之敬诚，称为礼宾，若以醴待宾则曰"醴"，不用醴酒则谓之"傧"。诸侯朝见天子，或诸侯互相朝见，待朝享礼结束，天子或主国国君以郁鬯礼宾，此亦谓之祼，乃属于礼宾之祼。诸侯朝天子，天子以郁鬯祼宾。《周礼·天官·小宰》："凡宾客赞祼。"郑玄注："唯祼助宗伯。"贾疏："宾客赞祼者，谓诸侯来朝，朝享既毕，王礼之有赞灌酢之事也。"《礼记·郊特牲》云："诸侯为宾，灌用郁鬯，灌用臭也。"孔疏："灌犹献也。谓诸侯来朝，在庙中行三享竟，然后天子以郁鬯酒灌之也。"④

诸侯相朝之祼，如《礼记·礼器》载："诸侯相朝，灌用郁鬯，无笾豆之荐。"孔疏：

---

① 陈剑认为丁即商王武丁。参见陈剑《说花园庄东地甲骨卜辞的"丁"——附：释"速"》，《故宫博物院院刊》2004年第4期，第51~63页。
② 此礼类似于周代饮食礼之侑币、酬币。
③ 参见《周礼》中《小宰》《大宗伯》《小宗伯》《肆师》《郁人》《典瑞》等篇。
④ 李学勤主编《十三经注疏·礼记正义》卷25，第772页。

朝享礼毕，未飨食之前，主君酌郁鬯之酒以献宾，示相接以芬芳之德，不在肴味也。何以知朝享毕而灌？按《司仪职》云：凡诸公相为宾，将币毕，云傧亦如之。郑云：傧，谓以郁鬯礼宾也。上于下曰礼，敌者曰傧，而引《礼器》"诸侯相朝，灌用郁鬯，无笾豆之荐"，谓此朝礼毕。①

朝礼礼宾有祼者，限于天子、诸侯而已，卿大夫以下并无祼，而是以醴礼宾而已。

宾客礼中的祼法，后世学者多认为宾礼以及飨礼中的祼，乃以郁鬯灌于地，让宾客嗅到香气。② 此说于理不合。《周礼·春官·典瑞》："祼圭有瓒以肆先王，以祼宾客。"郑玄注："爵行曰祼。"贾疏："至于生人饮酒亦曰祼，故《投壶礼》云奉觞赐灌，是生人饮酒爵行亦曰祼也。"《礼记·投壶》云："当饮者皆跪奉觞曰赐灌。"郑玄注："灌犹饮也。"可证灌有饮义。③《国语·周语上》："王乃淳濯飨醴，及期，郁人荐鬯，牺人荐醴，王祼鬯，飨醴乃行。"韦昭注："灌鬯，饮醴，皆所以自香絜也。"④ 既然是自香洁，则祼鬯非祼于地，而是自啜郁鬯。上引《周礼·小宰》郑玄注云："凡郁鬯，受，祭之，啐之，奠之。"孙诒让《周礼正义》亦云："祼之言灌，谓啐之也。"⑤ 当是，故祼礼饮酒并不卒爵，而是啐之以歆鬯酒之芬芳。

---

① 李学勤主编《十三经注疏·礼记正义》卷23，第727页。
② 杨宽："'乡饮酒礼'与'飨礼'新探"，第297~298页；杨伯峻编著《春秋左传注》，第970~971页。
③ 诸侯加冠亦行祼礼。《左传·襄公九年》："君冠，必以祼享之礼行之。"杜预注："祼谓灌鬯酒也。享，祭先君也。"王国维认为："诸侯冠礼之祼享，正当士冠礼之醴或醮。"醴，指三加冠之后，宾以醴酒饮冠者；醮，"酌而无酬酢曰醮"。诸侯冠礼之"祼享"乃宾酌鬯酒以礼加冠者。按照《仪礼·士冠礼》，宾醴加冠者，加冠者品尝下醴酒即奠之，不卒爵。凌廷堪《礼经释例》云："凡醴皆用觯，不卒爵。"参见《礼经释例》卷5，第247~248页。
④ 参见《国语》卷1，上海古籍出版社，1978，第18~19页。
⑤ 孙诒让：《周礼正义》卷37，第1507页。

西周铜器鄂侯驭方鼎云:"鄂侯驭方内(纳)壶于王,乃祼之,驭方友(侑)王,王休偃,乃射"(《集成》5.2810,《铭图》5.2464)。此祼应非祭祀之仪,而是宾客之礼中的祼。该铭文指周王南征回返临时驻跸,鄂侯朝周王,王嘉奖鄂侯而礼之以鬯酒。此祼,指王礼鄂侯以鬯酒。"侑"乃酬酢之意,盖王命之,驭方则酬酢王。①

(二)飨礼之祼

大飨礼是否有祼,无经文可征。以礼宾之节推之,上公九献,则王一献,王后亚献皆祼。侯伯七献,子男五献,则唯王祼而已。至于饮献之数,是否即包含祼,古今学者说法并不一致。孙诒让《周礼正义》云:

> 凡祼亦通谓之献,故《祭统》以祼为献之属,《内宰》亦云祼献是也。此王礼宾,再祼一祼,祼后别无献酒,飨宾则祼献两有。凡九献者,再祼后有七献;七献者,一祼后有六献;五献者,一祼后有四献:是献者该祼而言之。②

孙诒让认为,礼宾之祼,有祼酢而无献。飨礼之祼属于献,九献之初祼、亚祼即九献之初献、亚献;七献、五献之初献即初祼。此外,孙希旦与孙诒让之说相同。此说可从,《礼记》云"献之属,莫重于祼",可证祼属于献。

飨礼有大牢、有酒、有凭几,由于务在行礼致肃敬,"享以训共

---

① "侑"亦有助之意,但若理解为驭方佐助王饮食,似不妥。《左传·庄公十八年》:"虢公、晋侯朝王。王飨醴,命之宥。皆赐玉五瑴,马三匹。非礼也。王命诸侯,名位不同,礼亦异数,不以礼假人。"《左传·僖公二十五年》云:"晋侯朝王。王享醴,命之宥。"此"宥"如王念孙、王国维所云,指周王命虢公、晋侯酬酢。参见杨伯峻编著《春秋左传注》,第207页。

② 孙诒让:《周礼正义》卷71,第2968~2969页。

俭"(《左传·成公十二年》),故"设机而不倚,爵盈而不饮",飨礼酒食也非供大快朵颐,而是以求备物象德。《左传·僖公三十年》:"冬,王使周公阅来聘,飨有昌歜、白黑、形盐。辞曰:'国君,文足昭也,武可畏也,则有备物之飨,以象其德;荐五味,羞嘉谷,盐虎形,以献其功'。"可见大飨礼之鬯酒,非为饮而设。故飨礼之祼献,主人祼宾,宾祭酒之后,即啐之、奠之,与祭祀祼尸之仪同。

综上所述,待宾之祼礼,其仪式虽不可详考,然其祼法大致可概括如下。其一,宾客之祼,乃酌郁鬯献宾。飨礼中的祼,乃属于献酒之节目。其二,飨礼祼献宾,宾乃祭之、啐之、奠之。其三,礼宾之祼,乃主人酌鬯酒以礼宾客。

四 祼礼所用鬯酒及郁鬯的制作

商周时期,祼礼所用之酒为鬯酒,在各品种的酒中,其地位之尊隆,罕见其匹,使用鬯者主要是天子、诸侯及一些高级贵族。《礼记·曲礼下》:"凡挚,天子鬯。"郑玄注:"挚之言至也。天子无客礼,以鬯为挚者,所以唯用告神为至也。"根据《殷周金文集成》铭文统计,西周金文中,周王赐鬯酒习见,赏赐鬯酒的数量一般不多,多为一卣,量多者有三卣[1],卣属于小郁彝,其容量应不会太大。而鬯总是名列赏赐物品之首,甚至居于金车、贝三十朋之前,足可见它的贵重。[2] 殷周时期,鬯酒是高级贵族身份地位与财富的象征,周王赏赐臣属以鬯酒,同时也即赐予臣下一次或多次举行祼祭的资格。

鬯是以一种名"秬"的黑黍为原料酿造的酒。《诗·大雅·江汉》:"厘尔圭瓒,秬鬯一卣。"郑笺:"秬鬯,黑黍酒也,谓之鬯者,

---

[1] 殷墟甲骨文中记载,殷人使用鬯酒的数量较大,推测其酿造酒的原料为黍。
[2] 例如,"郁鬯、白金、乌牛"(《集成》8.4132);"秬鬯一卣、金车"(《集成》8.4302、4318、4319),"秬鬯三卣、贝三十朋"(《集成》5.2754)。

芬香条鬯也。"孔疏云："《礼》有郁鬯者，筑郁金之草而煮之，以和秬黍之酒，使之芬芳条鬯，故谓之郁鬯。鬯非草名，而此《传》言鬯草者，盖亦谓郁为鬯草。何者？《礼纬》有秬鬯之草，《中候》有鬯草生郊，皆谓郁金之草也。以其可和秬鬯，故谓之鬯草，毛言鬯草，盖亦然也。"① 以上郑、孔两家解释颇为明晰，秬鬯为以秬为原料酿造的酒，而郁鬯则是一种调和以郁金汁的鬯酒。②

秬是一种黑黍，其味道芳香，而秠是黑黍中一稃二米者。稃，即谷粒之壳。所谓"一稃二米"，即一个谷壳中含有两颗米粒。《诗·大雅·生民》："维秬维秠"。毛传："秬，黑黍也；秠，一稃二米也。"③《尔雅·释草》："秬，黑黍。秠，一稃二米。"郭璞注："秠亦黑黍，但中米异耳。汉和帝时任城生黑黍，或三四实，实二米，得黍三斛八斗。"邢疏云："李巡曰：'黑黍一名秬黍。'秬，即黑黍之大名也。秠，是黑黍之中一稃有二米者，别名之为秠。若然，秬、秠皆黑黍矣。而《春官·鬯人》注云：酿秬为酒，秬如黑黍，一秠二米。言如者，以黑黍一米者多，秬为正称，二米则秬中之异，故言如，以明秬有二等也。"④

一说，酿鬯酒需用一稃二米之黍。《白虎通·考黜》篇："秬者，黑黍，一稃二米。鬯者，以百草之香郁金合而酿之，称为鬯。"⑤《说文》云："𩰯，黑黍也，一稃二米，以酿也。"《论语·八佾》皇侃疏："煮郁金之草取汁，酿黑秬一秠二米者为酒。酒成则气芬芳调畅，故呼为'鬯'，亦曰'秬鬯'也。"一秠二米的黑黍较为罕见，故被视为

---

① 李学勤主编《十三经注疏·毛诗正义》卷18，北京大学出版社，1999，第1245~1246页。
② 西周金文中有"鬯""秬鬯""郁鬯"等三名，秬鬯与郁鬯应有差别。单独称鬯者，应为秬鬯；金文中单称郁者，应为郁鬯的简称。
③ 李学勤主编《十三经注疏·毛诗正义》卷17，第1071页。
④ 李学勤主编《十三经注疏·尔雅注疏》卷8，北京大学出版社，1999，第240页。
⑤ 陈立：《白虎通疏证》卷7，中华书局，1997，第309页。

奇物，但恐产量较小，而殷周时期用于祭祀、宾客等礼中的鬯酒，其需求量是较大的（这一点在甲骨刻辞中体现得颇为明显），故鬯酒使用的原料主要是秬这种黑黍，而一秠二米之黍酿造之酒则更为珍贵。

郁鬯亦见于西周金文，叔簋铭文云："赏叔郁鬯、白金、芻牛"（《集成》8.4132）。秬鬯和以郁金根所煮之汁液，有芬芳的香味，是为"郁鬯"。做郁鬯之草，为郁金，或名曰鬯草。《说文》云："郁，芳草也，十叶为贯，百廿贯，筑以煮之为郁，从臼缶一鬯，彡其饰也。一曰郁鬯，百草之华，远方郁人所贡芳草，合酿之以降神，郁，今郁林郡也。"郁金非中土所产，故弥足珍贵。又因所煮郁金汁呈现黄色，和于鬯酒中，故《诗·大雅·旱麓》称郁鬯为"黄流"。①

郁鬯的制作，《周礼·春官·郁人》："凡祭祀、宾客之裸事，和郁鬯，以实彝而陈之。"贾公彦疏云："和鬯人所造秬黍之鬯酒也。为宗庙宾客用郁者，则肆师筑郁金草，煮之以和鬯酒，更和以盎齐，泲之以实彝，陈于庙中飨宾客及祭宗庙之处也。"大致可考者有如下环节。

一是捣郁。捣郁金块根用杵臼。《礼记·杂记上》云："畅，臼以椈，杵以梧。"郑玄注："椈，柏也。"捣煮郁草是在祭祀之日将行裸礼之时临时而为之，《周礼·春官·肆师》云："及果，筑郁。"郑玄注引郑司农语云："筑者，筑香草，煮以为鬯。"其原因，罗愿《尔雅翼》认为："先王以郁为香物，久则失其芬芳，故至时旋取以和郁，

---

① 郁，草名。《周礼·春官·郁人》郑司农注以及许慎《说文解字注》皆认为是捣郁金之叶而作郁鬯。另外有学者认为是用郁金的根块。罗愿《尔雅翼》云："郁，郁金也，其根芳香而色黄。古者酿黑黍为酒，所谓秬者，以郁草和之，则酒色香而黄，在器流动，《诗》所谓'黄流在中'者也。"此郁金为多年生草本姜科植物，中医以块根入药，古人亦用作香料。今日所谓郁金香，是外来的一种香草，与《周礼》的郁金非一物。又《诗·大雅·旱麓》："瑟彼玉瓒，黄流在中。"郑笺："黄流，秬鬯也。"孔疏："酿秬为酒，以郁金之草和之，使之芬香条鬯，故谓之秬鬯。草名郁金，则黄如金色；酒在器流动，故谓之黄流。"对"黄流"的解释，古今学者聚讼纷纭，此从郑玄说。

则色香俱新絜，芬香调达，故《肆师职》言及祼筑鬯，大宾客涗筵几筑鬯，则祭之入郁在临祼之时，而宾客入郁在已陈筵几之后，其序可见矣。此亦新尊絜之之义也。"① 郁鬯芳香久则失，故临祭或临宾客礼时始捣筑煮郁，取新洁之意，罗说乃中的之论。

二是煮郁金。按照郑司农之注解，煮郁金是在鐎中。鐎，鐎斗，其前身是青铜盉。青铜盉可以烹煮郁金，亦可以调和郁金汁液与鬯酒，并兑加益齐。②

三是将郁汁和鬯酒。《周礼》中有鬯人、郁人二职，鬯人掌鬯酒事宜，郁人则掌调和鬯酒和郁金汁。

四是澄滤。《周礼·春官·鬯人》："郁齐献酌"，郑玄注："献读为摩莎之莎，齐语，声之误也。煮郁和秬鬯，以盏酒摩莎沛之，出其香汁也。"

周代以鬯酒祼祭，与周人尚臭的文化崇尚密切相关。据西周金文以及《诗经》记载，在周人观念中，祖先神灵位于天庭，在上帝之左右，如《诗·大雅·文王》曰："文王在上，于昭于天"，"文王陟降，在帝左右"。据学者研究，金文中的"严在上"是指祖先死后神灵归于天，且状甚威严。③ 先祖神灵在上，则宗庙祭祖需降神，而降神之物，周人认为芬芳的气嗅为神所喜好，故尤其重视郁鬯、黍稷等祭品的馨香气嗅。西周铜器伯㸒簋铭文云："其日夙夕用厥馨香敦示（祀）于厥百神，亡不鼎，燹（芬）夆（芳）馨香，则登于上下，用匄百福万年。"④ 铭文的意思是祭品的馨香升腾，"登于上下"。李学勤据此铭

---

① 罗愿：《尔雅翼》卷1，《钦定四库全书荟要》本。
② 贾洪波先生认为爵乃煮郁金草的器物，参见贾洪波《爵用新考》，《中原文物》1998年第3期，第37~38页。但爵形制较小，容量太小，此说难以成立。
③ 刘源：《商周祭祖礼研究》，商务印书馆，2004，第271页。
④ 本簋铭诸家考释略有差异。此处释文参考了裘锡圭的考释。参见裘锡圭《㸒簋铭补释》，载《裘锡圭学术文集》（第3卷），复旦大学出版社，2012，第176~186页。

指出,"尚嗅"是周人祭祀的中心原则。①

五 祼礼用器考

祼礼用器,可以分为盛鬯酒之器与行祼礼之器。下面分类考察祼器。

(一) 盛鬯酒器

郁鬯经过澄滤之后,盛于彝器中。《周礼·春官·小宗伯》有六尊之名,"辨六尊之名物,以待祭祀宾客"。《周礼·春官·司尊彝》:"司尊彝,掌六尊、六彝之位。"六尊为牺尊、象尊、著尊、壶尊、大尊、山尊六种不同形状的尊,这些礼器的形制,多难以考证,下面试论之。

一是牺尊,简称"牺"。古今学者对牺尊的解释不一。②《礼记·礼器》孔颖达疏:"王肃云:'太和中,鲁郡于地中得齐大夫子尾送女器,有牺尊,以牺牛为尊。然则象尊,尊为象形也'。"《说文》:"牺,宗庙之牲也。"《左传·昭公二十二年》:"自惮其牺也。"宗庙祭祀用牲有六牲之说,牛、羊、豕、犬等皆可为牺牲,故牺尊包括今所谓青铜制作的牛尊、羊尊、猪尊、兔尊等(《铭图》11747)。③此类兽形尊均背上开口以便于注酒、挹取,且有盖以防尘。

二是象尊,简称"象",即今之考古出土的象形青铜尊,如美国弗利尔美术馆所藏象尊以及宝鸡茹家庄 M1 出土之象尊,应即《周礼》之象尊,为重要的宗庙彝器。象尊背上或颈部开口以便于注酒或挹酒。

考古出土之牺尊、象尊,形象生动逼真,制作精美华丽,诚为宗

---

① 李学勤:《文物中的古文明》,商务印书馆,2008,第289~294页。
② 参见孙诒让《周礼正义》卷38,第1513~1541页。
③ 周代尚有木制牺尊。如《庄子·天地》云:"百年之木,破为牺尊,青黄而文之。"《淮南子·俶真训》:"百围之木,斩而为牺尊。"

庙之重器。《礼记·明堂位》:"季夏六月,以禘礼祀周公于大庙,牲用白牡,尊用牺、象。"禘为宗庙大祭,此时用牺尊与象尊,足见这类尊之尊崇。《左传·定公十年》:"且牺象不出门,嘉乐不野合。"杜预注:"牺、象,酒器,牺尊、象尊也。"牺尊、象尊平时置于宗庙中,不可擅出庙门。

三是著尊,传统认为是殷商之尊。《礼记·明堂位》:"著,殷尊也。牺、象,周尊也。"郑玄注:"著地无足。"此"无足"指器物无三足或四足。据郑玄注,著尊是着地无足之尊或有圈足之尊,著尊包括考古出土称为"尊"的青铜器,此类器侈口,腹部粗而鼓胀,高圈足,形体较宽。许多尊器形宏伟,肩腹部装饰有兽面纹或其他纹饰,精丽繁缛,属于宗庙重器。

四是壶尊,即壶类器,器形或方或圆,有盖,或有耳,或有提梁。张辛认为包括今所谓壶、卣、有盖扁圆觯等,应是。① 孟戬父壶铭文云:"孟戬父作郁壶"(《集成》9571)。鄂侯驭方鼎铭文云:"鄂侯驭方纳壶于王,乃祼之"(《集成》5·2810,《铭图》5·2464)。由上两器铭文,可知鬯酒亦可盛于壶中。

五是大尊,或曰瓦大、泰。《周礼·春官·司尊彝》:"其朝践用两大尊。"郑玄注:"大尊,太古之瓦尊。"也即陶制之尊。《礼记·明堂位》:"泰,有虞氏之尊也。"郑玄注:"泰用瓦"。《仪礼·燕礼》:"公尊瓦大"。郑玄注:"瓦大,有虞氏之尊也;《礼器》曰:'君尊瓦甒'。"瓦大即瓦甒。殷周时期,盛酒陶器有缶,其形体较大,多素面无饰。《礼记·礼器》云:"五献之尊,门外缶,门内壶,君尊瓦甒:此以小为贵也。"在祭祀等礼仪中,由于缶形体大②,陈于庙门外。大

---

① 张辛:《器与尊彝名义说》,载《黄盛璋先生八十华诞纪念文集》,中国教育文化出版社,2005年,第205~224页。
② 实际出土之缶,也有小于壶者。

尊盖即今考古学上之陶尊。

六是山尊，或曰山罍，《周礼·春官·司尊彝》："其再献用两山尊。"郑玄注："山尊，山罍也。《明堂位》曰：'泰，有虞氏之尊也。山罍，夏后氏之尊'。"山尊形制，聂崇义《三礼图》引郭璞语云："山罍形似壶大者，受一斛。"古籍常以尊罍并称，山尊盖即今之罍。考古出土的罍亦属尊类，为盛酒醴器，体形较大。

《周礼·春官·司尊彝》"六彝"分别是鸡彝、鸟彝、斝彝、黄彝、虎彝、蜼彝。

一是鸡彝，《礼记·明堂位》："灌尊，夏后氏以鸡夷，殷以斝，周以黄目。"郑玄注："夷读为彝"。邹衡认为鸡夷（彝）就是二里头文化的封口盉，也就是龙山文化中常见的陶鬶。他说："如果我们看看山东龙山文化中常见的红陶鬶，不用解释，就会想到这件陶器活像一只伸颈昂首、伫立将鸣的红色雄鸡。其实不独鬶如此，夏文化中常见的封口盉又何尝不像一只黑色或灰色的雄鸡！原来它们可能都是由共同的祖型——大汶口文化的鸡彝发展来的。"邹先生进一步论证道，因此器产生在东方并特别流行于东夷地区，故有"夷"名。而金文中"彝"字的字形，像将鸡翅膀用绳索捆缚，左边落下血滴，表示宰后用双手捧送供神之状。古代有用杀鸡来盟誓的，用鸡祭祀更是东方的风俗。"正因为红色雄鸡是用于祭祀的牺牲品，而红色陶鬶是用于祭祀的'彝器'。"① 此可备一说。李先登认为夏商时期的青铜"封口盉"应称作鬶，为灌酒之器。②

二是鸟彝，即鸟形尊。依据郑玄注，鸟指凤凰。晋侯墓地 M114 出土一件凤鸟尊，尊作伫立回首的凤鸟形，头微昂，圆睛凝视，高冠直立。禽体丰满，两翼上卷，鸟背依形设盖，盖钮为小鸟形。双腿粗

---

① 邹衡：《夏商周考古学论文集》，文物出版社，1980，第147~157页。
② 李先登：《试论青铜鬶》，《中原文物》2008年第4期，第56~59页。

壮，爪尖略蜷。凤尾下设一象首，惜象鼻残缺，依据象首曲线分析，象鼻似该内卷上扬，与双腿形成稳定的三点支撑，凤鸟颈、腹、背饰羽片纹，两翼与双腿饰云纹，翼、盖间饰立羽纹，以雷纹衬地，尾饰华丽的羽翎纹。鸟尊的盖内和腹底铸有铭文"晋侯作向太室宝尊彝"（《铭图》11713），可证其确为宗庙礼器。

三是斝彝，即今考古学定名之斝。礼书中提到的斝，乃灌礼时所用的一种盛鬯酒器。《礼记·明堂位》云："灌尊，夏后氏以鸡夷，殷以斝，周以黄目。"《周礼·春官·司尊彝》："春祠夏禴，祼用鸡彝、鸟彝。秋尝冬烝，祼用斝彝、黄彝。"《左传·昭公十七年》也说："若我用瓘斝、玉瓒"，可证斝也可用于祼礼。

斝字，甲骨文作双柱平底斝之象形，有三足，双柱，无流、尾。目前考古学定名的斝，其形状像爵，但体形较大，有三足、两柱、一鋬，圆口，无流及尾，通高多为20厘米至30厘米。甲骨文斝字形与出土青铜斝形制符合，故目前定名为斝的器物即甲骨文之斝，应无问题。

斝的形制较多，器身有圆形、方形两种，有的有盖，有的无盖；口沿上有一柱或二柱，柱有蘑菇形、鸟形等不同形式；腹有直筒状、鼓腹状及下腹作分裆袋状几种；底有平底、圆底；足有三足、四足、锥空足、锥状实足、柱形足等。

王国维《说斝》一文引用罗振玉之说，认为甲骨文有斝字，因其字形与古文"散"字相近，经籍中便将酒器的"斝"讹为"散"。《礼记·礼器》所说的"尊者献以爵，卑者献以散"中的"散"即斝。[①] 但《礼记》中的"散"属于饮酒器，目前出土的青铜斝，有的体形较大，口沿外侈，作为饮酒器显然不合适。

四是黄彝，张辛先生认为或即今所谓觥或觵，俗曰"黄目"。[②] 目

---

① 王国维：《观堂集林》卷3，第145~146页。
② 张辛：《器与尊彝名义说》，中国教育文化出版社，2005，第205~224页。

前考古学上定名为兕觥的青铜器，为椭圆形或方形器身，圈足或四足，带盖，盖做成有角的兽头或长鼻上卷的象头状。有的觥全器做成动物状，头、背为盖，身为腹，四腿做足。然觥与兽形尊不同，觥盖做成兽首连接兽背脊的形状，觥的流部为兽形的颈部，可用作倾酒。容庚认为有的觥附斗，是盛酒器，而不是饮酒器，应是对的。

但《诗·豳风·七月》云："称彼兕觥，万寿无疆。"兕觥可举，似为饮酒器。《说文·角部》："觵，兕牛角，可以饮者也。"许慎亦认为觥也可以作为饮酒器。朱凤瀚力辨兕觥乃角形饮酒器。① 综合看来，兕觥是用野生水牛的角制作的一种饮酒器。② 考古出土有青铜角形器，1959 年山西省石楼桃花庄出土龙纹铜兕觥，此件兕觥前端龙首，盖面饰有透迤的龙体，与前端的龙头相衔接，浑然一体。口部两排锯齿形牙的间隙可注酒。器身两侧饰夔龙纹和鼍纹，头部均向后方。③

又《诗·周南·卷耳》云："我姑酌彼兕觥"。据此，觥似为盛酒器，而非饮酒器。④ 今日定名为"觥"的器物是否即文献记载的"觥"，有待继续研究。

五是虎彝，即今考古出土之虎形铜尊。陕西宝鸡出土了一件青铜虎尊，通高 25 厘米、长 75 厘米，背有长方孔，失盖，遍体饰斑纹。⑤

六是蜼彝，此器的形制诸说纷纭。郑玄注："蜼，禺属，卬鼻而长尾。"贾公彦疏："虎彝、蜼彝相配，皆为兽。"目前并未发现类似猴形之器。一说认为蜼是鹰隼之类的猛禽，这类青铜器目前也有发现，

---

① 朱凤瀚：《中国青铜器综论》，上海古籍出版社，2009，第 191~194 页。
② 兕是一种野生水牛，参见雷焕章《兕试释》，《中国文字》1983 年第 8 期，第 84~110 页。
③ 谢青山、杨绍舜：《山西吕梁县石楼镇又发现铜器》，《文物》1960 年第 7 期，第 51~52 页。
④ 学者对此也多有解释，如屈万里《兕觥问题重探》一文，认为"应训盛酒饮人，以彼兕觥"，参见屈万里《兕觥问题重探》，载《金文文献集成》（第 37 册），线装书局，2005，第 451~452 页。但感觉于文义还是难安，此存疑以待贤者。
⑤ 朱凤瀚：《中国青铜器综论》，第 183 页。

如安阳小屯 M5 出土之鸮鹑尊即是。一说认为是虺蛇,高亨认为"蜼彝者,器形作虺形者(即四脚蛇)也"。张辛从高说,认为蜼彝即今所谓镳类器。① 推测蜼彝属于一种仿照动物制作的宗庙彝器,至于何种动物,似高、张之说较优。

需要说明的是,裸礼盛鬯酒之器较多,或壶,或卣,或罍,《周礼》之六彝,不过是选取商周时期六种宗庙彝器以为六彝,其目的可能与《周礼》作者的"五行""取象"等思想观念有关。又,先秦器物存在一器多用现象,故在探讨商周裸礼盛鬯器时,不可拘泥于《周礼》之"六尊""六彝"的分类以及其对尊彝功能的论述。

(二)酌酒器:勺、斗

勺、斗为两种相似的器物,古训多互训。《说文》木部:"枓,勺也。"裸礼中,以勺、斗等酌鬯将鬯酒注之于瓒中。据《周礼》,挹取鬯酒者多以斗。《周礼·春官·鬯人》:"大丧之大渳,设斗,共其衅鬯。"《诗·小雅·大东》"维北有斗,不可以挹酒浆",可知,"挹酒浆"用的是斗、枓(或勺)。

《礼记·明堂位》云:"灌尊……其勺,夏后氏以龙勺,殷以疏勺,周以蒲勺。"裸礼酌酒是以这三种勺为之。根据郑玄注,"龙,龙头也。疏,通刻其头。蒲,合蒲如凫头也。"龙勺乃刻为龙头形,此种形制的勺考古发现未见。疏勺,盖柄部雕镂纹饰的勺子,这种勺子,殷周墓葬中发现多例。蒲勺,刻为野鸭头形,考古出土之勺未见此形制的勺。孙诒让据《考工记·梓人》,认为蒲勺系以木为之。

勺与斗的差别,学界认识不一。据商周甲金文勺、斗的字形,学者多认为,勺,其柄乃与杯体的口部连接;斗,柄部与杯体部分的腰

---

① 张辛:《器与尊彝名义说》,第 205~224 页。

际连接。① 实际上，在东周文献中，这两种器的功能多混淆。

(三) 行祼之器

两周金文以及文献典籍中，多见"瓒""玉瓒""圭瓒"等词，且与鬯酒连用。如先秦文献有云：

> 瑟彼玉瓒，黄流在中。（《诗·大雅·旱麓》）
> 若我用瓘斝玉瓒，郑必不火。（《左传·昭公十七年》）
> 祼圭有瓒，以肆先王，以祼宾客。（《周礼·春官·典瑞》）
> 祼圭尺有二寸，有瓒，以祀庙。（《考工记·玉人》）
> 祀周公……灌用玉瓒大圭。（《礼记·明堂位》）
> 君执圭瓒祼尸，大宗执璋瓒亚祼。（《礼记·祭统》）

两周金文资料中，多见周王或高等级贵族赏赐其臣属以瓒或鬯酒的记载：

> 鲜簋："（王）禘于昭王，鲜蔑历，祼。王赏祼玉三品、贝廿朋。"（《集成》10166）
> 敔簋："武公入右敔，告擒馘百、讯四十。王蔑敔历，使尹氏授敔圭瓒、贝五十朋。"（《集成》8.4323）
> 多友鼎："（武公）赐汝圭瓒一。"②
> 毛公鼎："（王）赐汝秬鬯一卣、祼圭瓒宝。"（《集成》5.2841）
> 师询簋："（王）赐汝秬鬯一卣、圭瓒。"（《集成》8.4342）

---

① 朱凤瀚：《中国青铜器综论》，第 269 页。
② 田醒农、雒忠如：《多友鼎的发现及其铭文试释》，《人文杂志》1981 年第 4 期，第 115~118 页。

卯簋盖："（荣伯）赐汝瓒璋四瑴、宗彝一将宝。"（《集成》4327）

容仲方鼎："子加荣中裸章一、牲大牢。"（《铭图》2412、2413）

玉瓒、圭瓒、璋瓒所指为何物，这是经学研究中的一个难题。郑玄注谓："圭瓒之状，以圭为柄，黄金为勺，青金为外，朱中央矣。"① 后儒多从其说。按《考工记·玉人》："黄金勺，青金外，朱中，鼻寸，衡四寸。"郑注云："鼻，勺流也，凡流皆为龙口也。衡，谓勺径也。三璋之勺，形如圭瓒。"鼻为勺流，亦即瓒吐水之流口，形为龙头，其口以吐鬯酒。又《诗·大雅·棫朴》："济济辟王，左右奉璋。"郑笺云："璋，璋瓒也。"②《尚书·文侯之命》："平王锡晋文侯秬鬯圭瓒。"伪孔传："以圭为杓柄谓之圭瓒。"孔颖达疏谓："圭瓒者，酌郁鬯之杓，杓下有槃，瓒即槃之名也；是以圭为杓之柄，故谓之圭瓒。"③ 据上引注疏，圭瓒、璋瓒俱为玉瓒，圭、璋指玉之类型，圭瓒以圭为杓柄，璋瓒以璋为杓柄，总称之玉瓒。但目前出土文物，尚未见如汉儒所述形制之圭瓒、璋瓒。又殷末铜器乙卯尊有云："王赏子黄瓒一、贝百朋"（《集成》11.6000，《铭图》21.11797）。李学勤、连劭名、王慎行等皆认为因瓒是黄金勺，故称"黄瓒"，并可印证《旱麓》"瑟彼玉瓒，黄流在中"之文，金文所云，与郑说圭瓒之状可互相参证，以补典籍之遗阙。④ 但是瓒的形制究竟如何，仍然是未解

---

① 李学勤主编《十三经注疏·毛诗正义》卷16，第1004页。
② 李学勤主编《十三经注疏·毛诗正义》卷16，第998页。
③ 《尚书正义》卷20，第799页。
④ 李学勤：《沣西发现的乙卯尊及其意义》，《文物》1986年第7期，第62~64页；连劭名：《汝丁尊铭文补释》，《文物》1986年第7期，第64~66页；王慎行：《瓒之形制与称名考》，《考古与文物》1986年第3期，第74~78页。

之谜。

瓒，故书并未见以之酌酒的明确记载，孙诒让认为："实则瓒虽为勺制，而祼祭则以当爵；其挹之，仍用蒲勺，不用瓒。"① 据此推测，瓒乃"勺形爵"，祼礼时用之行灌。

1976年陕西扶风云塘铜器窖藏出土两件勺状铜器，两器连铭，发掘者释为："伯公父作金爵，用献，用酌，用享，用孝于朕皇考，用祈眉寿，子孙永宝用耆。"② 贾连敏释"爵"为"瓒"，故名之为"瓒"；李家浩从之，并进一步申论其说③。"献"和"酌"正是文献所载瓒的功能，此铭可证瓒为饮酒器与酌酒器，并施用于祭祀礼仪中。这件青铜瓒的发现，为我们了解典籍记载的瓒的形制提供了重要的参考资料。据学者介绍，北京大学震旦艺术博物馆收藏着两件形制与伯公父瓒类似的玉瓒。两件玉瓒的柄短而勺部较大。一件通长14.7厘米，勺部口径7厘米、高5.2厘米。柄部扁平，其正面饰有一回首卷身的龙纹，背面平素无纹；瓒的勺部略微敛口，鼓腹假圈足。另一件玉瓒，通长16.8厘米，勺部口径9厘米、高4厘米，在这件玉瓒的柄部近勺处和勺底部有三个中空的圆柱状矮足；勺部和柄对称的一侧有一环形耳。瓒柄扁平，正面饰有兽面纹和虺龙纹；背面装饰有虺龙纹、勾喙凤鸟纹和云纹；柄的两侧缘则分别装饰一虺龙纹，龙身随着曲柄而弯曲。瓒的勺部直口，表面有五道凸棱，勺底则饰有虺龙纹。④ 这两器属战国时期。这种形制的瓒，与传统注疏所说的瓒有所差别。无论是上述青铜瓒或是玉瓒，其基本形制是短柄、圈足，瓒首作酒盅状，

---

① 孙诒让：《周礼正义》卷80，第3339页。
② 陕西周原考古队：《陕西扶风县云塘、庄白二号西周铜器窖藏》，《文物》1978年第11期，第6页。
③ 李家浩：《包山二六六号简所记木器研究》，载北京大学中国传统文化研究中心编《国学研究》（第2卷），北京大学出版社，1994，第525~554页。
④ 孙庆伟：《周代祼礼的新证据——记震旦艺术博物馆新藏的两件战国玉瓒》，《中原文物》2005年第1期，第69~75页。

扶风五郡西村窖藏出土的瓒，尚有鐎。① 这种器形的设计，可以将瓒奠置于地，同时也可以手持柄部或鐎以饮酒。

故此类器兼具酌酒、灌酒与饮酒等几种功能于一体；但从瓒有鐎有柄考虑，酌酒似不太方便，故酌酒应非其主要功能。同这种器形相类似，部分瓒的首部为杯形，江西新干大洋洲也出土了青铜瓒，主体为杯形，腹足交接处斜出圭状的尖首柄，饰云纹，其间二对凸目。1961年，陕西长安张家坡一西周窖穴内出土斗形器四件，其中二件为半圆形，敛口，外壁瓦垄纹，下有低圈足，一侧铸生扁平状不甚长之柄。另一式体如觚，侈口。柄铸于近底部，另加短柱连接。藏于法国巴黎基美博物馆的旧称为"亚舟斗"的青铜器，器形与伯公父瓒相同，也应为瓒。② 这类器形，学界也有称为"斗"者，但从器形以及有鐎来看，这类器也可作为饮酒器，故其与斗有所差别。

除铜瓒外，战国墓葬还出土了陶瓒，楚墓中则常见漆、木瓒，基本形制是有柄，瓒首为杯形或酒盅形，部分瓒首装饰鸟首（见图1）。

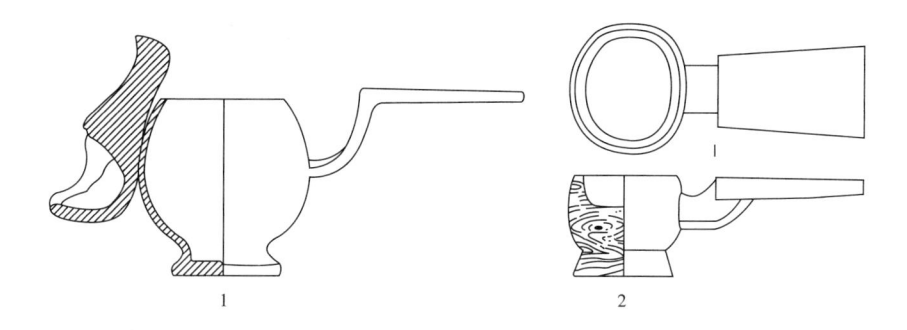

图1 周代的短柄瓒

资料来源：固围村M5陶瓒，参见中国科学院考古研究所《辉县发掘报告》，科学出版社，1956，图125；赵家湖CM3:6木瓒，参见湖北省宜昌地区博物馆等《当阳赵家湖楚墓》，文物出版社，1992，第156页，图113-6。

---

① 参见朱凤瀚《中国青铜器综论》，第273页，图3。
② 郭宝钧：《商周铜器群综合研究》，文物出版社，1981，第60页。

此外，有学者将长曲柄并类似圭形的斗亦认作瓒。① 这类长柄斗的柄部往往装饰着精美的纹饰（见图2）。这类斗应为酌酒器，即《明堂位》所云之"疏勺"，功能不同于出土的短柄瓒。

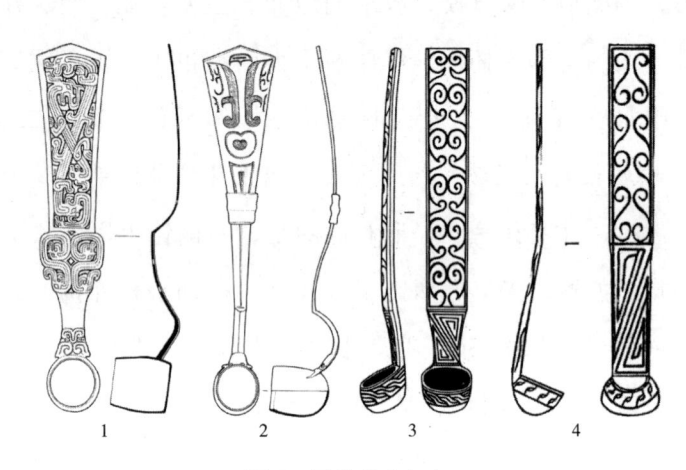

图 2　周代的斗与勺

资料来源：图片采自《周代裸礼的新证据——介绍震旦艺术博物馆新藏的两件战国玉瓒》，《中原文物》2005 年 1 期，1. 庄白 76FZH1：101；2. 庄白 76FZH1：99；3. 望山 M1：T172；4. 包山 M2：142。

但裸用圭瓒、璋瓒，文献记载凿凿有据，金文也有"裸玉"之说，其形制如何，究无实物证据。考古出土的斗、勺，有柄部中空有銎者，推测多接以木柄以便酌酒，但不排除后接玉柄的可能性。② 故汉唐经学家的解释，仍不可轻易否定。

爵亦可用于行灌礼，青铜爵的一般形状为前有流，后有尖锐状尾，

---

① 万红丽：《"瓒"的定名、形制及相关问题》，《东南文化》2004 年第 2 期，第 76~82 页；孙庆伟：《周代裸礼的新证据——记震旦艺术博物馆新藏的两件战国玉瓒》，第 69~75 页。
② 考古出土的玉柄形器，日本的林巳奈夫认为是瓒的把柄，文献中称为"大圭"，因属贵重之器，给予有资格参加仪式者佩藏。另李学勤曾论及柄形器与裸玉的关系，其暗含柄形器即璋之意，参见《说裸玉》，载《重写学术史》，河北教育出版社，2002，第 53~60 页。先秦时期，裸礼非一般贵族所能举行，而柄形器在贵族墓葬中出土较多，故以柄形器与裸玉联系，林氏、李先生的说法也颇启人疑窦。

中为杯，下有三足，流与杯口之际有双柱。对爵功能的认识①，不能忽略许慎的解释。《说文》云："爵，礼器也，角雀之形，中有鬯酒。又持之也。所以饮器象雀者，取其鸣节节足足也。"这表明爵可以盛鬯酒，即可用于裸礼。这一点，铜器鲁侯爵铭文云："鲁侯乍爵，鬯用尊茜（？）临（？）盟"（集成9096，《铭图》8580）。亦说明鬯酒与爵的关系，即爵可以盛鬯酒，从而印证了《说文》之说。爵作为酒器，其功能盖可有多种用途。根据爵有流有鋬的特征，爵在裸礼中的用法，是可以用之灌酒，亦可作为饮器用于裸献。②

此外，青铜同亦可行灌。考古出土的同，有喇叭形大侈口，腹内收，圈足外张，常与爵成套出土，或与斝相结合使用。同，考古学界旧称作觚。内史亳同铭文自铭"裸同"，可见以前称为觚的器物应更名为同，其功能之一是用于裸礼。③ 作为裸礼之器的同，见于《尚书》。《尚书·顾命》云：

> 乃受同瑁，王三宿，三祭，三咤。上宗曰："飨！"太保受同，降，盥，以异同，秉璋以酢，授宗人同，拜，王答拜。太保受同，祭，哜，宅，授宗人同，拜，王答拜。④

据此，同在礼典中，其功用一则可以盛酒以祭地，一则可以作为饮酒之用，不过仅是尝尝而已，并不卒爵。同的口沿多外侈，若作为饮酒器，其稍微倾斜，则酒容易倾洒，故非同一般意义上的饮酒器。⑤

---

① 铜角器，其名称乃沿用宋人所定之名，从其形制来看，恐非饮酒器，盖亦可用于裸礼。
② 爵的功能，盖有演变的过程。早期二里头文化的爵，流长，作为饮酒器很不方便，故它的功能和祭祀灌酒有关；后来，爵一器多用，可用于酳献。
③ 陶同这种器广见于殷商墓葬，而庶民很难拥有鬯酒行裸礼，故陶同并非仅仅为裸器。
④ 孙星衍：《尚书今古文注疏》卷25，第502~503页。
⑤ 如上文所论，裸献尸，尸对鬯酒是"哜之"，并不卒爵。故青铜爵、同等礼器可用于裸献。这一点可以有助于我们了解一些青铜酒器的功用。

内史亳同铭文表明其为祼器，其用法应是以之灌酒。而《尚书》云用同祭酒，其仪节与祼酒略同，皆是以酒灌地（或束茅上）。两相结合，则同之功能亦可行灌，此论应可成立。

经以上讨论，得出如下结论。

第一，殷商祼礼可以为一独立的祀典，主要用于对先祖与先妣的祭祀；西周早期，作为一种单独的祀典，周人亦施用于先祖祭祀。古代经学家"天地大神，至尊不祼"之说，稽诸西周金文，周人亦以祼礼祭祀上天，且为一重要的祀典，传统注疏说与金文记载明显不合。

第二，两周宗庙之祼，一为降神之祼，以郁鬯浇洒于束茅之上，鬯酒沥下于地，芬芳通达于上，以感格神灵；一为祼尸之礼，以鬯酒献尸，尸受之，祭酒，品尝下即奠，此为祭祀献尸之礼，故《礼记·祭统》云"献之属莫重于祼"。待宾之祼礼，其仪式虽不可详考，然其祼法大致可以概括如下。其一，宾客之祼，乃酌郁鬯献宾；飨礼中的祼，乃属于献酒之节目。其二，飨礼祼献宾，宾乃祭之、啐之、奠之。其三，礼宾之祼，乃主人酌鬯酒以礼宾客。

第三，先秦祼礼所用祼器，目前可考有六彝、瓒、爵、同等，《周礼》之六尊，在实际行礼中，亦可用于祼祭。

霸伯盂与西周时期的宾礼

2009年，山西省翼城县大河口西周墓地M1017号墓出土一件霸伯盂，器内铸有长篇铭文①，从器形及铭文书体看，为西周中期早段之物。盂铭内容涉及西周时期的傧礼、还赠、飨宴、郊送等礼仪，与《仪礼》《左传》等文献所记的宾礼仪节多有相合之处，为以往铜器铭文所未见，对了解和认识西周宾礼具有重要意义。本文拟对部分字词提出自己的看法，并对铭文反映出的礼仪做一考释，以求教于专家学者。

笔者按照自己的理解断句，将铭文迻录于下：

隹（唯）三月，王史（使）白（伯）考蔑尚麻（历），归柔（茅）、郁旁（芳）邕，臧［咸］，尚拜稽首。既稽首，延宾，瓒（赞）宾用虎皮再，毁（馈）用章（璋），奏（？）。翌日，命宾曰："拜稽首。天子蔑其臣麻（历），敢敏用章（璋）。"遣宾，瓒（赞）用鱼皮两，侧毁（馈）用章（璋），先马，又毁（馈）用玉，宾出。以俎或（又）延，白（伯）或（又）邍（原）毁

---

① 谢尧亭：《山西翼城大河口西周霸国墓地》，载国家文物局主编《2010中国重要考古发现》，文物出版社，2011，第65~73页；山西省考古研究所大河口墓地联合考古队：《山西翼城县大河口西周墓地》，《考古》2011年第7期，第11页。

（馈）用玉，先车，宾出。白（伯）遗宾于蒿（郊），或（又）舍（予）宾马。霸白（伯）拜稽首，对扬王休，用乍（作）宝盂，孙=（孙孙）子=（子子）其迈（万）年永宝。

下面按照礼节的开展以及传统的分节研读礼仪方法，分段对铭文的若干关键字及相关礼仪进行考释说明。

佳（唯）三月，王史（使）白（伯）考蔑尚麻（历），归柔（茅）、郁旁（芳）鬯，臧［咸］，尚拜稽首。既稽首，延宾，瓒（赞）宾用虎皮再，毁（馈）用章（璋），奏（?）。

"柔"，读作"茅"。茅，先秦祭祀礼仪常用于缩酒，论者已多，不赘。"郁芳鬯"，指散发出芳香气嗅的郁鬯。赐予祭祀用的鬯酒与茅，于金文中屡见。如西周早期青铜器亢鼎记载公赏赐臣属"茅屏、鬯俎"，李学勤认为，茅屏可以作为灌祭时缩酒之用，鬯酒用为灌祭①。祭神时，将束茅置于地，鬯酒自茅上浇下，其滓留于茅中，酒液则渗透而下，象神饮之。《说文》解释"莤"字云："礼祭，束茅加于祼圭，而灌鬯酒，是为莤，象神歆之也。"茅与郁鬯是祭祀时的一套组合，属于《周礼·秋官·大行人》所言之"祀物"。

"臧"，陈剑认为此字为"咸"之误，可从。咸，训为终，指礼成。使者赐予霸伯祀物的礼仪结束。

"延"，训为引、进。《吕氏春秋·重言》："乃令宾者延之而上"，高诱注："延，引也。"②《尔雅·释诂》："延，进也。"邢昺疏："延者，引而进也。"宾，指使者。"延宾"，指纳宾。

"瓒"，读为"赞"，在铭文中，表示进献之义。

---

① 李学勤：《亢鼎赐品试说》，第 87~90 页。
② 陈奇猷：《吕氏春秋新校释》卷 18，上海古籍出版社，2002，第 1167、1173 页。

"毁",李学勤读为"馈"①,赠送之义。兹从之。赠贿礼物在先秦宾客往来中是常有的事,这在先秦文献中常见提及,如:

秦伯使西乞术来聘,且言将伐晋。襄仲辞玉,曰:"君不忘先君之好,照临鲁国,镇抚其社稷,重之以大器,寡君敢辞玉。"对曰:"不腆敝器,不足辞也。"主人三辞。宾客曰:"寡君愿徼福于周公、鲁公以事君,不腆先君之敝器,使下臣致诸执事,以为瑞节,要结好命,所以藉寡君之命,结二国之好,是以敢致之。"襄仲曰:"不有君子,其能国乎?国无陋矣。"厚贿之。杜注:"贿,赠送也。"(《左传·文公十二年》)

孟献子聘于周。王以为有礼,厚贿之。(《左传·宣公九年》)

贿荀偃束锦、加璧、乘马,先吴寿梦之鼎。(《左传·襄公十九年》)

宋人重贿之。(《左传·襄公二十年》)

执贿币以告,曰:"某君使某子贿。"(《仪礼·聘礼》)

《仪礼·聘礼》记载遭遇主国之丧"不贿,不礼玉,不赠"。

文献中,馈赠礼物或用贿表示,"贿"后或说明用何物,如《仪礼·聘礼》云:"贿用束纺。"郑玄注:"贿,予人财之言也。"《穆天子传》卷二:"贿用周室之璧。"郭璞注:"贿,赠贿也。"② "贿用某"这一表达方式与铭文同。

---

① 李学勤:《翼城大河口尚盂铭文试释》,《文物》2011年第9期,第67~68页。或认为"毁"读为"袭",此说不可从。"袭"为邪母缉部字,"毁"为晓母微部字,二字古音悬隔,难通。关于周代之裼袭礼,清代的江永、宋绵初等人均有考证。将毁读作"袭",礼节上亦难通。关于裼袭礼,参见杨向奎《裼袭礼与"礼不下庶人"解》,载《杨向奎学术文选》,人民出版社,2000,第67~86页。

② 王贻梁、陈建敏编《穆天子传汇校集释》卷2,华东师范大学出版社,1994,第118页。

铭文此段内容所述的礼节，是使者（宾）赐予霸伯物品之后，主人以皮、璋等物劳使者（宾），即礼书所言的傧礼。王国维曾论曰："古者宾客至，必有物以赠之，其赠之之事谓之宾，故其字从贝，其义即礼经之'傧'字也……后世以宾为宾客字，而别造傧字以代宾字……宾则傧之本字也。"① 依据周礼，在聘觐礼中，使者与主人举行礼仪之后，主人往往以礼物赠贿使者，以表酬劳。礼书亦有记载。

《仪礼·觐礼》记载，当诸侯至于郊，"王使人皮弁用璧劳"，宾主行礼之后，"侯氏用束帛、乘马傧使者。使者再拜受。侯氏再拜送币"。这是傧使者以束帛四马。

周王派遣使者赐舍，诸侯"傧之束帛、乘马"，此是诸侯傧赠使者。郑玄注："王使人以命致馆，无礼，犹傧之者，尊王使也。侯氏受馆于外，既则傧使者于内。"

《仪礼·聘礼》记载，宾国使团至于近郊，主国派遣使者劳之，"君使卿朝服，用束帛劳"，卿与宾行礼后"出迎劳者。劳者礼辞。宾揖，先入，劳者从之。乘皮设。宾用束锦傧劳者。劳者再拜稽首受。宾再拜稽首，送币。劳者揖皮出，乃退。宾送再拜。"此是傧劳者。

据礼书所载，使者与主人举行礼仪之后，使者出门，然后主人延请，主人进门以傧使者。从本铭的情节看，应将此节视作傧使者的礼仪。故本铭"既稽首，延宾，瓒（赞）宾用虎皮两（乘），毁（馈）用章（璋）"所言乃赠予使者虎皮、玉璋等物，以酬答其劳，且表尊敬之意。

西周金文中亦有主人对使者行傧礼的记载，如史颂鼎："唯三年五月丁巳，王在宗周，令史颂省苏……苏宾（傧）章（璋）、马四匹"

---

① 王国维：《观堂集林》卷1，第43~44页。

(《集成》2788）即其例。霸伯盂铭文中，傧劳使者以虎皮、璋，规格较高。上述诸例中傧使者均有玉璋，颇值得注意。

翌日，命宾曰："拜稽首。天子蔑其臣麻（历），敢敏用章（璋）。"遣宾，瓒（赞）用鱼皮两，侧毁（馈）用章（璋），先马，又毁（馈）用玉，宾出。

"命"，训为告。《尔雅·释诂上》："命，告也。"俞樾《诸子平议·管子六》云："以君告臣谓之命，以臣告君亦谓之命。"①

"敢"，冒昧之辞。《仪礼·士虞礼》："敢用絜牲刚鬣。"郑玄注："敢，昧冒之辞。"贾公彦疏："凡言敢者，皆是以卑触尊，不自明之意，故云昧冒之辞。"

铭文大意是说，次日，告诉使者（宾）说："天子嘉勉蔑历于臣，臣敢敏敬用璋"，以致敬意于天子。此是霸伯之礼辞，通过使者表示答谢周王之嘉勉，亦即金文常见之对答王休之意。据礼书记载的宾礼推致，此处命宾之语，当是傧者致命于使者，而不是霸伯直接对使者所言。

"遣"，训为送。《仪礼·既夕礼》："书遣于策。"郑玄注："遣犹送也。"《玉篇》："送也。"

"侧"，此字训义可参《礼经》中"侧"的相关用法。《仪礼》"侧"有三义，一曰特、独、无偶；一曰旁、边；一曰午日影西斜时。②铭文中的侧，用第一种训义，训为独，指主人（霸伯）独授赠使者（宾）以璋，无傧相诏侑或赞者赞侑。古礼，在行授受、裼袭等礼中，有赞者帮助行礼，或有傧相诏侑，无则谓之侧。《仪礼·聘礼》记载：

---

① 宗福邦、陈世铙、萧海波编《故训汇纂》，第340页。
② 宗福邦、陈世铙、萧海波编《故训汇纂》，第141~142页。

公侧袭,受玉于中堂与东楹之间。郑玄注:"侧犹独也。言独,见其尊宾也。他日公有事,必有赞为之者。"

公升,侧受几于序端。

介出,宰自公左受币。郑玄注:"不侧授,介礼轻。"贾疏:"不云侧者,当有赞者于公受,转授宰,故云介礼轻也。"

宰夫受币于中庭以东。郑玄注:"使宰夫受于士,士介币轻也。受之于公左。宾币,公侧授宰;上介币,宰受于公左;士介币,宰夫受于士:敬之差。"

铭文中,霸伯行赠贿礼,此礼为还报周王之赐,礼较为隆重,故主人授玉时无赞者或傧相诏侑。①

"先",这是从行礼的先后次序来说。或作"马先入设"解,不可从。"先车""先马"指先于进献马、进献车。类似的文句有《左传·襄公十九年》:"赂荀偃束锦、加璧、乘马,先吴寿梦之鼎",此处之"先",杨伯峻认为:"先于吴寿梦之鼎也。犹二十六年传'郑伯享子产,赐之先路三命之服,先八邑',亦以先路三命之服先于八邑。"②新蔡祷祠简在所记祭品的最后常有"先之一璧"之语③,例如,"一青牺,先之一璧","举祷于地主一青牺,先之一璧"(乙二:38、46、39、40);"牺马,先之一璧,乃而归之"(甲三:99)。"先之一璧"指先以一璧贡献神灵,再继之以马馈送。又《秦骃祷病玉版》记载,秦惠文王以"路车四马,三人一家,一璧先之。□用二牺、羊、豢,

---

① 聘礼以及觐礼中,虎豹之皮、车马等陈于庭中,由赞者执皮或牵马。此铭文当如此,霸伯不亲自牵马、执皮。但馈赠玉时则亲自授玉于使者。
② 杨伯峻编著《春秋左传注》,第 1045~1046 页。
③ 河南省文物考古研究所:《新蔡葛陵楚墓》,大象出版社,2003。

一璧先之"① 祭祷华山神，先献玉璧。《大戴礼记·少间》云："将行重器，先其轻者。"②"先"字均指行礼的先后次序。

"命宾"至"宾出"，分为几个程式，仪节之间有先后顺序，每次行礼少不了周旋揖让、盘旋辟退等。推测程式大致是：宾入门后，先是举行进献鱼皮的仪式，然后举行赠璋仪式，献马，又行馈赠礼玉，这些仪式行完之后，宾出即告一段落。下面还有傧者延宾、宾入等仪式③，铭文省略不具。

本段铭文所说礼节不适宜视作还挚。《礼记·郊特牲》："天子无客礼，莫敢为主焉。"《礼记·曲礼下》："凡挚，天子鬯。"郑玄注："挚之言至也。天子无客礼，以鬯为挚者，所以唯用告神为至也。"天子有下聘之义，但是否有挚，似乎以《礼记》此处记载为信。

本节铭文记载的是主人还报周王之赐。古人行礼讲求礼尚往来，周天子赐予霸伯祀物，而霸伯亦以鱼皮、玉币、马等礼物还报。诸侯之间聘问，当使者将返时，主国要回报聘国国君，《仪礼·聘礼》记载国君派卿还玉并"贿用束纺"，兼"礼玉、束帛、乘皮"。从还报这一性质上看，霸伯还报周天子礼物与《聘礼》之"贿""礼"相类，但二者并不能等同。《仪礼·聘礼》记载的主国还报聘国国君，贿以报聘，礼以报享④，而周王嘉勉并赐予霸伯祀物，并无聘、享之事，故无所谓报聘、报享之说。因此，不能将铭文此礼节称为"贿""礼"。

本篇铭文中，主人还报周天子以两张鱼皮和玉璋、马、玉等，皮、马这些礼物即礼书所谓的"庭实"，较之于前日傧使者之物略多。

---

① 李零：《秦骃祷病玉版研究》，载《国学研究》（第 6 卷），北京大学出版社，1999，第 525~547 页。
② 王聘珍：《大戴礼记解诂》卷 11，第 214~215 页。
③ 从铭文看，此与下面的仪节应是同一天的事情。
④ 胡培翚：《仪礼正义》卷 17，段熙仲点校，江苏古籍出版社，1993，第 1098 页。

以俎或（又）延，白（伯）或（又）邍（原）毁（馈）用玉，先车，宾出。

"以俎或（又）延"，为倒装语句，省略主语（伯）。"俎"，宴享荐物之具。《诗·小雅·楚茨》："执爨踖踖，为俎孔硕。"《左传·宣公十六年》："季氏，而弗闻乎？王享有体荐，宴有折俎。"在礼书中，"俎"指俎实（骨体肉骰）。此铭文指主人以食延宾。

"邍毁"，"邍"即"原"，《周礼·地官·大司徒》："辨其山林川泽丘陵坟衍原隰之名物。"陆德明《释文》："'原'，本又作'邍'。"原训为"再"，《尔雅·释言》："原，再也。"邢昺疏："重，再也。"《礼记·文王世子》："食下，问所膳，命膳宰曰：'末有原'。"郑玄注："原，再也。"

此段铭文紧接上段仪节，是述霸伯为使者设宴饯行，并酬使者（宾）以玉、车辆等物。周代聘礼、觐礼等宾礼中有飨、食、燕宾客的礼节。

《仪礼·聘礼》："公于宾一食，再飨。燕与羞，俶献无常数。宾介皆明日拜于朝。上介一食，一飨。若不亲食，使大夫各以其爵朝服致之以侑币，如致饔，无儐。致飨以酬币，亦如之。大夫于宾一飨，一食。上介若食若飨。若不亲飨，则公作大夫致之以酬币，致食以侑币。"

《周礼·秋官·掌客》记载，上公三飨、三食、三燕，侯伯再飨、再食、再燕，子男一飨、一食、一燕。以上所引皆可参看。

《仪礼·觐礼》曰："飨、礼，乃归。"郑玄注："礼，谓食、燕也。"铭文所记乃使者将返之前的饮酒礼，与文献记载的飨宴宾之后"乃归"相合。

享燕宾客时赠贿宾客财物，亦见载于典籍。《左传·成公二年》记载："王以巩伯宴，而私贿之。"《左传·襄公二十年》记载：

"冬，季武子如宋，报向戌之聘也。褚师段逆之以受享，赋《常棣》之七章以卒。宋人重贿之。"这种燕饮中的赠贿，属于劝宾饮酒之礼物，即礼书所谓之"酬币"。"原贿用玉"，是说两次赠贿玉，赠贿可谓丰厚。

白（伯）遗宾于蒿（郊），或（又）舍（予）宾马。

遗，送也。舍，读为"予"，《墨子·耕柱》："舍余食"，孙诒让《墨子间诂》："舍，予之假字，古赐予字或作'舍'。"① 此处为赠予之意。铭文记伯（霸伯）送宾（王使）于郊，并赠之以马。

霸伯甚为重视天子之赐，亲自送使者（宾）于郊。此礼即礼书所谓的"郊送"之礼。《周礼·秋官·司仪》："致饔饩，还圭，飨、食，致赠，郊送，皆如将币之仪。"郑玄注："赠，送以财，既赠又送至于郊。"《仪礼·聘礼》中诸侯之间的聘问无国君送至于郊之事。而《周礼·秋官·司仪》郑玄注云："主君乃至馆赠之，去又送之于郊。"说明国君亦可送至于郊。但郑玄谓赠之后送至于郊，这与《仪礼》记载的在郊赠送不同，《仪礼·聘礼》记载："遂行，舍于郊。公使卿赠，如觌币。受于舍门外，如受劳礼，无傧……士送至于竟。"说明赠是使者至郊，然后卿赠。霸伯盂铭文所载与《仪礼·聘礼》所载郊赠相同。

下面对相关问题略做讨论。

其一，关于具体的礼仪程式，铭文记载简略，但结合礼书，犹可推致其大致礼仪程式。铭文中的"宾出"表明赠贿仪式告一段落，这点可与礼书记载结合来理解。

《仪礼·聘礼》记载，举行聘毕："宾降阶，逆出。宾出。"然后行享，"摈者出请………宾出"。以下主君礼宾，宾入门，礼毕，"宾

---

① 孙诒让：《墨子间诂》卷11，第436页。

出"；再"宾觌，奉束锦，总乘马，二人赞，入门右，北面奠币，再拜稽首。"礼毕，"宾出"。每段仪节皆宾入门，礼毕结束"宾出"，仪节连贯。

又《仪礼·觐礼》记载周王派人郊劳一节，侯氏还玉之后，再拜稽首，至此告一段落，然后"使者乃出。侯氏乃止使者，使者乃入"；侯氏执瑞玉行觐礼时，"侯氏坐取圭，升致命。王受之玉。侯氏降阶，东北面再拜稽首。摈者延之曰'升'。升成拜，乃出。"侯氏拜稽首后出门，即告一段落。侯氏行享礼时，"侯氏降自西阶，东面授宰币，西阶前再拜稽首，以马出授人，九马随之"。侯氏出门，告一段落。下面侯氏再进门肉袒行请罪之礼。从礼仪的仪节上分析，宾主为礼，宾出即意味着礼仪告一段落，下面延宾入门，接着再行其他的仪式，礼仪环节相扣。

霸伯盂铭文仪节程式大致可以做如下推测。第一，使者代天子赐予茅、郁鬯，霸伯感谢天子赏赐而拜首稽首，此礼结束后宾出。以下当傧者出请，主人纳宾，故铭文云"延宾"，然后举行傧使者之礼。第二，翌日，傧者释辞答谢王休并表达用璋赠贿还报周王之意，然后主人开始举行一系列的赠贿仪式；宾出之后，主人又纳宾，设宴招待之，并酬以车、玉等物，宴毕，宾出。第三，主人送宾于郊，赠马。

由于天子无客礼，虽然有下聘之义，但无挚，故无还挚之礼。以上对仪节的理解，庶几能得礼意。

其二，关于"赠贿币帛"。铭文中的币帛包括皮与玉等。虎豹之皮为先秦时期重要的行礼之物，广泛用于朝聘、觐礼等礼典中。《左传·襄公四年》载："因魏庄子纳虎豹之皮，以请和诸戎。"《仪礼·聘礼》："庭实，皮则摄之，毛在内，内摄之，入设也。"郑玄注："皮，虎豹之皮。"虎豹威猛无比，以虎豹之皮为礼物，表示降服凶猛之敌,《礼记·郊特牲》云:"虎豹之皮,示服猛也。"鱼皮也是先秦时常用的皮类,可以用作车饰、制作箭袋等,如《左传·闵公二年》:"归夫人鱼轩",杜预注:"鱼轩,夫人车,以鱼皮为饰。"《史记·礼书》:"寝兕持虎,鲛韅弥龙,所以养威也。"司马贞《索隐》曰:"以鲛鱼皮饰韅。韅,马腹带也。"①《诗·小雅·采薇》:"四牡翼翼,象弭鱼服。"孔颖达疏:"以鱼皮为矢服,故云鱼服,鱼皮。"② 在聘、觐等礼中,皮币与玉器有一定的组合搭配,《周礼·秋官·小行人》云:"合六币:圭以马,璋以皮,璧以帛,琮以锦,琥以绣,璜以黼。此六物者,以和诸侯之好故。"霸伯前傧使者用"虎皮""璋",次日用"鱼皮""璋"还报,与《小行人》"璋以皮"相合。从傧使者以及还报天子之礼物来看,霸伯招待周天子之使的仪节隆重,规格较高。

天子蔑霸伯历,属于周天子安抚诸侯,"抚邦国诸侯"之礼,此礼与《仪礼》《周礼》记载的聘觐礼仪在性质上有所不同。因为属于周天子赐予诸侯之礼物加以劝勉,故无《仪礼》《周礼》等礼书记载的严格意义上的将币行享、还挚、赠贿等礼,这是需要强调的。同时,也不应将金文记载的宾礼与《礼书》记载的比较体系化的礼仪程式做简单的对比,或者以礼书记载的程式与铭文之礼节生搬硬套。

本篇铭文主要记述了从举行赐茅鬯仪式至郊送这段时间内主人待宾之礼的一些仪节,可以和《仪礼》中的聘礼、觐礼礼仪结合理解,对于我们深入认识《仪礼》具有重要的意义。

---

① 《史记》卷23,第1162~1163页。
② 李学勤主编《十三经注疏·毛诗正义》卷9,第594~595页。

匍盉铭文的释读及相关礼仪问题

1988年11月，河南省平顶山应国墓地出土一件西周中期的青铜匍盉，上刻铭文涉及馈赠礼仪，已有多位学者进行过研究。① 比如，王龙正论证该铭文所反映的内容与觐聘礼有关。陈昌远、王琳二位学者则否定铭文事关觐聘礼之说，而是主张铭文事涉士相见礼。黄益飞发表《匍盉铭文研究》一文，又提出了新颖的认识，② 主张铭文中的礼仪为西周婚礼中的纳征礼。由于该盉文字简略，加之诸家对于铭文中部分字的考释不同，故对礼仪性质的判定往往产生分歧，亦属正常。本文主要讨论该篇铭文所反映的礼仪问题，以请教于各位师友。

一 铭文释读

为讨论方便，将铭文迻录于下：

---

① 王龙正、姜涛、娄金山：《匍鸭铜盉与觐聘礼》《文物》1998年第4期，第88~91页；王龙正：《匍盉铭文补释并再论觐聘礼》，《考古学报》2007年第4期，第405~421页；李学勤：《论应国墓地出土的匍盉》，《平顶山师专学报》1999年第1期，第66~67页；陈昌远、王琳：《"匍鸭铜盉"应为"匍雁铜盉"新释》，《河南大学学报》1999年第4期，第31~35页；刘桓：《关于匍盉"朿"字的考释》，《考古》2001年第6期，第60~62页；王冠英：《任鼎铭文考释》，《中国历史文物》2004年第2期，第20~25页。以下引各家说法时不再注明出处。
② 黄益飞：《匍盉铭文研究》，《考古》2013年第2期，第66~75页。

> 隹（唯）四月既生霸，戊申，匍即于氐，青公事（使）司史
> 艮（？）曾（赠）匍于東：廌幸韦两、赤金一勻（钧）。匍敢对扬
> 公休，用作宝尊彝，其永用。（匍盉，《铭图》14791）

"即"，王龙正训为往、就。李学勤读为"次"，并据此认为铭文所记是周穆王时期发生在平顶山一带的一次战事；陈昌远、王琳释为"就"，认为"匍即于氐"是"匍就在氐"。从语法角度考虑，李学勤说较优，兹从李释。"即"，读为"次"，《书·康诰》："义刑义杀勿庸以次。"《荀子·宥坐》引"次"作"即"，二字音近，例可通假。"次"，止也，舍也。《书·泰誓中》："王次于河朔。"伪孔传："次，止也。"《国语·鲁语上》："今命臣更次于外。"韦昭注："次，舍也。"① 铭文是说匍在氐地，此处有匍从某地到了氐地之义。若如此，氐地非匍的宗庙所在，换言之，氐地并非都邑所在或者国都。

"司史"，金文中首见，王龙正认为司史即司使，乃主管外交的官员。李学勤读为史官之史。

"艮"，王龙正释为"兒"，读为"㦬"、"茂"或"袤"，意思是茂盛、众多、广厚。李学勤释为"艮"，认为是司史之私名。陈昌远、王琳释为"信"，意思是"使者"。黄益飞认为是"盾"字，读为"允"。李学勤释较为可信，此字在铭文中为司史的私名。

"東"，此字从刘桓释读，读为"馆"，指宾馆。馆，接待宾客的屋舍。《说文·食部》："馆，客舍也。"《诗·郑风·缁衣》："适子之馆兮。"毛传："馆，舍。"② 周代为招待宾客，建有专门的宾馆，并设官员管理。《左传·襄公三十一年》载："宫室卑庳，无观台榭，以崇大诸侯之馆。"此馆乃招待邦交诸侯使者的宾馆。《周礼·地官·遗

---

① 《国语》卷4，第173页。
② 李学勤主编《十三经注疏·毛诗正义》卷4，第277页。

图 1 匍盉铭文

资料来源:吴镇烽编著《商周青铜铭文及图像集成》,上海古籍出版社,2012。

人》云:"凡国野之道,十里有庐,庐有饮食,三十里有宿,宿有路室,路室有委。"贾公彦疏:"路室,候迎宾客之处。"《周礼·夏官·怀方氏》:"治其委积、馆舍、饮食。"上引文献中的宾馆应是专门用于招待宾客的屋舍。周时,特殊礼仪中待宾或以宗庙当作宾馆。如《仪礼·聘礼·记》曰:"卿馆于大夫,大夫馆于士,士馆于工商。"郑玄注:"馆者必于庙,不馆于敌者之庙,为大尊也。"《礼记·礼运》云:"故天子适诸侯,必舍其祖庙。"《国语·周语上》:"襄王使太宰文公及内史兴赐晋文公命。上卿逆于境,晋侯郊劳,馆诸宗庙,馈九牢,设庭燎。"① 铭文中的氐地之馆,与宗庙无涉,乃指专门用于待宾

---

① 徐元诰:《国语集解》,第 36 页。

的宾馆,类似用法,如《左传·襄公三十一年》:"子产相郑伯以如晋,晋侯以我丧故,未之见也。子产使尽坏其馆之垣,而纳车马焉","晋侯见郑伯,有加礼,厚其宴、好而归之。乃筑诸侯之馆"。此两处所提之馆均非宗庙。

本铭中"麀夆韦两",有两种断句法,可以断为"麀夆、韦两"或"麀夆韦两",此断为"麀夆韦两"。

"夆"①,此字在䏌、撵(拜)等字中用作偏旁,是古文字研究中的一个难题。以往学者多读为"贲",有贲饰之义,或读为"弼",有辅佐之义。冀小军认为此字读为"雕",义为"饰画",陈剑亦曾论及此字,与冀说近同。孟蓬生读为"髤",义为"用漆装饰过的"。② 黄益飞认为此字读为"币",金文中此字往往修饰车器、青铜饮食器。在金文中,"夆"又往往修饰车器。

此字从孟蓬生之读,读为"髤"。"髤"字(亦作"髹"),指赤色微黑的兽皮。《周礼·春官·巾车》:"驈车,藿蔽,然裧,髤饰。"郑玄注:"髤,赤多黑少之色韦也。"驈车是用细苇席作车上的藩蔽,车轼上覆裹以果然皮做的裧,裧以赤而微黑的韦饰边。③ 另,髤亦指赤而微黑之色。孟蓬生指出了这点。

"夆"字这一用法也见于其他铭文。"夆韔"(吴方彝、九年卫鼎,《集成》5.2831,16.9898),指用兽皮制作的赤而微黑色弓袋。"夆寿(帱)较"(录伯簋,《集成》8.4302),指用赤而微黑色皮革覆裹的车较。"夆较"(《集成》8.4318,4343,4467),赤而微黑色皮革覆盖

---

① 字形参见容庚《金文编》,中华书局,2011,第707页。
② 参见冀小军《说甲骨文中表祈求义的夆字——兼谈夆字在金文车饰中的用法》,《湖北大学学报》1991年第1期,第35~44页;陈剑《据郭店简释读西周金文一例》,载陈剑《甲骨金文考释论集》,线装书局,2007,第20~38页;孟蓬生《释夆》,载《古文字研究》(第25辑),中华书局,2004,第267~272页。
③ 先秦车的车軨上覆裹以皮革,有的再加以漆饰。《周礼·春官·巾车》:"革路",郑玄注:"革路,鞔之以革而漆之,无他饰。"参见孙诒让《周礼正义》卷52,第2155页。

的车较。"䓢幦较"（毛公鼎，《集成》5.2841），指以赤黑色幦（盖为一种布帛）覆裹的车较。"䓢亲"（王臣簋，《集成》8.4268），所指不明，可能为赤黑色皮革制作的衬衣。先秦有以色染皮革制作的衣服。《周礼·春官·司服》："凡兵事，韦弁服。"郑玄注："韦弁，以韎韦为弁，又以为衣裳。"贾公彦疏："韎是旧染谓赤色也，以赤色韦为弁。"韦弁制似皮弁，韎草染之，色如浅绛。清人夏炘《学礼管释·释韦弁皮弁》云："惟其去毛而熟治，故可以茅蒐染之，制以为弁，曰韦弁，此弁名韦之取义也。"[①] 韦弁服的弁、衣裳皆赤色。䓢亲，"亲"可通"衬"，盖类似于"以韎韦为衣裳"这类有色的衣服。

综上所考，铭文大意是：周王某年四月戊申日，匍到了氐地，青公派司史将赤而微黑的牝鹿皮两张、一钧红铜送到匍所在宾馆。匍感谢青公的馈赠，特做成这件铜盉以作纪念，并希望能够长久地使用。

二 匍盉所载礼仪为婚礼说之惑

铭文云："青公事（使）司史㝬（？）曾（赠）匍于東：麀䓢韦两、赤金一匀（钧）。"匍在氐地，青公派遣人赠送匍礼物。那么铭文内容是否与婚礼有关呢？

第一，首先看青公赠给匍的礼物。如上所考，"麀䓢韦两"乃赤黑色的母鹿皮。"韦"，《说文》释为"兽皮之韦"。先秦时期毛皮类服饰材料主要是裘和革，直接从动物身上剥下来的毛皮为生皮，生皮经鞣制加工后，带毛的称为"皮"，去毛的兽皮称为"革"。《说文》云："兽皮治去其毛为革。"《周礼·天官·掌皮》："掌皮，掌秋敛皮，冬敛革，春献之。""韦"是去毛熟治的兽皮。《仪礼·聘礼》："君使

[①] 夏炘：《学礼管释》卷11，《续修四库全书》（第93册），上海古籍出版社，2002，第150页。

卿韦弁。"郑玄注："皮韦同类,取相近耳。"贾公彦疏："有毛则曰皮,去毛熟治则曰韦。本是一物,有毛无毛为异,故云取相近耳。"清人宋绵初《释服》云："凡连毛者曰皮,裘材也,去毛者曰革,练治之革曰韦。"①

上古纳征用两张鹿皮,取其双偶之义。但是俪皮也用于周代的聘问等礼仪场合,不独婚礼用之。例如,士冠礼酬宾用之,《仪礼·士冠礼》："主人酬宾,束帛、俪皮。"郑玄注："俪皮,两鹿皮也。"聘礼时上介私觌时亦用之,如《仪礼·聘礼》云："上介奉币、俪皮,二人赞,皆入门右,东上,奠币,皆再拜稽首。"郑玄注："俪犹两也。上介用皮,变于宾也。皮,麋鹿皮。"故将"韦两"解释为"俪皮",与婚礼联系起来,尚需要进一步论证。

再者,需要一提的是,卫盉铭文云："矩或取赤虎(琥)两、麀㡛两、㡛韐一,才廿朋。其舍田三田"(《集成》15.9456)。"麀㡛两",指赤黑色的牝鹿皮两张;"㡛韐一",指赤黑色的兽皮蔽膝一副。吴虎鼎铭文云："书:尹友守史由、宾史㡛韦两。"② 吴虎答谢之礼物用了㡛韦两。此外,金文中也常见赐金或赠金的铭文(如《集成》48、223、948、2678、2696、27062749、2787、2838、4122、4132、4179、5403、6008、6016等)。将这些铜器铭文综合考虑,则麀㡛韦、赤金等物可用于馈赠、交易等场合,宾礼中用这些物品赠送于人,未必就与婚礼纳征用物有关,也未必有什么特殊的象征含义。故将匍盉铭文"麀㡛韦两"视为纳征所用的"玄纁束帛、俪皮",将"赤金"与婚礼联系起来,与礼书记载的纳征用物也不合。

第二,下面分析铭文的馈赠礼仪程序。首先分析下文献记载的纳

---

① 宋绵初:《释服》卷下,《续修四库全书》(第108册),上海古籍出版社,2002,第691页。
② 李学勤:《吴虎鼎考释》,《考古与文物》1998年第3期,第29~31页。

征礼。《仪礼·士昏礼》云："纳征。玄𫄸束帛、俪皮。如纳吉礼。"郑玄注曰："征，成也，使使者纳币以成昏礼。"纳征是婚姻六礼中比较重要的一环节，因为此礼即表示婚姻关系的缔结，类似于今日的订婚，为了表示对婚礼的重视，纳征是在女方宗庙中举行。《左传》中未见纳征而有纳币，纳币共有三次，条列如下，以便分析。

① 襄仲如齐纳币，礼也。（《左传·文公二年》）
② 夏，宋公使公孙寿来纳币。（《左传·成公八年》）
③ 宣子遂如齐纳币。（《左传·昭公二年》）

上揭事例中，文公二年"公子遂（襄仲）如齐纳币"，一年后遂"逆妇姜于齐"；昭公二年"宣子遂如齐纳币"，同年"夏四月，韩须如齐逆女"。由此可知，"纳币"是结两姓之好之事，与缔结婚姻有关。成公八年公孙寿来纳币之前，宋公已派华元到鲁国行媒，而成公九年"二月，伯姬归于宋"，故而"纳币"是行媒之后迎娶之前的一项昏礼。杨伯峻认为："纳币即《仪礼·士昏礼》之纳征，亦即后代之纳聘礼。币，帛也。但古人于玉、马、皮、圭、璧、帛皆称币，因此六种皆常用作礼物。"[①] 据此，《左传》中的"纳币"和《仪礼·士昏礼》中的"纳征"是名异而实同，从文辞上分析，前者重在"所纳之物"，后者则重在表行为之结果，但两礼所致之物皆同，行为之结果也同。

从《仪礼》和《左传》记载的婚礼来看，均是男方派遣使者到女方家行纳征礼。《仪礼》记载的昏六礼，前五礼均在女方的宗庙内进行，《礼记·昏义》云："是以昏礼，纳采、问名、纳吉、纳征、请

---

① 杨伯峻编著《春秋左传注》，第219页。

期，皆主人筵几于庙，而拜迎于门外，入揖让而升，听命于庙，所以敬慎重正昏礼也。"郑玄注："听命，谓主人听使者所传壻家之命。"此处的主人是指女方之父。因为将要将先祖之遗体许配他人，故于祢庙举行，设筵、几于祢庙。据此可见男方派遣使者到女方家，女方在祖庙内接待男方使者。

再看匍盉铭文。据铭文，青公派遣使者赠送匍礼物，若理解为纳征礼，则是青公（男方）向应国匍（女方）赠送礼物，匍此人为女方之父或使者（从赠给匍礼物，匍做器来看，匍非使者）。男方（青公）派遣使者到女方国内，然后女方代表（若推测为婚礼纳征，匍则为女方之父）前往氏地宾馆，男方再行纳征礼，更是于情于理大不相合。古人对婚礼相当重视，不可能如此费周折地举行纳征礼，因此男方向女方纳征礼这种说法与情理不合。①

第三，周代男女婚礼，男方向女方家纳征，是否可以称为"赠"，尚待考虑。古文献中与纳征相关的礼仪称为"纳征""纳币"，纳有进献之义，如《书·禹贡》："二百里纳铚，三百里纳秸服。"《礼记·内则》："观于祭祀，纳酒浆、笾豆、菹醢，礼相助奠。"《礼记·少仪》："臣为君丧，纳货贝于君。"《大戴礼记·夏小正》："纳卵蒜。卵蒜也者，本如卵者也。纳者何也？纳之君也。"② 《史记·秦始皇本纪》："百姓内粟千石，拜爵一级。"③ 以上"纳"均作进献、贡纳解。而"赠"与"纳"在语义上有一定的差异。若将铭文解释为纳征礼，铭文中青公向女方匍纳征，是否可用"赠"字，笔者心中尚存疑问。

第四，匍与青公的身份问题。匍的身份，王龙正、李学勤认为墓葬主人即匍，如此则为应国姬姓贵族，黄益飞认为是应国的贵族，匍

---

① 若氏地在青公国境内，则女方派遣使者到男方家，然后男方再在自己国境内行纳征礼，如此则显与周礼违背，更与情理不合，这种可能性可不置论。
② 王聘珍：《大戴礼记解诂》卷2，第47页。
③ 《史记》卷6，第224页。

属于应国贵族这点基本可以明确。

  青公身份不明,有两种可能性。其一,为姬姓贵族;其二,为异姓贵族。青公身份,王龙正曾考证,认为是今山东境内的国君,但看法游移不定,难以坐实。有学者认为是邢国之君,若为邢国姬姓,则青公与应国二者无通婚的可能,当然此说也有学者提出不同的意见。

  下面分析"青公"的称谓。王世民对金文中称"公"的资料进行研究后认为,西周金文中称"公"有多例,多为身份较高的天子重臣或具有相当地位的姬姓贵族,而分封的诸侯多称为"侯""伯"等。①陈英杰对金文"君"称呼进行梳理后,也认为"公"在西周主要是王朝大臣之称,如益公、穆公、召公、周公、武公、同公等,这些"公"都拥有采邑。西周早期的应公(应公卣,《集成》5177;应公方鼎,《集成》2150;应公簋,《集成》3477)、丰公(丰公鼎,《集成》2152)等,晚期的邓公(邓公簋,《集成》3775)、芮公(芮公簋,《集成》4531)等,恐怕也应如此理解。"公"也用于已故祖考之名谥,王世民认为是死后追封的谥号。②"公"在甲骨文中没有用于爵称者③,"公"作为爵称大概是进入西周以后的事。④ 因此,据王世民、陈英杰等的研究以及西周金文称"公"的一般情况,笔者认为"青公"非谥号,乃生称,为宗周王朝中具有相当地位的贵族,属于姬姓

---

① 参见王世民《西周春秋金文中的诸侯爵称》,《历史研究》1983 年第 3 期,第 3~17 页。
② 王世民:《西周春秋金文中的诸侯爵称》,第 3~17 页。
③ 参见胡厚宣《甲骨学商史论丛初集》,河北教育出版社,2002,第 74 页;林沄《甲骨文中的商代方国联盟》,载《林沄学术文集》,第 69~85 页;李雪山《商代分封制度研究》,中国社会科学出版社,2004,第 41 页。林沄在《关于中国早期国家形式的几个问题》中指出,"公"使用于地位较高的尊长,如王国的世卿、侯国的国君,都是一般性尊称,和诸侯专用名号无关。参见《林沄学术文集》,第 98 页。
④ 李学勤认为,金文中的"尹"有时也用作爵称,如青(静)尹、幽尹、德尹,和静公、幽公、德公意思相同,参见《先秦人名的几个问题》,载《古文献丛论》,上海远东出版社,1996,第 130 页。陈英杰:《金文中"君"字之意义及其相关问题探析》,原刊《中国文字》2007 年第 33 期,艺文印书馆。

贵族的可能非常大。① 如果青公是姬姓贵族，则与周礼"同姓不婚"之制相违。周代"同姓不婚"为很重要的礼制，此为学界常识②，不必赘述。

综上，黄益飞虽肯定地判断说"盉铭所记当为纳征礼无疑"，但据以上分析，将铭文内容解释为婚礼纳征，恐难以成立。

三 士相见礼说之疑

陈、王二位学者认为铭文记载的这次礼仪用的是士相见礼。那么此说是否可以成立呢？下面首先分析士相见礼。

《仪礼》有《士相见礼》一篇，内容记叙入仕的士初次去见职位相近的士的礼节，并记载了贵族之间相交的杂仪。初始入仕的士，要去见另一位职位相近的士，事先要通过"将命者"转达求见之意。求见一方得到主人一方的同意之后，要带着"挚"（见面的礼物）前往拜访。《仪礼·士相见礼》云："不以挚，不敢见。"《礼记·曲礼上》说："礼尚往来。往而不来，非礼也；来而不往，亦非礼也。"按照礼制要求，一方有还挚回访的礼仪，在主、宾双方相互拜见之后，相见的礼仪才算完成。③

从匍盉铭文内容分析，理解为士相见礼不太妥当，理由如下。

其一，铭文明确记载青公赠送的礼物有鹿皮、赤金等物，匍感谢

---

① 参见吕文郁《周代的采邑制度》，社会科学文献出版社，2006。梁带村青铜器铭文有"芮公"，值得注意。参见陕西省考古研究所等《陕西韩城梁带村遗址 M19 发掘简报》，《考古与文物》2007 年第 2 期，第 8 页；陕西省考古研究所等《陕西韩城梁带村遗址 M27 发掘简报》，《考古与文物》2007 年第 6 期，第 6 页。
② 例如，《左传·僖公二十三年》："男女同姓，其生不蕃。"杨伯峻编著《春秋左传注》，第 408 页；《国语·晋语四》："是故娶妻避其同姓，畏乱灾也。"徐元诰：《国语集解》，第 337 页。《礼记·郊特牲》："取于异姓，所以附远厚别也。"李学勤主编《十三经注疏·礼记正义》卷 26，第 814 页。
③ 具体礼仪可参见《仪礼·士相见礼》以及杨宽的《"挚见礼"新探》一文，载杨宽《古史新探》，中华书局，1954，第 338~383 页。

青公的馈赠，特做成这件铜盉以作纪念，并希望能够长久地使用。我们知道，周代有许多制作成猪、犀牛、老虎等动物形的青铜器，是不是具有一定的象征内涵，现在看来，是不能轻下结论的。制作成大雁形状的青铜器，与士相见礼之挚两者之间很难说有必然的联系，将二者联系到一起，殊难令人信服！同样道理，将匍盉的雁形与婚姻中女性的忠贞联系在一起，论说更显得薄弱。此类观念，往往出于后世儒家的说法，且和阴阳五行学说结合，西周时期是否有类似将大雁与女性忠贞联系的观念，至少文献证据不足。

其二，依据《仪礼·士相见礼》以及《礼记》《左传》等记载①，二人若相见，均是一方带着挚亲自前往另一方处所拜见，而铭文记载青公派遣使者前去，与礼书相见礼一方亲自相见另一方也不合，若如此则青公未免显得倨傲。况且青公派使者馈赠匍礼物，若理解为用士相见礼，则匍当有还挚环节，② 而铭文反映出匍为纪念此事即以所赠之赤金"用作宝尊彝"。青公赠给匍礼物，匍"对扬公休"，与相见礼中一方带着挚拜见一方，显然不可混为一谈。

其三，《仪礼·士相见礼》除了记载士与士相见的礼节之外，还记载了由此推及的士见大夫、大夫相见、士大夫见于国君等仪节。大夫之间相见所执的挚，不能用雉，因为那是士相见用的礼物。具体用什么为挚，要视大夫的等级身份而定。如果是下大夫之间初次相见，则以雁为挚；如果是上大夫之间初次相见，则以羔羊为挚。如《仪礼·士相见礼》云："下大夫相见以雁"，"上大夫相见以

---

① 参见《左传·昭公六年》《左传·庄公二十四年》《左传·定公八年》相关的相见礼材料。
② 周代聘礼有还玉（挚）礼。使者即将启程回国，主国国君派卿身穿皮弁至使者所居住的宾馆将圭、璋送还使者。《仪礼·聘礼》云："君使卿皮弁还玉于馆。"参见胡培翚《仪礼正义》卷17，第1093页。《礼记·聘义》："以圭璋聘，重礼也。已聘而还圭璋，此轻财而重礼之义也。"参见李学勤主编《十三经注疏·礼记正义》卷63，第1666页。

羔"。《礼记·曲礼下》云:"凡挚,天子鬯,诸侯圭,卿羔,大夫雁,士雉,庶人之挚匹。"青公的身份,若从"公"这一称谓以及赠送匍的礼物赤金等角度考虑,恐非下大夫级别,用雁为挚,显与礼书记载不合。

因此,将铭文的馈赠礼仪与士相见礼联系起来,缺乏坚强的证据,一则有牵强之嫌,一则与古礼不合,难以说通。

四 聘礼说述疑

王龙正认为,匍是中原地区应国的贵族,青公是古代东方地区青国的国君,他委派大臣司使在青国的氏地赠送给匍以多种礼品,匍是应国派往青国的使臣,所以青公才命青国的外交官——司使为其送行并赠物。也就是说,这是一次发生在诸侯国之间的觐聘活动。如果说与觐聘礼有关,要解决以下几个问题。

第一,青公的身份,仅仅"公"这一称呼,据西周金文称公的例子,目前看来,考证出其究竟是邢国国君,还是青国国君,似乎不太令人信服。此外,如果说青公为某国之大夫,铭文云青公使使者赠物,则青公并无君命(或王命),在西周"人臣无外交"的礼制社会中[①],大夫与大夫之间的私下交往似乎不太可能。

第二,青公馈赠匍物品属于聘礼中的哪类仪节。聘礼的程序复杂,仪节较多,其中有诸多赠送活动,究竟与什么仪节有关?从铭文看,匍即于氏地,说明匍因某事在氏地,然后青公派遣使者到氏地之馆

---

① 周代人臣无外交。《礼记·郊特牲》云:"朝觐,大夫之私觌,非礼也。大夫执圭而使,所以申信也。不敢私觌,所以致敬也。而庭实私觌,何为乎诸侯之庭?为人臣者无外交,不敢贰君也。"郑玄注:"其君亲来,其臣不敢私见于主国君也,以君命聘,则有私见。"孔疏:"朝觐,谓君亲往邻国行朝觐之礼。大夫从君而行,辄行私觌,是非礼也。为人之臣,既无外交,唯专一事君。既从君而行,不敢贰心于他君,所以不行私觌之礼。"李学勤主编《十三经注疏·礼记正义》卷25,第780页。

（与文献记载的以宗庙作为宾馆无关）赠送物品。匍从某地到了氐地，并住在宾馆，则匍乃客人身份，而青公为主人身份，因此这是主客之间的一次馈赠。

据文献记载，两国聘礼，使者返回时有两次赠。其一，郊赠。《仪礼·聘礼》载："遂行，舍于郊。公使卿赠，如觌币。受于舍门外，如受劳礼，无傧……士送至于竟。"郑玄注："言如觌币，见为反报也。"使者至郊，然后卿赠。所赠之物，乃为了回报大夫私觌之礼。临时赠别，并不一定在宾馆。西周铜器霸伯盂铭文云："白（伯）遗宾于蒿（郊），或（又）舍（予）宾马。"这也是郊赠。其二，在馆之赠。《周礼·秋官·司仪》云："致饔饩，还圭，飧、食，致赠，郊送，皆如将币之仪。"郑玄注："赠，送以财，既赠又送至于郊。"则属于在国都宾馆中的赠贿。《周礼·秋官·司仪》："宾之拜礼：拜饔饩，拜飧、食。"郑玄注云："主君乃至馆赠之，去又送之于郊。"

将铭文解释为聘礼使者返回时的馈赠，有一定的合理性。因匍的身份属于大夫级别，故无郊送之仪。

如果说铭文内容与觐聘礼有关，还要解决以下关键问题——氐地的地望与青公所在属于两个诸侯国。关于这一点，王龙正认为青公为青国国君，匍为应国贵族的一员，二人属于两个国家。但是氐地的地望问题，有两种说法，一是认为在河北，一说认为在应国境内之滍水。若如学者考证，氐在今平顶山境内，如此青国国君跨境聘问馈赠匍物品，显然也难以说通，则觐聘礼之说也颇成问题。再者，如上推测，如果青公为宗周王朝姬姓贵族，则青公赠送匍礼物，是否与聘礼有关，亦可做进一步的考虑。

因而，将匍盂铭文理解为婚礼、士相见礼均存在一些说不通的地方。而王龙正认为是觐聘礼，从铭文分析，有很大的合理性，但由于对青公的身份、国属以及氏地的地望难以落实，故聘礼的很多细节已难以知道了。

综上所论，本文认为，将本篇铭文有关馈赠的内容视为青公派遣使者赠送匍礼物的一次礼仪，是比较稳妥的认识，至于因何缘故，系因蔑历、傧赠，还是与聘礼等礼有关，尚待做深入的探讨。

《老子》"虽有拱璧以先驷马"臆解
—— 兼论上古馈献礼仪中的"先""后"之序

《老子》第六十二章云:"故立天子,置三公,虽有拱璧以先驷马,不如坐进此道。"① 此句文古难解,众说纷纭②。其中"拱璧以先驷马",从语法角度考虑,当指进献时拱璧在先而驷马在后③,但是珍贵的拱璧为何先于驷马而进献? 对《老子》此句,古今学者或释之简略,或含糊其辞,颇启人疑窦。

唐人孔颖达曾有解说。《左传·僖公三十三年》载:"及滑,郑商人弦高将市于周,遇之,以乘韦先,牛十二犒师。"杜预注:"乘,四。韦先,韦乃入牛。古者将献遗于人,必有以先之。"孔颖达疏:"遗人之物,必以轻先重后,故先韦乃入牛。《老子》云:'虽有拱璧以先四马,不如坐进此道。'是古者将献馈必有以先之。"④ 今人杨伯峻基本是沿着孔颖达的思路发挥解释的,"先者,古代致送礼物,均

---

① 楼宇烈校释《老子道德经注校释》,第162页。拱璧,大璧。《左传·襄公二十八年》:"与我其拱璧,吾献其柩。"孔颖达疏:"拱,谓合两手也,此璧两手拱抱之,故为大璧。"阮元校《左传正义》卷38,第2001页。
② 严遵:《老子指归》,王德有点校,中华书局,1994,第75~76页;陈柱编《老子集训》,商务印书馆,1928,第106页;魏源:《老子本义》,世界书局,1935,第52页;任继愈:《老子新译》,上海古籍出版社,1985,第195页。
③ 如河上公注:"虽有美璧先驷马而至,故不如坐进此道。"参见《老子道德经河上公章句》,王卡点校,中华书局,1993,第242页。
④ 阮元校《左传正义》卷17,第1833页。

先以轻物为引，而后致送重物，襄十九年《传》'贿荀偃束锦加币乘马，先吴寿梦之鼎'，《老子》'虽有拱璧以先四马'，皆可证也。"①此外，蒋锡昌、钱玄、陈鼓应、辛战军等人也持此论②。这一疏解并非无据之谈，而是有文献依据，如《大戴礼记·少间》云："将行重器，先其轻者。"③但是按照此解释，《老子》"拱璧以先驷马"是说进献礼物时先献轻者而后再进献贵重之物，问题是何物为轻在先，何物为重在后？从常理推之，则拱璧属于国宝重器④，相对来说驷马轻于玉璧。若依据《大戴礼记》先轻后重之礼规，则应先奉献驷马，而后再进献拱璧，显然这与《老子》文句所说矛盾。职此之故，以"遗人之物，必以轻先重后"之礼来解释《老子》此句，并未切中肯綮。

今人高亨认为："拱璧，聘问之物；驷马，使者所乘。使者乘车抱璧以聘邻国，则拱璧何能先驷马哉？知其义不可通，疑'以先'二字当在'驷马'二字下"，他认为"先"假借为"诜"，聘问之义，此句意思是天子派使者坐车持璧聘问诸侯。⑤循此思路，许抗生认为《老子》此句意为乘车抱璧聘问治国的道理⑥。但如此解释，一则终难免有改字解经之不安，且马王堆帛书《老子》甲本作"虽有共之璧以先四马，不善坐而进此"⑦，北大汉简本《老子》作"唯（虽）有共

---

① 杨伯峻编著《春秋左传注》，第495页。
② 蒋锡昌：《老子校诂》，上海商务印书馆，1937，第381~382页；钱玄：《三礼通论》，南京师范大学出版社，1996，第259页；陈鼓应：《老子今注今译》，商务印书馆，2006，第296页；辛战军：《老子译注》，中华书局，2008，第241页。
③ 王聘珍：《大戴礼记解诂》卷11，第214~215页。
④ 《左传·文公十二年》："重之以大器。"杜预注："大器，圭、璋也。"杨伯峻编著《春秋左传注》，第588页。
⑤ 高亨：《老子正诂》，中国书店，1988，第130页；高亨：《老子注译》，河南人民出版社，1980，第134页。
⑥ 许抗生：《帛书老子注译与研究》，浙江人民出版社，1985，第45页。
⑦ 参见高明《帛书老子校注》，中华书局，1996，第129~130页；许抗生《帛书老子注译与研究》，第44~45页。

之璧以先四马，不如坐而进此"，① 可见并不存在错简致误的情况。再者，将驷马理解为使者所乘，亦明显不妥。

那么，此句究竟如何解释？《老子》此句讲的是使者聘问时进献礼物，古代学者所释基本没有异议，如王弼注即为"虽有拱抱宝璧以先驷马而进之"②。下面就古书所载有关馈献"先""后"次序的礼仪做一梳理，然后再讨论《老子》此文。

一 聘礼与觐礼中的馈献

周代诸侯之间的聘礼，以及诸侯觐见周天子的觐礼，往往以玉璧、玉圭等瑞玉作为行礼的先导，以表示诚信之心，试以诸侯之间的聘礼为例来说明。据《仪礼·聘礼》，聘国使者聘问别国国君（主国）的礼仪，其主干部分有两个主要的程序：一是将瑞玉作为挚献给主国国君，二是将其他礼物奉献主国。第一个程序是先行相见礼，在堂上举行授玉礼（此玉即挚），此时使者将玉圭献给主国国君。《仪礼·聘礼》载云："公侧袭，受玉于中堂与东楹之间。"说的是举行授玉仪式。第二个程序，授玉之后举行享献礼："宾裼，奉束帛加璧享。摈者入告，出许。庭实，皮则摄之，毛在内，内摄之，入设也。"举行享礼时，使者以束帛加璧为组合先进献给主国国君，然后进献庭实（庭中之物包括皮帛、马匹等礼物）之物。庭实之物根据聘国所产的物产因地制宜，"旅币无方"，或皮或马均可，唯国所有。特需说明的是，享献马匹是在进献束帛加璧之后。

觐礼为诸侯觐见天子之礼，主体程序也有两项。第一项程序是，诸侯到王都宗庙后以玉瑞作为觐见之挚，举行献挚礼仪。《仪礼·觐

---

① 北京大学出土文献研究所编《北京大学藏西汉竹书》（二），上海古籍出版社，2012，第134页。
② 楼宇烈校释《老子道德经注校释》，第162~163页。

礼》曰:"侯氏坐取圭,升致命。王受之玉。侯氏降阶,东北面再拜稽首。摈者延之曰'升'。升成拜,乃出。""四享,皆束帛加璧,庭实唯国所有。"诸侯觐见天子奉送玉圭,然后是第二项程序——举行享礼,享礼之物包括束帛加璧以及马匹等庭实。

下面对上述礼仪做一分析。

周人较重视交往之礼,无论是个人之间的人际交往,还是诸侯国间的外交关系,必执挚相见①。在聘、觐等礼中,以玉圭、玉琮、玉璋、玉璧等瑞玉作为行礼之先导,是以挚的形式来表达诚敬之心。所谓挚,乃拜见对方时所执的礼物,《仪礼·士相见礼》云:"挚,冬用雉,夏用腒。"郑玄注:"挚,所执以至者,君子见于所尊敬,必执挚以将其厚意也。"《周礼·春官·大宗伯》:"以玉作六瑞,以等邦国。王执镇圭,公执桓圭,侯执信圭,伯执躬圭,子执谷璧,男执蒲璧。"《穆天子传》曰:"天子宾于西王母,乃执白珪玄璧以见西王母。"②《荀子·大略篇》:"聘人以珪,问士以璧。"杨倞注:"聘人以珪,谓使人聘他国以圭璋也。问,谓访其国事,因遗之也。"③《诗·大雅·韩奕》云:"韩侯入觐,以其介圭,入觐于王。"此是觐见用圭为挚。周代人际交往以及国家之间的交往用挚,不同等级的贵族其挚也不同,用以彰显贵贱、尊卑、男女之别。如《礼记·曲礼下》:"凡挚,天子鬯,诸侯圭,卿羔,大夫雁,士雉,庶人之挚匹。"《周礼·夏官·射人》云:"其挚:三公执璧,孤执皮帛,卿执羔,大夫执雁。"《礼记·郊特牲》:"执挚以相见,敬章别也。"郑玄注:"言不敢相亵也。"尊卑不同,其挚各异,也是防止百姓产生亵渎之心,从而扰乱尊卑、贵贱、男女之别。一般情况下,行相见礼、聘礼、觐见礼时还

---

① 关于先秦贽见礼,参见杨宽《赘见礼新探》,载杨宽《西周史》,上海人民出版社,1999,第790~819页。
② 王贻梁、陈建敏编《穆天子传汇校集释》卷3,第161页。
③ 王先谦:《荀子集解》卷19,第478页。

要还挚。如《仪礼·士相见礼》："主人复见之以其挚",也就是主人在回见时还挚。诸侯之间的聘礼,则待使者将要返回时"君使卿皮弁还玉于馆",此即还挚。

在聘礼、觐礼的第二个程序享礼中,往往以玉璧(或琮)等瑞玉加束帛(或束锦)的形式而先行进献。《仪礼·觐礼》记载诸侯在授玉之后行三享礼,"四享,皆束帛加璧,庭实唯国所有"。郑玄注云:"唯所有分为三享,皆以璧帛致之。"也就是说,三次享献周天子礼物均先以璧帛致命①。《仪礼·聘礼》中聘国享主国亦如此,先以束帛加璧(或琮)将命致意,然后再进献他物。要之,束帛加璧为行礼之先导,次之以庭实之献。

二 一般馈赠礼仪

除了聘礼、觐礼中的献馈,周代一般贿赠、馈献等礼仪中,往往以玉璧、圭、琮等物作为先导,然后再馈献他物。

山西大河口墓地出土霸伯盂铭文记载了周王委派使者前往霸国,铭文云:"遣宾,瓒(赞)用鱼皮两,侧毁(馈)用章(璋),先马,又毁(馈)用玉,宾出。以俎或(又)延,白(伯)或(又)邍(原)毁(馈)用玉,先车,宾出。"② 此"先",是从行礼的次序而说。"先车""先马"指先于进献马、进献车。铭文中,璋、玉是先于乘马、车而馈献。

又《左传·襄公二十六年》:"圉人归,以告夫人。夫人使馈之锦与马,先之以玉。"杜预注:"以玉为锦、马之先。"此赠馈礼物是以玉为先导。

---

① 贾公彦疏:"但三享在庭分为三段,一度致之,据三享而言,非谓三度致之为皆也。"胡培翚《仪礼正义》曰:"三享庭实虽有异,而以币帛致之则同也。"参见胡培翚《仪礼正义》卷20,第1293页。此从胡说。
② 参见山西省考古研究所大河口墓地联合考古队《山西翼城县大河口西周墓地》,第11页。

在祭祷中，圭、璧等玉瑞往往也作为礼之先导先行奉献，以表达对神灵的诚信之情。新蔡祷祠简有"先之一璧"之语①，如简文曰：

举祷于地主一青牺，先之一璧。（乙二：38、46、39、40）
牺马，先之一璧，乃而归之。（甲三：99）

"先之一璧"，指先以一璧贡献神灵，然后再进献牺牲。又《秦骃祷病玉版》记载，秦惠文王因身患疾病而祈祷华山神，以"路车四马，三人一家，一璧先之。□用二牺、羊、豢，一璧先之"②进献给华山神，亦是以玉璧为先导。"一璧先之"与新蔡简"先之一璧"意同，唯语法略有差异。虽然简文内容属于祭祷，不难看出，玉璧是在马牛等祭品之前奉献，与生人聘、觐之享献、赠馈礼相类。

此外，先秦馈赠礼仪中，往往先馈献轻物，然后再馈赠重物。例如，《左传·襄公十九年》："贿荀偃束锦、加璧、乘马，先吴寿梦之鼎"，杜预注："古之献物，必有以先，今以璧马为鼎之先。"此"先"，杨伯峻认为："先于吴寿梦之鼎也。犹二十六年《传》'郑伯享子展，赐之先路三命之服，先八邑'，亦以先路三命之服先于八邑。"③甚是。《左传·襄公二十六年》记载郑伯享子展，"赐之先路三命之服，先八邑"，亦以先路（象牙装饰的正车）、三命之服先于八邑赠贿。上两例即《大戴礼记·少间》所言之"将行重器，先其轻者"。

据古礼可对《左传·僖公三十三年》弦高犒秦军一事做出解释，"及滑，郑商人弦高将市于周，遇之，以乘韦先，牛十二犒师。"弦高

---

① 参见河南省文物考古研究所《新蔡葛陵楚墓》。
② 李零：《秦骃祷病玉版研究》，第525~547页。
③ 杨伯峻编著《春秋左传注》，第1045~1046页。

仓促间遇见秦军，于是临时先以四张牛皮前往秦军中冒充郑国使者致命，表达犒赏意愿，并软中带硬地表达了郑国已知道秦军意图，其辞云："寡君闻吾子将步师出于敝邑，敢犒从者。不腆敝邑，为从者之淹，居则具一日之积，行则备一夕之卫。"此是致命之辞，获蒙秦军允许之后，然后弦高又以十二头牛犒劳秦军。

三 其他聘问礼

先秦时期，诸侯礼聘人才时，往往备上玉帛等挚见之物先前往致意，此之谓"先"；待对方应允之后①，再正式见面并享献礼物，并申述己意，此之谓"后"②。如《庄子·秋水》曰："庄子钓于濮水，楚王使大夫二人往先焉。"陆德明《经典释文》："先，谓宣其言也。"③楚王委派使者先前往庄子处致意，文虽不言，但必有玉帛之物作为挚见礼盖可见也。《庄子·杂篇·让王》载："鲁君闻颜阖得道之人也，使人以币先焉。颜阖守陋闾，苴布之衣而自饭牛……使者致币。"④ 此是先派人持币帛致意，若颜阖同意，则后面再派遣使者前往聘问，当有币帛或驷马等礼物。

又士人应聘别国，欲委挚为臣，也先往执挚致意，然后再行他礼。《礼记·檀弓上》："昔者夫子失鲁司寇，将之荆，盖先之以子夏，又申之以冉有。""先"，乃先执挚前往表达应聘意愿。

以上对文献记载的周代宾礼相关的馈献礼仪做了简单的考察，表明周代赠贿礼仪往往以玉帛等物将命作为先导，然后再行其他馈献。那么，周代为何以玉帛等物作行礼先导，先通达心意之后，然后再行

---

① 若不应允，则终辞挚。
② 叶国良：《上博楚竹书〈孔子诗论〉问题五则》，载《经学侧论》，台湾新竹："国立"清华大学出版社，2005，第73~76页。
③ 郭庆藩辑《庄子集释》卷6下，第603~604页。
④ 郭庆藩辑《庄子集释》卷9下，第971页。

其他献礼？这与周人的文化心理密切相关，以下次第论之。

首先，周代礼仪中，以玉帛之物作为聘觐朝见、相见礼的挚，目的是用挚来表达行礼者内心的诚信之情①。《礼记·郊特牲》云："大夫执圭而使，所以申信也。"郭店简《性自命出》："币帛，所以为信与征也。"② 所谓"信与征"，即"申信"。《白虎通·瑞贽》亦云："珪以质信。"③ 挚币之礼是表达情感的物质载体，人与人之间的相见交往，或者政治性的宾客之礼，若无挚币之礼，则人的情感无以表达。《礼记·表记》曰："无辞不相接也，无礼不相见也，欲民之毋相亵也。"郑玄注："礼，谓挚也。"孔颖达疏："礼，谓贽币也，贽币所以示己情。若无贽币之礼，不得相见，所以然者，欲民之无相亵渎也。"④ 也就是说，在人际交往中，借言辞与挚币，可以让人意识到人际交往的慎重性，如此使人产生庄重之心，而防止人出现轻慢之心。上博简《孔子诗论》有一段简文与《礼记·表记》之意相似，简文云："其言币帛之不可去也，民性固然。其隐志必有以喻也，其言有所载而后纳，或前之而后交，人不可干也。"⑤ "隐志"，即内心之情志。人际交往，若无币帛挚物则无以表达内心之志，故先以币帛为挚通情致意，后之以交往。否则即是不以礼而交，⑥ 容易使人产生轻慢

---

① 币，通言之，亦泛指车马、皮帛、玉器等礼物。如《仪礼·士相见礼》云："凡执币者不趋，容弥蹙以为仪。"胡培翚《仪礼正义》释曰："散文则玉亦称币，小行人合六币是也；对文则币为束帛、束锦、皮马及禽挚之属是也。"胡培翚：《仪礼正义》卷4，南京图书馆藏青木犀香馆刻本。《礼记·礼运》云："瘗缯。"郑玄注："币帛曰缯。"《左传·昭公二十六年》云"币锦二两"，《左传·襄公八年》载："敬共币帛，以待来者，小国之道也。"又《周礼·天官·大宰》："六曰币帛之式。"郑玄注："币帛，所以赠劳宾客者。"上引均是以币帛为礼物。
② 刘钊：《郭店楚简校释》，福建人民出版社，2005，第96页。
③ 陈立：《白虎通疏证》卷8，第350页。
④ 李学勤主编《十三经注疏·礼记正义》卷54，第1471页。
⑤ 马承源主编《上海博物馆藏战国楚竹书》（一），上海古籍出版社，2001，第32页。
⑥ 《公羊传·定公四年》"以干阖庐"，何休注："不待礼见曰干。"参见宗福邦、陈世铙、萧海波编《故训汇纂》，第682页。

之心。

其次，周代，以瑞玉作为朝聘、觐见等行礼重器，体现了周人尚德的文化心理①。玉器虽然属于贵重财物，但周人将瑞玉视作君子之德的体现，聘礼中先以瑞玉为挚聘，是轻财重礼的表征。《礼记·坊记》云："礼之先币帛也，欲民之先事而后禄也。先财而后礼则民利，无辞而行情则民争。"郑玄注："此礼，谓所执之贽以见者也。既相见，乃奉币帛以修好也。"即先献"贽"表达自己的心意，然后再馈献币帛，其目的在于兴发人的敬让之德，防止产生贪财争斗之举②。《礼记·聘义》阐发云："圭璋特达，德也。"郑玄注："特达，谓以朝聘也。璧琮则有币，惟有德者无所不达，不有须而成也。"也就是说，以瑞玉为挚，是德之体现。再者，聘礼所以要还挚，《礼记·聘义》解释为："以圭璋聘，重礼也。已聘而还圭璋，此轻财而重礼之义也。诸侯相厉以轻财重礼，则民作让矣。"即目的是培养人的重礼轻财之德。

宾礼享献用束帛加璧，乃表归德之义，《礼记·郊特牲》云："束帛加璧，往德也。"往德，即往归于德之义。礼乃德之表，所谓重礼，即是重德。圭璧加以束帛是主要的礼币，目的在于表达诚信之德。

再次，周代宾礼馈献中"必有以先"的礼仪，是以玉帛之物先以将命，然后再馈献他物，这种文化心理，亦是以玉帛之物为先导而表达诚敬之情，然后按次序展开其他礼仪程序，此所谓"积渐"之义。对于这种文化心理，《礼记·礼器》阐发道：

> 是故君子之于礼也，非作而致其情也，此有由始也。是故七

---

① 周人以玉比德，玉被认为具有君子之德。
② 《礼记·乡饮酒义》："先礼而后财，则民作敬让而不争矣。"参见李学勤主编《十三经注疏·礼记正义》卷61，第1631页。

介以相见也,不然则已悫。三辞三让而至,不然则已蹙。故鲁人将有事于上帝,必先有事于頖宫;晋人将有事于河,必先有事于恶池;齐人将有事于泰山,必先有事于配林。三月系,七日戒,三日宿,慎之至也。故礼有摈诏,乐有相步,温之至也。

孙希旦《礼记集解》释曰:"作,起也。作而致其情,谓本无此情,而起而强致之也。内有恭敬之情,则外有交接之礼,故礼之所由始,始于心之敬。"[①] 也就是说,人与人之间的交往,虽然内心存有诚敬之情,但不能"径情直行",否则太质悫而失之于鄙野鲁莽。因此在行礼中需要有过渡环节,遵守先后之序,因为如果没有绍、介等人的传辞,以及三辞三让之礼,则交往显得局促唐突[②];如果没有礼物为挚以表达内心的真情,则容易导致人们轻视相见而相互轻慢。故而古人在交往时有先行之礼,并有辞让之道,讲究循序渐进的"积渐"过程,以体现敬慎之义,这样行礼如仪也从容不迫、温文尔雅。

据以上对先秦馈献礼仪中"先后"之序的梳理,对本文所讨论的《老子》文句得出以下几点认识。

第一,古人馈献礼物必有先献之礼,先后有序,目的是体现敬慎之义。据上文分析,兼从《老子》"虽有拱璧以先驷马"的语境看,聘问时先进献玉璧将命为先导,后进献驷马,这从先后顺序上并无可疑,故对这句话的怀疑可涣然冰释。

第二,享献时束帛加璧与聘、觐、相见礼中的挚不同,而是享献之物,其馈送的次序是先于车马等物。《老子》之"拱璧"不可理解

[①] 孙希旦:《礼记集解》,第656~657页。
[②] 《礼记·聘义》:"介绍而传命,君子于其所尊弗敢质,敬之至也。"李学勤主编《十三经注疏·礼记正义》卷63,第1661页;《汉书·郦食其传》:"吾闻沛公嫚易人,有大略,此真吾所愿从游,莫为我先。"颜师古注:"先谓绍介也。"《汉书》卷43,第2105~2106页。

为挚,因挚需要归还,而从《老子》"虽有拱璧以先驷马"的语境看,乃先献以玉璧(或加币帛之物),"以玉将币",然后将驷马进献给对方。玉璧其实是作为礼之先导,这在周代实属赠馈之常礼,与"先轻后重"之礼不同。据此而论,《老子》此句也不应以《大戴礼记·少间》的"先轻后重"来解释。

第三,《老子》"虽有拱璧以先驷马"文句,是说立天子置三公,即使三公内怀诚信之心而以玉璧乘马等丰厚礼物进献,然究不如坐进此道,因道尤为珍贵是也。

周代牲体礼考论

周人尚文，对于牺牲的割解颇为讲究，要求"割者中理"①。牺牲割解之后分为不同的骨体，其升载之法以及如何食用等方面，严格遵循一定的礼规，至为繁缛和复杂，甚至一般饮食之节，亦如《论语·乡党》所云"割不正，不食"②。除牺牲骨体之外，牺牲之肤、内脏等食用也遵循严格的礼规。为行文方便，我们将这些礼规统称"牲体礼"。下面拟对牲体礼做一全面考证，并探讨其蕴含之礼义。

一 牺牲割解法及牲体之尊卑

肆解是割解牺牲骨肉的总称，《周礼·天官·内饔》曰："掌王及后、世子膳羞之割烹煎和之事。"郑玄注："割，肆解肉也。"孙诒让云："肆解即割裂牲体骨肉之通名。"③

首先，先看周人对于牲体各部位的区分，清人凌廷堪对此考证较详，氏著《礼经释例》云：

> 前体谓之肱骨，又谓之前胫骨。肱骨三，最上谓之肩，肩下

---

① 黄幹、杨复：《仪礼经传通解续》卷29引《尚书大传》，《景印文渊阁四库全书》（第132册），台湾商务印书馆，1983。
② 刘宝楠：《论语正义》卷13，第411页。
③ 孙诒让：《周礼正义》卷8，第268页。

谓之臂，臂下谓之臑。后体谓之股骨，又谓之后胫骨。股骨三，最上谓之肫，又谓之胖，肫下谓之胳，又谓之骼，胳下谓之觳。中体谓之脊，脊骨三，前骨谓之正脊，中骨谓之脡脊，后骨谓之横脊。脊两旁之肋谓之胁，又谓之胉，又谓之干。胁骨三，中骨谓之正胁，又谓之长胁，前骨谓之代胁，后骨谓之短胁。肩上谓之腽，又谓之胆，肫上谓之髀，余骨谓之仪。[1]

据凌氏考证，牺牲的前腿骨称为"肱骨"，又称"前胫骨"，上下可分为三部分：上部为肩，肩下为臂，臂下为臑；后腿骨为"股骨"，又称"后胫骨"，亦分为三部分：上为肫，又谓之胖，肫下为胳，胳下为觳[2]。肩上的骨肉为腽，又称作"胆"，肫上骨肉称作"髀"，余骨谓之仪。牺牲的中体部分，中间的称为"脊"，分为三，前为正脊，中间为脡脊，后为横脊，以前脊为正。脊两旁肋骨称为"胁"（也称"胉"或"干"），胁亦分为三，中间为正胁（又曰长胁），前为代胁，后为短胁。

综合文献诸说，割解牺牲（牲体）之法约略有房脀、豚解、体解、骨折等法，下面简略做一考察。

先秦文献中，"脀"义有二。其一，是指将牲体盛置于鼎内。《周礼·天官·内饔》："王举，则陈其鼎俎，以牲体实之。"郑玄注："实鼎曰脀。"其二，载俎亦可谓之脀。如《仪礼·特牲馈食礼》："宗人告祭脀。"郑玄注："脀，俎也。"又，《仪礼·少牢馈食礼》经文云载俎之后称为"卒脀"。

《国语·周语中》云："禘郊之事，则有全烝；王公立饫，则有房烝；亲戚宴飨，则有殽烝。"韦昭注："全烝，全其牲体而升之"，

---

[1] 凌廷堪：《礼经释例》卷5，第289页。
[2] 胡培翚：《仪礼正义》卷37，第2267页。

"房，大俎也……半解其体，升之房也"。① 依韦昭注，全脊是不肆解而以全牲荐于俎，房脊乃将牺牲剖为左右二体，而升其一胖荐于俎。又《诗·鲁颂·閟宫》："笾豆大房。"毛传："大房，半体之俎也。"《左传·宣公十六年》云："王享有体荐，宴有折俎。"杜预注："享则半解其体而荐之，所以示共俭。"孔疏："王为公侯设享，则半解其体而荐之。为不食，故不解折，所以示其俭也。"② 孔氏又认为"传言体荐，即房烝也"，据上注，则房脊又称"体荐"。

文献中"殽脊"之名，其意有两指。一是将体解之骨节折而载于俎，《左传·宣公十六年》记周定王享士会以殽脊，杜预注："升殽于俎。"此指体解折节牲体升于俎，亦谓之"折俎"。《国语·周语中》韦昭注："殽烝，升体解节折之俎也。俎，谓之折俎。"孙诒让《周礼正义》谓："节折谓之折俎，亦谓之殽烝。"③ 享宴卿大夫之礼，亦用折俎，《左传·襄公二十七年》："司马置折俎，礼也。"杜预注："折俎，体解节折，升之于俎。"二是以余骨不成体者载于俎，亦称为"骨折"。《仪礼·特牲馈食礼》记文云："众宾及众兄弟、内宾、宗妇，若有公有司、私臣，皆殽脊。"郑玄注："此所折骨，直破折余体可殽者升之俎。"通言之，骨折也可谓之"殽脊"。

豚解之法，是就全牲而言，解牲为左右肩髀（臂、臑与肫、胳分附属于肩、髀）而为四，加以两胁、一脊，共为七体。《仪礼·士虞礼》记文云："杀于庙门西，主人不视。豚解。"郑玄注："豚解，解前后胫骨、脊、胁而已，熟乃体解，升于鼎也。"而贾公彦疏云："凡解牲体之法，有全蒸，其豚解为二十一体。体解，即此折俎是也。"陈祥道④、沈彤⑤、

---

① 《国语》卷2，上海古籍出版社，1978，第62~63页。
② 阮元校《左传正义》卷24，第1889页。
③ 孙诒让：《周礼正义》卷57，第269页。
④ 参见陈祥道《礼书》卷77。
⑤ 沈彤：《仪礼小疏》卷7，《景印文渊阁四库全书》（第109册），台湾商务印书馆，1983。

凌廷堪①等又混豚解与全脀为同一割解之法，不可从。肆解和脀有别，如牲不割解而脀之于俎，不可谓之"肆"。全脀与豚解不同，若牲豚解则不得称全，全脀则不再肆解。揆《国语》之文，祭天礼若用豚解，而士昏礼、丧奠礼等为杀亦用之，则混淆难辨，以致礼无等秩之分，揆之礼义，断无是理。

体解之名，前人多与房脀相联系。陈祥道《礼书》、凌廷堪《礼经释例》皆认为体解即房脀。房脀之名，孙诒让《周礼正义》已予以辨析，谓"房烝则胖升而不解馀体"，"不再肆解"，说法甚是。体解之法，是将牲体肆解折骨为二十一体，其具体称名，前人说法不一。《仪礼·少牢馈食礼》："上利升羊"，贾疏："案此经即折前体肩、臂、臑两相为六，后体膊、胳两相为四，短胁、正胁、代胁两相为六，脊有三，总为十九体。唯不数觳二，通之为二十一体。二觳，正祭不荐于神尸，故不言。"陈祥道《礼书》（卷七十七）从贾说。囿于贾说，后世经师如盛世佐②、凌廷堪亦主此说，今人钱玄等亦从之③。另一说则取二骽而去二觳，即左右肱骨肩、臂、臑，左右股骨之骽、肫、胳，脊三，左右胁六，正为二十一体。朱熹、杨复、秦蕙田、褚寅亮、胡培翚、黄以周、孙诒让、曹元弼等皆宗此说。④ 两说相较，后说为是，原因如下。其一，礼书明言骽为牲体之一。士丧礼小殓奠用一鼎，

---

① 参见凌廷堪《礼经释例》卷5。
② 盛世佐：《仪礼集编》卷37，《景印文渊阁四库全书》（第110~111 册），台湾商务印书馆，1983。
③ 钱玄：《三礼辞典》，江苏古籍出版社，1998，第1286~1287 页。
④ 参见朱熹《仪礼经传通解》卷1，《景印文渊阁四库全书》（第130 册），台湾商务印书馆，1983；杨复《仪礼旁通图·牲体图》，《景印文渊阁四库全书》（第104 册），台湾商务印书馆，1983；秦蕙田《五礼通考·吉礼》卷64，味经窝初刻试印本，台湾：圣环图书公司，1994；褚寅亮《仪礼管见》，《皇清经解续编》卷186，上海书店，1988 年影印本，第923 页；胡培翚《仪礼正义》卷37，第2268~2269；黄以周《礼书通故》卷17，《续修四库全书》（第110 册），上海古籍出版社，1999，第481 页；孙诒让《周礼正义》卷8，第268 页；曹元弼《礼经学》卷5下，《续修四库全书》（第94 册），上海古籍出版社，1999，第833~834 页。

"其实特豚",载俎之时,"载两髀于两端"。又如大殓奠,陈三鼎,"豚合升"。此是合豚左右胖升于鼎,用髀且载之于俎,明髀为牲体之一且用于较减杀的礼仪。如用成牲,则升其胖,豚解,去髀。特牲馈食礼,髀不载于尸俎,但祝俎载髀,明言髀为牺牲之体,且使用于俎。其二,《仪礼·少牢馈食礼》云:"上利升羊,载右胖,髀不升。肩、臂、臑、肫、骼,正脊一,脡脊一,横脊一,短胁一,正胁一,代胁一,皆二骨以并。"郑玄注:"凡牲体之数及载,备于此。"依据郑注,则髀为二十一体之一,其义甚明。而主妇、佐食俎皆为觳折,乃折后右足为俎。敖继公云:"觳非正体,折骼之下而取之,故云觳折。凡牲固皆折也。然经文之例,其先言体,乃言折或单言折者,必非正体若全体者也"①,说法为是。觳非正体,焉能成二十一体数?不纳入牲体之中可知。其原因,褚寅亮《仪礼管见》云:"盖觳附于骼,可析可合,不得为体。经明言髀不升,则髀是体之一,安得去之而取觳乎?"觳是牲体蹄上面的部分,可去亦可附于骼,难以作为正体。且经书体解为二十一体,并非礼仪中全用,使用成牲之牲体右胖,则髀不升于鼎,并非云二十一体名称不包括髀。贾公彦取二觳补正二十一体,于经不合,胡培翚《仪礼正义》(卷三十七)已指其误。因此,礼书体解二十一体,当去觳而增髀。

周人尤重骨而贱肉,各骨体有尊卑之别。牲体的左、右两胖若用其一,则以右胖为贵。《仪礼·少牢馈食礼》:"司马升羊右胖,髀不升。"郑玄注:"上右胖,周所贵也。"《礼记·祭统》云:"凡为俎者,以骨为主。骨有贵贱,殷人贵髀,周人贵肩,凡前贵于后。"牲体的四肢贵于脊、胁,周人以肩为贵,前体贵于后体。《仪礼·乡饮酒礼》云:"宾俎:脊、胁、肩、肺。主人俎:脊、胁、臂、肺。"郑

---

① 敖继公:《仪礼集说》卷15,《通志堂经解》(第14册),江苏广陵古籍刻印社,1993。

玄注云："凡前贵后贱。"髀因近于窍，所以贱，故祭祀时不升于正鼎，不载于正俎（尸俎）。《仪礼·少牢馈食礼》："司马升羊右胖，髀不升。"郑玄注："髀不升，近窍，贱也。"

除上述骨体之外，牺牲的皮肉以及肠胃、心、舌、肺等器官也是宴享、祭祀等礼仪中常用的鼎俎之实。

《仪礼·公食大夫礼》云："伦肤七。"郑玄注："伦，理也，谓精理滑脆者。"《仪礼·少牢馈食礼》："雍人伦肤九，实于一鼎。"郑玄注："肤，胁革肉，择之取美者。"二训不同，可相互参。伦肤，即从胁上皮肉中挑选精理而滑脆者使用。牛羊等牲的肠胃因味美，也载于俎上以供食用，但犬猪的肠胃因被认为脏臭而不用，如《礼记·少仪》云："君子不食溷腴。"郑玄注："谓犬豕之属，食米谷者也，腴有似人秽。"根据《仪礼》之例，凡用牛羊之牲，则用肠胃而无肤；用豕牲，则有肤而无肠胃。

心、舌等亦用于祭祀礼仪中，盛放于肵俎。肵俎，乃祭祀时礼敬尸之俎（丧奠、丧祭、祭殇等无尸，故皆无肵俎）。《仪礼·特牲馈食礼》云："佐食升肵俎。"郑玄注："肵，谓心、舌之俎也。《郊特牲》曰：'肵之为言敬也'，言主人之所以敬尸之俎。"祭祀时，载牢之心舌于其上，设于尸馔之北，尸食所剩牲体，加于肵俎，礼成则归尸。

周人认为肺为气之主，故尤为崇尚，以之为贵。《礼记·明堂位》："周祭肺。"《仪礼·士昏礼》云："陈三鼎于寝门外东方，北面，北上。其实特豚，合升，去蹄。"郑玄注："肺者，气之主也，周人尚焉。"《仪礼》中用肺可分为举肺与祭肺两种。举肺（又称离肺、嚌肺），是以午割（切割心舌等，纵横切割，恐其分散，留出中央少许相连，谓之午割）的方式加以切割，为食而设。先秦时期，食必祭先，以右手断绝而祭，其余在左手中，则以齿尝下而已。《仪礼·士冠礼》："离肺实于鼎。"郑玄注："离，割也，割肺者，使可祭也，可哜也。"祭肺（又称刌肺、切肺）乃切断为之，祭祀时，以之祭食。如《仪礼·特牲馈食礼》云："佐食取黍、稷、肺祭授尸，尸祭之。"揆之《仪礼》所言，士虞礼、特牲馈食礼、少牢馈食礼及傧尸礼皆举肺、祭肺兼有，而生人之礼如士冠礼、乡饮酒礼、乡射礼、燕礼、大射皆用哜肺。《仪礼·公食大夫礼》："三牲之肺不离，赞者辩取之，一以授宾。"郑玄注："肺不离者，刌之也。不言刌，刌则祭肺也。此举肺不离而刌之，便宾祭也。"郑玄认为此是举肺，《礼经释例》卷五驳云："宾兴受，坐祭。不云哜之，则为祭肺可知。"① 当以郑玄注为是，褚寅亮《仪礼管见》云："见宜离而不离，以优宾也。"盖是。士昏礼则兼用二肺，《仪礼·士昏礼》："举肺、脊二，祭肺二。"贾疏："祭时二肺俱有，生人唯有举肺，皆祭。今此得有祭肺者，《礼记·郊特牲》论娶妇'玄冕齐戒，鬼神阴阳也'，故与祭祀同二肺也。"贾说恐非。按《郊特牲》之"鬼神阴阳也"，郑玄注阴阳为夫妇。昏礼中的二肺乃夫妇用之，与盛服斋戒迎亲并不相类，盖因摄盛而得以使用。《仪礼·既夕礼》中大遣奠鼎实亦"离肺"，盖未忍以死者视之，而用生人之礼。周礼，祭肺尊于举肺。凡是祭肺和举肺兼用，是为备礼；反之，两者不全为不备礼。若不备礼，则有祭肺者为礼隆，反之为礼杀。如《仪礼·有司彻》中的傧尸之礼，尸俎和阼俎皆兼有祭肺与举肺，为备礼。而侑无举肺，主妇无祭肺，乃不备礼，但主妇俎"无祭肺有哜肺，亦下侑也"。

二 牲体的载陈礼规

先秦文献中，牲体实于鼎称"升"，左右胖皆实于鼎为"合升"，

---

① 凌廷堪：《礼经释例》卷5，第277页。

用匕取鼎中烹熟牲体置于俎则称为"载"。

以《仪礼》记载的祭祀为例来说明。祭祀时，将牺牲肆解后置于镬内烹煮。烹熟后，升于鼎（祭祀时，从升鼎而载于俎者，为神俎。因尸尊，故有升鼎环节，若卑者之俎，则径直从镬载于俎，《仪礼·士虞礼》记："祝俎"，郑注："不升于鼎，贱也。"特牲、少牢亦如此）。鼎有尊卑之别，不同的鼎盛放尊卑不同的牲体，区分严格，不许混杂。如《仪礼·士虞礼》记文云："羹饪，升左肩、臂、臑、肫、骼、脊、胁、离肺，肤祭三，取诸左胁上，肺祭一，实于上鼎。"上鼎盛放猪的左肱骨、股骨的上面两部分和正脊、正胁、左边胁上肤以及离肺。此升牲体顺序，前体尊，故先升，次之后体二骨，脊、胁等卑于四肢，故后升。下鼎，"升腊左胖，髀不升，实于下鼎。"因腊贱，故升于下鼎。

周人重骨，故"俎"在各种礼仪中极其重要。俎的几面呈长方形，长几面分为上、下两端，此为纵，俎的宽几面为横。俎放置于人前时，俎的纵几面相对于人为横向，而俎的横几面则相对于人为纵向。载牲体于俎上时，骨体和俎的上下两端方向一致，为"纵载"，反之则称为"横载"。

载俎之法，具见于《仪礼·少牢馈食礼》，文云："肩、臂、臑、肫、骼在两端。脊、胁、肺，肩在上。"郑玄注："凡牲体之数及载，备于此。"载俎时以牲体的体次为顺序。因周人贵肩，前肢骨贵于后肢骨，牲的四体尊于脊、胁，因而先载前体肩、臂、臑，次载后体膊、骼，然后载脊、胁、肺等。牲体于俎上陈放位序，以左为上，前肢体载于俎的上端（左端），后肢体陈于俎的下端（右端），脊、胁、肠胃等置于俎的中央。而士丧礼之小殓奠，属于凶礼，载俎之法为"载两髀于两端，两肩亚，两胉亚，脊、肺在于中"。因髀贱，先载于俎的两旁，两肩次之，两胉又次于两肩，脊、肺放置于俎的中间。

　　骨体陈于俎上，采用横载之法。《仪礼·少牢馈食礼》："亦横载，革顺。"郑玄注："亦者，亦其骨体。"因骨体有上下两端，遂有"本末"之说。清人盛世佐云："每体各有本末，如肩以近脰处为本，近臂处为末。臂以近肩处为本，近臑处为末是也，其余以是推之。"① 因牲体乃横载于俎上，置于人前，故骨体有进本（膝）末（下）之礼规，即骨体的何部位朝向人或神（尸）。生人食法，骨体的本（骨之头）朝向人的方向，即所谓"进本"。如乡饮酒礼、乡射礼以及公食大夫礼等皆进脄（本）。另如士的丧奠、虞祭等，仍然以生人之礼侍奉死者，故陈俎之法，骨体皆仍然进本。而祭祀为事神礼，因不敢以食道事神，恐亵渎神灵，故"进下"，即骨体之末朝向神（尸）。如《仪礼·少牢馈食礼》云："亦进下，肩在上"，"体其载于俎，皆进下"。郑玄注："进下，变于食生也。所以交于神明，不敢以食道，敬之至也。"即如此。

　　肵俎载法，《仪礼·特牲馈食礼》记文云："肵俎心舌，皆去本末，午割之，实于牲鼎。载，心立，舌缩俎。"《仪礼·少牢馈食礼》云："佐食上利升牢心、舌，载于肵俎。心皆安下切上，午割勿没。其载于肵俎，末在上。舌皆切本末，亦午割勿没，其载于肵，横之。"据经文可知，士和大夫礼，心舌皆割去本末，采取午割的方式，留出中央少许不使断绝。心的下面被切平，末在上，本在下，立于俎上。而舌的放置，由于经文一云"舌缩俎"，一云"其载于肵，横之"，后世经师说法不一。贾公彦认为特牲礼，舌载于俎上时，据人为纵，则据俎为横，为进下；而少牢礼，舌载俎上，据俎为横，则据人为纵，亦进舌之下（末）。特牲礼、少牢礼舌载俎之法皆据俎而言，"舌有缩

---

① 参见盛世佐《仪礼集编》卷37。

有横，皆不立也"。少牢礼所谓"横之"所指当为俎，舌乃横载于俎上，此为进下。特牲礼，经文"舌缩俎"，所指乃于俎为纵，与《仪礼·公食大夫礼》"鱼七，缩俎寝右"的"缩俎"同。郑玄所注"立、缩，顺其性"，亦指纵载于俎。特牲礼中，舌乃纵载于俎，顺俎而直设。

陈肤之法，《仪礼·少牢馈食礼》云"肤九而俎，亦横载，革顺。"郑注："列载于俎，令其皮相顺。"《仪礼正义》卷三十七云："谓肤革相比次，作行列以载，令不错杂也。革，皮也，言革顺则肤不去皮可知。"《仪礼》经文没有明言肤的陈放之法，于此可互文相见，则士、大夫祭祖时，皆肤成行列，横载于俎上。

鱼的陈俎之法，生人食礼和正祭，鱼皆纵载于俎（于人为横），鱼头朝右，差别在于前者鱼寝右而进鬐（鱼脊），后者则寝左而进腴（鱼腹），目的在于别人神之礼。生人食礼，如《仪礼·公食大夫礼》："鱼七，缩俎寝右。"贾疏："缩，纵也。"即纵向（于人为横）放置于俎上，鱼首向右，以鬐（鱼脊）向人，便于人取食。而大敛奠、士虞礼，因未忍以死人看待而异于生人奉食之礼，因此仍进鬐，但凶礼反吉，鱼首向左。例如，《仪礼·士丧礼》云大敛奠，"载鱼左首，进鬐"，郑玄注："未异于生也"；《仪礼·士虞礼》记文云："鱼进鬐。"祭祀事神的载鱼之法，《仪礼·少牢馈食礼》："缩载，右首，进腴。"《礼记·少仪》："冬右腴"，郑玄注："腴，腹下也。"即鱼头向右，鱼腹向神（尸）。傧尸之礼，杀于正祭，载鱼之法不同于正祭，乃横载于俎上而进鱼尾（鱼尾向人）。《仪礼·有司彻》："尸俎五鱼，横载之。侑、主人皆一鱼，亦横载之。"郑玄注："横载之者，异于牲体，弥变于神。"至于寻常燕食载鱼之法，则干鱼进首，湿鱼进尾。如《礼记·少仪》云："羞濡鱼者进尾。冬右腴，夏右鳍。"郑玄注："干鱼进首，擗之由前，理易析也。"孔疏："皆谓寻常燕食所进鱼体，非祭祀及飨食正礼也。"①

三 用牲体之原则及其蕴涵之礼义

周代祭祀、宴享、丧葬等礼仪中牲体的使用，主要遵循以下几个原则。

第一，吉凶异礼，人鬼相别。《周礼》将礼分为吉、凶、宾、军、嘉五礼，后世沿之。吉凶礼不同，所用牲体皆不同。依礼书所载，如以豚为牲，则皆合升于鼎。如士冠礼以及丧奠皆用一豚，牲体左右两胖皆升于鼎。若用豚则无论吉礼与凶礼都两胖合升；若用成年牺牲，则升其一胖而不用髀，吉礼升右胖而凶礼升左胖。若使用成牲，吉礼尚右，用牲体右胖，如特牲馈食礼、少牢礼，于五礼属吉礼，用牲皆然。而凶礼反吉，人神异礼，则使用牲体的左胖。如丧礼之大遣奠，《仪礼·既夕礼》载，鼎实用羊、豕，皆左胖。士虞礼是士安葬亲人后当日中举行的安魂祭，于五礼亦属凶礼，所用牲体，《仪礼·士虞礼》云："升左肩、臂、臑、肫、胳、脊、胁"，又云："升腊，左胖，髀不升，实于下鼎。"也是用左牲体。因虞祭为凶礼，反吉，故用牲之左胖，无肵俎，减杀于吉祭，尸饭之后，播余于篚。

第二，尊卑有别，骨体有异。礼制功能之一在于别，如《荀子·礼论》云："曷谓别？曰：贵贱有等，长幼有差，贫富轻重，皆有称者也。"② 周代礼仪中，牲体别尊卑、贵贱的功能，体现在两方面。首先，"贵者取贵骨，贱者取贱骨"③，参与礼典者尊卑差等，则使用贵贱不同的骨体。如乡饮酒礼，宾尊，其俎为"脊、胁、肩、肺"，因肩最贵，宾用之；主人俎，"脊、胁、臂、肺"，臂次之，主人用之；

---

① 李学勤主编《十三经注疏·礼记正义》卷35，第1040页。
② 王先谦：《荀子集解》卷13，第347页。
③ 李学勤主编《十三经注疏·礼记正义》卷49，第1358~1359页。

介俎，"脊、胁、胳、肺"，胳次于肩、臂，介用之。其次，身份尊卑不同而所用骨体数目不同，所谓"名位不同，礼亦异数"①。特牲馈食礼是诸侯之士祭祖之礼，少牢馈食礼是诸侯之大夫祭祖礼。二者身份尊卑不同，前者用一豕，而后者所用则为少牢（羊和豕）。礼仪中，骨体的使用体现礼"以多为贵"之旨，如少牢馈食礼中尸俎，用十一体；特牲馈食礼中尸俎，用九体。下面以祭祀所用骨体的差异来说明祭祀者在礼仪中的尊卑差等。

特牲馈食礼中，尸俎为神俎（正俎），共有三俎。《仪礼·特牲馈食礼》记文云："尸俎：右肩、臂、臑、肫、胳，正脊二骨、横脊、长胁二骨、短胁。"郑玄注："士之正祭礼九体，贬于大夫，有并骨二，亦得十一之名。合少牢之体数，此所谓放而不致者。"按礼制规定，士卑于大夫，故正俎贬而不用脡脊、代胁。但是由于"礼不夺正"②，故而士得以使用正脊、正胁，但正脊用二骨，长胁也用二骨，合十一体之数，此为"放而不致"。鱼俎用十五尾，同于大夫祭祖礼尸俎的数目，礼家称为"经而等"，即尊卑皆用同一数目。腊俎，如牲骨，也是九体，但无肤、肺。

少牢礼，尸俎共用五俎。其俎实，羊俎牲体包括肩、臂、臑、膊、骼，正脊、横脊、脡脊各一，短胁一、正胁一、代胁一，"皆二骨以并"。大夫尊，因此三脊、三胁皆得用于俎；豕俎如羊牲体，无肠胃；豕肤用九块，为另一俎；鱼俎用鱼十五尾。因大夫尊于士，腊俎用麋而不用兔。

即使在同一礼仪中，礼典参与者的身份若尊卑有别，所用牲体及其数目也存在差异，例如，少牢礼，《仪礼·少牢馈食礼》云祝用一俎：牢髀，横脊一、短胁一，肠胃各一，肤三，此皆为下体，郑

---

① 杨伯峻编著《春秋左传注》，第207页。
② 士卑于大夫，用牲体数目贬于大夫，但是牲体正脊、正胁不能贬而不用，称为"礼不夺正"。

玄注谓："皆升下体，祝贱也。"佐食，地位卑于祝，用一俎，俎实为"折，一肤"，是选择牢正体的余骨，折分而用，用牲肤也远下于尸俎。

第三，别礼之隆杀。不同礼典的主体尊卑不同，仪节自然隆杀各异，所用牲体的方式亦有区别。如《国语·周语中》中定王所言王室之礼，劳公侯有享礼，用房脀（体荐）；对卿大夫则有燕礼，以殽脀（折俎）。另如祭祖礼，天子、诸侯尊，礼隆而兼用豚解和体解。大夫、士则因祭祀无朝践、献腥之节，仅有体解而无豚解。

又，礼典主体相同，但是由于种种原因或不能备礼而减杀，牲体使用亦有别。如士虞安魂之祭为凶礼，因孝子尚处于哀戚之中，而不能备礼，使用牲体减杀于正祭，用牲之左胖；减杀于吉祭，无肵俎，尸饭之后，播余于筐；尸享三俎，减杀于士之祭祖礼。《仪礼·士虞礼》记文云："羹饪，升左肩、臂、臑、肫、骼、脊、胁、离肺，肤祭三，取诸左膉上，肺祭一，实于上鼎。"郑玄注："脊胁，正脊、正胁也。丧祭略，七体耳。"丧祭杀于正祭，故用七体。经文云："升鱼：鱄鲋九，实于中鼎。"郑玄注："差减之。"用鱼九尾，减杀于正祭；至于腊俎，减杀于正祭所用九体，而用七体。经文云："升腊，左胖，髀不升，实于下鼎。"郑玄注："腊七亦体，牲之类。"

另以傧尸礼为例，《仪礼·有司彻》所云，是大夫祭祀之后，在堂上傧尸之礼，其礼减杀于少牢馈食礼，所用牲体之俎减杀于正祭。如尸之羊俎（用右体）实包括肩、臂、肫、骼、臑、正脊一、脡脊一、横脊一、短胁一、正胁一、代胁一、肠一、胃一、祭肺一俎。与少牢礼比较，傧尸礼臑在下，折分以为肉湆（肉在汁中，谓之肉湆），此是贬于正祭之神俎（尸俎）。又正祭皆二骨以并，而傧尸礼则脊、胁、肠、胃皆一，又无举肺，为贬于正祭。

综上所述，周代礼仪所用牲体具有表吉凶之道、尊卑之别、礼之隆杀等功能。礼之制作，体"人义"，察"人情"，其旨务于治，目的在于建立一个秩序井然而充满伦理亲情的和谐社会。从春秋时期的贵族阶层直至战国时期的儒门后学，对礼仪中牲俎意义的阐发尤多，其内涵亦随着时代的变化而改变。

《国语·周语中》记晋侯使随会聘于周（亦见于《左传·宣公十六年》），周定王享之肴烝，随会颇为诧异，问曰："吾闻王室之礼无毁折，今此何礼也？"定王解释云：

> 且唯戎狄则有荐体。夫戎狄，冒没轻儳，贪而不让，其血气不治，若禽兽焉。其适来班贡，不俟馨香嘉味，故坐诸门外，而使舌人体委与之。女，今我王室之一二兄弟，以时相见，将和协典礼，以示民训则……于是乎有折俎加豆，酬币宴货，以示容合好，胡有孑然其效戎狄也？夫王公诸侯之有饫也，将以讲事成章，建大德，昭大物也，故立成礼烝而已。饫以显物，宴以合好，故岁饫不倦，时宴不淫，月会、旬修、日完不忘……饮食可飨，和同可观，财用可嘉，则顺而德建。古之善礼者，将焉用全烝？①

定王之言有两层含义。其一，不同的牲体割解方式和用俎在礼仪中的意义不同，承载不同的礼制和文化功能。宴享俎实之文与戎狄体荐之质的差异，也是华夏礼乐文化区别于戎狄野蛮文化的外在表征。定王的话语无疑体现出对戎狄民族的蔑视，透露出周人的文化优越感。其二，全胾、房烝和殽烝用于隆杀不同的礼典，有别尊卑的功能。天至尊，尚质朴，故而用全胾；诸侯饫之目的在于图谋军国大事、兴

---

① 徐元诰：《国语集解》，第58~61页。

德，姑仅取备物而已，享礼则用房脀，虚设而不可食；亲戚宴享之礼，旨在"以示容合好"，和谐典礼，为民树立法则，故而用殽脀。对于牲体使用方式的意义，定王并未仅局限于它们所反映的尊卑贵贱，而是在其基础上，深刻地解释了饮食之礼的根本目的在于建德、合同，其深层的意义在于维持周礼的核心价值观念——德，这无疑是继承了西周以来"明德""慎德"的观念，具有鲜明的时代特色。

归胙礼亦体现了周人牲体礼之主旨。所谓归胙，即将祭祀剩余牲体致送于他人，可以是臣下致福于君，如晋国太子申生致福于其父晋献公①。《周礼·天官·膳夫》："凡祭祀之致福者，受而膳之。"郑玄注："致福，谓诸臣祭祀，进其馀肉，归胙于王。"《周礼·春官·都宗人》："凡都祭祀，致福于国。"此外，周王亦赐胙于诸侯。《春秋》经记载鲁定公十四年"天王使石尚来归脤"；鲁僖公九年，周王使宰孔赐齐桓公祭肉②。出土的新蔡楚简也有以诸侯间"致福"之事作为纪年的记录。以上所引，足见归胙礼在两周时期的重要性。

在周代以血缘为基础的国家结构中，宗族以及异姓亲戚之间的紧密联系对于维护社会的稳定具有重要意义。宗庙祭祀，乃为祈福。祭祀之后，致胙于人，是将祭祀所得福分送于他人。宗族之内，"祭祀同福，死丧同恤，祸灾共之……居同乐，行同和，死同哀"③，《周礼·春官·大宗伯》云："以脤膰之礼，亲兄弟之国。"郑玄注："脤膰，社稷、宗庙之肉，以赐同姓之国，同福禄也。"归胙礼无疑有助于增强同姓宗族以及异姓亲戚之间的亲和力。

春秋以后，周王室更趋式微，宗法制度遭到破坏，社会背景发生

---

① 徐元诰：《国语集解》，第279页。
② 杨伯峻编著《春秋左传注》，第326页。
③ 徐元诰：《国语集解》，第224~225页。

了很大变化。儒门后学对于牲体礼所体现的为政之道阐发尤著,《礼记·祭统》云:"俎者,所以明祭之必有惠也。是故贵者取贵骨,贱者取贱骨。贵者不重,贱者不虚,示均也。惠均则政行,政行则事成,事成则功立。功之所以立者,不可不知也。俎者,所以明惠之必均也。善为政者如此。"儒家将祭祀的骨体使用与人君为政联系起来,认为俎实除了明尊卑以外,尚有施惠于参加典礼者的象征意义。作为人君昭示行政之惠术,推行教化之道,俎实必须平均给予参与祭祀者,这是"政行"的前提;人君行惠必均,方可立功,为政者应重视此点。儒家认为,人君为政,骨体之俎除了有"见政事之均"的功能,有德之君借祭祀班胙于下,乃"惠下之道",也是仁政的体现。《礼记·祭统》云:

夫祭有畀煇、胞、翟、阍者,惠下之道也。唯有德之君为能行此,明足以见之,仁足以与之。畀之为言与也,能以其余畀其下者也。煇者,甲吏之贱者也。胞者,肉吏之贱者也。翟者,乐吏之贱者也。阍者,守门之贱者也。古者不使刑人守门,此四守者,吏之至贱者也。尸又至尊,以至尊既祭之末而不忘至贱,而以其余畀之。是故明君在上,则竟内之民无冻馁者矣。此之谓上下之际。①

祭祀中,尸为至尊,而煇、胞、翟、阍分别为割皮革之人、割解肉者、教羽舞之吏及受刑守门之吏,皆为吏中至贱者。人君能以至尊(尸)之所剩俎实给予至贱者,由此可以体现人君施恩惠于下的惠术之道。由此以仁义之心治国理政,则国境之内政治清明,民乃丰衣足

---

① 李学勤主编《十三经注疏·礼记正义》卷49,第1359~1360页。

食。可以看出，儒家对于"政事之均""上下之际"皆要求人君需有明仁之德，"德能昭明，足以见其惠下之义"，"君有仁恩，足能赐与于下"[①]。行"仁政"，侧重于上（君），而着眼于下（民）。这种为政理念和孟子所提倡的行王道、施仁政，使民有恒业、恒产，免于饥馁冻死的主张是一致的。

[①] 李学勤主编《十三经注疏·礼记正义》卷49，第1360页。

周代祭祀用牲礼俗考略

祭祀在先秦社会生活中具有重要地位。《左传·成公十三年》云："国之大事，在祀与戎。"《国语·鲁语上》："夫祀，国之大节也。而节，政之所成也。"①其中，祭品是人神交换关系确立的重要保证，作为奉献给神灵的礼物，周人对祭品的颜色、质量、大小、牝牡（牺牲）、洁净、厚薄等方面有严格的礼制要求。祭品必须中度，是西周以来的祭品理念。《左传·庄公十年》："牺牲玉帛，弗敢加也。"《墨子·尚同中》云："其事鬼神也，酒醴粢盛不敢不蠲洁，牺牲不敢不腯肥，珪璧币帛不敢不中度量，春秋祭祀不敢失时几。"②礼书有祭祀用"六牲"之说，为马、牛、羊、豕、犬、鸡。《周礼·地官·牧人》云，牧人"掌牧六牲而阜蕃其物，以共祭祀之牲牷"。郑玄注："六牲谓牛、马、羊、豕、犬、鸡。"对周代祭祀用牲礼俗的研究，也是了解周代祭祀文化传统的一个切入点。

一 祭祀用牲形态之崇尚

周代，专门豢养牲畜以备祭祀，并设有职官专司此事。祭祀用牲为奉献神灵之物，不可造次，因此天子、诸侯令人有卜牲、巡牲之举。

---

① 徐元诰：《国语集解》，第154页。
② 孙诒让：《墨子间诂》卷3，第82~83页。

《礼记·月令》云:"是月也,乃命宰祝循行牺牲,视全具,案刍豢,瞻肥瘠,察物色,必比类,量小大,视长短,皆中度。五者备当,上帝其飨。"奉献的祭牲,包括肥瘠、物色、比类、小大、长短皆中度,否则被认为是不合礼制,神灵不会歆享。下面具体考察周人对祭祀用牲形态的礼制规定。

(一) 形体:完整、充肥

牺牲的形体是祭祀者选择牺牲的要素之一。周代,要求牺牲完整无破损,体格肥硕健壮,因为牺牲的完整健壮可以体现祭祀者的诚敬之心。健壮、肥硕之牲,较能满足神灵的嗜求,故祭祀时,告神以牺牲充肥、形体健壮。《左传·桓公六年》:"故奉牲以告曰:'博硕肥腯'。"《周礼·地官·充人》云:"展牲则告牷,硕牲则赞",这表明牺牲体形要完具而肥硕。

春秋时期,由于郊天之牲为鼷鼠所咬,牺牲不完整,往往需要换牲甚至停祀。如《春秋》经文记载鲁国郊祭,因牛牲为鼷鼠所伤,或改卜牛牲,如再不吉,则不再郊祭(宣公三年、成公七年,定公十五年、哀公元年)。这说明郊祀用牲要求完整无损伤。

郊祀天帝用一牲,后稷配食也用一牲。《公羊传·宣公三年》解释为:"养牲养二卜。帝牲不吉,则扳稷牲而卜之。帝牲在于涤三月。于稷者,唯具是视。"何休注:"涤,宫名,养帝牲三牢之处也。谓之涤者,取其荡涤絜清。三牢者,各主一月,取三月一时,足以充其天牲",于后稷牲,则"视其身体具无灾害而已,不特养于涤宫,所以降稷尊帝"。[①]《礼记·郊特牲》说法同于《公羊传》,文云:"帝牛不吉,以为稷牛。帝牛必在涤三月,稷牛唯具,所以别事天神与人鬼也。"郑玄注:

---

① 李学勤主编《十三经注疏·春秋公羊传注疏》卷15,北京大学出版社,1999,第325页。

"涤，牢中所搜除处也。"牺牲经过豢养，"三月一时，足以肥矣"①，体形肥硕，体角具全，即可用于祭祀。

（二）毛色：纯色、尚赤

人们对祭牲的毛色尤其重视，其原因在于它不仅为牺牲本身体质好坏的主要参考因素，且牲色的纯正亦是祭祀主体内心虔诚的体现。据初步考察，殷墟卜辞中占卜祭牲的颜色有骍（如《合集》36003, 27122, 29512；《屯南》2710）、物（杂色②，《屯南》2710, 骍和物对贞）、黄（《合集》36350）、幽（《合集》14951）、玄③（《合集》33276）、白等。从卜辞来看，传统的"殷人尚白"说似有证据支持④。也有学者对殷人"尚白"说提出质疑，认为从卜辞来看，殷人祭祀用牲色通过占卜来选择，对白色之牲似无过分的强调。⑤

周代有正色和间色之说。《礼记·玉藻》："衣正色，裳间色。"孙希旦认为，所谓正色，乃五方纯正之色；间有杂义，谓间杂二色⑥。《荀子·正论》："衣被则服五采，杂间色。"杨倞注："间色，红、碧之属。"⑦ 间色为奸色，即不正之色。其具体所指，孔颖达《正义》引皇侃云："正谓青、赤、黄、白、黑，五方正色也。不正，谓五方间色也，绿、红、碧、紫、骝黄是也。"⑧ 在礼制系统中，正色尊于间色⑨。周人祭祀非常重视牺牲毛色，由于纯色尊于杂色，牲色以纯色

---

① 蔡邕：《独断》卷上，《景印文渊阁四库全书》（第850册），台湾商务印书馆，1983。
② 裘锡圭：《释勿发》，载《古文字论集》，中华书局，1992，第78页。
③ 幽一般表示黑色，玄表示赤黑色。
④ 裘锡圭：《从殷墟甲骨卜辞看殷人对白马的重视》，载《古文字论集》，第232~235页。
⑤ 黄然伟：《殷礼考实》，载黄然伟《殷周史料论集》，香港三联书店，1995，第6~11页。
⑥ 孙希旦：《礼记集解》卷29，第801页。
⑦ 王先谦：《荀子集解》卷12，第333页。
⑧ 李学勤主编《十三经注疏·礼记正义》卷29，第895~897页。
⑨ 金鹗：《求古录礼说》卷2，《清经解续编》（第11册），凤凰出版社，2005，第3192~3193页。另参见许嘉璐《说"正色"——〈说文〉颜色词考察》，《中国典籍与文化》1995年第3期，第7~14页。

牲为贵，杂色牲为贱。牺，指纯色之牲，《诗经·鲁颂·闷宫》："享以骍牺"，毛传："牺，纯也。"①《大戴礼记·曾子天圆》："山川曰牺牷"，卢辩注："色纯曰牺，体完曰牷。"②

周人祭祀崇尚赤色。西周铜器大簋文云："易（赐）彐骍犅，曰'用禘于乃考'"（《集成》4165）。骍指赤色③，正可以和文献所记载周人祭祀尚赤牲互证。周人尚赤牲的例证如：

> 文王骍牛一，武王骍牛一。（《书·洛诰》）
>
> 从以骍牡，享于祖考。（《诗·小雅·终南山》）
>
> 骍牡既备，以享以祀。（《诗·大雅·旱麓》）
>
> 牲用骍，尚赤也。用犊，贵诚也。（《礼记·郊特牲》）
>
> 周人尚赤，大事敛用日出，戎事乘騵，牲用骍。（《礼记·檀弓上》）
>
> 夏后氏牲尚黑，殷白牡，周骍刚。（《礼记·明堂位》）

根据文献记载，鲁国祭祀周公和鲁公，所用牺牲存在牲色上的差别。《诗·鲁颂·闷宫》："白牡骍犅"，毛传："白牡，周公牲也。骍刚，鲁公牲也。"《礼记·明堂位》云："以禘礼祀周公于大庙，牲用白牡。"《公羊传·文公十三年》："鲁祭周公，何以为牲？周公用白牲，鲁公用骍犅，群公不毛。"④《礼记·郊特牲》云："诸侯之宫县，而祭以白牡，击玉磬、朱干设钖，冕而舞《大武》，乘大路，诸侯之僭礼也。"郑玄注："言此皆天子之礼也……白牡，大路，殷天子礼

---

① 李学勤主编《十三经注疏·毛诗正义》卷20，第1412页。
② 王聘珍：《大戴礼记解诂》，第102页。
③ 卜辞中表示赤色的字从羊从牛，后来的战国文字一直沿用此字形，此处文字宽式隶定作"骍"。
④ 李学勤主编《十三经注疏·春秋公羊传注疏》卷14，第303页。

也。"周代，诸侯用时王之牲①，祭祀周公用白牲的原因，何休谓："白牡，殷牲也。周公死有王礼，谦不敢与文、武同也。不以夏黑牡者，谦改周之文，当以夏辟嫌也。"按照今文经说法，周公因功勋卓著，德备，去世按照王礼，用白牲。

出土楚简也表明战国时楚人祭祀以纯色牺牲为尚，其中赤色牺牲也被重视，用于祭祷神灵。例如：

①思为之求四骍牺。（新蔡乙四：143）
②祈福于太，一骍牡、一熊牡。（新蔡甲一：7）

简文①谓使人索求四头赤色牺牲。简文②是指用一头赤色公牛和熊公牛②向太一求福。太，根据学者考证，是楚人最高至上神，即楚人的上帝③。祭祀太用赤色公牛，和周人祭祀天地用牲有类似之处。

纯色牲的使用，表示纯正之义。《礼记·郊特牲》："毛血，告幽全之物也。告幽全之物者，贵纯之道也。"郑玄注："纯，谓中外皆善。"

祭牲颜色纯正与否，乃君子品德的象征，"牛玄骍白，睟而角，其升诸庙乎？是以君子全其德"④。

（三）牝牡：贵牡

选择牺牲的牝牡，殷周两代皆有讲究，甲骨卜辞习见关于所用牺牲牝牡的占卜：

---

① 孙希旦云："宋得用之，其余诸侯但用时王之牲耳。"参见孙希旦《礼记集解》卷65，第678页。
② "熊"在辞例中，应表示颜色，具体所指待考。
③ 李零：《中国方术考》，东方出版社，2002，第286~287页。
④ 汪荣宝《法言义疏》18，中华书局，1987，第501页。

①贞：侑于上甲七牡。(《合集》1142 正)
②庚子卜，行贞：其侑于妣庚牡。(《合集》3347)

从卜辞来看，祭祀用牺牲牝牡的选择未有定制，皆需要占卜以征求鬼神的意志，用牡牲多见，似乎并没有严格的限制。殷周祭祀，对于牺牲牝牡的使用，如果是牡牲，则还有阉割之区别①，如卜辞中有占卜祭祀使用去势豕牲的记载②。或许阉割牡牲同幼牲一样，无牝牡之情，可以体现祭祀者敬诚之心。

周人祭礼，以牡牲为贵。周人祭祖尚牡，如西周铜器剌鼎记载周王"用牡于大室"(《集成》5.2776)。西周铜器大簋文也谓："易（赐）彡骍犅"(《集成》8.4165)。"犅"即牡牛。《说文·牛部》："犅，特牛也。"铭文指以赤色公牛赐予臣下用于祭祖。《礼记·月令》云，孟春，"乃修祭典，命祀山林川泽，牺牲毋用牝"。孔疏："以山林川泽，其祀既卑，余月之时，牲皆用牝"，"若天地宗庙大祭之时，虽非正月，皆不用牝。"③ 孙希旦《礼记集解》云："大祭祀，牺牲皆用牡。"④

出土楚简似表明楚人祭祷，对牺牲牝牡较为重视，如"祈福于太，一骍牡、一熊牡"(新蔡甲一：7)。此祭所用两牲皆为牡牲。

(四) 牲龄：贵幼

偃师商城祭祀坑的用牲，一期多幼牲，二期、三期所用牲个头比

---

① 周代有为牡马去势之礼，为马政之一。因牡马性悍怒，喜相互蹄咬，为便于乘用，阉割去马势，使之温驯。《周礼·夏官·校人》："凡马，特居四之一。春祭马祖，执驹。夏祭先牧，颁马，攻特。"郑玄注："夏通淫之后，攻其特，为其蹄龁，不可乘用。"并引郑司农云："攻特谓騬之。"参见李学勤主编《周礼注疏》卷33，第862页。古代执驹礼，也见于盠尊及其尊盖，参见沈文倬《执驹补释》，载沈文倬《宗周礼乐文明考论》，第519~528页。
② 赵诚：《甲骨简明辞典——卜辞分类读本》，中华书局，1988，第199~200页。
③ 李学勤主编《十三经注疏·礼记正义》卷14，第466页。
④ 孙希旦：《礼记集解》卷15，第418页。

较大。据学者初步研究，偃师商城遗址中相当数量的豕皆在4岁以上，明显经过长时期的刍养①。1978年春，安阳殷墟发掘的王陵区西区祭祀坑中，经过对其中保存较好的93匹马骨架进行性别、年龄鉴定，兽龄状况是"7~11岁81匹，6岁2匹，11岁以上6匹"②，这似可说明殷商时期马牲以成年牡马为主。综合卜辞来看，殷商时期的祭祀用牲似多以成年兽牲为主，对幼牲并不偏好。

周人认为幼犊谨悫，无牝牡之情，足以体现祭祀者的诚敬之心，故祭祀用牲崇尚幼犊。《礼记·郊特牲》："用犊，贵诚也。"《国语·楚语下》："郊禘不过茧栗，烝尝不过把握。"③《礼记·王制》："祭天地之牛，角茧栗；宗庙之牛，角握；宾客之牛，角尺。"祭祀天地用牛的牛角好像蚕茧、栗子那么大；宗庙四时祭祀用牛的牛角如一手把握那么大。出土铜器铭文也表明祭祀尚幼牲，西周彝器令方尊记载明公"易（赐）令鬯、金、小牛"（《集成》11.6016），让令用于祭祖。

《礼记·郊特牲》："故天子牲孕弗食也，祭帝弗用也。"祭祀上帝不用孕牲，祭天尚质朴，贵诚，孕牲已有牝牡之情，故不用。

考古发现的祭祀用牲也表明周人注重以幼牲献祭。根据发掘报告，山西曲村发掘的战国祭祀遗址中，无论马、牛、羊，皆用幼牲④。这可以作为周人尚幼牲的考古证据。

二 牲饰与假牲的使用

东周时期，存在祭祀使用刍狗、土龙之类"假牲"的礼俗。《老子》第五章云："天地不仁，以万物为刍狗；圣人不仁，以百姓为刍狗。"⑤ 表

---

① 袁靖：《动物考古学的新进展》，《考古》2004年第7期，第54~59页。
② 杨宝成：《殷墟文化研究》，武汉大学出版社，2002，第101页。
③ 徐元诰：《国语集解》，第516页。
④ 邹衡主编《天马——曲村》，科学出版社，1999，第983~993页。
⑤ 楼宇烈校释《老子道德经注校释》，第13~14页。

明当时有使用刍狗之俗。这一礼俗,汉时仍然存在。《淮南子·齐俗训》曰:"譬若刍狗、土龙之始成,文以青黄,绢以绮绣,缠以朱丝,尸祝袀袨,大夫端冕,以送迎之。"高诱注:"刍狗,束刍为狗,以谢过求福。"① 这反映出,东周秦汉有使用假牲和饰牲的礼俗。

作为祭祀牺牲的替代品,刍狗、土龙等被文饰一新,且有迎送之仪,可见祭时是将之当作活牲一样看待。祭祀时,牺牲往往被扮饰一新以媚神。《周礼·地官·封人》云:"凡祭祀,饰其牛牲……大盟,则饰其牛牲。"郑玄注:"饰谓刷治、洁清之也。"陈祥道、曾钊皆谓饰为文饰,并引《庄子·列御寇篇》"衣以文绣"为证②。陈、曾二人说法为是。另关于饰牲的记载有:

> 小子掌祭祀,羞羊肆羊殽肉豆,而掌珥于社稷,祈于五祀。凡沉辜侯禳,饰其牲。(《周礼·夏官·小子》)
> 羊人掌羊牲,凡祭祀,饰羔。(《周礼·夏官·羊人》)
> 凡大祭祀朝觐会同,毛马而颁之,饰币马……凡将事于四海山川,则饰黄驹。(《周礼·夏官·校人》)
> 《国语·齐语》记齐桓公与"诸侯饰牲为载,以约誓于上下庶神。"韦昭注:"饰牲,陈其牲。为载书加于牲上而已,不歃血。"③ 依据以上论述,此处的饰牲也应指对牺牲的清洁、文饰。

饰牲的具体方式,可考者如下。《庄子·列御寇》云:"子见夫牺牛乎?衣以文绣,食以刍叔,及其牵而入于大庙,虽欲为孤犊,

---

① 刍狗、土龙之说,也见于同书《说山训》《说林训》。
② 参见陈祥道《礼书》卷75;曾钊《周礼注疏小笺》,《清经解续编》(第11册),凤凰出版社,2005,第4186页。
③ 《国语》卷6,第242~243页。

其可得乎！"① 此言宗庙牺牲身披文绣，以奉献神灵。《山海经·中次四经》："其祠之，毛用一白鸡，祈而不糈，以采衣之。"郭璞注："以彩饰鸡。"② 此乃为鸡牲装饰以彩衣。《山海经·中山经》记祭祀山神，"洞庭、荣余山，神也。其祠：皆肆瘗，祈酒太牢祠。婴用圭璧十五，五采惠之。"郭璞注："惠，犹饰也，方言也。"③ 此处的"五采"是指饰牲。又《淮南子》云刍狗、土龙亦"文以青黄，绢以绮绣，缠以朱丝"。出土楚简亦反映出东周时期的祭祷饰牲之礼：

……牂，婴之以兆玉；（举）……（新蔡简甲二：2）
……举祷于二天子各两牂（牂），婴之以兆玉……（新蔡简甲三：166、162）
就祷三楚先屯一牂（牂），婴兆玉。壬辰之日祷之……（新蔡简乙一：17）

有学者已指出简文"婴"和《山海经》"婴用吉玉"用法相同④。浦江清过去主张《山海经》中所婴祭玉"非用以饰神，乃先结络于牲头，礼毕，瘗之，或投之"⑤，罗新慧认为婴的"基本含义是将装饰了的玉器悬挂于祭牲之上以祀神"⑥，并且做了详细的论证。饰牲之说比较可信，所谓婴之以玉器，是指悬挂结络于牲头，装饰以取媚于神。2000 年发掘的陕西扶风云塘建筑基址 F5 台基北部，2 号柱础坑西北奠

---

① 郭庆藩辑《庄子集释》卷 10 上，第 1062 页。
② 郝懿行：《山海经笺疏》第五，巴蜀书社，1985。
③ 参见郝懿行《山海经笺疏》第五。
④ 参见《曾侯乙墓竹简释文与考释》注 127，《曾侯乙墓》，文物出版社，1989，第 517 页。
⑤ 参见浦江清为《中国古代旅行之研究》撰写的书评，《清华学报》1936 年第 2 期，第 567~571 页。
⑥ 罗新慧：《说新蔡楚简"婴之以兆玉"及其相关问题》，《文物》2005 年第 3 期，第 88~90、96 页。

基坑中埋葬着一具犬骨架，在犬的颈部发现了6件玉颈饰。① 作为奠基的犬牲，颈部的玉饰件应属于有意为之，似可视为西周时期奠基饰牲的实物证明。

刍狗、土龙的扮饰方式，与真牲大致相同。《庄子·天运篇》："夫刍狗之未陈也，盛以箧衍，巾以文绣，尸祝斋戒以将之。及其已陈也，行者践其首脊，苏者取而爨之而已。"②

战国时期，人们还制作偶车马来祭祷，或满足神灵乘驾出行的需要，或以之为牲。出土楚简中有相关内容，请参下揭简文：

①择良日归玉玩、折车马于悲中。（天星观：34）
②于文夫人三十乘。（新蔡乙三：46）

①中的"折"，《史记·张仪列传》："秦折韩而攻梁。"王念孙《读书杂志》按："折，读为制。折制古字通。"③《说文·刀部》："制，裁也。"段玉裁注："古书多假折为制。"④ 故"折车马"可以读为"制车马"，即制作的假车马模型。简文是说向悲中（神名，具体所指待考）赠送玉玩以及车马模型。②云以三十乘祭祷文夫人。根据楚简，文夫人属于人鬼，在楚人神灵系统中的地位较低，还不足以用三十乘来祭祷。简文所说应是以假车模型为祭品来祭祷文夫人。新蔡简的年代为战国中期⑤，当时楚人已使用车马模型祭祀，此礼俗形成应更早。

---

① 周原考古队：《陕西扶风县云塘、齐镇西周建筑基址1999~2000年度发掘简报》，《考古》2002年第9期，第3~26页。
② 郭庆藩辑《庄子集释》卷5下，第511~512页。
③ 王念孙：《读书杂志》，江苏古籍出版社，2000，第123页。
④ 段玉裁：《说文解字注》，第182页。
⑤ 河南省文物考古研究所：《新蔡葛陵楚墓》，第181页；李学勤：《论葛陵楚简的年代》，《文物》2004年第7期，第67~70页。

《史记·封禅书》亦载秦人祭祀四時，"時駒四匹，木禺龙栾车一駟，木禺车马一駟，各如其帝色。"《集解》引《汉书音义》曰："禺，寄也，寄生龙形于木也。"《索隐》："禺，一音寓，寄也。寄龙形于木，寓马亦然。一音偶，亦谓偶其形于木也。"① 此是用木作车马祭祀方帝。

祭祀中使用"假牲"不合周礼。从人神之间的关系来说，神灵要求人提供牺牲、玉帛等，神赐予人福禄，如用"假牲"，则有蒙蔽神灵的嫌疑，然此礼俗却在战国时期逐渐盛行，原因何在？"假牲"盛行的原因当与当时祭祀观念和社会经济、政治的变化有关。战国时期，王公贵族奢侈淫靡，耗费无度，殉葬多用车马、随葬品等以昭显孝道，祭祀唯以祭品丰多取悦于鬼神。如此造成财物的极大浪费，势必会遭到强烈反对。春秋末期，楚大夫观射父即提出，"夫神以精明临民者，故求备物，不求丰大"，他认为祭祀牺牲只要备物，体现洁净诚敬之心，则神灵会降福。他告诫楚昭王道："敬不可久，民力不堪。"② 儒家对于滥用牺牲更是强烈反对，主张"贤者之祭也，致其诚信，与其忠敬"③，"因其财物而致其义焉尔"，"牲不及肥大，荐不美多品"④。战国时期，礼制的世俗化趋势、鬼神观念的淡漠与"信其有而不信其无"的实用主义、功利色彩对祭祀用牲也具有一定的影响。刍狗的使用，在奉献之前，为体现对神灵之敬，文饰之，迎送之，何等虔诚！而祭祀礼毕，则视之如敝履，前恭后倨，差距之大，充分体现出世俗祭祀的功利性一面。祭祀用刍狗的原因，凌纯声认为或用犬过多，供不应求所致⑤。

---

① 《史记》卷28，第1376~1377页。
② 徐元诰：《国语集解》，第517页。
③ 李学勤主编《十三经注疏·礼记正义》卷49，第1346页。
④ 李学勤主编《十三经注疏·礼记正义》卷23，第738页。
⑤ 凌纯声：《古代中国及太平洋区的犬祭》，载《中国边疆民族与环太平洋文化》，台湾联经出版事业公司，1979，第681页。

德国学者 Erkes 谓犬用于祓禳之祭，祭祀之后则为禁物（Taboo），必须弃去，真狗弃之可惜，故而用刍狗代替①。出于节约财用的考虑，两说皆有一定道理。

从文献记载以及考古发现来看，春秋时期，部分地区尚以人牲为祭，对这种违背周礼、违反人道的野蛮行为，进步人士给予了猛烈抨击。战国时期，随着人本理性的勃兴，墓葬随葬人俑的数量日渐增多，伴随模型类明器的使用，祭祀行为中，用玉俑等人牲替代品的现象则日渐盛行。

值得注意的是，车马模型祭祀逐渐流行的时间与车马模型随葬的时间大体一致。车马用于殉葬，在西周、春秋时期的贵族墓中经常发现。而至战国初期车马模型于墓葬出现，战国中晚期，殉葬车马现象日趋减少，同时"车马模型"随葬逐渐流行②。而战国晚期的淮阳马鞍冢楚墓1号车马坑出土大量的泥车马模型，多达20余具，这正预示车马模型随葬的发展趋势。从时间上看，战国中期以后车马模型在祭祀中被越来越多地使用，成为真车马的替代品。秦人祭祀四畤时，使用"木禺龙栾车一驷，木禺车马一驷，各如其帝色"③，此时尽管仍然用真车马祭祀神灵，但是车马模型已为重要祭祀的常备。至西汉文帝时，五畤祭祀，"西畤、畦畤禺车各一乘，禺马四匹，驾被具"④，使用车马模型逐渐增多。汉武帝时，"有司上言雍五畤无牢熟具，芬芳不备。乃令祠官进畤犊牢具，色食所胜，而以木禺马代驹焉。独五月尝驹，行亲郊用驹。及诸名山川用驹者，悉以木禺马代。行过，乃用驹。他礼如故"⑤。

---

① 转引自凌纯声《古代中国及太平洋区的犬祭》一文，第19页。
② 河南省文物研究所、周口地区文化局文物科：《河南淮阳马鞍冢楚墓发掘简报》，《文物》1984年第10期，第1~17页；李自智：《殷商两周的车马殉葬》，载《中国考古学研究论集——纪念夏鼐先生考古五十周年》，三秦出版社，1987，第226~242页。
③ 《史记》卷28，第1376页。
④ 《史记》卷28，第1381页。
⑤ 《史记》卷28，第1402页。

东周淫祀探析

淫祀是中国古代宗教中一个重要的现象。学界对秦汉以后的淫祀从各种角度进行了研究,取得了丰硕的研究成果①。"淫祀"之名起源于周礼衰落时的东周,它是儒家以周礼为标准建构起来的一个概念,本文拟对东周淫祀问题做一考察。

一 淫祀的概念界定

淫祀是一个建构起来的概念,它的内涵并不是固定的。淫祀之名最初见于儒家典籍,《礼记·曲礼下》云:"凡祭,有其废之,莫敢举也;有其举之,莫敢废也。非其所祭而祭之,名曰淫祀。"孙希旦《礼记集解》谓:"非所祭而祭之,谓非所当祭之鬼而祭之也。淫,过也。或其神不在祀典,如宋襄公祭次睢之社;或越分而祭,如鲁季氏之旅泰山,皆淫祀也。淫祀本以求福,不知淫昏之鬼不能福人,而非礼之祭,明神不歆也。"② 从《礼记·曲礼下》对淫祀的定义分析,其内涵应重在僭越的祭祀,所谓的"越望""越分"之祭均属淫祀。同时它的内涵也是就国家正祀而言,违反周王朝命祀制度而兴起的神灵

---

① 学界对后世淫祀已有所关注,中国大陆学者如黄永年、王永平、严耀中、程民生、贾二强、刘黎民、王健、赵世瑜等人,中国台湾学者如蒋竹山、沈宗宪等,国外如小岛毅、韩森等都专门研究或在论著中涉及这一问题。
② 孙希旦:《礼记集解》卷6,第153页。

祭祀也应属于淫祀的范畴①，即被列入祀典或祠令者属于正祀，不在其列者即是淫祀。中外学者对淫祀的理解不尽相同，而西方学者对其不同的译法更显示了各自不同的体认。例如，石泰安译作"excessive cults"，意为"过度的祭祀"；韦尔奇和索安则认为可译作"promiscuous cults"，意为"杂乱的祭祀"；韩森译作"unauthorized cults"，意为"未经官方认可的祭祀"；麦大维则译作"improper offerings"或"improper shrines"，意为"不适当的祭祀"。②来国龙将先秦淫祀的内容归纳为四个方面：一是"非族""非类"而祭，即祭祀的对象超出了亲族血缘关系的限制；二是"越望"而祭，即祭祀的对象超出地缘限制；三是"越分"而祭，即祭祀者的对象、祭品、规格等超越等级名分；四是"数祭""黩祀"，即祭祀的频率超过了规定。这种归纳有其合理性，但是"越分"而祭与"数祭"均属于淫祀在祭祀行为上的表现，不适宜纳入淫祀的类别。比如春秋时期经常存在"加祀"与数次祭祀③，似不宜归于淫祀。据《礼记·曲礼下》，"淫祀"概念的界定应包括如下两类。

第一类是违背正祀祀典的等级秩序原则，以及违背其他礼制规定越位而祭。从祀典的制定原则上看，为了维护等级秩序的需要，周代制定了根据政治等级而祭祀的原则，即所谓正祀祀典④，从天子至于庶人"各有典礼，而淫祀有禁"⑤。国家祀典的边界，《礼记·曲礼下》云："天子祭天地，祭四方，祭山川，祭五祀，岁遍。诸侯方祀，祭山川，祭五祀，岁遍。大夫祭五祀，岁遍。士祭其先。"这是儒家祭

---

① 张鹤泉：《周代祭祀研究》，台湾：文津出版社，1993，第225页。
② 雷闻：《唐宋时期地方祠祀政策的变化——兼论"祀典"与"淫祠"概念的落实》，《唐研究》（第11卷），北京大学出版社，2005，第272页，注13。
③ 《左传·昭公二十年》："吾事鬼神丰，于先君有加矣。"这是祭品上的加隆。杨伯峻编著《春秋左传注》，第1415页。
④ 张鹤泉：《周代祭祀研究》，第225页。
⑤ 《汉书》卷25，第1194页。

祀礼典比较清晰的表达，可作为儒家理念中的淫祀的判断标准。这些原则，在空间上体现为各国普遍遵守"祭不越望"① 以及血缘族类上的不祭"非族""非类"等原则。相应的，违反以上原则的淫祀的特点是，祭祀对象超出自己所处等级的规定、名位的限制，在祭祀祀典之外的越位而祭。

另一类即是在祭祀礼制或者国家规定的边界之外出现的庞杂的鬼神精怪，这类鬼神信仰往往游离于正统祭祀（国家祭祀）之外。在战国社会无统一的礼制约束下，加之各地文化存在差异，地方性鬼神祀谱逐渐膨胀，神灵体系比较驳杂，这是战国时期祭祀的一个重要特征。如西方秦国杂祀诸祠，"始皇并天下，未有定祠"。秦人的祭祀对象种类之多，仅见于史书等记载的，即有蜀水三祠、虎侯山祠、怒特祠、曲水祠、蜀主恽祠、白起祠、杜主祠等，《日书》中记载的中下层民众的鬼神信仰更是驳杂而形态各异。南方楚地，由于巫鬼迷信之风炽盛，所祠神灵更为驳杂，除正统祀典的先祖、社稷等神灵之外，仅楚简所见世俗鬼神即有无罪而死的不辜鬼（如《包山》简 217、248、428，同于睡虎地《日书》的不辜鬼）、殇鬼（夭亡的鬼，如包山简 222、225）、兵死鬼（因战争而死亡成为鬼，如包山简 241）、水上与溺人（淹死的鬼，前者浮于水上，后者沉在水底）、无后厉鬼（"兄弟无后者"，包山简 227；"绝无后者"，包山简 249）、劳尚（天星观 26、306、685）、白朝（天星观 26、88）、夜事（天星观 251、451、586）等。东方齐国则有八主之祠②。这类宗教信仰中的鬼神驳杂无序，而且信仰、致祭的主体也比较驳杂，既有上层贵族、官员阶层，也有中下层民众③，多以民间信仰的形式而存在。从信仰主体看，这种驳杂的鬼神信仰属于"一般知识与技

---

① 杨伯峻编著《春秋左传注》，第 1636 页。
② 《史记》卷 28，第 1367 页。
③ 民间信仰并非完全是淫祀，国家或出于特定的目的，对一些民间信仰通过官方认可的方式纳入合法的祭祀体系，这类祭祀即为正祀。

术"层面的宗教信仰①。由于这类鬼神信仰的驳杂特性，故张亮采曾将春秋、战国以至两汉的宗教特征定位为"驳杂时代"②，所谓驳杂，是就突破原来周礼祀典的神灵而言，神灵体系比较驳杂，为行文方便，这种驳杂的鬼神信仰可概括为杂祀。这是淫祀在祭祀形态上的另一种表现，也是本文考察淫祀时着重探讨的一个问题。

需要指出的是，由于不同的政治势力、个人或团体对淫祀建构标准的不同，淫祀的边界也存在差异。而且，不同时期，淫祀的范围与界定也不尽相同。来国龙指出，淫祀并不是有固定内涵的、特定的某种宗教活动，而是用来指称与所谓的正祀相对立的，包括不为当时国家、宗教传统、社团甚至个人所认可的任何宗教行为。换言之，淫祀是某些人或社会集团的宗教活动超越了原有的界限、突破了传统的范围，因而受到的谴责。指责他人的宗教活动为"淫祀"，是当权者或者文人士大夫用来禁止某些宗教行为、维护现存社会制度和社会关系的有效工具。这一论断是非常正确的。概言之，"淫祀"是宗教控制的结果，其根本特征是不合法、不合礼。

如此，对东周尤其是战国时期的淫祀进行判定，就存在一个标准的问题，即淫祀的判定主体问题。我们知道，儒家所建构的淫祀是为了维护周礼的祭祀体系，但是战国时期各国的国家祭祀体系有各自的标准，为维护政治秩序与等级秩序，也存在淫祀与正祀的区别。以对秦汉祭祀影响较大的楚、秦两国为例说明。《国语·楚语下》载："天子遍祀群神品物，诸侯祀天地、三辰及其土之山川，卿、大夫祀其礼，士、庶人不过其祖。"③ 这种神灵等秩与《礼记·曲礼下》的记载大相径庭。而一般的邦君之祭，据战国楚简，一般的封君也祭祀天神、山

---

① 概念参考了葛兆光先生《中国思想史导论》的论述，复旦大学出版社，2001，第1~24页。
② 张亮采：《中国风俗史》，商务印书馆，1926，第53页。
③ 徐元诰：《国语集解》，第518页。

川、方神，更是与周礼迥不相侔。新蔡简所记平夜君的祭祷对象范围，人鬼有"老童、祝融、穴熊"、"楚先老童、祝融、鬻熊"、"三楚先"、"楚先"、"荆王"、"荆王以逾"、"文王"、"文王以逾"、"景平王"、"昭王"、"献惠王"、"简烈王"、"声桓王"、"文君"、"文夫人"、"子西君"、"令尹之子璇"、"王孙厌"、"五世王父王母"、"三世之殇"和"盛武君"等；天神地祇有"北方"、"北宗"、"陈宗"、"大"、"大川"、"大水"、"江、汉、沮、漳"、"五宝山"、"五山"、"地主"、"二天子"、"公北"、"司命"、"司祸"、"司救"、"司禄"、"司折"、"盟诅"、"灵君子"、"五祀"、"室中"、"门"、"户"、"行"和"步"等。这种祭祀对象与周礼祀典规定不同。但是上博简《柬大王泊旱》曰："楚邦有常，古（故）为楚邦之鬼神主，不敢以君王之身，变乱鬼神之常。"① 简文反映出楚国祀有常典，不可辄就废兴，祭祀当遵循旧典。近年来出土的楚祭祷简，时代包括战国中后期，反映了楚国封君与一般贵族的祷祭礼。从简文来看，楚国祷祭的神灵以及祭品、用乐并非乱无礼制，而是有其礼规②。而秦惠文王祷病玉版中秦王祭祀的神灵包括"天地、四极、三光、山川、神祇、五祀、先祖"。秦国祭祷的鬼神，无疑属于王者范围，而《日书》秦简等记载的祭祷对象，多是等秩较低的小神，这反映出秦国的鬼神祭祀也有等秩之分。尽管史料阙如，我们对中原诸国的祭祀不太了解，但根据有限的相关文献记载，可以推断，战国时期的各国为维护等级秩序的需要，应拥有自己的祭祀体制，在各国普遍僭越周礼的时代背景下，其划分淫祀的标准自然与儒家不同。尽管如此，判断淫祀的基本原则应是一致的，即违背国家正统祭祀体系，不具有合法性

---

① 马承源主编《上海博物馆藏战国楚竹书》（四），上海古籍出版社，2004，第195~201页。柬大王即楚简王，战国初期人。
② 相关研究参见宋华强《新蔡葛陵楚简初探》，武汉大学出版社，2010。

的祀典。

东周时期，天子权力下移，王纲解纽，中央控制力衰弱，诸侯势力膨胀，原来的周礼体系受到冲击，诸国纷纷突破原来的的周礼祭祀体系，一些地域性神祇成为诸侯各国的国家祀典。春秋战国时期诸侯国的祭祀存在两方面的扩张态势。

第一，空间上，由于诸侯国政治疆域的扩大，各诸侯国突破传统周礼体系的束缚，扩大祭祀范围。例如当时的霸主佐助周天子祭祀以及诸侯兼并祀典①。这方面最典型的是"祭不越望"这一原则的破坏。楚、晋两国这两个霸主即是兼祀的"典范"。随着楚国开疆拓土，原本"僻在荆蛮"的楚族小国，祭祀的范围也在扩大。地处中原的晋国由于长期主盟，代天子之守，故而兼并他国之时，也兼纳了他国之祀典。如晋灭虞国后"而修虞祀"②，兼并了虞人原来受命祭祀的神灵。

第二，政治势力的起伏消长导致各阶层贵族祭祀范围的扩大或缩小。首当其冲者，是对代表最高权力的上天的祭祀。诸侯势力的扩张和王权的衰微，冲击着周王受天命的观念，遂有诸侯受命之说。秦武公时期的秦公钟铭刻中，秦公曰："我先祖受天令，商宅受国，剌剌（烈烈）邵（昭）文公、静公、宪公，不坠于上，邵（昭）合皇天"（《集成》1.267）。出于天命秦国的观念，秦人也设畤祭祀上帝。《史记·封禅书》载："秦襄公既侯，居西垂，自以为主少皞之神，作西畤，祠白帝。"③ 甚至居于东南偏远之地的徐国也祭享皇天。徐王义楚鍴云："隹（唯）正月初吉丁酉，徐王义楚择余吉金，自作祭鍴，用享于皇天，及我文考"（《集成》12.6513）。徐王义楚即《左传·昭公

---

① 参见张鹤泉《周代祭祀研究》，第221~223页。
② 杨伯峻编著《春秋左传注》，第311页。
③ 《史记》卷28，第1358页。

六年》记载的"徐仪楚聘于楚"之徐仪楚，为春秋晚期人。迄至战国，名义上的共主周沦落为弹丸小国，郊祀在诸侯国更是蓬勃发展①。如果说以上事例均为华夏族以外的话，那么中原华夏诸侯对于扩张祭祀权力也是觊觎已久。由于王室衰微，晋国主盟诸国，故有代天子祭祀之事。《国语·晋语八》记载晋平公患疾，"上下神祇无不遍谕，而无除"。晋人接受子产建议："今周室少卑，晋实继之，其或者未举夏郊邪？"②晋于是郊祀上帝，而以鲧配享。这件事情也说明了权力的扩张带来了祭祀权的扩张。由于诸侯衰微，大夫做大而势力膨胀，于是大夫也超越周礼而扩大祭祀权力，《论语·八佾》记载鲁国季氏旅于泰山即其证。战国时期，诸侯的祭祀范围远超周礼祀典的范围，秦惠文王祷病玉版中祭祀有"天地、四极、三光、山川、神祇、五祀、先祖"等神灵，四极即四方神③，惠文王祭祷的鬼神，无疑属于王者范围。出土楚简反映了当时人们祭祀方神而祷病，例如，"⋯一鹿（？），北方祝祷乘良马，珈（加）〔璧〕"（新蔡乙四：139）；"太、北方"（新蔡简零：178），北方位于太神之后，为祈祷的神灵名。此外，楚简中还有祈祷的对象"南方"（包山简231）、"西方"（天星观简90）等，皆指方神。这种突破政治等级的束缚而扩大祭祀权力的所谓"僭越"现象，可以称为祭祀权力的上位"顺移"。

上述两类由于政治形势导致的鬼神范围的扩大或缩小，在各国的国家祭祀体制内都具有正统性和合法性，因此从战国社会各国林立的视野内观察，这类祭祀无疑属于正祀的范畴；而以儒家的标准看，无疑属于淫祀。

根据以上论述，由于淫祀认定主体的差异，需要明确僭越礼制与

---

① 张鹤泉：《周代祭祀研究》，第233～239页。
② 徐元诰：《国语集解》，第437页。
③ 李家浩：《秦骃玉版铭文研究》，载《北京大学中国古文献研究中心集刊》（二），燕山出版社，2001，第99～128页。

淫祀的判定。从古代中国的正祀与淫祀的划分来看，汉代以后，祭祀儒学化，国家祭祀体制基本采用儒家的祭祀体制，因此正统与淫祀的划分虽然存在很复杂的情况①，但是基本上儒家祭祀体系与价值理念仍然是判定的标准。鉴于此，本文仍以此为标准来考察东周时期的淫祀。

二 战国淫祀鬼神信仰的特征

西周时期，周礼的约束使从天子至于庶人"各有典礼，而淫祀有禁"②。春秋时期，当时华夏各国为应付当时恶劣的生存困境，救亡图存，往往凭借共同的神灵信仰重新凝聚为文化共同体，华夏诸国仍然遵循周礼的祭祀模式，价值观念以及祭祀践履仍然是西周以来的延续。顾炎武尝指出："春秋时犹尊礼重信"，"犹严祭祀"③。一方面，当时华夏诸国仍然保留了对周礼的认同，承袭西周以来的鬼神观念以及命祀制度，以慎德恤祀为务。如《左传·僖公二十一年》记载，成风对鲁僖公说："崇明祀，保小寡，周礼也"，即反映了时人对周礼祭祀体系的认同。当时的霸主以盟誓来团结盟国，往往以神灵为监盟者。如襄公十一年亳之盟载书曰："或间兹命，司慎、司盟、名山、名川、群神、群祀、先王、先公、七姓、十二国之祖，明神殛之。俾失其民，队命亡氏，踣其国家。"④另一方面，不可否认春秋时期存在破坏祀典的现象，如《左传·隐公十一年》记鲁隐公祭郑国大夫之私巫，《国语·鲁语上》记臧文仲"无故而加典"祭祀海鸟，更属于非祀典之神而妄自祭祀，以致受时人讥讽。但是这段时期贵族阶层仍然不认可超

---

① 参见雷闻《郊庙之外——隋唐国家祭祀与宗教》，生活·读书·新知三联书店，2009，第三章；皮庆生《宋代民众祠神信仰研究》，上海古籍出版社，2008。
② 《汉书》卷25上，第1194页。
③ 顾炎武：《日知录》卷13，岳麓书社，1994，第467~468页。
④ 杨伯峻编著《春秋左传注》，第989~990页。

越于祀典之外的杂祀，比较典型的事例是，楚昭王因为"三代命祀，祭不越望"，得病而不愿祭祀河神，此时楚王尚表面遵守周礼的命祀制度①。至于就楚卿大夫而论，楚国子木违背屈到"祭我必以芰"的遗愿，"不以其私欲干国家之典"②，尚能遵守祭祀礼制。《左传·昭公二十六年》记载："齐有彗星，齐侯使禳之"，晏子认为"无益"，不宜祭祀，此事遂止。又据《左传·昭公十七年》载，郑国大水，有龙斗于洧水之渊，国人欲行禳灾之祭。子产提出"吾无求于龙，龙亦无求于我"，遂未祭祀。春秋时期，知识精英认识到祀典对于国家的重要性："夫祀，国之大节也。而节，政之所成也，故慎制祀以为国典"③，对违背礼制的淫祀行为有一定程度的抑制。春秋时期即使出现用人牲的淫祀现象，也遭到进步人士的猛烈抨击，被认为是非礼之举。如宋襄公使邾文公用鄫子祭祀于次睢之社，司马子鱼对此事大为批评。子鱼认为，祭祀的目的在于为人求福，而非是为虚幻的神灵，"祭祀以为人也。民，神之主也。用人，其谁飨之？"用人祭祀，神灵不会歆享，更不用说得福。④ 又如，鲁昭公十年，鲁大夫臧武仲针对鲁国用人于亳社一事大加抨击："周公其不飨鲁祭乎！周公飨义，鲁无义。"⑤ 臧武仲认为，神灵"飨义"，祭祀主体如无德义可言，神灵断然不会赐福。以上所引，无论是司马子鱼还是臧武仲，皆认为用人牲违反了周礼之道义原则。因此，春秋时期的祭祀与西周仍然保持着一贯性与稳定性，这是主流⑥，淫祀现象尚未成为突出的问题。

战国时期，由于无统一的政治势力约束各地的风俗，杂祀渐兴，

---

① 杨伯峻编著《春秋左传注》，第1636页。
② 徐元诰：《国语集解》，第488页。
③ 徐元诰：《国语集解》，第154页。
④ 杨伯峻编著《春秋左传注》，第382页。
⑤ 杨伯峻编著《春秋左传注》，第1318页。
⑥ 张鹤泉：《周代祭祀研究》，第220页。

民间祭祀的鬼神范围也突破限制,鬼神信仰呈现出驳杂的特质。

巫鬼信仰的盛行是淫祀现象发达的重要思想观念基础,杂祀的兴起与巫和巫术迷信是密不可分。秦、楚两地,鬼神信仰炽旺,巫鬼的祭祀更是盛行。当时流行着巫咸崇拜,巫咸是东周多国所信仰的神灵①。秦《诅楚文》中,宗祝祈告的神灵包括巫咸、湫渊、亚驰诸神,有学者认为分别是楚、齐、三晋的地方神。②《日书》载:"弦望及五辰不可以行乐,五丑不可以巫,啻(帝)以杀巫咸"(简二七正756)。云梦睡虎地秦简《日书》记载诸多行事有禁忌与鬼神有关,甲种《诘》篇有:"凡邦中之立丛,其鬼恒夜呼焉,是遽鬼执人以自代也"(简67背二至68背二)。《日书》乙种也有"中鬼见社为眚"(简164)。这些简文表明秦楚巫鬼信仰之盛行。楚地是巫鬼信仰的"重灾区",自来即有"信鬼而好祠"之名③。征之楚简,楚简中有祭祀巫的记录,如"与祷巫豬豕、灵酒,延钟乐之"(天星观25),"□之日,月馈东宅公。尝巫甲戌。祭□"(望山简113),"举祷大夫之私巫"(望山简119),可见楚地祭祀巫,甚至大夫也有私巫。《楚辞》中的《九歌》,其前身是流行于沅、湘一带的民间祭神歌曲,《离骚》之巫咸降神、《招魂》之巫阳下招也是巫风的直接反映。王逸《楚辞章句》说:"昔楚国南郢之邑,沅、湘之间,其俗信鬼而好祠。其祠,必作歌乐鼓舞以乐诸神。"④ 楚地巫鬼信仰之盛,于此可见一斑。吴越地区亦隆淫祀,重巫鬼。《史记·封禅书》称:"越人俗鬼。"⑤《风俗通义·怪神》载其俗云:"会稽俗多淫祀,好卜筮,民一以牛祭。巫祝

---

① 参见吕静《关于秦诅楚文的再探讨》,载《出土文献研究》(第5辑),第125~138页。
② 姜亮夫:《秦诅楚文考释》,《兰州大学学报》1980年第4期,第66~67页。
③ 《吕氏春秋·异宝》:"荆人畏鬼,而越人信机。"参见陈奇猷《吕氏春秋新校释》卷10,第558页。《汉书·地理志》云:"楚有江汉川泽山林之饶,……信巫鬼,重淫祀。"《汉书》卷28下,第1666页。
④ 洪兴祖:《楚辞补注》卷2,中华书局,1987,第55页。
⑤ 《史记》卷28,第1399页。

赋敛受谢，民畏其口，惧被祟，不敢拒逆。是以财尽于鬼神，产匮于祭祀。或贫家不能以时祀，至竟言不敢食牛肉，或发病且死，先为牛鸣。其畏惧如此。"① 综合来看，战国时期，巫风在各国皆普遍存在，唯有盛衰之别。从地域文化的角度来考察，战国时期尚巫之风最盛的地区，南部有楚、越地区②；西部有秦之分野（含巴蜀），东部则有燕齐地域。③ 秦、楚诸边远国家，为阴阳五行、术数观念渗透祭祀行为的大本营；燕、齐等地，则为神仙方术之重镇。

战国时期，社会动荡，各国"争于攻取，兵革更起，城邑数屠，因以饥馑疾疫焦苦，臣主共忧患，其察禨祥候星气尤急"④，即使是统治者上层，巫术信仰在在为多。例如宋康王"无道，为木人以写寡人，射其面"⑤。中原诸国中，赵国之鬼神信仰尤甚，关于其宗族的神话与鬼神传说很多。《法言·重黎》称"赵氏多神"，"圣人曼云"⑥，《史记·赵世家》记载了许多与之有关的怪异传说，如屠岸贾诛赵氏，宣孟梦叔带，简子与百神游于钧天，有人当道，天神遗赵毋恤砂书，赵武灵王梦处女，孝成王梦乘龙飞，等等。这些怪异的传说，其实反映了当时宗卿大夫的鬼神信仰。《战国策·东周策》记载，赵国夺取周的祭地，周君贿赂赵国太卜三十金，太卜利用赵王生病之机说："周之祭地为祟。"⑦ 鬼神之威可以使赵君归还周的祭地，说明当时的鬼神信仰之笃深。甚至士人在纵横捭阖游说中，也往往利用鬼神迷信以达到其目的，例如《战国策·齐策三》载苏秦利用淄上"土偶

---

① 吴树平：《风俗通义校释》，天津人民出版社，1980，第339页。
② 中原地区有以陈为代表的华夏巫风，然战国时期并入楚地，且文化的一脉受到楚影响。
③ 参见孙家洲《汉代齐地尚巫之风考实》，《文史哲》2003年第3期，第144~148页。
④ 《史记》卷27，第1344页。
⑤ 缪文远：《战国策新校注》，巴蜀书社，1998，第931页。
⑥ 汪荣宝：《法言义疏》卷10，第327~330页。
⑦ 缪文远：《战国策新校注》卷1，第27~28页。

人与桃梗相与语"劝孟尝君西入秦国①，《战国策·赵策一》记苏秦引"夜半土梗与木梗"游说李兑②，《吕氏春秋·疑似》则以黎邑丈人受黎丘之鬼所迷惑而杀其子的故事比喻"惑于似士者，而失于真士"的道理③，这些事例说明了巫鬼迷信的广泛性。巫鬼迷信与知识精英阶层（士君子）"祛除巫魅化"的思潮背道而驰，但却是世俗社会信仰世界的实际。

逢此天下滔滔的战国社会，民间与上层社会的信仰心理和信仰忌讳驳杂而无奇不有。阴阳五行、星象之学大盛，巫鬼信仰与星象数术结合，塑造了一批新的鬼神。如《楚帛书》的神灵、秦《日书》的五祀神灵等。云梦秦简《日书》又记载了因所忌所讳而将婚丧嫁娶、生男育女、病残老死、出行交往等人生日常生活细事交付所信仰的二十八宿星神安排措置。据《日书》，当时信仰的鬼有哀鬼、孕鬼、㝴鬼、阳鬼、阴鬼、夭鬼、不辜鬼、暴鬼、遽鬼等不同种类和具有各种为祟功能的鬼。此外尚有各种怪物和神能作祟于人，如《日书》中的狗喜欢在深更半夜中溜进人家的卧室，调戏男女。睡虎地秦简以及出土楚简许多祷祠内容反映了当时社会驳杂的鬼神信仰以及千奇百怪的祭祷禳除之法，比如睡虎地秦简《日书》甲种《病》章记载了许多鬼致病之例：

> 甲乙有疾，父母为祟，得之于肉，从东方来，裹以桼（漆）器。戊巳病，庚有［间］，辛酢。若不［酢］（六八正二），烦居东方，岁在东方，青色死（六九正二）。

---

① 缪文远：《战国策新校注》，第315页。
② 缪文远：《战国策新校注》卷18，第526页。
③ 陈奇猷：《吕氏春秋新校释》卷22，第1507~1508页。

甲种《诘》章：

> 人生子未能行而死，恒然，是不辜鬼处之。以庚日始出时（五二背二）溃门以灰，卒，有祭，十日收祭，裹以白茅，狸（埋）野，则毋（无）央（殃）

此外，尚有以"牡棘之剑刺"不辜鬼（三六背三），以若鞭（四八背三）、白茅（五三背二）、桃秉、桃梗（五五背二）、桑杖、桑皮（三三背一）、苇（三九背三）等物来禳除鬼怪的方法。如此等等，导致淫祀泛起。

此外，战国中后期，神仙、求仙风潮使社会上出现了造神运动，许多历史上的传说人物以及名山大川被奉若神明，成为祭坛的享祭者，如昆仑山、五岳、齐国的八神等，皆与此等风潮相关。田齐之末，多有神仙之论，方士们把神山、神仙置于目不能验、人迹罕至的殊方绝域。顾炎武指出，"齐之东偏，三面环海，其斗入海处南劳而北盛，则尽乎齐东境矣。其山高大深阻，磅薄二三百里，以其僻在海隅，故人迹罕至。凡人之情以罕为贵，则从而夸之，以为神仙之宅，灵异之府。"① 齐威、宣王、燕昭王所求三神山即八神中阴主所祠。神仙思想对造神运动起了很大的推动作用。

总之，身逢"争地以战，杀人盈野；争城以战，杀人盈城"的攘攘乱世之中，人命如草芥，民间鬼神信仰得到发展；由于周礼的崩溃，各地失去了统一的礼制法度约束，"浊世之政，亡国乱君相属，不遂大道而营于巫祝，信機祥"②，也导致巫鬼信仰泛滥，促成了战国社会杂祀之风的泛起。

---

① 顾炎武：《崂山图志序》，载《顾亭林诗文集》，中华书局，1983，第38~39页。
② 《史记》卷74，第2348页。

三 杂祀与正祀祭仪的差异

正祀与杂祀存在诸多差异，这种差异反映了时代的变化与价值观念、宗教信仰的不同，主要体现于以下几个方面。

其一，鬼神观念。西周、春秋时期，人们对于神灵的认识，渗入了道德与人文因素。对于国家正统祀典的规定，《礼记·祭法》中有明确的规定："夫圣王之制祭祀也，法施于民则祀之，以死勤事则祀之，以劳定国则祀之，能御大菑则祀之，能捍大患则祀之。……及夫日月星辰，民所瞻仰也，山林、川谷、丘陵，民所取财用也。非此族也，不在祀典。"祀典的设置体现出崇德报功的德性原则，鬼神的设置必须是有利于人类文明生存和发展的人或物，生前"有功烈于民"的祖先，对人类生存、发展有功的自然物，如日月星辰、山林川谷等；祭祀不限于自己的血缘祖先，还要祭祀那些在社会文明发展史上做出了重大贡献的祖先、有道德才能的先圣先师。周礼鬼神的道德意义还体现在天命鬼神具有道德意志，鬼神"成为人世道德原则的化身"[①]，能够"赏善祸淫"，"神所冯依，将在德矣"[②]。

相反，淫祀信仰的鬼神观念，则纯粹基于宗教意义上对鬼神的恐惧和迷信，一般思想世界中的鬼神观念都具有世俗性的特征，鬼神并不具有道德的属性，更没有赏善惩恶的道德自觉。以秦、楚鬼神信仰为例说明。学者根据出土秦简研究，秦人鬼神观念的特征是关注自我，重视疾病，人鬼相互通，巫文化色彩浓厚。[③]楚人的鬼神观念，由于文献载体记载的简略，不如《日书》记载得那样栩栩如生，但是《楚辞》中的

---

① 陈来：《古代思想文化的世界——春秋时代的宗教、伦理与社会思想》，生活·读书·新知三联书店，第109页。
② 杨伯峻编著《春秋左传注》，第310页。
③ 吴小强：《论秦人的多神崇拜特征——云梦秦简〈日书〉的宗教学研究》，《文博》1992年第4期，第53~57页。

鬼神，形态多样，具有人格意志，是人格化的鬼神。而楚墓中发现许多镇墓兽，形态怪异，反映了楚人光怪陆离的鬼怪观念。① 与周礼体系下的鬼神观念相比，在淫祀的鬼神信仰体系里，鬼神不是具有道德意志的神灵，人鬼之间的关系，也不是以德为媒介建立起来的，更非《墨子·明鬼下》所认为的鬼神具有赏贤罚暴的功能。例如，从睡虎地秦简《日书》来看鬼怪神的特性，它们其实就是人在另一世界的化身，不是超脱于世俗之上，而是同普通人一样，具有自己的情感和需求，甚至还具有人的特性，喜欢搞恶作剧，调戏人，不具备道德监督的职能。②

其二，在祭仪、祭品等方面，祭礼与淫祀存在巨大的差异。淫祀的特征，在于祭祀的对象不属于祀典范围之内，自然在祭祀仪节和程式等方面与周礼祭祀体系相违背。

比如祭祀时辰。周人祭祀时辰比较固定，重视辰正，祭礼多在质明举行。而在楚地巫鬼之风盛行，祭祀多在夜间，"都是带有巫术性质的祭祷活动……楚人认为鬼魂皆在夜间活动，那么对鬼魂的祷祠也必然要在夜间进行"③。

春秋时期，尽管僭越周礼之事日见增多，但祭祀用牲尚有一定的约束。《左传·庄公十年》："牺牲玉帛，弗敢加也。"《墨子·尚同中》谓："其事鬼神也……珪璧币帛不敢不中度量。"④ 迄至战国时期，王公贵族奢侈淫靡，耗费无度，祭祀唯以祭品丰多取悦于鬼神，为取悦鬼神，甚至有以人牲祭祀河伯者，如《庄子·人间世》说："故解之以牛之白颡者与豚之亢鼻者，与人有痔病者不可以适河。此皆巫祝

---

① 吴荣曾：《战国汉代的"操蛇神怪"及有关神话迷信的变异》，《文物》1989 年第 10 期，第 46~52 页。
② 李晓东、黄晓芬：《从〈日书〉看秦人鬼神观及秦文化特征》，《历史研究》1987 年第 4 期，第 56~62 页。
③ 杨华：《新蔡简所见楚地祭祷礼仪二则》，载丁四新主编《楚地简帛思想研究》（二），湖北教育出版社，2005，第 253~264 页。
④ 孙诒让：《墨子间诂》卷 3，第 81 页。

以知之矣，所以为不祥也。"① 反映的即以人祀河。古者祭祀用牲币，秦俗牲用马，淫祀浸繁，始用偶马，《史记·封禅书》载，春秋时期秦襄公因勤王有功而列为诸侯，"居西垂，自以为主少皞之神，作西畤，祠白帝，其牲用骝驹"②。《史记·封禅书》载秦人祭祀，"畤驹四匹，木禺龙栾车一驷，木禺车马一驷，各如其帝色"③。按周礼，天子方可祭祀天帝，且郊天之礼只使用特牲。使用马等重牲祭祀上帝，秦国当为始作俑者之一。

世俗性的鬼神信仰对淫祀行为具有重要影响，比如秦、楚等地的祭祀或掺杂男女情欲，典型者如以女妻神之陋俗。据《史记·六国年表》，秦灵公八年，"城堑河濒，初以君主妻河"。《索隐》曰："谓初以此年取他女为君主，君主犹公主也；妻河谓嫁之河伯。"④ 楚地亦有以人妻神之俗，如九店楚墓 56 号墓竹简《告武夷简》记载了巫祝祝告武夷君的祷辞："某敢以其妻□妻女（汝）。聂币芳粮以（言量）犆某于武夷之所：君昔受某之聂币芳粮，囟（思）某来归食故。"为取悦于武夷神，既要为神献妻，还要以聂币（李家浩认为是丝织品）、酒食祷祭，以禳解死于战争中的鬼魂所为之祸祟。⑤ 而中原之魏国亦有为河神娶妻的陋俗，幸赖西门豹治理而复于正。⑥ 淫祀之风下，两性愉悦之情、声色之好也成为事神手段，"人嗜饮食，故巫以牺牲奉神；人乐男女，故巫以容色媚神；人好声色，故巫以歌舞娱神"⑦。淫祀之乐重在满足祭祀对象的感官享受，以取悦于神灵，与周礼祭祀用

---

① 郭庆藩辑《庄子集释》卷 2，第 177~178 页。
② 《史记》卷 28，第 1358 页。
③ 《史记》卷 28，第 1376~1377 页。
④ 《史记》卷 15，第 705 页。
⑤ 李家浩：《九店楚简"告武夷"研究》，载《著名中年语言学家自选集·李家浩卷》，安徽教育出版社，2000，第 318~338 页。
⑥ 《史记》卷 126，第 3211~3213 页。
⑦ 瞿兑之：《释巫》，《燕京学报》1930 年第 7 期，第 1327 页。

古乐——"德音之谓乐"反对"淫于色而害于德"的靡靡之音形成鲜明对比。楚地祭祀，降神的形式表现为异性人神间的恋爱和婚配，降男神用妙音好色的少女，降女神则用貌比子都的娈童。朱熹云："楚俗祠祭之歌，今不可得而闻矣。然计其间，或以阴巫下阳神，或以阳主接阴鬼，则其辞之亵慢淫荒，当有不可道者。"① 而周人祭礼之中则严男女之别，对妇人的空间活动范围都有限制。祭礼之中，妇人之事，无过于寝门之内，严遵内外之别②。祭祀过程中，夫妇不同位，妇人在东房，主人在阼阶下，男女不可混杂。据《仪礼·特牲馈食礼》《仪礼·少牢馈食礼》记载，妇人并不参与为期、视牲等节；正祭时，主妇无下堂洗爵之事，而是在东房另设篚，若需要使用庭中之爵，则有司赞者代为取。祭礼中要求"男女不同爵"，"男女授器，不因其故处"。《礼记·祭统》载："夫人荐豆执校，执醴授之，执镫。尸酢夫人执柄，夫人授尸执足。夫妇相授受，不相袭处，酢必易爵，明夫妇之别也。"男女授爵、豆之时，不执对方所执之处。两相比较，淫祀以声色娱鬼神的低俗手段，与周礼祭祀仪式中严男女大防可谓霄壤之别。

其三，更重要的是，杂祀和正统祭礼的价值观念格格不入，二者存在根本差异。周礼祭祀体系，对鬼神无恐惧与献媚之情感，而是以人间伦理价值原则施行于鬼神，祭祀主体的道德和政治治理是神降福与否的重要依据③，体现出国家正统祭祀的道德人文性质。而杂祀则纯粹出于鬼神信仰以及世俗的功利目的，迷信色彩浓厚，祭仪简单，很少如贵族大型的祭祀设置尸等，可操作性较强。即王充所云："世信祭祀，以为祭祀者必有福，不祭祀者必有祸。"④

---

① 朱熹：《楚辞辩证》，《朱子全书》（第19册），第194~195页。
② 祭祀中，妇人亦无庙门外事。《左传·僖公二十二年》云："妇人送迎不出门，见兄弟不逾阈，戎事不迩女器。"参见杨伯峻编著《春秋左传注》，第399页。
③ 参见本书《从"以德事神"至"尽心成德"——两周祭祀观念之嬗变》一文。
④ 黄晖：《论衡校释》卷25，中华书局，1990，第1047页。

淫祀缺少形而上的理论与德行原则的支撑，仅仅出于世俗之功利诉求。

四 战国时期社会力量对淫祀的清整及淫祀的历史影响

淫祀不仅是一种宗教信仰，而且可以成为一种对稳定的国家政治秩序、社会秩序造成冲击的力量，其组织上的结社，神秘诡异的活动，对于世俗政治势力的刺激相当大。战国时期，由于各地杂祀之俗兴起，淫祀之风对社会的危害定会引起政治势力的高度警惕。《逸周书·命训》指出"极祸则民鬼，民鬼则淫祭，淫祭则罢家"，"祸莫大于淫祭"①，这代表了政治精英阶层的认识。政治势力非常注意化民成俗、统一风俗对于建立稳定的社会秩序的意义，希望"立法化俗"，"度俗为法"，实现"国无异俗"的效果，其中清整控制淫祀之风对于统一风俗具有重要的意义。如秦国崇尚以法治国，深刻意识到"恃鬼神者慢于法"②，故对杂祀从法律上加以禁止，意图消解淫祀对法律尊严产生的破坏。睡虎地秦简《法律答问》规定："擅兴奇祠，赀二甲。可（何）如为'奇'？王室所当祠固有矣，擅有鬼位也，为'奇'，它不为。"③ 奇祠乃不合法的祠庙，即淫祠。④ 由此可见，秦国对淫祀从法律上加以控制。南方楚国虽有淫祀之名，但上博简《柬大王泊旱》曰："楚邦有常，古（故）为楚邦之鬼神主，不敢以君王之身，变乱鬼神之常，故夫上帝鬼神高明，安敢杀祭？以君王之身杀祭未尚有。"⑤ 简文反映出楚统治者反对变乱祭典的淫祀，认为楚国祀有常典，不可辄就废兴，祭祀当遵循旧典。此外，《周礼·

---

① 黄怀信等撰：《逸周书汇校集注》卷1，第33页。
② 王先慎：《韩非子集解》卷5，中华书局，1998，第123页。
③ 睡虎地秦墓竹简整理小组：《睡虎地秦墓竹简》，文物出版社，1990，第131页。
④ 睡虎地秦墓竹简整理小组：《睡虎地秦墓竹简》，第131页。
⑤ 马承源主编《上海博物馆藏战国楚竹书》（四），第195~201页。

春官·小宗伯》"掌五礼之禁令与其用等",负责掌控与禁止违礼的祭祀。

由于淫祀具有神秘的巫术色彩,巫祝等人员往往成为淫祀群体中的具体操作者和始作俑者,故自古以来,淫祀一直为政治势力所警惕,民间巫祝也是历代王朝打击非法宗教信仰的主要对象。战国时期,政治势力出于稳定社会秩序的需要,对民间巫祝也加大了打击力度。《礼记·王制》规定"假于鬼神、时日卜筮,以疑众,杀",对借助迷信妖言惑众者严厉打击,其中应包括巫祝等神职人员。《史记·滑稽列传》记载西门豹治理邺地,打击当地巫祝势力,禁止为河伯娶妇的陋俗,说明了政治权力对鬼神迷信的遏制;与北方"为河伯娶妇"之俗对应,西南蜀地也有"为江神聘妇"之习①,至秦昭王伐蜀,李冰为守,遂击杀江神,除此大害,并带领人民兴修都江堰,"溉田万顷",水旱由人,江神聘妇之俗遂绝迹。这些记载均表明政治势力对淫祀的清整。

政治势力对祭祀秩序的整合,不仅体现在祀典以及祭祀仪式上,还体现在对淫祀观念的禁锢上。春秋时期,知识精英阶层即对淫祀行为展开批评,指出"神不歆非类,民不祀非族"②,"鬼神非其族类,不歆其祀"③,"非其鬼而祭之,谄也"④,这些论调与其说是出于宗教信仰,毋宁说是为了维护祭祀礼制的神圣与权威。而《礼记·曲礼下》更是宣称"淫祀无福"。战国时期,中原诸国知识精英阶层对三代以来的巫祝传统,经历了一个"祛除巫魅"(disenchantment)⑤,走向理性化(rationalization)的过程,知识精英阶层对巫风与滥祀展开

---

① 吴树平:《风俗通义校释》,天津人民出版社,1980,第488~489页。
② 杨伯峻编著《春秋左传注》,第334页。
③ 杨伯峻编著《春秋左传注》,第487页。
④ 刘宝楠:《论语正义》卷2,第74页。
⑤ 此概念参见韦伯(Max Weber)《儒教与道教》,洪天富译,江苏人民出版社,1993年。

了激烈批判。法家人物韩非子指出,"用时日,事鬼神,信卜筮而好祭祀者,可亡也"①。《管子·修权》指出"上恃龟筮,好用巫医,则鬼神骤祟"的危害在于"功之不立,名之不章"。②再者,由于人文理性的觉醒,巫祝地位更加衰落,在知识精英阶层眼里,其所职掌的不过是微贱之业。《荀子·王制》云:"相阴阳,占祲兆,钻龟陈卦,主攘择五卜,知其吉凶妖祥,伛巫跛击之事也。"③《荀子·正论》:"譬之,是犹伛巫、跛匡大自以为有知也。"④《吕氏春秋·尽数》指出,"今世上卜筮祷祠,故疾病愈来。譬之若射者,射而不中,反修于招,何益于中?夫以汤止沸,沸愈不止,去其火则止矣。故巫医毒药,逐除治之,故古之人贱之也,为其末也"。⑤

在战国诸侯大争之世,中原诸国对祭祀有很理性的认识,《管子·轻重丁》云:"故智者役使鬼神,而愚者信之。"⑥《管子·国准》:"立祈祥以固山泽。"⑦祭祀成为神道设教之器。治理国家,重人事轻鬼事的政治理性,成为思想阶层的共识,如《管子·形势解》所云:"明主之动静得理义,号令顺民心,诛杀当其罪,赏赐当其功,故虽不用牺牲珪璧祷于鬼神,鬼神助之,天地与之,举事而有福。乱主之动作失义理,号令逆民心,诛杀不当其罪,赏赐不当其功,故虽用牺牲珪璧祷于鬼神,鬼神不助,天地不与,举事而有祸,故曰:'牺牲圭璧不足以享鬼'。"⑧尤其是儒家对巫祝与礼乐文明的分野更为明晰。马王堆汉墓帛书《易传·要》引孔子言:"吾与史巫同途而殊

---

① 王先慎:《韩非子集解》卷5,第105页。
② 黎翔凤:《管子校注》卷1,第55页。
③ 王先谦:《荀子集解》卷5,第169页。
④ 王先谦:《荀子集解》卷12,第326页。
⑤ 陈奇猷:《吕氏春秋新校释》卷3,第139~140页。
⑥ 黎翔凤:《管子校注》卷24,第1487页。
⑦ 黎翔凤:《管子校注》卷23,第1394页。
⑧ 黎翔凤:《管子校注》卷20,第1173页。

归也",巫是"赞而不达于数",史则"数而不达于德",孔子称"吾求亓(其)德而已","我后其祝卜矣,我观其德义耳也"。①儒家认为,德义等礼乐文化的价值观念是区别巫祝行为和礼的根本所在。经过儒家的重新诠释,祭祀成为化民成德实施教化的方式,宗教意义、鬼神崇拜的意味极度弱化。

这些来自政治势力与知识精英阶层的反对,无疑对淫祀的泛滥起到一定的限制作用。但知识精英阶层的境界过高,理想性太强,从而与民众之文化心理存在较大的隔阂,比如儒家强调"鬼神设教"或"君子以为文,而百姓以为神"②,承认普通百姓的宗教祭祀存在,但一般信仰世界仍然迷信巫鬼信仰,这就使杂祀作为一种具有广泛中下层群众基础的信仰,在世道混乱、人心迷茫无助之际得到广泛的发展;同时,巫鬼信仰在发展中不断根据实用性、功利性原则增加一些新的鬼神,使鬼神谱系越来越庞杂,进而导致秦汉社会淫祀之风的盛行。

经周秦之变,战国社会的淫祀之风俗延续至秦代。虽然秦朝对故土以及关东六国原来的祭祀系统进行了整合③,然而秦人对神灵系统的等秩划分尚处于模糊阶段,祭祀对象种类杂多,《南齐书·礼志上》说"秦为诸侯,杂祀诸祠。始皇并天下,未有定祠",确属实情。比如雍地神灵,凌杂而无序,尚未如后世天神、地祇、人鬼三分法那样成熟而有序。在祭祀仪式上,秦人呈现出神秘主义风格,祭祀的神灵与阴阳五行、占星方术纠葛,芜杂而神秘,神灵的特性与周王朝呈现截然相反的面貌。例如,秦人心目中的天帝完全是一个世俗人格化的

---

① 陈松长、廖名春:《帛书〈二三子问〉、〈易之义〉、〈要〉释文》,载陈鼓应主编《道家文化研究》(第3辑),上海古籍出版社,1993,第435页。
② 王先谦:《荀子集解》卷11,第316页。
③ 参见杨华《秦汉帝国的神权统一——出土简帛与〈封禅书〉、〈郊祀志〉的对比考察》,《历史研究》2011年第5期,第4~26页。

神灵，与周礼中的天神相比，丝毫没有仁爱、道德理则、正义的特质，它折射出秦人文化中道德仁义的匮乏。①

汉代初建，秦国的祭祀制度为来自楚地的集团所继承。刘邦"悉召故秦祝官，复置太祝、太宰，如其故仪礼"②。除秦朝祭祀体系之外，刘邦还在长安置各地巫祝，广设神祠，将战国以来的各地杂祀"荟萃"一处，祭祀驳杂而无等秩尊卑之分。文、景之后的祭祀制度一直驳杂，尤其是武帝一朝"尤敬鬼神之祀"，广设杂祀；神仙方士形于朝野，竞相弋取富贵，祭祀神灵体系内，除以前设置的神祠，尚设置了许多神仙神祠，导致为神仙方士而建的祠庙成为汉家祭祀体制的一部分，它是战国神仙祭祀风俗的沿袭与进一步发展。汉代淫祀于此时发展到顶峰。综论之，西汉前期祭祀，无论是鬼神观念，还是祭仪以及祭祀的目的与祭祀的理念，可谓战国、秦人祭祀的延续与量的增加；而至武帝时期，战国以来杂祀、巫鬼迷信、神仙祠发展到顶峰，上行下效，民间杂祀更甚，直接造成西汉中期的滥祀之风。《盐铁论·散不足》描述杂祀状况："今世俗饰伪行诈，为民巫祝，以取厘谢，坚额健舌，或以成业致富，故惮事之人，释本相学。是以街巷有巫，闾里有祝"，"今世俗宽于行而求于鬼，怠于礼而笃于祭，嫚亲而贵势，至妄而信日，听訑言而幸得，出实物而享虚福。"③滥祀造成民间巫祝横行，巫祝竞相获取钱财，以致百姓怠慢农事而以巫祝为业，造成"财尽于鬼神，产匮于祭祀"的危害。最终导致西汉中后期祭祀的儒学化改革。可以说，西汉前期滥祀之烈，实肇始于战国时期的淫祀之风。

---

① 李晓东、黄晓芬：《从〈日书〉看秦人鬼神观及秦文化特征》，《历史研究》1987年第4期，第56~62页。
② 《史记》卷28，第1378页。
③ 王利器：《盐铁论校注》，中华书局，1992，第352页。

从"德以事神"至"尽心成德"

——两周祭祀观念之嬗变

《礼记·祭统》云:"凡治人之道,莫急于礼。礼有五经,莫重于祭。"祭祀在先秦社会中的重要地位,为人所熟知。长期以来,较少有学者抉发祭祀背后以德为核心演变及其内向化的轨迹。尤其是在轴心时代,儒家祭祀思想如何在继承传统的敬德思想基础上,超越祭祀固有的宗教传统,形成温和的哲学突破,更须详细考察。本文试图结合出土文献,以两周礼学的嬗变轨迹为理论背景,对两周祭祀理念做一初步探讨,大致勾勒出其嬗变线索。

一 鬼神飨德

祭祀的原初宗教意义在于建立人与神的关系,人与神彼此是一种献与报的礼尚往来关系,即祭祀者虔诚地奉之以物,导之以礼,而神灵则回报以赐福,或禳解人之祸灾。

殷商时期,商人迷信鬼神的力量,对其祭祀的规模较大,尤其是殷商晚期,周祭制度确立,几乎是无日不祭。《礼记·表记》说:"殷人尊神,率民以事神。"甲骨卜辞记载和考古发现业已证实了此说。殷人是以祭品的丰厚和祭祀的频繁来换取神灵之福佑,用牲数量和规模往往较大。甲骨卜辞记载所用牺牲的规模,常多达几十上百(如

《甲骨文合集》102、22274、15521），数量相当惊人。殷人的宗教狂热，学者阐述颇多，兹不赘述。

周革殷命之后，政权的更迭以及立国之初的政局动荡，使周人萌生深深的忧患意识。周人深刻意识到上天具有威严，天威可畏，如《尚书·酒诰》云："天降威，我民用大乱丧德。"① 周人深感"天命靡常"，"天命不易"，在思考如何保持天命，使政权永存之时，周人发现天命所系，惟有德者受之②，"皇天无亲，惟德是辅"③。因此，人一定要畏忌天命而恭敬于人之德。《诗经·周颂·我将》："畏天疾威，敷于下土"，"我其夙夜，畏天之威，于时保之"。殷鉴不远，周人认为只有敬德、慎德，方能永保天命，使天命不坠。

在周人观念中，社稷、山川、祖先等神灵被道德化，成为一具有道德特性的实体。如《国语·鲁语上》云："加之以社稷山川之神，皆有功烈于民者也。及前哲令德之人，所以为明质也；及天之三辰，民所以瞻仰也；及地之五行，所以生殖也；及九州名山川泽，所以出财用也。非是不在祀典。"④ 这些道德性的鬼神"更多地成为人世道德原则的化身"⑤，周人认为他们能够"赏善祸淫"。例如，《左传·宣公三年》："天祚明德，有所厎止"；《左传·僖公五年》："鬼神非人实亲，惟德是依"；《国语·周语中》："天道赏善而罚淫"⑥；《左传·成公五年》："神福仁而祸淫"。这些论述皆反映了周人的这种心态。

正是由于天命、鬼神等具有道德评判的理性，周人在祭祀之中注入

---

① 孙星衍：《尚书今古文注疏》卷16，第375页。
② 饶宗颐：《天神观与道德思想》，载《饶宗颐二十世纪学术文集·经术、礼乐、经学昌言》卷4，新文丰出版公司，2003，第326~361页。
③ 杨伯峻编著《春秋左传注》，第309页。
④ 徐元诰：《国语集解》，第161页。
⑤ 陈来：《古代思想文化的世界——春秋时代的宗教、伦理与社会思想》，第109页。
⑥ 徐元诰：《国语集解》，第68页。

了德的观念，以德作为交接天地祖先等神灵的媒介，并以之为获得神灵福佑的依据。由此，"鬼神飨德"成为周人祭祀理念的核心。此类论述在先秦文献中比比皆是，如《国语·晋语六》云"唯厚德者能受多福"，"夫德，福之基也，无德而福隆，犹无基而厚墉也，其坏也无日矣"。① 由于坚信"神所冯依，将在德矣"②，周人注重祭祀主体的德行，认为"穆穆秉明德"而恤祀，先祖等神灵即可"报以介福，万寿无疆"③。周人事神是虔诚的，它既来自对天命不可测和对鬼神权能的敬畏，也源于相信秉德可达天命，可获鬼神福佑的乐观心态。

宗庙祭祀，周人颂扬缅怀先人功德，也是勉励自己秉承并效法先祖懿德。《诗·周颂·清庙》云："於穆清庙，肃雍显相，济济多士，秉文之德。"单伯钟文云："余小子肇帅型朕皇祖考懿德"（《集成》82），即言以先祖之德为仪法典型。

周人观念中，外在礼文为慎德之体现，如《诗·大雅·抑》云："敬慎威仪，维民则之。""抑抑威仪，维德之隅。"德内而威仪于外，为万民取法。西周金文屡以"淑于威仪""秉明德""共纯德"与祭祀先祖并言，正是体现德需倚赖慎重威仪而建立。若行礼而威仪失常，无威可畏，无仪可象，实为不敬不慎之至，其实也是德的丧失，如此则"神怒民叛"，天命不佑，"临下治民"而不可得。

另外，出于对殷商祭祀的"反动"，周人强调祭祀者内心的诚敬，奉献祭品崇尚"俭约"，"俭约主义"成为周人祭品理念的主旋律。周人主张祭品的馨香特性及其所体现出的"德"乃神灵所歆享的。《诗经》中有关周族的祭祀诗反复强调祭品的芳香，例如，《诗·小雅·楚茨》曰："苾芬孝祀"；《诗·大雅·生民》云："其香始升，上帝

---

① 徐元诰：《国语集解》，第393、396页。
② 杨伯峻编著《春秋左传注》，第310页。
③ 李学勤主编《十三经注疏·毛诗正义》卷14，第845页。

居歆。"然"黍稷非馨，明德惟馨"，"民不易物，惟德繄物"①，祭祀奉献神灵，德之馨香方乃根本，神灵所飨乃馨香之德。若无德之人，虽有馨香之祭品，亦难以获得福佑。《书·酒诰》曰："弗惟德馨香，祀登闻于天，诞惟民怨。庶群自酒，腥闻在上。故天降丧于殷，罔爱于殷。"《尚书·吕刑》："上帝监民，罔有馨香德，刑发闻惟腥。"殷鉴不远，这些谆谆教诲，正体现了周人的尚德理念。

从敬畏天命进而敬德，从宗教意识上的敬神到注重人事的德的自觉，人的地位获得很大的发展空间，因此，"鬼神飨德"是周人祭祀理念的精义，也是祭祀思想之核心。在此理念下，人的主动性获得充分的发展，周人更关注人的道德自觉。祭祀中"慎德""敬德"观念的提出，是中国思想史上对原始祭祀观念的第一次超越，它使周人对上帝、祖先的祭祀逐渐摆脱原始祭祀的宗教特性，将祭祀的宗教意义转化为道德意义，人的道德主体性得到弘扬，中国文化的人文特质于此凸显。

西周确立的德治主义传统，与民本主义相表里。德治之落实点，在于为民。祭礼作为西周王朝"国之大事"，渗透周人的为政理念。周人将祭祀和为政安民相互联系。祭祀目的除求福外，治民的功利色彩突出。《国语·周语上》云："事神保民，莫弗欣喜。"又云："媚于神而和于民矣，则享祀时至而布施优裕也。……匮神乏祀而困民之财，将何以求福用民？"② 周人认为，恭秉明德而"崇明祀"，如此敬德克能治民，"能敬必有德，德以治民"③。春秋时期，贵族精英对祭祀与治民的关系在认识上更进一层，提出"民为神主"的命题。《左传·桓公六年》载随国季梁云：

---

① 杨伯峻编著《春秋左传注》，第309页。
② 徐元诰：《国语集解》，第5、21页。
③ 杨伯峻编著《春秋左传注》，第501页。

> 夫民，神之主也，是以圣王先成民而后致力于神……故务其三时，修其五教，亲其九族，以致其禋祀，于是乎民和而神降之福，故动则有成。

祭祀乃为民，民为"神之主"，故此政通民和是神灵降福之前提。曹刿也提出"夫惠大而后民归之志，民和而后神降之福"①。这些论断，皆以民之福祉作为祭祀受福之资藉。

与西周时期的祭祀理念相比，春秋时期尽管也承继"鬼神飨德"的观念，但在思想家眼中，民神之间，民更占据主导地位，"圣王先成民而后致力于神"，民的主体地位获得更大的发展。值得注意的是，为政者是人君，"成民"之务要求人君有德，如《国语·周语上》云："其君齐明衷正，精洁惠和，其德足以昭其馨香，其惠足以同其民人。神飨而民听，民神无怨，故明神降之，观其政德，而均布福焉。"②《左传·昭公二十年》载齐国大夫晏子言"若有德之君"能够为政之善，"是以鬼神用飨，国受其福"，即重在强调人君备德，祭祀方可受福。因此，春秋时期民（人）地位的提升，其实正是祭祀主体的道德自觉体现，它开启了后来儒家"德性焉求福"以及人君"修德而垂教、垂政"的思想先河。

二　内尽于己，外顺于道

春秋后期，礼乐崩坏，以孔子为代表的儒家开始追问礼乐实践的精神基础，将仁作为礼乐文化的内在精神③。尽管孔子主张礼践履主体的内在情感和外在礼文的统一，但在当时背景下，他更突出强调礼

---

① 徐元诰：《国语集解》，第143~144页。
② 徐元诰：《国语集解》，第28~29页。
③ 余英时：《轴心突破和礼乐传统》，载余英时《现代儒学的回顾与展望》，生活·读书·新知三联书店，2004，第392~413页。

乐的内在精神。在回答林放"礼之本"的询问时，子曰："大哉问！礼，与其奢也，宁俭；丧，与其易也，宁戚。"① 孔子以后，儒家有外向求索和内转两种致思路数②，这段时期，儒门高弟及其后学对古礼做了深刻的省思和诠释。前一理路主张从外在的天地来体认礼的存在依据，认为礼乐乃天地之道。如《礼记·乐记》云："礼者，天地之序也。""大乐与天地同和，大礼与天地同节。"内转趋向以思孟学派为代表。该派理论，我们依据传世文献《中庸》《大学》等篇以及近来出土的儒家竹书，得以管窥其貌。概括而言，思孟学派礼学，是以心为人性和外物的媒介，沿袭孔子为仁求诸己的理路，注重因人情而节文，着力于德性的建立，并以之为成人的本质。

孔子继承了周人重德的祭祀传统，主张"务民之义，敬鬼神而远之"③，而求福之资，则仰赖于人之德性的建立，马王堆帛书《要》篇记孔子曰："君子德行焉求福，故祭祀而寡也；仁义焉求吉，故卜筮而希也。"④ 对祭礼的阐述，他强调祭祀者内心的诚敬。《礼记·檀弓上》记子路曰："吾闻诸夫子，丧礼，与其哀不足而礼有余也，不若礼不足而哀有余也；祭礼，与其敬不足而礼有余也，不若礼不足而敬有余也。"孔子之后，儒门祭祀理论呈现内转的路向，祭祀主体的内在德性以及祭祀成为道德践履的功能被凸显，儒家的"己立而立人，己达而达人"的理念亦折射于祭祀理论中。下面从三个方面对此简略论述。

其一，儒家主张祭祀行为是内在之情与外在礼文的和谐统一。对儒家而言，祭祀乃发自祭祀者内心的自觉行为，而非外在的要求。

---

① 刘宝楠：《论语正义》卷3，第82页。
② 庞朴：《孔孟之间——郭店楚简中的儒家心性说》，载《中国哲学》（第20辑），辽宁教育出版社，1999，第23页。
③ 刘宝楠：《论语正义》卷7，第236页。
④ 陈松长、廖名春：《帛书〈二三子问〉、〈易之义〉、〈要〉释文》，第435页。

《礼记·祭统》云："夫祭者，非物自外至者也，自中出，生于心也。"这种内心是自然的，不需要借助外物来实现自己的意图。《礼记·祭义》云："霜露既降，君子履之，必有凄怆之心，非其寒之谓也。春，雨露既濡，君子履之，必有怵惕之心，如将见之。"怵也见于《礼仪·祭统》，谓"心怵而奉之以礼"。所谓怵惕之心，也是人的自然之心，《孟子·公孙丑上》云："所以谓人皆有不忍人之心者，今人乍见孺子将入于井，皆有怵惕恻隐之心，非所以内交于孺子之父母也，非所以要誉于乡党朋友也，非恶其声而然也。"①两相比较，皆认为怵惕之心并非"外入"，而是"中出"，是自然的发生。不仅如此，人感四时变化，则易生怵惕之心，此心之生，非为功利，亦非外在要求，实为人性自然流露，故而可谓此心乃德性之心，具有善的本性。

战国时期的子思学派将人性作为治道的基础和主体，认为礼治思想发端于人情，"礼生于情"。对人情的重视，是子思学派礼学思想的重要特征②，如郭店简《性自命出》云："凡人情为可悦也。苟以其情，虽过不恶。不以其情，虽难不贵。苟以其情，虽未之为，斯人信之矣。"③西周、春秋时期，祭祀主敬，多被强调为一种"必须如此"的外在道德律令，且敬的心理往往和对未知鬼神的畏相连，既有功利性追求福佑的价值诉求，又有对天命神灵未知的心理。至于敬之内在依据，是儒家给予内在心理情感的学理阐释。

儒家提倡祭祀主敬，敬则生于孝子对双亲的内心之爱，外化为人道之孝。《礼记·祭义》云："是故先王之孝也，色不忘乎目，声不绝乎耳，心志嗜欲不忘乎心。致爱则存，致悫则著，著、存不忘乎心，夫安得不敬乎？"所有的情感都产生于一己之心，所以祭祀主体的内

---

① 焦循：《孟子正义》卷7，第233页。
② 彭林：《始者近情　终者近义——子思学派对礼的理论诠释》，第3~14页。
③ 荆门市博物馆编《郭店楚墓竹简》，第181页。

心情感受到格外的重视。这里，儒家将宗教祭祀体现出的对鬼神敬畏的复杂情感，转化为祭祀主体的内在之爱这一情感，进一步抽离了祭祀的宗教情绪。

儒门重视孝道，《论语·学而》记曾子曰："慎终追远，民德归厚矣。"① 有子曰："君子务本，本立而道生。孝弟也者，其为仁之本与！"② 儒家讲求"立孝"之道，双亲染病，孝子"行祝于五祀，岂必有益？君子以成其孝"③。为双亲之疾祷于五祀（门、户、中霤、灶、行），目的在于成其孝而已，而非功利性的为求福而祷。上博简《内豊》云："君子之立孝，爱是用，豊（礼）是贵。"④ 爱首先是一种血缘纽带上的亲戚之爱，"立爱自亲始"⑤。儒家之旨趣，在于从个体的孝向外推延。郭店简《唐虞之道》云："孝之杀，爱天下之民。"⑥ 郭店简《五行》云："爱父，其杀爱人，仁也。"即言从对父母最近之爱，减杀而泽及天下之民。孟子所言"亲亲而仁民，仁民而爱物"⑦，即建立在亲亲之上的情感与礼的践履的推延，从而广大孝道，克能"博施备物"。郭店简《五行》云："不悦不戚，不戚不亲，不亲不爱，不爱不仁。"⑧ 仁之前提是爱，爱之前提是对父母的血亲之爱。所以儒家倡导仁义，须以最基础的血亲之情为起点，然后向外推扬、扩充。这也是《礼记》中《祭统》《祭义》两篇重视孝敬双亲之心以及内心之爱的根本原因。儒家所指的立孝之道，对于个人来说，是要通过礼的践履以成人。《礼记·哀公问》："仁人之事亲也如事天，事天如事

---

① 刘宝楠：《论语正义》卷1，第23页。
② 刘宝楠：《论语正义》卷1，第7页。
③ 马承源主编《上海博物馆藏战国楚竹书》（四），第220~226页。
④ 马承源主编《上海博物馆藏战国楚竹书》（四），第220页。
⑤ 李学勤主编《十三经注疏·礼记正义》卷47，第1320页。
⑥ 刘钊：《郭店楚简校释》，第148页。
⑦ 焦循：《论语正义》卷27，第949页。
⑧ 刘钊：《郭店楚简校释》，第70页。

亲，是故孝子成身。"《礼记·礼器》："体不备，君子谓之不成人"。孝子发自自然之情，感念思亲，于是以礼按时祭祀，追养继孝，如此可成就孝道而立人。

因此，儒家主张祭祀"内尽于己"。《礼记·祭统》云："身致其诚信，诚信之谓尽，尽之谓敬，敬尽然后可以事神明，此祭之道也。""尽"的概念，重点在于祭祀主体内心的诚敬。儒家将祭礼内在于人心，是对先秦祭祀"主敬"的深刻阐发，它抽离了祭祀的宗教性特征，将对祖先的情感维系于人的内在道德，突出体现出儒家后学祭祀观念内向超越的一面。

儒家认为，孝子因具有自然的爱心，情思幽深，于祭祀之时，"尽其悫而悫焉，尽其信而信焉，尽其敬而敬焉，尽其礼而不过失焉"①，外发为合乎礼道的礼容。换言之，祭祀行礼时，颜色、容貌、辞气、体态等皆为内在德性的外发。《礼记·祭义》云："孝子之有深爱者，必有和气，有和气者，必有愉色，有愉色者，必有婉容。孝子如执玉，如奉盈，洞洞属属然如弗胜，如将失之。"祭祀"事亡如事存"，容色是真情之自然流露，有深爱之情，必有和气，和气则有愉悦之色，愉悦之色具则有婉容。孙希旦云："敬齐之色，根于心之诚敬而发，诚敬之心，所以祭祀之本也。"② 可谓深得其旨。《论语·八佾》："祭如在，祭神如神在。子曰：吾不与祭，如不祭。"③ 所谓"如在""如神在"，即儒家主张的"事死如事生，事亡如事存，孝之至也"④ 之义。孔子此意，在于强调祭祀主体的内心诚敬和外在礼容，犹如神灵存在一样。《礼记·玉藻》云："凡祭，容貌颜色，如见所祭者。"其义和《礼记·祭义》一致，而后者更强调内心对于亡亲的思

---

① 李学勤主编《十三经注疏·礼记正义》卷47，第1318页。
② 孙希旦：《礼记集解》卷46，第1214页。
③ 刘宝楠：《论语正义》卷3，第98页。
④ 李学勤主编《十三经注疏·礼记正义》卷52，第1439页。

慕之情。

反之，如果容貌体态不合礼仪，就可以看出祭祀者内心缺乏诚敬，无内心之爱。《礼记·祭义》云："孝子之祭也，立而不诎，固也。进而不愉，疏也。荐而不欲，不爱也。退立而不如受命，敖也。已彻而退，无敬齐之色，而忘本也，如是而祭，失之矣。"不管是祭祀时身体的"立而不诎"，还是容貌上的"进而不愉"，种种情色，都可谓"忘本"，虽然还在勉强"行礼如仪"，但这样的祭祀实在不过是敷衍应付而已。

其二，儒家在阐述祭祀的功能时，不仅重视祭祀对个人内心修养与外在礼文的协调，而且非常重视祭祀的群体教化功能，强调祭祀旨在"慎终追远"，使"民德归厚"，至于所祭的鬼神是否真实存在倒在其次，其作用不过是作为祭祀主体内在道德的体现而已。基于这样的观念，儒家很自然地提出祭祀"不求其为""祭祀不祈"的超越传统宗教性诉求的主张。

由于祭祀成为祭祀主体内心的情感自然的需求，故而外在的求福功能是次要的。《礼记·祭统》曰："是故贤者之祭也，致其诚信，与其忠敬，奉之以物，道之以礼，安之以乐，参之以时，明荐之而已矣，不求其为。此孝子之心也。"郑玄注："为，谓福祐为己之报。"孔疏："言孝子但内尽孝敬，以奉祭祀，不求其鬼神福祥为己之报。"① 《礼记·礼器》云："祭祀不祈"，对于这句话的解释，郑玄注谓"祭祀不为求福也"。孔颖达疏引《郑志》郑玄答赵商云："祭祀常礼，以序孝敬之心，当专一其志而已。祷祈有为言之，主于求福，岂礼之常也。"② 所谓不祈是就祭祀主体而言，乃自尽其心，主观目的不为求福。

---

① 李学勤主编《十三经注疏·礼记正义》卷49，第1346页。
② 李学勤主编《十三经注疏·礼记正义》卷23，第737~738页。

但是，所谓"自尽其心"，并不单单关注祭祀主体的情感慰藉和内心满足，而是有广阔的人道空间。具体而言，祭祀的目的虽然不再是祈求神灵的佑护，获得神灵所赐之福，但是因虔诚祭祀也必然会得到另一种同样重要的"福"，"非世所谓福也"，并非世俗意义上的求福。《礼记·祭统》："福者，备也。备者，百顺之名也。无所不顺者谓之备。言内尽于己，而外顺于道也。忠臣以事其君，孝子以事其亲，其本一也。上则顺于鬼神，外则顺于君长，内则以孝于亲，如此之谓备。"所谓所获致之福，乃祭祀主体道德人性的自我完善。《礼记·礼器》云："礼器，是故大备。大备，盛德也。"儒家其实是从德的意义上来对"备"加以诠释的，西周以来"福"的意义被转换为"备"之盛德。儒家从德性角度对"福"进行重新诠释，将祭祀视作道德践履，目的在于成就德性之"顺"。从西周以来的"事神求福"到《礼记》"福者，备也"，是两周祭祀理念的一重要转进，它表明祭祀从事神求福的功能到成就人的主体德性的转变。

其三，儒家重视祭祀报本反始之功能。周人的祭祀观念中，报是对神明之德的一种回馈，《诗·大雅·抑》云："无言不雠，无德不报。"周人祭祀讲求"报本反始"与"反本修古"。《礼记·郊特牲》云："万物本乎天，人本乎祖，此所以配上帝也。郊之祭也，大报本反始也。"又云："天垂象，取财于地，取法于天，是以尊天而亲地也，故教民美报焉。家主中霤而国主社，示本也。唯为社事，单出里；唯为社田，国人毕作；唯社，丘乘共粢盛，所以报本反始也。"《礼记·礼器》："礼也者，反本修古，不忘其初者也。"所谓古，指礼仪中保留的上古生活习俗，它体现周人对传统的崇尚，是祭祀至敬的外在体现，《礼记·礼器》云："有以素为贵者，至敬无文。"质素为贵，它统于内心的至诚。《礼记·礼器》："君子之于礼也，有所竭情尽慎，致其敬而诚若。"郑玄注："谓以少、小、下、素为贵也。"其意即是如此。周礼对朴素的崇尚旨在"修古",在于不忘记历史之源。儒家将祭祀之"修古"的目的加以人文化的诠释,归于人内心之善,借此培育人内心的德性。孔颖达谓"反本,谓反其本性。修古,谓修习于古","本,谓心也"①,解说甚的。《礼记·乐记》云:"大飨之礼,尚玄酒而俎腥鱼,大羹不和,有遗味者矣。是故先王之制礼乐也,非以极口腹耳目之欲也,将以教民平好恶而反人道之正也。"大飨,乃祫祭先王。玄酒之尚,腥鱼以及大羹之设,"食味虽恶",但"以其有德质素,其味可重",目的在于教化人们回复人道之正,即人性之正。

儒家对于历史的追溯,一方面在于教化不忘本,这是历史意义上的"本"、"始"。另一方面,儒家更为重视的是远古时期人类文明之始,人所呈现出的质朴之情,故而儒家所论历史意义上的"本",其实蕴含了最质朴的人情,"本""始"被儒家以礼之"质""敬"所阐释。始与终相对应,亦被赋予了"情"的深刻内涵,《性自命出》云"始者近情,终者近义"②。周人祭礼的"报本反始",自外而言,乃对于天地先祖的回报,以及对于神明功烈的反馈;自内言之,则是以诚敬之心回报神明之德,以反人性之善,"反善复始"。因此,祭祀的"修古"是外在之礼文,而作用于内心反善,一内一外,成就德性。

综上所述,儒家心性礼学派是以人心与人的内在情感为依据,将祭祀内化为人心以及人的情感需求。祭祀为礼,祭祀主体的内在德性借祭祀礼仪而提升,很自然的,祭祀的宗教性的鬼神色彩以及宗教功能皆被淡化,甚而被摒弃,所以儒家提出"祭祀不祈""不求所为",瓦解了传统意义上祭祀的宗教功能,而着眼于成就祭祀者的内在德性,将祭祀视为人成就德性之进路。至此,先秦儒家祭礼观念完成了

---

① 李学勤《十三经注疏·礼记正义》卷24,第750页。
② 荆门市博物馆编《郭店楚墓竹简》,第179页。

从宗教意义上的功能论到修身进德的道德自觉,这是先秦祭祀理念上的第二次超越。儒家的祭祀理念是人文的,而非宗教的,原因就在于对来自传统祭祀观念的超越是建立在人文性的德为基础之上,并且层层转进,从祭祀"以德获福"到祭祀"以求懿德"而成人。

三 从"嘉乐鬼神"至"古乐龙心"

两周祭祀观念的内转倾向,也体现于祭祀用乐观念之内转。祭祀用乐的目的是以之感格神灵,本为娱神。如宗周青铜乐器士父钟铭文云:"用喜侃皇考,皇考其严在上。"邢叔采钟谓:"用嘉乐文神人。"《礼记·礼运》云:"列其琴瑟,管磬钟鼓,修其祝嘏,以降上神,与其先祖。"皆强调乐在祭祀中的降神、娱神等宗教功能。

所谓乐,乃诗、乐、舞一体,它和德互为表里。乐必须是德音,"德音之谓乐"。乐是内在德性之表征,《礼记·乐记》云:"乐者,所以象德也。"在原来宗教意义上的乐舞事神基础上,周人将德的理念注入祭祀用乐,强调郊庙祭祀,必须是德音方可"合神人"。《易·豫卦·象传》云:"先王以作乐崇德,殷荐之上帝,以配祖考。"《国语·周语下》云:"于是乎道之以中德,咏之以中音,德音不愆,以合神人,神是以宁,民是以听。"祭祀中,"人神以数合之,以声昭之,数合神和"①,以臻于人神和谐之境。

儒家的教化之道,主张以礼节情。情出于性,是感于外物而心所外发之情态。郭店简《性自命出》所云"性自命出,命自天降","情出于性"②,即言心和物之间感应而呈现的趋向。儒家重情,乐论亦受此影响。《礼记·乐记》:"凡音者,生人心者也。情动于中,故形于

---

① 徐元诰:《国语集解》,第122、126页。
② 荆门市博物馆编《郭店楚墓竹简》,第179页。

声。声成文，谓之音。"上博简《诗论》记孔子云："诗无隐志，乐无隐情。"① 可见儒家认为乐是人情之外发。

儒家主张，人禀天地之秀，为万物之灵，人道可以实施教化，其中以治心为上。《性自命出》云："唯人道为可道也"，"凡道，心术为主"。又云："凡学者求其心为难，从其所为，近得之矣，不如以乐之速也。"② 治心之道在乐，即心感于外物而形成的诸种情态上，《礼记·乐记》云："夫民有血气心知之性，而无哀乐喜怒之常，应感起物而动，然后心术形焉。"基于人道教化须以"心术"为主的认识，儒家认为，祭祀用古乐的目的在于"治心""求心"。《礼记·祭义》曰：

> 致乐以治心，则易直子谅之心油然生矣。易直子谅之心生则乐，乐则安，安则久，久则天，天则神。天则不言而信，神则不怒而威，致乐以治心者也。

这段话本属《礼记·乐记》的《乐化》章，当非胡乱抄入《祭义》，其目的应是借此来论述祭祀用乐之功能。庙堂祭祀之所以用古乐，于祭祀主体的德性而言，乃为和心。儒家乐教之道，体现在祭祀之中，意图借乐、心、情的互动来引导人心之正，从而"节民心"，回复"人道之正"，即《唐虞之道》所云"夫唯顺乎肌肤血气之情，养性命之正"。《性自命出》对此有详细的阐述：

> 乐，礼之深泽也。凡声，其出于情也信，然后其入拨人之心也厚……观《赉》、《武》，则齐如也斯作。观《韶》、《夏》，则

---

① 马承源主编《上海博物馆藏战国楚竹书》（一），第123页。
② 荆门市博物馆编《郭店楚墓竹简》，第179~181页。

靦如也斯敛。咏思而动心，喟如也。其居次也久，其反善复始也慎，其出入也顺，始其德也。郑、卫之乐，则非其声而从之也。凡古乐龙心，益乐龙指，皆教其人者也。《赉》、《武》乐取；《韶》、《夏》乐情。①

简文对乐教做了深刻的阐发。"龙"，李学勤云："'龙'，《诗·酌》传：'和也。'听古乐能够和心，奏益乐（用琴瑟演奏的有益乐曲）可以和指。"② 外在之乐对人心之所以能够产生深厚的影响，在于其出于情。乐之感人在于"反善复始"，即回复性之本始状态。这与《礼记·乐记》主张以乐感动人之善心、乐可以善民心是一致的。《礼记·乐记》云：

> 是故君子反情以和其志，广乐以成其教。乐行而民乡方，可以观德矣。德者，性之端也。乐者，德之华也。金石丝竹，乐之器也。诗，言其志也。歌，咏其声也。舞，动其容也。三者本于心，然后乐器从之。是故情深而文明，气盛而化神，和顺积中，而英华发外，唯乐不可以为伪。

正是由于乐乃情之外发，故此不可以"伪"（人为）。"情深而文明"和"乐，礼之深泽也"意思相近。孔疏："志起于内，思虑深远，是'情深'也。言之于外，情由言显，是'文明'也。"③ 内心之情深郁而形诸外则文，外在之文依赖内心德盛而发。心之所之为志，君子志的深厚是因内心德性深厚，因此形成外在之"盛乐"。礼乐相比，

---

① 荆门市博物馆编《郭店楚墓竹简》，第 179~181 页。
② 李学勤：《郭店简与〈乐记〉》，载李学勤《李学勤文集》，上海辞书出版社，2005，第 439~440 页。
③ 李学勤主编《十三经注疏·礼记正义》卷 38，第 1111~1112 页。

乐为情外发，而内在之情乃礼之本，故言礼之深泽在于乐。

对情之重视，正体现了儒家心性学派即情言性，节情以复性，"反善复始"，成就德性的主张。因此，祭祀用乐，"和心"而"理其情而出入之，然后复以教，教，所以生德于中也"①，此可谓儒家祭祀乐教最贴切的表述。

要言之，周人祭祀用乐的目的在于娱乐鬼神，创造"肃雍和鸣"的气氛以"合神人"。春秋以降，儒家主张祭祀之中，礼乐相须，"礼乐交错于中"②，"治心"而使德形于内，以成就祭祀主体的德性。

四　德辉动于内，礼发诸外

儒家认为，实行礼治，推行教化的前提是君主修己与修德，君主之德是其中关键。明主德备，是为成人，成人方可治人，方可推行教化，才可使民，如《礼记·文王世子》曰："德成而教尊，教尊而官正，官正而国治，君之谓也。"儒门后学向内探求，更关注礼乐对于培育人内心德性的意义，因礼治的推行，须仰赖于君主内心之德性。《礼记·中庸》云："自天子以至于庶人，一是皆以修身为本"，"四海之内，其性一也，其用心各异，教使然也"。正是因为人性与外物之间，为复人性之正，心发挥着重要作用，故此"正心"在八条目中，为修身之进路；也正因为此，《礼记》的《祭统》《祭义》等篇，处处围绕心来论述祭祀的成德意义。

儒家不仅要求人君在祭祀中身致诚敬，从而成就备德，而重要的是推己及人，垂德于民，行教化之道。《礼记·祭统》云："夫祭之为物大矣，其兴物备矣。顺以备者也，其教之本与！"祭祀为教化之本，人君躬为道德垂范，"外则教之以尊其君长，内则教之以孝于其亲。

---

① 荆门市博物馆编《郭店楚墓竹简》，第179~181页。
② 李学勤主编《十三经注疏·礼记正义》卷20，第635页。

是故明君在上，则诸臣服从。崇事宗庙社稷，则子孙顺孝"①。郭店简《唐虞之道》云：

> 圣人上事天，教民有尊也；下事地，教民有亲也；时事山川，教民有敬也；亲事祖庙，教民孝也。大学之中，天子亲齿，教民悌也。先圣与后圣，考后而归先，教民大顺之道也。②

结合《礼记·表记》所言来理解，则这段话之意较明。《礼记·表记》云："土之于民也，亲而不尊。天，尊而不亲。命之于民也，亲而不尊。鬼尊而不亲。"礼以远为敬，以近为亵。天悠远浩淼，为至尊之极；土地乃生万物者，亲而不尊。圣人祭祀的目的，在于教化民众，引导其尊尊、亲亲、敬孝而顺。类似祭祀垂教功能的论述，古书记载触目皆是。如《大戴礼记·朝事》："率而祀天于南郊，配以先祖，所以教民报德不忘本也。率而享祀于太庙，所以教孝也。"③《礼记·礼器》云："祀帝于郊，敬之至也。宗庙之祭，仁之至也……故君子欲观仁义之道，礼其本也。"这些论述皆主张人君或天子于祭礼之中，仁义之道兼备于中，以垂教万民。

针对春秋以降礼仪与礼义的疏离以及礼之文质偏胜之弊，儒家非常强调礼义的重要性。《礼记·郊特牲》谓："礼之所尊，尊其义也。"儒门更是将祭祀之义视作治国之本，《礼记·祭统》云："禘、尝之义大矣，治国之本也，不可不知也。明其义者，君也。能其事者，臣也。不明其义，君人不全。不能其事，为臣不全。"君主必须明晓祭祀之

---

① 李学勤主编《十三经注疏·礼记正义》卷49，第1353页。
② 荆门市博物馆编《郭店楚墓竹简》，第157页；裘锡圭：《中国出土古文献十讲》，复旦大学出版社，2004，第277~285页。
③ 王聘珍：《大戴礼记解诂》卷12，第231页。

义，而义之彰明乃人君内在德性的外在显现。《礼记·祭统》阐发道："夫义者，所以济志也，诸德之发也。是故其德盛者其志厚，其志厚者其义章，其义章者其祭也敬。祭敬，则竟内之子孙莫敢不敬矣。"人君明禘、尝之义，在于成就其志，若其道德显盛，则其念亲之意深厚；若能念亲深厚，则事亲祭祀之义章明显著；若能事亲章明显著，则其祭必恭敬。人君明祭义，"德煇动乎内，而民莫不承听；理发乎外，而众莫不承顺"[①]，祭祀则可垂教天下。对人君而言，祭祀之义即在于垂教与施行仁政。明主守祭祀之德，明祭祀之义，执祭祀之志，则可谓深入祭礼精髓。儒家祭祀与治道的关系，盖在于此！

---

① 李学勤主编《十三经注疏·礼记正义》卷48，第1332页。

论儒家祭祀的内向化

先秦儒家在王纲解纽、斯文疲敝的时代背景下,高擎以礼治国之大纛,主张对百姓行教化之道,试图恢复其心目中的理想盛世。礼以祭祀为首,但战国时期的思想领域经历了一个"祛除巫魅"走向理性化的过程。诸子百家很少有人相信鬼神,对鬼神的存在多持否定态度,对祭祀也有很理性的认识,如《管子·轻重丁》云:"故智者役使鬼神,而愚者信之。"① 而身处同一语境中的儒家更希望以祭祀教化万民,以达到"民德归厚"之目的。但由于儒家着意淡化鬼神的存在,从而出现一种不信鬼神但尤重祭祀的尴尬局面,遭到墨家"执无鬼而学祭礼"的诘难。在一个"祛除巫魅"和功利主义盛行的时代,祭礼的合理性以及正当性何在,遂成为儒家学者面临的一个问题。基于一种文化自觉与担当精神,儒家学者转向对祭祀功能和礼义的阐释,以论证祭祀存在的合理性与存在价值。在这一探求价值之源的理论阐释中,儒家向内追寻祭礼的内在情感依据,并以人的内在德性为祭祀之本,呈现出一种内向化的致思理路。② 本文拟对儒家祭祀思想的内向化问题做一探讨。

---

① 黎翔凤:《管子校注》卷24,第1487页。
② 墨家对祭祀的论证则属于外求,此派将祭祀的合理性最终归结于天与鬼神的权能,认为祭祀乃出于对鬼神力量的敬畏、屈从,以及世俗的功利目的。这些皆与本文所论的儒家祭祀思想大异其趣。

一　从心、情角度诠解祭祀

祭祀是一种向神灵献祭的宗教行为，其实质是借助祭品、仪式以及祝语等媒介交接鬼神，意图利用其超凡的力量来达到祭祀者的目的。祭祀的目的不外乎求福、报祭与禳灾等，也就是《礼记·郊特牲》所言的"祭有祈焉，有报焉，有由辟焉"，具有很强的世俗功利性。然而，经过儒家的重新诠释，祭祀行为的动力发生了一种转变，即祭祀来自内心情感的自然而发，而非出于外在的功利性诉求。《礼记·祭统》云："夫祭者，非物自外至者也，自中出，生于心也。"所谓"中"，就是人的内心。祭祀行为的发生并不依赖外物的推动，而是产生于祭祀主体内心的自觉，这种内心是自然而然的。《礼记·祭义》云："霜露既降，君子履之，必有凄怆之心，非其寒之谓也。春，雨露既濡，君子履之，必有怵惕之心，如将见之。"《礼记·祭统》："心怵而奉之以礼。"此"怵惕之心"值得注意。《孟子·公孙丑上》云："所以谓人皆有不忍人之心者，今人乍见孺子将入于井，皆有怵惕恻隐之心，非所以内交于孺子之父母也，非所以要誉于乡党朋友也，非恶其声而然也。"[①] 两相比较，二者皆认为怵惕之心并非"外入"，而是"中出"，是自然的发生，而非为功利目的。儒家强化这种自然之心，主张此心之生既非为功利，亦非外在的强求，实为人性自然流露。从此意义上说，此心兼为德性之心，具有善的特质。

作为儒家心性之学的基本概念，心由于在性与情之间起着枢纽作用，在儒家思想发展过程中非常重要[②]，这种重要性既体现在它沟通

---

① 焦循：《孟子正义》卷7，第233页。
② 战国时期，心性论是一重要的论域。儒家内部，荀子之"心"只是认知的器官，不具备德性之知。孟子将心视为仁义之心，心性合一，又云"心之官则思"，兼具思虑之能。

天命、性情与外在礼文的功能上，① 也体现在它自身的复杂性上。下面我们试以此类材料最为集中的《祭统》《祭义》《礼器》等三篇为讨论范围，对儒家心的内涵以及其在祭祀中的作用略加探讨。

心有"外心""内心"之别，《礼记·礼器》云：

> 礼之以多为贵者，以其外心者也。德发扬，诩万物，大理物博，如此，则得不以多为贵乎？故君子乐其发也。礼之以少为贵者，以其内心者也。德产之致也精微，观天下之物无可以称其德者，如此，则得不以少为贵乎？是故君子慎其独也。

所谓外心，郑玄认为就是"用心于外，其德在表也"，心发之于外，就是将内心之德性体现于外在的事物行为上，所以孔颖达疏解为"发扬其德，普遍万物"。所谓内心，郑玄解释为"用心于内，其德在内"，也就是肯定德性是包含于内心之中。《礼记·礼器》这种看法与简帛《五行》颇为类似，《五行》云仁义礼智圣诸德形于内，方可谓之德之行；仅仅形于外，谓之形。其重点都在强调内在的德性。《礼器》从"内心"出发，又提出"君子慎其独也"的观点。儒门历来重视慎独，亦见于《中庸》等篇，马王堆汉墓帛书《五行》（以下简称帛书《五行》）亦云："君子慎其蜀（独）。慎其蜀（独）也者，言舍夫五而慎其心之谓（也。独）然后一。一也者，夫五夫为□心也，然后德之一也，乃德已。德犹天也，天乃德已。"② 观点如此相似，可见《五行》和《礼器》关系之密切。就慎独的含义而言，历来说法不

---

① 彭林：《始者近情 终者近义——子思学派对礼的理论诠释》，第3~14页。
② 帛书《五行》文献，参见国家文物局古文献研究室编《马王堆汉墓帛书》（一），文物出版社，1980，第17~27页；魏启鹏：《简帛文献五行笺证》，中华书局，2005；庞朴：《帛书五行篇研究》，齐鲁书社，1980。

一,此不赘述。① 从训诂着眼,慎可训为谨敬,《说文》:"慎,谨也。"《尔雅·释诂》:"慎,诚也。""独"乃指"心"。帛书《五行》云:"内者之不在外也,是之谓独,独也者,舍体也。"又云:"舍其体而独其心也。"此处之"独"乃就"心"而言,因"心"与"体"对言,故"独"为"心"之义甚明。故所谓慎独,应是谨慎其心,专任为一。孙希旦解释《礼器》"内心"谓"专其心于内也"②,甚确。

儒家强调为礼主体的专心,然而心并非一成不变,在外物的诱发之下,可以呈现多种趋向,此即为"志"。《诗序》云:"在心为志。"志并非显而易见,而是深藏于心,《荀子·解蔽》云:"志也者,藏也。"《大戴礼记·子张问入官》亦云:"贯乎心,藏乎志。"③ 郭店简《成之闻之》云:"心无定志,待物而后作,待悦而后行,待习而后定。"④ 由于心对外物的敏感性,心志具有不确定性,所以就需要防止邪物诱导嗜欲,正确引导心的趋向,从而使心志走向正途,归于性情之正。在此意义上,儒家提出"内尽于心"的观点,认为无论是祭祀还是其他礼仪场合,都需要心思专一,小心诚敬。所谓专其心于内,就是"致志"。《礼记·祭统》云:

> 齐之为言齐也,齐不齐以致齐者也。是以君子非有大事也,非有恭敬也,则不齐。不齐则于物无防也,嗜欲无止也。及其将齐也,防其邪物,讫其嗜欲,耳不听乐,故《记》曰"齐者不乐",言不敢散其志也。心不苟虑,必依于道。手足不苟动,必

---

① 参见凌廷堪《校礼堂文集》卷16,中华书局,1998,第145页。现代学者的相关研究,例如,廖名春的《慎独本义新证》《慎独说初探》,收入廖名春《中国学术史新证》,四川大学出版社,2005,第73~113页;李景林:《帛书五行慎独说小议》,载李景林《教化的哲学》,黑龙江人民出版社,2006,第224~232页。
② 孙希旦:《礼记集解》卷23,第644页。
③ 王聘珍:《大戴礼记解诂》卷8,第138页。
④ 刘钊:《郭店楚简校释》,第92页。

依于礼。是故君子之齐也，专致其精明之德也，故散齐七日以定之，致齐三日以齐之。定之之谓齐，齐者，精明之至也，然后可以交于神明也。

斋戒的内容包括不茹荤腥、不饮酒、不听乐、不御妇人等，目的在于定志。《祭统》通过"防外物""讫嗜欲"来定志的观念与《孟子》"养心"观念颇为相同。《孟子·尽心下》云："养心莫善于寡欲。其为人也寡欲，虽有不存焉者，寡矣。其为人也多欲，虽有存焉者，寡矣。"① 欲包括口、鼻、耳、目、四肢之欲，乃由外物诱发而产生，倘若不加以节制，就会"失其本心"。将两者相比，观念何其相同乃尔！值得注意的是，儒家的这种专心为一观念还体现在祭祀前的准备上。如《礼记·祭义》云："孝子将祭，虑事不可以不豫，比时具物不可以不备，虚中以治之。"郑玄注："虚中，言不兼念余事。"虚中，即虚心。"虚心"之词常为黄老学派所使用，《管子·心术》四篇，主旨在于论心与气，其所言之"虚"，乃指主体内心的澄净。从某种意义上说，"虚中"与孟子"养心"有异曲同工之处，而儒家的斋戒致"精明之德"和祭祀"虚中"思想与《管子·心术》黄老精气说、静因之道有内在的思想关联。从思想脉络来看，孟子"养心寡欲"思想受到《管子》四篇稷下黄老"心术"的影响。② 《祭统》作为儒家之作，从内在心志的理路对斋戒功能进行解释，恐与孟子一系的思想有直接的渊源。

不仅如此，儒家认为，心志还可以通过外物而得以保养增加。《大戴礼记·保傅》有"充志"之说，《曾子疾病》又有"加志"之

---

① 焦循：《孟子正义》卷29，第1017~1018页。
② 参见白奚《管子心气论对孟子思想的影响》与孙开泰《稷下黄老之学对孟子思想的影响》两文，载《道家文化研究》（第6辑），上海古籍出版社，1995，第137~159页。

说，都是从心志着眼，而以外物加强内心之志。《礼记·祭统》也认为，祭祀之本在于心，除了为养心定志需要斋戒外，为使祭祀主体能够内心专一，祭祀过程中也需要"三重"之礼以增加志：

> 夫祭有三重焉：献之属莫重于祼，声莫重于升歌，舞莫重于《武宿夜》，此周道也。凡三道者，所以假于外而以增君子之志也。故与志进退，志轻则亦轻，志重则亦重。轻其志而求外之重也，虽圣人弗能得也。是故君子之祭也，必身自尽也，所以明重也。道之以礼，以奉三重而荐诸皇尸，此圣人之道也。①

三种所重之道，皆假借外物，而以增益君子内志。这种观念无疑是来源于儒家的增志说。

现在转向儒家所主张的祭礼之"内尽"这一语词。《礼记·祭统》对于"尽"的解释是从内心而言："身致其诚信，诚信之谓尽，尽之谓敬，敬尽然后可以事神明，此祭之道也。"忠信之道是礼之本，根本确立，礼文才不会流于虚伪。儒家将祭祀主体的诚信、忠敬提升至"祭之本"的层次，这与儒家对礼的体认密切相关。儒家重视诚，无论是《中庸》还是孟子，皆对诚尊崇之至。《中庸》认为诚既是天道，又是人道所在，人如果能够恪尽诚道，就可以"不勉而中，不思而得，从容中道"，成为择善而执的君子。个人修身固然须臾不可离开诚，即便待人接物也是如此，所谓"诚者物之终始，不诚无物。是故君子诚之为贵。诚者非自成己而已也，所以成物也。成己，仁也。成物，知也。性之德也，合外内之道也"②，正是此意。

仁的培育必须依赖于诚。《孟子·尽心上》："万物皆备于我矣。

---

① 李学勤主编《十三经注疏·礼记正义》卷49，第1351页。
② 李学勤主编《十三经注疏·礼记正义》卷53，第1450页。

反身而诚，乐莫大焉。强恕而行，求仁莫近焉。"① 诚是主体内心的无妄，也是祭祀礼文形成的内在依据。《论语·八佾》"或问禘之说"，朱子以诚诠解："盖知禘之说，则理无不明，诚无不格，而治天下不难矣。"② 颇得思孟学派真旨。《中庸》自第十六章"鬼神之为德，其盛矣乎"多言宗庙鬼神之事，其目的皆在于论述祭祀的内在之诚。《祭统》中强调的诚信，也是侧重祭祀者必须内心无妄、心性清澈。

以上所论，足见儒家的内向探求，将祭祀主体之心视作祭祀之本。这一探寻的思想理路在于心与性情之间的内在关系，下面继续对之加以阐述。

以心为枢纽，情因性而生。人情本之人心，为天性感外物而出，爱则是情的形态之一。儒家子思学派尤其重情。郭店竹简中有儒书多篇，学者多认为是属于子思学派的作品，其中对礼与情有深入的论述，例如，"礼因人情而为之节文"，"情生于性，礼生于情"。③ 彭林将子思学派对礼的理论诠释概括为："礼根植于人性，故礼能体现人类最普遍的特性。人性得自天道，故有天然的合理性……要用节文来齐一性情，使人性合于理性，节文就是礼的具体形式。"④ 情受到思孟学派的重视，人性从而成为治道的基础和主体，礼治与人情成为一事之两端，得到最大意义上的结合。郭店简《性自命出》云：

> 凡人情为可悦也。苟以其情，虽过不恶。不以其情，虽难不贵。苟有其情，虽未之为，斯人信之矣。⑤

---

① 焦循：《孟子正义》卷26，第882~883页。
② 朱熹：《四书章句集注》，中华书局，1983，第64页。
③ 刘钊：《郭店楚简校释》，第199页。
④ 彭林：《始者近情 终者近义——子思学派对礼的理论诠释》，第3~14页。
⑤ 刘钊：《郭店楚简校释》，第103页。

自然的真情是礼乐教化的基点，而其中的爱则肇始于血缘纽带上的亲戚之爱，即所谓"立爱自亲始"，进而层层推展，扩大到地缘、政治等关系中，从而形成儒家教化的演进链条。帛书《五行》云："不亲不爱，亲而后能爱之。不爱不仁，爱而后仁。"仁的前提是具备爱这种真情。所以儒家倡导仁义，必须以最基础的血亲之情为起点，而后推扬扩充。

通过祭礼，情、爱得以表达，并成为孝的表现形式，从而使内在的天性转化为外在的德行，成为伦理所认可的行为标准。由此出发，儒家提倡祭祀主敬，敬则生于孝子对双亲的内心之爱。如《礼记·祭义》云："是故先王之孝也，色不忘乎目，声不绝乎耳，心志嗜欲不忘乎心。致爱则存，致悫则著，著、存不忘乎心，夫安得不敬乎？"所有的情感都产生于心这一枢纽，所以祭祀主体的内心情感受到格外的重视。《礼记·祭义》又云：

> 齐之日，思其居处，思其笑语，思其志意，思其所乐，思其所嗜。齐三日，乃见其所为齐者。
>
> 祭之日，入室，僾然必有见乎其位。周还出户，肃然必有闻乎其容声。出户而听，忾然必有闻乎其叹息之声。①

斋戒是祭祀的预备阶段，这一时期需要参与者调整心态，努力追忆逝者的爱憎情感以及言行举止，而且只有做到心意诚敬，才能够明白斋戒的真正含义。在这样的追忆过程中，最重要的步骤是追忆的真诚，也就是思。儒家的这一诠释，有其内在的思想理路，《性自命出》对此也有论述：

---

① 李学勤主编《十三经注疏·礼记正义》卷47，第1311~1312页。

> 凡至乐必悲，哭亦悲，皆至其情也。哀、乐，其性相近也，是故其心不远。哭之动心也，浸杀，其烈恋恋如也，戚然以终。乐之动心也，浚深郁陶，其烈则流如也以悲，悠然以思。凡忧思而后悲；凡乐思而后忻。凡思之用，心为甚。叹，思之方也。①

思之用，以心为甚。此处之思，是内含于心灵深处的思情，凭借这样的心体之思，心中之情方能体现于外。哀乐爱恶，都是心中之情，皆须依赖思才能形成。郭店简《五行》亦云："善弗为无近，德弗志不成，智弗思不得。思不清不察，思不长不形。不形不安，不安不乐，不乐无德。"② 由此可见"思"在输出自然之情过程中的纽带作用及其对成德的重要意义。

祭祀思念亡亲，是内在的深情借心之体而呈现的动态过程。对双亲的爱不是朝夕瞬间的情感，而是终身的孝思，所以《礼记·祭义》云："君子生则敬养，死则敬享，思终身弗辱也。君子有终身之丧，忌日之谓也。忌日不用，非不祥也。言夫日志有所至，而不敢尽其私也。"具备了内心的情思，才会有外在的礼文，才可能尽孝养之道。《礼记·祭义》又以文王为例对此加以说明：

> 文王之祭也，事死者如事生，思死者如不欲生。忌日必哀，称讳如见亲，祀之忠也。如见亲之所爱，如欲色然，其文王与？《诗》云："明发不寐，有怀二人。"文王之《诗》也。祭之明日，明发不寐，飨而致之，又从而思之。祭之日，乐与哀半，飨之必乐，已至必哀。③

---

① 刘钊：《郭店楚简校释》，第90页。
② 刘钊：《郭店楚简校释》，第69~70页。
③ 李学勤主编《十三经注疏·礼记正义》卷47，第1314页。

此言文王思念死者之深。由于内心之思亲，所以祭祀以慰藉内心之思情。孝子思及神之歆飨，故必乐；又想及亡亲飨之后必分离，又触动内心的哀情。祭祀之中，由于思亲之甚，乐其所享，哀其离去。哀乐这两种情感在儒家思想体系中占据一定的地位。儒家巧妙地根据"乐"的双重意义来论说宗庙祭祀用乐与祭祀主体的情感变化。①《礼记·祭义》："乐以迎来，哀以送往，故禘有乐而尝无乐。"郑注："迎来而乐，乐亲之将来也。送去而哀，哀其享否不可知也。"哀乐之情皆源于孝子感念思亲之心，来自孝子之"深爱"。故此，"祭之日，乐与哀半，飨之必乐，已至必哀"。哀乐皆为人情之至，可以相互转化，所谓哀乐相生。郭店简《性自命出》云："凡至乐必悲，哭亦悲，皆至其情也。哀乐，其性相近也，是故其心不远。"② 简文是说快乐至极则生悲，哭泣亦是悲，二者皆为至情。郭店简《尊德义》云："由礼知乐，由乐知哀。"祭祀中，哀乐两种情感汇于孝子事亲行为中，皆属于用情之至，即《性自命出》所谓"用情之至者，哀乐为甚"。《祭义》对哀乐之情的阐释，其背后无疑有一理论背景作为支撑。上博简《性情论》云："凡忧，思而后悲，（凡）乐，思而后忻。凡思之用心为甚。"③ 祭祀之哀乐，因为孝子思亲之甚而"哀乐参半"，乐亲之来，哀亲之去，正是情的呈现。哀，是人情之自然；乐，亦是人情之必然。儒家重视这种祭祀主体内心的自然之情，故此主张用乐来体现内心之情，因为"乐者，乐也"，是发自心中的爱；而哀情则来自孝子不能见亲之悲痛，与乐矛盾冲突，故此，儒家主张秋天尝祭不用乐。儒家的这种诠释，明显属于内向探寻祭祀的情感依据。

儒家重视祭祀"内心""至情"的原因，其实源于它们在祭祀主

---

① 乐一指音乐，二为情感上的愉悦。《礼记·乐记》："乐者，乐也。"李学勤主编《十三经注疏·礼记正义》卷38，第1111页。
② 荆门市博物馆编《郭店楚墓竹简》，第179~181页。
③ 马承源主编《上海博物馆藏战国楚竹书》（一），第248~249页。

体成德中所具有的重要功能。钱穆先生《论语新解》对此有精辟的阐述：

> 儒家不提倡宗教信仰，亦不主张死后有灵魂之存在，然极重葬祭之礼，因此乃生死之间一种纯真情之表现，即孔子所谓之仁心与仁道。孔门常以教孝导达人类之仁心。葬祭之礼，乃孝道之最后表现。对死者能尽我之真情，在死者似无实利可得，在生者亦无酬报可期，其事超于功利计较之外，乃更见其情意之真。明知其人已死，而不忍以死人待之，此即孟子所谓不忍之心。于死者尚所不忍，其于生人可知。故儒者就理智言，虽不肯定人死有鬼，而从人类心情深处立教，则慎终追远，确有其不可已。①

儒家心性学派主张"节情以复性"，"反善复始"，通过仁心的扩充以成就德性，故而甚为重视祭祀之中的自然之心与自然之情。

二 祭祀与仁政

儒家继承西周以来的德政传统，倡导德治主义，主张通过礼乐对人实行温和的教化，使人心向善，纯化社会风气，从而求得长治久安。在阐述具体的为政之道时，儒家紧扣君这一为政的核心，要求君主具备德性，推行仁政。而仁政的基础，儒家内向探求，将之归结为内心之爱，认为仁政为君主内心之爱的层层扩充。

儒家对仁爱在整个治民体系中的功能做了深入的阐述。君主与民是心身一体的关系，即《礼记·缁衣》所说的"民以君为心，君以民为体"，二者相互依存，而君更具有核心的地位。若欲国家长治久安，

---

① 钱穆：《论语新解》，生活·读书·新知三联书店，2002，第13页。

则君首先慈爱天下百姓，因为在儒家看来，爱是双向的，而非单向的一维，如郭店简《成之闻之》论云："是故欲人之爱己也，则必先爱人。"《孟子·离娄上》："爱人者，人恒爱之。"① 从这个角度来论，君主之爱是治国之道的核心，因"究民爱，则子也"，反之，"弗爱，则仇也"。② 故《礼记·哀公问》论述"爱人"的意义说："古之为政，爱人为大。不能爱人，不能有其身。不能有其身，不能安土。不能安土，不能乐天。不能乐天，不能成其身。"人君爱人之心为推行仁政的内在依据与必备要素，若无内心之情，儒家的礼乐教化便成了无源之水，则极容易导致暴政。这种理念体现在祭祀中，则是儒家将祭祀礼仪视作国君推行仁政的手段，在祭祀中，君主的爱心得以层层外发扩充。

儒家认为，为政之道，"君子不贵庶物，而贵与民有同也"③，因此明君祭祀必须尽心，躬兴乐舞，表与民同乐之义。《礼记·祭统》云：

> 及入舞，君执干戚就舞位。君为东上，冕而总干，率其群臣，以乐皇尸。是故天子之祭也，与天下乐之。诸侯之祭也，与竟内乐之。冕而总干，率其群臣，以乐皇尸，此与竟内乐之之义也。④

与民同乐是先秦儒家尤其是孟子的政治主张，为仁政的具体表征，它体现了儒家的民本思想。《祭统》的这段文字，与其说是对祭祀中天子、诸侯兴乐舞以乐尸意义的阐述，不如说是儒家借助祭祀礼仪来表达其仁政理想，因为祭礼中乐舞本来意义在于娱乐神灵，并不

---

① 焦循：《孟子正义》卷 17，第 595 页。
② 刘钊：《郭店楚简校释》，第 132 页。
③ 刘钊：《郭店楚简校释》，第 137 页。
④ 李学勤主编《十三经注疏·礼记正义》卷 49，第 1351 页。

具有仁政的意味,儒家不过是对此做了重新诠释,注入了自己的政治理念。

儒家对祭祀之中君主内在之德给予高度重视,《礼记·祭统》曰:

> 祭者,泽之大者也,是故上有大泽,则惠必及下,顾上先下后耳,非上积重而下有冻馁之民也。是故上有大泽,则民夫人待于下流,知惠之必将至也,由馁见之矣。故曰:"可以观政矣。"①

祭祀为人君为政恩泽广大的体现,人君有大的恩泽,则能够施惠于下。

儒门以祭祀中俎上骨体使用为例,对祭祀中的"惠术"之道做了具体阐发,《礼记·祭统》认为俎实除了明尊卑以外,还有施惠于参加典礼者的意义,有德之君借祭祀班胙于下,为"惠下之道"。《礼记·祭统》云:"是故明君在上,则竟内之民无冻馁者矣。此之谓上下之际。"祭祀中,人君能以至尊之剩俎给予至贱者,由此可以体现人君施恩惠于下。由此仁心推延而为政,则国境之内政治清明,人民丰衣足食。

惠是指内心之爱,乃天然的出自内心的爱,属于自然良知。《诗·邶风·北风》:"惠而好我",毛传:"惠,爱也。"《说文·心部》:"惠,仁也。"从内在的思想逻辑而论,儒家认为仁为性所生,"性或生之",具有天然的合理性,爱为仁的道德感情之本,如上博楚竹书《性情论》云:"唯性爱为近仁。"② 故而"爱"在儒家仁学思想体系中受到高度重视。

儒门后学所阐述的祭祀惠下之政,皆可归为仁政。由以上阐述,

---

① 李学勤主编《十三经注疏·礼记正义》卷49,第1352页。
② 马承源主编《上海博物馆藏战国楚竹书》(一),第269页。

可以看到儒家所注重的是祭祀者内心之德，德之外发而为政，则有惠下之道。儒家主张"政事之均""上下之际"，皆要求人君具备明仁之德，"德能昭明，足以见其惠下之义"，"君有仁恩，足能赐与于下"①，推行仁政之本在于君，而着眼于下民。

儒家认为若能惠于庙内，则能普施于一国内，即"庙内之象"为"竟（通境）内之象"。其背后的思想理路是，君主之德为整个政治伦理中的内核，为政治的合理性来源，若君主内心之德性充沛，则由家而推至国，仁泽一国之民。故而我们可看到，儒家非常重视君主所展现的内心之德，哪怕是一点点良心的亮光，儒家也给予高度的肯定与颂扬②，其原因就在于此爱心乃治民安邦之原点，内在之爱心与外在之仁政之间，一体一用，互为表里。这种理念和孟子所提倡的行王道、施仁政、制民之产，使民有恒业、恒产，免于饥馁冻死的主张有着紧密的理论联系。

从以上论述可以看出，内转一系的学者内向探求祭祀的价值之源，将心视作祭祀之本，认为祭祀是人心的自然的欲求，并以人情作为祭祀的内在依据，主张"内尽于己，外顺于道"，从而合内外之道，实践仁孝，成就自己之德。儒家内部尤其是思孟学派，对心、情、性等在礼乐体系中的地位最为重视，阐述也最为详尽。③ 从政治层面而论，孟子的政治思想是寄希望于扩充君主的不忍人之仁心，推己及人而行仁政，而《祭统》的"十伦""惠术"即蕴含借祭祀而行仁政的观念在内。我们认为，儒家内转一系的祭祀思想与思孟一系思想有较深的理论渊源，颇值得注意。

论及儒家的祭祀观念的内向化，也应注意其终极超越问题。所谓

---

① 李学勤主编《十三经注疏·礼记正义》卷49，第1360页。
② 《礼记·哀公问》记载哀公问孔子："敢问人道谁为大？"孔子愀然作色而对曰："君之及此言也，百姓之德也。"李学勤主编《十三经注疏·礼记正义》卷50，第1375页。
③ 参见彭林《始者近情　终者近义——子思学派对礼的理论诠释》，第3~14页。

"哲学突破",也是人逐渐摆脱巫祝与天交接的宗教传统,而转换到人以内心之德及内心之诚上达天道,从而形成内向超越的突破。① 先秦时代,人间价值的终极依据最终会回归到来自于某种超越的实体或者境界。郭店简《语丛一》:"德,天道也。"《中庸》云:"诚者,天之道也。诚之者,人之道也。诚者,不勉而中,不思而得,从容中道,圣人也。"在儒家看来,天人之间本来并非断裂的两极,人心与天命存在一种联系和贯通。儒家主张,人作为一种具有主体人格的个体,必须身心双修成就备德来"复性命之正",从而上达天德。尽管《礼记》本身并未解释祭礼内尽之上达天的意义,但从宏观的视野来看,儒家祭祀的终极关怀应是成德与天的契合。郭店简《成之闻之》云:"圣人天德何?言慎求之于己,而可以至顺天常矣。"② 从儒家内向探寻的理路考察,其尽心成德的最终价值依据也是来自天命,因天命向下贯注于人的内在性情,人尽心复性最终的归依也是天这一超越的实体。由此而论,儒家祭礼向内探求,这一尽心成德的观念便蕴含着与天遥应、自觉的内向超越意识。

---

① 余英时:《轴心突破和礼乐传统》,第402页。
② 刘钊:《郭店楚简校释》,第138页。

儒家祭品观念及其渊源

王静安《殷周制度论》云:"中国政治与文化之变革,莫剧于殷周之际。"① 从文化的统绪考察,周人的文化脉络属于殷商的一系②。经过殷周之际的王朝更替,"礼成了社会认同的象征性规则"以确立社会的秩序③,在政治上渗入更多的理性。

周人的政治理性在于能够吸取多国尤其是殷商灭亡的教训,从而制定出能够长治久安的治国方略。面对庞大的殷王朝倾覆于一旦的残酷现实,周人深刻意识到仰赖鬼神以及频繁的祭祀难以挽救一个国家的覆亡,这促使他们进行理性反思,认真思考"滥祀"对国家的危害。《逸周书·史记》以生动的事例指出:"昔者玄都贤鬼道,废人事天,谋臣不用,龟策是从,神巫用国,哲士在外,玄都以亡"④,即反映了周人对滥祀亡国的深刻认识。

武王克商之初,天下未定,多沿用殷商旧制,出土金文以及文献记载业已表明这一点。⑤ 宗周王朝经过艰难的东征,平定了东夷以及

---

① 王国维:《观堂集林》卷10,第451~480页。
② 张光直:《殷周关系的再检讨》,载张光直《中国青铜时代》,生活·读书·新知三联书店,1999,第138~164页。
③ 葛兆光:《中国思想史》(第1卷),复旦大学出版社,2001,第34页。
④ 黄怀信等:《逸周书汇校集注》卷8,第976页。
⑤ 王晖:《周代殷周二礼并用论》,《文史》2000年第2期,第1~3页。此外,西周早期的铜器记祭祀名称许多与卜辞相同,中期以后不再出现,参见刘雨《西周金文中祭祖礼》,《考古学报》1989年第4期,第495~521页。

三监、武庚之乱后，国内局势得到缓和，周公等人有时间思考治国之计，制定国家的方略制度，此被称为"制礼作乐"。① 殷鉴不远，周人对殷人的祭祀以及神灵观念进行了深刻反思。在此基础上，周人对殷人祭祀传统予以多方面的改造，由此形成西周的命祀制度。关于西周的命祀制度，文献有相关记载。《左传·僖公三十一年》记载：

> 卫成公梦康叔曰："相夺予享。"公命祀相。宁武子不可，曰："鬼神非其族类，不歆其祀。杞、鄫何事？相之不享于此久矣，非卫之罪也，不可以间成王、周公之命祀，请改祀命。"

杜预注："诸侯受命，各有常祀。"② 依据宁武子之言，命祀制度实肇始于成王时期，周公乃命祀制度的主要制定者。

《国语·鲁语上》记载："文仲以鬯、圭与玉磬如齐告籴，曰：'天灾流行，戾于敝邑，饥馑荐降，民赢几卒，大惧殄周公、太公之命祀，职贡业事之不共而获戾'。"韦昭注："贾、唐二君云'周公为太宰，太公为太师，皆掌诸侯之国所当祀也'。"③ 臧文仲以"乏命祀"作为告籴的原因之一，说明周初确实有命祀制度，并为各国共同认可。

《左传·僖公五年》："而修虞祀，归其职贡于王。"杜预注："虞所命祀。"此指虞国奉周王之命对境内山川之神举行祭祀。

《左传·哀公六年》记载楚昭王云："三代命祀，祭不越望。"④ 此三代命祀包括周代，更表明周代的命祀制度的存在。

---

① 参见《左传·文公十八年》《礼记·明堂位》《史记·周本纪》《尚书大传》等记载。
② 阮元校《左传正义》，第1832页。
③ 《国语》卷4，第158页。
④ 楚公逆钟铭文说明当时以人头祭祀的野蛮礼仍然被遵循，参见李学勤《试论楚公逆编钟》，《文物》1995年第2期，第69~72页。

以上记载表明，西周王朝功定之后曾有一场礼乐制度方面的变革，而"国之大事，在祀与戎"①，祭祀制度是重要内容之一，它涉及宗庙礼制②、神灵等秩、诸侯祭祀的神灵范围等多方面内容。③ 殷周之间祭礼的变革，体现在祭品方面，主要是针对殷人祭品使用数量较大，以及事无巨细皆求于神灵意旨的"龟策是从"④ 现象，周人以简化祭品形式、俭约祭品、深化仪式内涵等为内容进行了改革。

一 俭与德

殷商祭祀用牲数量和规模，于考古发现和甲骨卜辞得到充分体现。殷墟王陵区祭祀坑中发现了大量的马牲、人牲⑤，可见当时祭祀用牲的规模与宗教祭祀的狂热情绪。根据卜辞所记载，牺牲的规模常多达几十上百。如卜辞云：

①贞：御于父乙，豊三牛，卯三十伐，三十宰。（《合集》886）

②甲寅卜，贞：三卜用，血三羊，卯伐二十，鬯三十，宰三十，及三多于妣庚。（《合集》22231）

③兄丁延三百宰。（《合集》22274）

---

① 杨伯峻编著《春秋左传注》，第861页。
② 王国维：《观堂集林》卷10，第451~480页。夏含夷：《从西周礼制改革看〈诗经·周颂〉的演变》，《河北学院学报》1996年第3期，第26~33页。彭林：《论迁庙礼》，载《庆祝杨向奎先生教研六十年论文集》，河北教育出版社，1998，第87~89页。
③ 周人翦商，同姓受内祀，外姓受外祀，《墨子·明鬼下》："昔者，武王之攻殷诛纣也，使诸侯分其祭曰：'使亲者受内祀，疏者受外祀'。"参见孙诒让《墨子间诂》卷8，第235页。《左传·僖公二十一年》云："任、宿、须句、颛臾，风姓也。实司大皞与有济之祀，以服事诸夏。"参见杨伯峻编著《春秋左传注》，第391~392页。则东方诸族主其远祖与河川之祀。此盖为周初命祀之反映。
④ 黄怀信等：《逸周书汇校集注》，第976页。
⑤ 中国社会科学院考古研究所：《殷墟的发现与研究》，科学出版社，1994，第112~121页。

④贞：肇丁用百羊、百犬、百豚。十月。(《合集》15521)
⑤甲午卜，又于父丁犬百、羊百、卯十牛。

叀犬百、卯七牢。(《合集》32698)

辞例⑤是一版历组卜辞，内容是甲子日占卜，又祭于父丁，用百犬、百羊并卯杀十头牛，还是用百犬，对剖七牢。从卜辞可见殷商祭祀的用牲规模较大，充分体现了殷人对于祭祀的高度重视。用牲数量动辄以百计（《合集》102），数量之多令人瞠目。据卜辞记载，使用的祭牲来源包括殷王室的刍养，这些牛有部分用于祭坛之用；另外一部分牺牲来源"乃为诸侯纳贡，或天子征求而得"，其中贡献的牺牲尤以人牲（如羌）、牛为大宗。① 商王向同姓贵族以及侯伯、方国如此规模索取，频繁无度，势必会造成生产资源的消耗，激化社会矛盾。②

殷商时期用人牲祭祀是普遍的现象，卜辞云："用危方由于妣庚，王宾"（《合集》28092）。辞例是无名组卜辞。危方由，指危方人的首级。该卜辞贞问是否用所俘危方人的首级祭祀妣庚。卜辞中人牲或羌的使用，数量竟达30人（《合集》32047）。安阳后冈圆形祭祀坑59AHGH10发现三层人骨架，共73个个体。第一层人骨架有25具个体，全躯的16具、头骨7个、无头躯骨2具；第二层人骨架，有29个个体，19具全躯，9个头骨，1具无头躯骨；第三层人骨架有19个个体，全躯2具，无小腿或足骨的5具，人头骨10个，上腭骨1个，残腿骨1条。③

而用酒更是反映殷人祭祀重视祭品的殷盛。卜辞中，对先祖、考

---

① 刘源：《商周祭祖礼研究》，第321~341页。
② 彭林：《论迁庙礼》，第87~89页。
③ 中国社会科学院考古研究所：《殷墟发掘报告（1958—1961）》，文物出版社，1987，第265~279页。

妣之祭，动辄用百鬯以盛祭（《合集》301、301、13523正）。殷人尚酒，于殷人随葬中重酒器觚爵组合可得而见①。殷人酗酒怠政，以至于成为周世之鉴。如大盂鼎铭文云："我闻殷述令，唯殷边侯甸雩殷正有辟，率肄（肆）于酒，故丧师"（《集成》2837）。《尚书·酒诰》云：

> 诞惟厥纵，淫泆于非彝，用燕丧威仪，民罔不尽伤心。惟荒腆于酒，不惟自息乃逸，厥心疾很，不克畏死。辜在商邑，越殷国灭，无罹。弗惟德馨香，祀登闻于天，诞惟民怨，庶群自酒，腥闻在上。故天降丧于殷，罔爱于殷。②

周人对于酒与政之关系认识更加深刻。酗酒过度则丧失威仪，而下无以取法，治民不可得；若失德败政，则腥臊升闻于天，祭祀则神灵不歆享。因此，周人从殷人酗酒亡国的教训中，认识到必须以德保守"常彝"，不能酗酒怠政，"夫豢豕为酒，非以为祸也。而狱讼益繁，则酒之流生祸也"，因此"先王因为酒礼，一献之礼，宾主百拜，终日饮酒而不得醉焉"③。周人酒礼乃"先王之所以备酒祸也"④，要求饮酒中"德将无醉"⑤。因此，《诗经》中燕饮诗，所歌颂的是谦恭揖让、从容守礼之"令仪"，以及宾主之间和谐融洽的气氛，即《诗经·小雅·宾之初筵》所云"饮酒孔嘉，维其令仪"。周人祭祀用酒，

---

① 根据考古发现，西周穆王时期，随葬铜礼器以鼎簋为核心的"重食组合"取代以觚爵为核心的"重酒的组合"。这与周人对酒的认识似可相互发明。关于殷周不同时期礼器组合的变化，参见杨宝成《殷墟文化研究》，第153~189页。
② 孙星衍：《尚书今古文注疏》卷16，第380~381页。
③ 李学勤主编《十三经注疏·礼记正义》卷38，第1102页。
④ 李学勤主编《十三经注疏·礼记正义》卷38，第1102~1103页。
⑤ 孙星衍：《尚书今古文注疏》卷16，第376页。

能谨守威仪,"不吴不敖"①,"威仪反反";宗庙祭祀之献,亦重视令德威仪。《左传·昭公五年》:"圣王务行礼……爵盈而不饮。"《仪礼》中祭祀等所用盛酒之器,下有禁以承之。禁的作用,在于戒贪饮而失礼。《仪礼·士冠礼》:"尊于房户之间,两甒,有禁。"郑玄注:"禁,承尊之器也。名之为禁者,因为酒戒也。"祭祀之中,饮酒者稳重而不失德。周人将酒用于祭祀行礼,为神享用,注重嗅酒气。《礼记·郊特牲》云:"至敬不飨味,而贵气臭也。诸侯为宾,灌用郁鬯,灌用臭也。"这是飨礼和祭礼中用郁鬯敬献宾客,实际只是嗅嗅而已。这种敬献方式或许是效法以酒敬神的结果,后来渐渐改为啐或晬,酒只是至齿品尝下。这种象征性的饮酒是但行其礼而不取其味,只是节文仪式而已。周人祭祀之中的酒乃属于"醑",属于使神灵"安食",而不是重在饮酒为乐。以上所谓酒礼、酒德正是周人"聪听祖考之彝训","罔敢湎于酒"在周礼上的体现。

殷鉴不远,周人在祭品方面,缩小祭牲的范围,减少祭祀用牲的规模;周人重视德,减少用酒的数量,形成了具有周礼特色的祭品制度,呈现"俭约主义"的尚俭风习。在数量上,周人用牲数量明显减少。郊祀天地,用特牲;社稷祭祀,最高规格也不过是太牢而已②,可以节约大量的财力和物力。《左传·哀公七年》:"周之王也,制礼,上物不过十二,以为天之大数也。"③周礼膳食以及祭祀用牢,也不过十二牢。

在形式上缩减祭品数量和范围,规范用牲制度之时,周人还深化祭品的人文意蕴,赋予其理性化、人文化的理念。出于对殷商祭祀的

---

① 李学勤主编《十三经注疏·毛诗正义》卷19,第1368页。
② 李学勤主编《十三经注疏·礼记正义》卷25,第766页。
③ 《穆天子传》卷6:"乃陈腥俎十二,乾豆九十,鼎敦壶尊四十",俎用数目亦不过十二,所谓"天之大数"。参见王贻梁、陈建敏编《穆天子传汇校集释》卷6,第320页。此书形成年代较晚,姑且当作参考。

一种"反动",周人崇尚祭品的节俭,赋予祭品"俭约""昭俭"的特质,突出祭祀者的"诚敬"这一周人观念中极其重要的范畴。俭乃周德之体现,《国语·楚语上》:"明恭俭以导之孝。"①《左传·庄公二十四年》:"俭,德之共也。侈,恶之大也。"《礼记·表记》:"子曰:恭近礼,俭近仁……俭易容也。以此失之者,不亦鲜乎。"周人的观念中,如果祭祀者备德,具备忠信与内心的虔敬,即使是微薄的祭品,也可奉献于神灵而获得赐福。《诗经·召南·采蘩》云:"于以采蘩?于沼于沚。于以用之?公侯之事。"毛传:"公侯夫人执蘩菜以助祭,神飨德与信,不求备焉,沼沚谿涧之草,犹可以荐。"《诗经·召南·采苹》云:

  于以采苹?南涧之滨。
  于以采藻?于彼行潦。
  于以盛之?维筐及筥。

  于以湘之?维锜及釜。
  于以奠之?宗室牖下。
  谁其尸之?有齐季女。

毛传:"苹藻,薄物也。涧潦,至质也。筐筥锜釜,陋器也。少女,微主也。古之将嫁女者,必先礼之于宗室,牲用鱼,芼之以苹藻。"

《诗经·大雅·泂酌》云:

---

① 徐元诰:《国语集解》,第486页。

> 泂酌彼行潦，挹彼注兹，可以饙饎。岂弟君子，民之父母。
>
> 泂酌彼行潦，挹彼注兹，可以濯罍。岂弟君子，民之攸归。

《小序》谓此诗"召康公戒成王也。言皇天亲有德、飨有道也。"郑笺云：

> 流潦，水之薄者也，远酌取之，投大器之中，又挹之注之于此小器，而可以沃酒食之饙者，以有忠信之德，齐絜之诚，以荐之故也。《春秋传》曰："人不易物，惟德繄物。"

上引诸诗，反映出周人的祭品观念。即使用此薄陋之物献祭，因设祭者是乐易之君子，德备于身而为民之父母，上天爱其诚信，亦欣然歆飨之。

又《易·中孚》卦辞云："豚鱼吉。"王弼注："鱼者，虫之隐者也。豚者，兽之微贱者也。"王引之《经义述闻》云："豚鱼，士庶人之礼也"，"豚鱼乃礼之薄者，然苟有中信之德，则人感其诚而神降其福。"[1]《萃》六二、《升》九二皆云："孚，乃利用禴"，即言人具备内心诚信，微薄之祭品（菜等）亦可禴祭祖先。《易·既济》："东邻杀牛，不如西邻之禴祭，实受其福。"王弼注："牛，祭之盛者也。禴，祭之薄者也……祭祀之盛，莫盛修德。"[2] 东邻与西邻所指，《礼记·坊记》郑玄注谓："东邻，谓纣国中也；西邻，谓文王国中也。"君王修德而祭祀，神灵并不会因祭品微薄而不赐福。反之，因为无德，即使是丰厚的祭品，神灵厌恶之而不歆享之。

《左传·隐公三年》借君子之口，对周人的这种重内心诚敬以及

---

[1]　王引之：《经义述闻》卷1，江苏古籍出版社，2000，第31~32页。
[2]　高亨：《周易古经今注》卷4，中华书局，1984，第347页。

忠信之德的心态做了论述,"苟有明信,涧溪沼沚之毛,蘋蘩蕴藻之菜,筐筥锜釜之器,潢污行潦之水,可荐于鬼神,可羞于王公"。这是周人祭祀"尚俭"的心态表露,也是周人祭品理念重德的表述。

周人祭品的俭约主义与强调祭祀主体的修德、忠信、诚敬是一个统一整体,而后者更是周人祭祀的主旨所在。礼主敬,《左传·僖公十一年》云:"敬,礼之舆也。不敬,则礼不行,礼不行则上下昏,何以长世?""敬,德之聚也"。周人将祭品之特性与祭祀主体的诚敬之德紧密联系起来,赋予祭品以人文理念,强调其馨香特性及其所体现出的德。

祭品的馨香、洁净以及粢盛的丰备是祭祀神灵的必备条件,如此鬼神方能歆享。因此,《诗经》中的周族祭祀诗反复强调祭品的芳香,如《诗经·小雅·楚茨》称祭祖是"苾芬孝祀",《诗经·大雅·生民》云"其香始升,上帝居歆。"《诗经·大雅·凫鹥》反复咏叹酒之甘美与佳肴之馨,"尔酒既清,尔殽既馨","尔酒既多,尔殽既嘉","尔酒既湑,尔殽伊脯","旨酒欣欣,燔炙芬芬",表达对神灵的奉献之诚。《诗经》中,祭品或者是充满生机活力的新鲜蔬菜,如春韭、新鲜的白蒿、水草等,它们洁净而馨香;或者是肥硕的牺牲,洁净而健壮。周人的祭祀观念中,这些祭品的特性其实正是祭祀主体诚敬之情的表达。

而祭品馨香之味体现出的正是馨香之德。"黍稷非馨,明德惟馨"[1],伪孔传:"所谓芬芳,非黍稷之气,乃明德之馨。厉之以德。"祭祀奉献神灵,德之馨香方乃根本,若无德之人,虽有祭品之馨香,亦难以获得福佑。《尚书·吕刑》:"上帝监民,罔有馨香德,刑发闻惟腥。"[2] 针对殷鉴,这些谆谆教诲,正体现了周人的理念。

---

[1] 杨伯峻编著《春秋左传注》,第309页。
[2] 孙星衍:《尚书今古文注疏》卷27,第523页。

礼有礼仪和礼义，二者相辅相成，相互彰显。内在的诚敬，不仅要求践礼者内心具有这种情感，还需体现在具体的动作仪容、揖让周旋等外在的礼仪上。在强调内心情感"质诚"的一面的同时，周人也注重仪式的礼文，以深化礼制的内在精神和含义。

周人在仪式和品物上，也关注仪式以及仪式所体现的内心的敬诚。在祭仪上，周人更多地关注仪式中祭祀者的仪节、礼容等所体现的对神灵的外在的虔诚供奉以及流露的诚敬之心。《礼记·祭义》云：

> 古者天子、诸侯必有养兽之官，及岁时，齐戒沐浴而躬朝之。牺牷祭牲必于是取之，敬之至也。君召牛，纳而视之，择其毛而卜之，吉，然后养之。君皮弁素积，朔月、月半君巡牲，所以致力，孝之至也。

周代，天子、诸侯有专司豢养牲畜之官。每岁按时斋戒、沐浴，天子、诸侯亲自巡视专门圈养的牲畜，纯色体具的牺牲从这里选择，这是至诚致敬的表现。国君亲自召牛，选择毛色而占卜，牛吉则养之。每至月初、月半，国君身穿皮弁礼服亲自巡视牺牲，尽心尽力，此乃至孝的表现。

另如诸侯之士祭祖，有视牲、视杀等仪节。牺牲的放置、宰割等皆力求合乎礼制，目的在于体现祭祀主体的诚敬之情。《仪礼·特牲馈食礼》云祭日前夕主人以及子姓兄弟、宾等检视牺牲可否用于祭祀，经文云："牲在其西，北首，东足。"郑玄注："其西，榻西也。东足者，尚右也。"豕首向北，统于庙。因周人尚右，将祭，故豕寝左（豕左面卧下），而豕足朝向东。经文云："宗人视牲告充，雍正作豕，宗人举兽尾告备。"郑玄注："充犹肥也"，"北面以策动作豕，视声气"。依据郑玄注，祭祀牺牲，应当充肥，如果声气不和，则是有疾病，不堪祭祀。祭日早晨，主人视杀，经文云："夙兴，主人服如初，立于门外东方，南面，视侧杀。"此礼体现出恭敬之情。

天子祭祀，有亲自射牲之举①，《国语·楚语下》云："天子禘郊之事，必自射其牲"，诸侯宗庙之事，"必自射其牛，刲羊，击豕"。② 如此这般，所以体现恭敬之情。

周代尚文，祭品之名多有别称，《礼记·曲礼下》云：

> 凡祭宗庙之礼，牛曰"一元大武"，豕曰"刚鬣"，豚曰"腯肥"，羊曰"柔毛"，鸡曰"翰音"，犬曰"羹献"，雉曰"疏趾"，兔曰"明视"，脯曰"尹祭"，槁鱼曰"商祭"，鲜鱼曰"脡祭"。

祭牲具有神圣性的特质，牲号的使用，在于别人神之用，足见周人尚文之一斑。

此外，在简化用牲法的同时，周人还深化牺牲牲体的礼制含义与人文蕴涵。

二 忠信之德，以民为本

祭品合乎礼制要求，必须"中度"，是西周以来的祭品理念。《左传·庄公十年》云："牺牲玉帛，弗敢加也。"《墨子·尚同中》云："其事鬼神也，酒醴粢盛不敢不蠲洁，牺牲不敢不腯肥，珪璧币帛不敢不中度量，春秋祭祀不敢失时几。"③ 然而，在春秋时期，祭品合乎礼制渐居次要地位，人们更关心的是祭品所体现的德义与政和。这既有对西周祭品理念的继承，又有一定程度的发展。

---

① 《周礼·夏官·司弓矢》云："凡祭祀，共射牲之弓矢。"郑玄注云："射牲，示亲杀也。杀牲非尊者所亲，唯射为可。"参见孙诒让《周礼正义》卷61，第2565~2566页。
② 徐元诰：《国语集解》，第519页。
③ 孙诒让：《墨子间诂》卷3，第82~83页。

《左传·僖公十九年》记载"宋公使邾文公用鄫子于次睢之社，欲以属东夷"。子鱼对此事大为批评："古者六畜不相为用，小事不用大牲，而况敢用人乎？祭祀以为人也。民，神之主也。用人，其谁飨之？"子鱼提出了祭祀的目的在于为人，为人的福祉而祭祀，而不是为虚幻的神灵。民为神之主，用人祭祀，神灵不会歆享，遑论得福？相同之例如《左传·昭公十年》记载："秋，七月，平子伐莒，取郠。献俘，始用人于亳社。臧武仲在齐，闻之，曰：'周公其不飨鲁祭乎？周公飨义，鲁无义。《诗》曰："德音孔昭，视民不佻"。佻之谓甚矣，而一用之，将谁福哉？'"《左传·昭公十一年》记载，楚子灭蔡后用隐大子于冈山。申无宇曰："不祥。五牲不相为用，况用诸侯乎？王必悔之。"

以上记载，对祭祀用人牲的批评依据有二。首先是六牲不相互为用的礼规，杜预注为"六畜不相为用，谓若祭马先，不用马"。杨伯峻认为"用马之祭，不以牛、羊、鸡、犬代之耳。"① 竹添光鸿谓："盖祭祀用牲自有定例，古者用牛祭祀，今不可更用羊也。"② 春秋时期祭祀用牲仍然恪守礼制规范，"小事不用大牲"即反映祭牲的合乎礼制。其次，无论是司马子鱼还是臧武仲并未仅局限于"六牲不相为用"等用牲礼制，而是突出了用人牲违反周礼道义原则，深刻阐发了祭祀行为蕴含的义。祭牲本身作为奉献给神灵的品物，它"合礼"与否体现的是祭祀主体是否拥有德义和德行。在这里，祭品特性与祭祀主体的德行之间发生了关联。作为一种宗教性的行为，祭品的使用被赋予了人文的意义，而以祭品神圣性特质为基础，将周礼的价值观念巧妙地注入对祭品的特性礼制要求上③，姑可称此为"道德化"或

---

① 杨伯峻编著《春秋左传注》，第382页。
② 竹添光鸿：《左传会笺》，第424页。
③ 德国学者卡西尔认为，在不断的发展中，祭祀文化产生了另一种转变，即形式化、内在化。参见〔德〕恩斯特·卡西尔《神话思维》，黄龙保、周振选译，中国社会科学出版社，1992，第248页。

"人文化"的移植。① 司马子鱼提出祭祀的目的在于为人，今用人作为牺牲，神灵则不会歆享。臧武仲更是提出了祭祀中神灵飨义，纵是牺牲的外在形态合乎礼制的标准，但是祭祀主体毫无德义可言，神灵也不赐福。这种观念"既包含着人道主义，也反映了当时'人'的地位相对于神的上升，人是神所依靠的主体，任何人都不能当作神的牺牲"②。它是西周以来祭祀观念的继承和发展，体现了浓厚的人本思想③。

祭品的特性和祭祀主体的"德"发生关联的是"忠信"这一春秋时期重要德目④。《左传·桓公六年》记载随国的季梁谈忠信事神云：

> （季梁）"所谓道，忠于民而信于神也。上思利民，忠也；祝史正辞，信也。今民馁而君逞欲，祝史矫举以祭，臣不知其可也。"
>
> 公曰："吾牲牷肥腯，粢盛丰备，何则不信？"
>
> 对曰："夫民，神之主也，是以圣王先成民而后致力于神。故奉牲以告曰'博硕肥腯'，谓民力之普存也，谓其畜之硕大蕃滋也，谓其不疾瘯蠡也，谓其备腯咸有也……故务其三时，修其五教，亲其九族，以致其禋祀。于是乎民和而神降之福，故动则有成。今民各有心，而鬼神乏主；君虽独丰，其何福之有？"

---

① 对一般民众，祭品等要求具有吉凶之意义，而在礼家看来，祭品合乎礼制要求，是体现祭祀主体的"德"性，这反映了祭祀的宗教性向人的道德和社会意义的转变。
② 陈来：《古代思想文化的世界——春秋时代的宗教、伦理与社会学思想》，第119页。
③ 刘家和：《〈左传〉中的人本思想与民本思想》，《史学经学与思想——在世界背景下对于中国古代历史文化的思考》，北京师范大学出版社，2005，第355~368页。
④ 陈来认为，在中国古代，祭祀是保持、传承信仰的载体和方式，而在祭祀中，人与神建立的伦理关系，神对人的福佑不再无关于祭品，而决定于其道德和行为。参见陈来《古代思想文化的世界——春秋时代的宗教、伦理与社会学思想》，第126~127页。其实，周人对祭品的合乎礼制仍然重视，只不过更重视"德"与"政和"，重心发生了转移。

何谓忠信？《说文·心部》："忠，敬也。"忠之含义在于内心的敬。季梁对于忠的诠释，将人的情感外化为国君对民的行为，民在这个道德范畴中处于核心地位。信，《说文·言部》："诚也。"战国文字"信"从人从心，也是强调内心之情。虞国君认为，祭祀之时，牺牲肥硕，黍稷丰备，这就是信于神。季梁则剥离了这种外在的对鬼神的信，认为忠信乃体现于国君对民的态度和国家的治理上。在民神关系上，民优先于神，百姓和谐幸福而后才有虔诚的祭祀，鬼神则歆享降福。从宗教学意义上看，祭品的"中度"，具有两方面的意义：第一，作为一种宗教性的行为，它体现了祭祀主体对于神灵的敬畏和虔诚信仰之情，强化了人对于神的依赖和驯服①；第二，从人神关系的角度，祭牲的形态合乎要求，神灵能够歆享，它体现了人神之间交换关系的成立。在季梁看来，牺牲和黍稷的"中度"不唯具有宗教意义上的功能，祭品的各种特性更是国家治理"民力""民和""嘉德"的体现。而神歆享的是祭品所体现的"德""民和"，即所谓"黍稷非馨，明德惟馨"，"民不易物，惟德繄物"。② 祭品的特性和人君的"国政"以及"德行"是互为彰显的关系。民和而后神乃悦，故"圣王先成民而后致力于神"。

春秋时期，某些贵族对于外在的礼文和礼的根本精神的区分已经较为明晰。《左传·昭公五年》记载昭公如晋，"自郊劳至于赠贿，礼无违者。"晋侯以为知礼。女叔齐曰："是仪也，非礼也。"此乃揖让、周旋之礼，而"礼所以守其国，行其政令，无失其民者也"。礼是政治上层建筑，政治性是其核心属性，而外在的礼文是为礼的本质精神服务。《礼记·仲尼燕居》曰："礼以纪政，国之常也。"祭礼，其核心亦是如

---

① 吕大吉：《宗教学通论新编》，中国社会科学出版社，2010，第342页。
② 杨伯峻编著《春秋左传注》，第309页。

此，安民的意义大于礼的外在仪式。"礼以体政，政以正民。"① 季梁深刻意识到祭礼之外在牺牲、粢盛属于礼之文，其根本乃在于民。

这种观念也体现在《左传·庄公十年》记载的鲁庄公和曹刿之间的对话中：

> 公曰："牺牲玉帛，弗敢加也，必以信。"对曰："小信未孚，神弗福也。"公曰："小大之狱，虽不能察，必以情。"对曰："忠之属也，可以一战。"

庄公的认识和虞国君如出一辙，牺牲玉帛合乎礼制，是对于神灵的诚信。可是在曹刿看来，此为小信，神灵不会赐福。忠的观念，曹刿和季梁"上思利民，忠也"的认识一致，是从政事角度来论述的。可见春秋时期，忠的范畴是君对民，属于人事范围。在民与神之间，曹刿认为民更具有优先地位，得到民心乃可以一战的凭借。

这种观念在《国语·楚语下》得到集中阐述，观射父论述祭祀祭品原则云：

> 对曰："郊禘不过茧栗，烝尝不过把握。"王曰："何其小也？"对曰："夫神以精明临民者也，故求备物，不求丰大。是以先王之祀也，以一纯、二精、三牲、四时、五色、六律、七事、八种、九祭、十日、十二辰以致之，百姓、千品、万官、亿丑、兆民、经入、畡数以奉之，明德以昭之，和声以听之，以告遍至，则无不受休。毛以示物，血以告杀，接诚拔取以献具，为齐敬也。敬不可久，民力不堪，故齐肃以承之。"②

---

① 杨伯峻编著《春秋左传注》，第92页。
② 徐元诰：《国语集解》，第516~518页。

观射父对于祭品的论述，主要包括以下几点。

首先，祭祀的功能有二：一是协和民神之间的关系，所谓礼所以节鬼神。神灵等秩有尊卑，祭品亦有差等；二是借人神之间的交接来处理人事，所以节人事，以达到借神事而治民的目的。观射父深刻认识到祭品承载的礼制意义，它不仅具有奉献给神灵的神圣意义，而且承载对于现实礼制秩序以及人神之间秩序的规范意义。祭品使用的礼制意义在于维护社会秩序的稳定以及人神之间的和谐，"上下有序，则民不慢"①。

其次，在观射父看来，神灵对于祭品要求"备物"，并不在于牺牲形体的博硕肥大，这点和西周以来的祭祀用牲理念有同有异。所谓备物，韦昭注"体具而精絜者"，即牺牲的特行符合神灵的嗜求。上面我们提及春秋时期人们奉献牺牲，主要强调牺牲的肥美硕大，说明这段时期，传统的观念仍然相信牺牲的形态符合礼制以及满足神灵的嗜好即可以得到福佑。另外，诚敬之心是祭祀的关键，要有斋敬之心，祭品只是人神之媒介，神灵所享乃祭品"备物"体现的敬诚之心，"心纯一而絜也"。

观射父提出的祭品"不求丰大"有其具体的时代背景。祭祀需要消耗大量物力、财力，直接导致民力不堪承受，"敬不可久，民力不堪，故齐肃以承之"。祭祀经历时间之短，是为节民力，是从现实的人事角度做出的规定。

综上所述，周人祭品理念经历了"人文化的过程"，周人的德、忠信等价值观念被注入祭品的特性，它肇始于西周时期，春秋时期层层转进。祭品的人文化包含两个方面：其一，从祭品的数量、形态等

---

① 徐元浩：《国语集解》，第516页。对于这句话的理解，其中"上下"不仅包括社会秩序层级中尊卑贵贱的群体不同，应该还有人神之间的"上下"关系。卜辞、金文中的"上下"表达以天、先祖神为"上"以及人间的"下"的观念较为常见。从这个意义上说，祭牲的功能之一在于别"人神"，赋予神灵的神圣和礼制上的优越地位。

要求合礼"中度",转向对祭祀主体内心的诚敬与祭祀主体的德行要求,祭品的特性符合礼制与内在的诚敬互为彰显、相得益彰;其二,祭品的特性成为国君为政的体现,是民事和谐的具体表征,在民神关系上,民处于首要地位,神灵歆享的是祭品所体现的"民和政平"及其所体现的统治者的德行。

三 "称"与"心"

陈来指出,春秋时期,人们对礼的关注,已从"形式性"到"合理性",由于宗法政治秩序被破坏,西周以来的礼文化发生了一种由"仪"到"义"的转变①。春秋晚期以降,儒家内向人性追寻礼的存在依据,发生了内转趋向。

儒家认为,礼贵在中和中正,礼重在"称"。《礼记·礼器》云:"'礼不同,不丰,不杀。'此之谓也。盖言称也。"此强调礼贵得中。所谓"称",自外而言,是遵循礼制规定,而礼制是遵天地之道而制作;自内而言,礼文是德性之外发,行礼者要具有内在德性。所以,祭品要符合天道,依据地理,合于人心。《礼记·礼器》云:

> 礼也者,合于天时,设于地财,顺于鬼神,合于人心,理万物者也。是故天时有生也,地理有宜也,人官有能也,物曲有利也。故天不生,地不养,君子不以为礼,鬼神弗飨也。居山以鱼鳖为礼,居泽以鹿豕为礼,君子谓之不知礼。

礼之根本,在于忠信之德,而忠信之本需要"义理"之文来文饰。无本不立,无文不行,二者相辅相成,互为表里。所谓"义理",

---

① 陈来:《古代思想文化的世界——春秋时代的宗教、伦理与社会思想》,第213~214页。

就是取法于天道以"合于天时",符合地理之产,顺于鬼神之意,与人心相合。祭品的奉献,非合天时,非其地之产,非合于人心,鬼神则不歆享。

《礼记·礼器》云:"是故君子大牢而祭谓之礼,匹士大牢而祭谓之攘……君子曰:'祭祀不祈,不麾蚤,不乐葆大,不善嘉事,牲不及肥大,荐不美多品'。"君子,指大夫以上的贵族,儒家认为德爵一体,"德厚者流光,德薄者流卑"①,故君子祭祀用重牲,是符合礼的行为。而一般匹士,其德浅薄,用牲僭越其等,称为"攘窃"。故此祭祀要不违时,不因嘉事而特别设祭,祭牲合乎度数而不是纯以肥大为美,献给神灵的品物应适宜,不以多为美。《礼记·坊记》:"君子不以菲废礼,不以美没礼"。即使是菲薄的祭品,君子也不会因之而废礼,反之,也不会因为祭品的丰盛和美而超越礼制的规定。

以上所言,乃礼之"称"。儒家的这种观念更强调外在之文符合礼制的规定。然礼之贵,在于文质中和。奢易则过文,俭戚则不及而质,二者皆未合礼。然而,礼之原理,质乃礼之本,礼发于内心,《礼记·礼器》:"君子之于礼也,有所竭情尽慎,致其敬而诚若,有美而文而诚若。"礼以内心诚敬为贵。实际祭祀中,对不同的祭品有不同的崇尚,或以质为贵,或以文为贵;或以少为贵,或以多为贵;或以大为贵,或以小为贵。这些礼制规定皆来自内心。《礼记·礼器》云:

> 礼之以多为贵者,以其外心者也。德发扬,诩万物,大理物

---

① 李学勤主编《十三经注疏·春秋谷梁传注疏》卷8,北京大学出版社,1999,第132页。"君子"含义的转变,参见余英时《儒家君子的理想》,第271~294页。笔者认为,先秦时期,"君子"含义指贵族阶层,而在传统思想中,贵族有位之人乃威仪秩秩,有德之人,尊卑之位与德之厚薄乃一体,而"君子"特指有道德人格之人,乃春秋以后"德""位"疏离之后的转变。

博，如此，则得不以多为贵乎？故君子乐其发也。礼之以少为贵者，以其内心者也。德产之致也精微，观天下之物无可以称其德者，如此，则得不以少为贵乎？是故君子慎其独也。

《礼记·礼器》从礼外在的形名度数出发，认为礼文皆出自人内在之心。郑玄注谓："外心，用心于外，其德在表也。"所谓心之外发，指内心之德性体现于外，"发扬其德，普遍万物"（孔颖达疏），礼文之盛为德性之外发，故而以多为贵。郑玄注："内心，用心于内，其德在内。"即用心于内，诚敬为本。因天地之德，生产庶物，垂象以为人效法，无物可以称天地之德，则宜以诚敬之心为本。

不同的礼文崇尚，皆不离礼之本。祭品献于神灵，皆归于祭祀主体的内心之仁，鬼神则歆享仁德，所谓"物无不怀仁，鬼神飨德"[①]。儒家的这种观念，既是对西周祭祀理念重德的继承，又是西周以来祭品理念的发展。

---

① 李学勤主编《十三经注疏·礼记正义》卷23，第716页。

先秦儒家的祭祀理论及其现代意义

祭礼是一种向天地、社稷、日月、先祖等神灵献祭的礼典。宗教祭祀仪式从本质上讲是对神的崇拜，相信神灵的神力可以禳灾和赐福。但中国的祭祀传统，在西周以后，随着人文理性的觉醒，尤其是受到儒家思想的影响，宗教色彩日益弱化，宗教功能逐渐瓦解，祭礼被注入了人文精神，成为一种具有人文精神与人文特质的文化体系。

一 儒家的祭祀理论

儒家从祀典的设置、祭祀的原则以及祭祀的社会功能等角度对祭祀进行了全面的诠释，散见于《礼记》《论语》及相关出土简帛文献中。下面对儒家的祭祀理论做一宏观考察。

（一）祀典设置原则：崇德报本

从宗教学角度看，基于万物有灵的观念，人类相信鬼神具有超人类的力量而能够对自己的祸福施以影响，故而产生了各种形式的祭祀。但儒家则逐渐抽离神灵的宗教特性，赋予其道德属性，从"报本反始""崇德报功"等道德情感的角度来诠释祭祀行为的动因。

儒家认为，"礼有三本：天地者，性之本也；先祖者，类之本也；

君师者，治之本也"①。所谓本，是指事物形成的本原。万物本原于天地，四时代序，人类所需要的物用民材皆天地所生。甚至人性亦为天命之下贯，如《左传·成公十三年》云："民受天地之中以生，所谓命也。"《礼记·中庸》："天命之谓性。"儒家认为，天地是人类社会秩序的来源，礼即效法天地之德而制定。《礼记·郊特牲》云："万物本乎天，人本乎祖，此所以配上帝也。"儒家并未从宗教意义上来论证祭祀天地的原因，而是从天地对于人类的价值之源这一角度来加以解释。至于先祖祭祀，儒家认为先祖不仅是血缘种族的生命之本，而且因为他们具有功烈、美德（所谓"祖有功，宗有德"），是人间道德、事业、功绩的至高至善的代表与象征，足为后世子孙所效法，故而受到后人的祭祀。君师为伦理教化之本，历代帝王圣贤如伏羲、炎帝、黄帝、尧、舜、禹、汤、周公、孔子等圣贤德行深厚，生前功烈卓著，泽被后世，祭祀他们是为了缅怀他们的功绩，以激励后人奋发有为。

关于祀典设置的基本原则，《礼记·祭法》概括道："夫圣王之制祭祀也，法施于民则祀之，以死勤事则祀之，以劳定国则祀之，能御大菑则祀之，能捍大患则祀之……及夫日月星辰，民所瞻仰也；山林、川谷、丘陵，民所取财用也。非此族也，不在祀典。"儒家主张，凡是有利于人类文明生存和发展的人或物，都可以成为祭祀对象。不只要祭祀那些生前"有功烈于民"的祖先，而且要祭祀那些对人类生存、发展有功的自然物，如日月星辰、山林川谷等；祭祀不限于自己的血缘祖先，还要祭祀那些在社会文明发展史上做出重大贡献的祖先、有道德才能的先圣先师。以上所言可以概括为一句话——"崇德报功"。

---

① 王聘珍：《大戴礼记解诂》，第17页。

出于此种文化心理,儒家的祭祀成为一种报本崇德之形式。《礼记·郊特牲》云:"万物本乎天,人本乎祖,此所以配上帝也。郊之祭也,大报本反始也","王者天太祖","所以别贵始,德之本也"①。按照象类原则,郊天时以先祖配食,旨在回报天地生生之德与先祖之功。又《礼记·郊特牲》论述祭祀社稷之旨云:"地载万物,天垂象,取财于地,取法于天,是以尊天而亲地也,故教民美报焉。家主中霤而国主社,示本也。唯为社事,单出里;唯为社田,国人毕作;唯社,丘乘共粢盛,所以报本反始也。"中霤之神为居室之主,有功于人;社为国家之神,具有保护神的性质,对他们的祭祀,是为了报答其生成物质财用之功。儒家并不相信人的生命来自神灵的创造,而是认为父母对子女有生养抚育之恩情,子女对他们的祭祀是为报本反始。此种祭祀,冯友兰尝谓:"根于崇德报功之意,以人为祭祀之对象……则此已为诗而非宗教矣。"②

(二) 祭祀遵循之道:内尽于己,外顺于道

中国古礼的基本精神,是主张礼要建立在人的内在德性基础之上,儒家称之为"仁",仁为礼乐文化的内在精神。孔子主张在行礼时要有内心的真实情感,要具有爱人之情,礼乐的制作,乃基于人的自然情感,当抽离了礼的精神,外在的礼文也不过是虚文。《论语·八佾》记载孔子云:"人而不仁,如礼何?人而不仁,如乐何?"③儒家认为祭祀乃一个人内心情感的需要,而不是对鬼神的崇拜与畏惧使然。《礼记·祭统》释云:"夫祭者,非物自外至者也,自中出,生于心也。"祭祀行为是内心自然生成的,《礼记·祭义》具体阐发道:"霜露既降,君子履之,必有凄怆之心,非其寒之谓也。春,雨露既

---

① 王聘珍:《大戴礼记解诂》卷1,第17页。
② 冯友兰:《中国哲学史》(上),中华书局,1984,第428页。
③ 刘宝楠:《论语正义》卷3,第81页。

濡，君子履之，必有怵惕之心，如将见之。"由此来看，儒家主张之所以要祭祀，非他律性的外在强制使然，更非出于世俗之功利目的，而是出于自然之人情。这种内心的自然之情受到儒家最大限度的关注与重视，它要求祭祀时参与者必须"敬享""贵诚"。《礼记·祭统》论述道："身致其诚信，诚信之谓尽，尽之谓敬，敬尽然后可以事神明，此祭之道也。"儒家将祭祀者的诚信、忠敬提升至"祭之本"的层次，认为祭祀的根本在于诚敬。若无此诚敬，则自然之真情无由表达，祭祀礼仪也成为一场表演，也就达不到祭祀的目的。可以说，祭祀已内化为人的一种心理需要和感情依托形式。

  儒家祭礼的一个特征就是它与人的道德密切联系在一起，将道德的内涵注入祭祀行为中。儒家将祭祀的道德内涵概括为"鬼神飨德"①，主张祭祀的根本在于祭祀者内在的诚敬之德。《礼记·礼器》论道："祭祀不祈，不麾蚤，不乐葆大，不善嘉事，牲不及肥大，荐不美多品。"这是说祭祀的根本不在于那些祭器的高大华丽、祭牲的肥大和祭品的丰富佳美，这些都不是祭祀真正的意义所在，因为鬼神飨德不飨味。《谷梁传·成公十七年》亦云："祭者，荐其时也，荐其敬也，荐其美也，非享味也。"明确提出祭祀的根本在于祭祀者的恭敬之情。

  有内心之诚敬，还需要将其展现为礼仪，礼仪践履是表达人本思亲等仁爱情感的有效方式。儒家认为，孝子因具有自然的爱心，情思幽深，于祭祀之时，"尽其悫而悫焉，尽其信而信焉，尽其敬而敬焉，尽其礼而不过失焉"②，外发为合乎礼道的礼仪。《礼记·祭义》云："孝子之有深爱者，必有和气，有和气者，必有愉色，有愉色者，必有婉容。孝子如执玉，如奉盈，洞洞属属然如弗胜，如将失之。"容

---

① 李学勤主编《十三经注疏·礼记正义》卷23，第716页。
② 李学勤主编《十三经注疏·礼记正义》卷47，第1318页。

色是真情之自然流露，有深爱之情，必有和气，和气则有愉悦之色，愉悦之色具则有婉容。《论语·八佾》："祭如在，祭神如神在。子曰：吾不与祭，如不祭。"① 所谓"如在""如神在"，即《中庸》"事死如事生，事亡如事存"之义，孔子此意，在于强调祭祀主体的内心诚敬和外在礼仪，犹如神灵存在一样。

孔子曾经以"无违"来界定孝②。"无违"，即生"事之以礼"和死"葬之以礼，祭之以礼"。儒家之所以要求"祭之以礼"，是因为在祭祀中，行礼如仪有助于人内心德性的培育。《礼记·中庸》云，斋戒时，"齐明盛服，非礼不动，所以修身也。"容貌端正，遵循礼节，便可渐行修身而达于至德。反之，外貌亵渎怠慢，就会危害孝心以及内在德性的培育。《礼记·祭义》对此极为重视，强调："心中斯须不和不乐，而鄙诈之心入之矣。外貌斯须不庄不敬，而易慢之心入之矣。"

（三）祭祀形式特征：尚朴贵质

在周代祭祀中，越是尊贵的神灵，其祭品、仪式越是俭约、质朴。《礼记·礼器》说："礼也者，反本修古，不忘其初者也。故凶事不诏，朝事以乐，醴酒之用，玄酒之尚。割刀之用，鸾刀之贵。莞簟之安，而槁鞂之设。是故先王之制礼也，必有主也，故可述而多学也。"郑玄注："主谓本与古也。"孔颖达《正义》谓："反本，谓反其本性。修古，谓修习于古"，"本，谓心也"。③ 祭祀上天时，献给神的是清水，进献不加盐、梅等调味的大羹，以荐献血、腥（生肉）为尊贵；祭祀时用的圭不加雕琢；郊祀的场所也没有什么富丽堂皇的建筑，只是在南郊打扫出干净的地面，即可设祭；祭祀用的席子也不华丽，而

---

① 刘宝楠：《论语正义》卷3，第98页。
② 刘宝楠：《论语正义》卷2，第46页。
③ 李学勤主编《十三经注疏·礼记正义》卷24，第750页。

是用禾秆编织的粗糙之席。天子郊祭时乘坐不加彩绘的车,祭器用质朴无文的陶器与葫芦做的瓢,不崇尚华美的祭器。这些都体现出大祭"尚朴贵质""反本修古"的特点。对此,《礼记·郊特牲》解释云:"郊之祭也,大报本反始也。"《礼记·祭义》云:"致反始,以厚其本也。"本,指的是内心、人性。人们祭祀报答神灵是来自人的感恩之心与质朴的情感。当人们祈求神灵的赐福与佑助而得以满足之时,对神灵的馈报即是内心的欲求,这种回报之情属于自然而然的内发之情,非出于外在的强制,更非出于一种宗教性目的。《礼记·祭义》云:"君子反古复始,不忘其所由生也。是以致其敬,发其情,竭力从事以报其亲,不敢弗尽也。"祭礼的这种反本修古,目的是让人们不忘先人筚路蓝缕,创造文明之功,即所谓"礼也者,不忘其初者也"。

"反本修古"祭祀理论的提出,体现出儒家对人类文明异化的深刻认识与忧虑。东周社会政治的危机伴随的是文化的危机,社会越来越脱离人自然的一面,越来越与自然的质朴之情疏离。人心受外物所诱惑而被外物所化,贪婪邪僻,为追逐利益而争斗不已,从而导致"人化物也者,灭天理而穷人欲者也。于是有悖逆诈伪之心,有淫泆作乱之事。是故强者胁弱,众者暴寡,知者诈愚,勇者苦怯,疾病不养,老幼孤独不得其所"[①]。儒家提出礼"反本修古","反善复始",希望人们能够通过祭祀形式,深刻认识人类社会、文化的存在之本。这种"本",乃人类文化存在的道德之本,是人类文化的情感之本。祭祀中的诚敬之情,形式上是祭祀神所具备的品质,其实,它更是人作为社会的人所必须具备的高贵品质,是人之所以为人的根本。通过祭祀形式上的修古,让人们回归自己的诚敬本心与仁人之情,在礼仪

---

① 李学勤主编《十三经注疏·礼记正义》卷37,第1083~1084页。

的潜移默化中培养人的伦理意识和价值观念，来提升世俗生命的意义与价值，这有助于民德归厚，维护社会的和谐与稳定，这就是祭祀的意义。

（四）求福之道：德性求福

儒家并不相信真有所谓的鬼神存在，素来主张"不语怪力乱神"[①]。儒家在阐述祭祀的功能时，不仅重视祭祀中个人内心修养与外在礼文的协调，以及祭祀对一个人德性培育的意义，而且非常重视祭祀的群体教化功能，强调"慎终追远""民德归厚"，至于所祭的鬼神是否确实存在倒在其次，其作用不过是作为祭祀主体内在诚敬之心的体现而已。如《礼记·檀弓下》云："唯祭祀之礼，主人自尽焉尔，岂知神之所飨？亦以主人有齐敬之心也。"基于此，儒家提出祭祀"不求其为""祭祀不祈"等超越传统宗教诉求的主张。《礼记·祭统》曰："是故贤者之祭也，致其诚信，与其忠敬，奉之以物，道之以礼，安之以乐，参之以时，明荐之而已矣，不求其为。此孝子之心也。""不求其为"，即祭祀不是为了世俗的祈福。《礼记·礼器》则明确提出"祭祀不祈"，主张就祭祀主体而言，祭祀乃自尽其诚敬之心，主观目的并不是为了祈求世俗之福。

那么求福之道是什么呢？儒家主张君子求福之道并非向外祈求，而是自己修身进德，向内而求，所谓"福由己作"，"自求多福"。马王堆帛书《要》篇记孔子曰："君子德行焉求福，故祭祀而寡也；仁义焉求吉，故卜筮而希也。"[②] 意思是说，君子注重以德义求福，所以祭祀就很少；注重以仁义求吉，所以卜筮就很少。孔子强调，君子要以德致福，具备深厚的德行才是求福之道。

---

① 刘宝楠：《论语正义》卷8，第272页。
② 陈松长、廖名春：《帛书〈二三子问〉、〈易之义〉、〈要〉释文》，第435页。

（五）祭祀的社会功能：敦睦人伦，推行教化

儒家祭礼和西方的宗教祭祀不同，它蕴含了礼制的基本精神，含括道德、伦理准则，统摄古代社会亲亲、尊尊、贤贤、男女有别的价值观念，是父子、君臣等家庭、政治秩序的象征。

在儒家看来，通过祭礼可以很好地协调夫妇、父子、兄弟、君臣、朋友五伦关系，从而实现"父慈、子孝、兄良、弟悌、夫义、妇听、长惠、幼顺、君仁、臣忠"十义目的。《礼记·祭统》云祭礼，"见事鬼神之道焉，见君臣之义焉，见父子之伦焉，见贵贱之等焉，见亲疏之杀焉，见爵赏之施焉，见夫妇之别焉，见政事之均焉，见长幼之序焉，见上下之际焉。此之谓十伦"。祭礼"十伦"基本含括了周人的政治伦理和家族伦理观念。其中，鬼神、父子、亲疏、夫妇、长幼五者皆门内之伦；君臣、贵贱、爵赏、政事、上下五者皆门外之伦。十伦之中，"夫妇、父子、长幼、君臣"为最基本的人伦，其他则是在此基础上推阐而成。儒家祭礼虽然是宗教性的仪式，所关心的却是人世间的现实秩序，具有延续孝道、推行道德教化、构建社会政治秩序的功能。论者对此阐述已多，不再详细展开。

儒家认为，"凡治人之道，莫急于礼。礼有五经，莫重于祭"[1]，祭祀是"教之本"，而实现礼乐教化的关键则在于执政者的道德垂范，这就要求人君在祭祀中必尽诚信之道，正祭祀之义。《礼记·祭统》云："尽其道，端其义，而教生焉。是故君子之事君也，必身行之，所不安于上，则不以使下；所恶于下，则不以事上。非诸人，行诸己，非教之道也。"这里所强调的是人君亲自垂范的重要性。鉴于祭礼在礼乐教化体系中的重要性，儒家更是要求人君需具备深厚的德性，并深刻了解祭祀之义，方可确保实现教化的目的。祭祀之义，乃祭祀的

---

[1] 李学勤主编《十三经注疏·礼记正义》卷49，第1345页。

人文意义和社会功能，而不是宗教意义上的祈鬼祷福功能。儒家对"祭义"推崇之至，将之视为治国之本。如《礼记·祭统》云："禘、尝之义大矣，治国之本也，不可不知也。明其义者，君也。能其事者，臣也。不明其义，君人不全。不能其事，为臣不全。"《礼记·中庸》甚至言："明乎郊社之礼，禘尝之义，治国其如示诸掌乎。"德性的确立是治道之始，故而儒门之所以再三强调"唯圣人为能飨帝，孝子为能飨亲"①，"贤者能尽祭之义"②，其原因即在于君子道德人格的成就是治国之前提，在祭礼中，它对于礼乐教化的实现具有关键作用。

通过以上论述，可以看出，儒家的祭祀是人文的，而非宗教的，它指向现实的世界，关注现实世界的道德伦理与政治社会秩序；祭祀的目的不是世俗功利性的，而是视之为一种道德实践和情感慰藉的方式；它是一种利用宗教形式而实现人文教化，具有深刻道德内涵的礼仪文化体系，与西方的宗教祭祀截然不同。

二 儒家祭祀理论的现代意义

改革开放后，尤其是 21 世纪以来，传统祭祀逐渐受到重视，当前，中国越来越多的地方举办对炎黄二帝、孔子等先圣先贤的大型公祭活动，清明节民间祭祀也逐渐升温。然而，当前社会的祭祀存在不知如何祭，不知为何而祭等混乱盲目的现象，缺乏对祭祀意义的深刻理解。如何从儒家传统思想文化资源中吸取营养，反本开新，赋予当前的公祭、民间祭祀以积极而健康的文化理念，从而提升祭祀的文化品位与层次，发挥祭祀凝聚人心，"慎终追远，民德归厚"的社会功能，促进社会主义精神文明建设，是一个亟待研究的课题。在我们看来，儒家的祭祀理念对于当今祭祀具有多方面的意义。

---

① 李学勤主编《十三经注疏·礼记正义》卷 47，第 1313 页。
② 李学勤主编《十三经注疏·礼记正义》卷 49，第 1345 页。

第一，儒家祭祀理念可以从内在精神上赋予现代祭祀以人文道德内涵，塑造现代祭祀的人文特质，使之向人文化方向发展。

宗教祭祀仪式从本质上讲是对神的崇拜，相信神灵的神力可以禳灾和赐福，人神之间是一种交换关系。但儒家的祭祀并不是基于对神灵的宗教性崇拜，且并无宗教性的诉求，而是着眼于现实秩序与伦理道德的建立，据此而言，不宜将儒家祭礼看作一种世俗意义上的人神交换关系。

儒家的祭祀抽离了原始宗教的宗教内涵，而着眼于成就祭祀者的内在德性，将祭祀视作人的道德践履，视为人成就德性之进路，祭祀成为一种"成人"之道，是人向自我本质回归的超越之道。① 儒家祭祀亦是一种净化人们心灵的礼仪，是推行教化的人文礼仪。祭祀是生者和逝者的交流，但这种对话是单向的，生者"事亡如事存"，建构一套繁复的祭祀礼仪系统，而鬼神不过是"庶或飨之"②，完全是活人建构起来的系统，借助这套体系来为现实世界服务。儒家祭祀是"人道"，推行人文教化是祭祀的目的所在。

新时期，必须以儒家理论为基础，塑造祭祀的人文道德内涵，赋予其深刻的人文意义。不能把现代社会公祭以及民间性质的家祭当作"封建迷信"和"宗教活动"，其有着深厚的道德内涵与情感基础，以儒家"孝""敬祖""仁爱"等观念为内在理论基础，成为表达情感的一种方式。祭先祖是为表达对祖宗的缅怀，祭炎黄二帝、孔子等圣贤是为追念他们的功德，表达对先贤的崇敬之情，勉励自己继承先贤的优秀品德，为建设美好社会而努力奋斗。

第二，儒家关于祭祀功能的论述，对于现代祭祀仍然具有理论指导意义；今天应重视心祭，提倡儒家祭礼所具有的道德特性，以防止

---

① 参见本书《从"以德事神"至"尽心成德"——两周祭祀观念之嬗变》一文。
② 李学勤主编《十三经注疏·礼记正义》卷47，第1348页。

祭祀行为成为并无道德内涵、情感的作秀或政治性的表演。

儒家祭礼的一个重要特质就是它具有道德内涵，德是祭祀的根本，其中重要的体现，就是祭祀成为"追养继孝"的方式。中国社会是一个重视孝道的社会，孝是践行仁义的方式，徐复观指出，"以儒家为正统的中国文化，其最高的理念是仁，而最有社会生活实践意义的却是孝（包括悌）"①，仁是最高理念，孝悌是仁的具体体现。时至今日，家庭作为社会的细胞，家庭稳定仍然是社会稳定的重要根基。儒家传统祭祀突出地体现了以孝为中心的伦理精神，这对于当今社会仍然具有积极意义。以孝为核心的祭祖文化由于其在共同的社会生活中萌生出的巨大亲和力，能够大大促进人与人之间的亲情认同以及家庭、社会的稳定。

当今社会公祭的对象有炎黄二帝、孔子、祖先、革命英烈等，祭祀之礼往往比较隆重或严肃，这正是为勾起人们内心对祖宗、先贤、革命英烈等人的敬意。这类祭祀能够培植人们内心的诚敬，可以涵养情感，使祭祀之礼不流于外在的形式，而成为一种仁爱、感恩之心从内到外的发扬，此谓心祭。祭祀中内在的情感可以转化为道德的自觉，成为提升道德修养的一种方式和凝聚人伦的力量。因此，健康文明的现代祭祀仍然具有道德教化功能，可以承载伦理道德价值观念的灌输与社会成员道德人格的塑造等社会功能。

第三，现代祭祀可从儒家祭祀的内在精神中深入把握儒家祭祀的精义，反本开新，重塑祭祀的现代精神，制定新时代的祭祀礼仪。

儒家礼学体系是一种开放的文化体系，《礼记·礼器》提出"礼，时为大"，即反映了礼与时俱进的特征。从礼学的发展来看，儒家对古礼的诠释与建构也并非一成不变，礼制的发展也是与时迁移，因革

---

① 徐复观：《中国孝道思想的形成、演变及其在历史中的诸问题》，载徐复观《中国思想史论集》，上海书店出版社，2004，第131页。

损益。儒家对于礼的内在精神非常重视，《礼记·郊特牲》称"礼之所尊，尊其义也"。《礼记·礼运》云："协诸义而协，则礼虽先王未之有，可以义起也。"儒家之所以重视礼义，另外一个原因是"礼可义起"，在把握了礼的精神原则之后，可以根据时代的需要制作礼文。

儒家祭祀礼仪是在农耕文明的背景下，适应封建宗法社会形态的需要而形成并发展起来的，在当今中国社会步入工业社会和信息社会之后，其赖以生存的社会土壤已消解。时移世易，当今社会与先秦社会已不可同日而语，今日社会公祭、民间祭祀欲完全恢复传统的儒家祭祀形式，既不太可能，也无必要。但是儒家对祭礼精神的论述，仍然值得我们重视，今人可以深入领会儒家对于祭祀的论述，把握祭祀之义而重塑祭祀的现代精神，强化祭祀的人文精神内涵。先秦儒家的祭祀理论不仅可为现代祭祀提供一种人文精神的超越，而且可为祭祀礼仪提供一种形而上的理论支撑。如上所述，不能把儒家的祭祀礼仪视作一种"无心""无情"的仪式化表演，它是一种道德的践履，是承载人的性情中崇高与善良的仪式载体，它必须与时俱进，孕育出适合当前社会的一整套祭祀礼仪规范。因此，制定现代祭祀礼仪规范是非常有必要的，但如何实现道德人文精神与礼仪规范在现代文明语境下的完美结合，尚需有识之士做出更多的努力。

总之，先秦儒家对祭祀的理论诠释，儒家关于祭祀意义与功能的论述，可以为当今祭祀提供借鉴。在构建社会主义和谐社会的进程中，弘扬优秀的传统祭祀文化，反本开新，充分发挥传统祭祀文化的积极作用，对实现社会的和谐无疑有积极的作用。

东周社会变迁中儒家婚姻伦理的构建

婚姻关系的实质是一种伦理关系。婚姻伦理，即婚姻关系所应遵循的道德准则①，广义上指婚姻当事人缔结、维系、解除婚姻关系所应遵循的行为规范，狭义上指婚姻存续期间夫妇双方所应遵循的道德准则。周代婚姻是"上事宗庙，下继后世"的神圣大事，它关系到两个家族的和睦与否，并且承载传宗接代、承续先祖之血脉与延续对先祖祭祀的重任。东周时期，王纲解纽，礼崩乐坏，传统婚姻礼制与婚姻伦理遭到破坏，上层社会淫风日炽，世风丕变，面对社会变局，儒家不仅对西周婚礼进行了整理，而且根据新的社会现实进行了创造性诠释与发挥，在思想和价值系统上对男女两性的身份限定做出了理论性的阐释，形成了儒家婚姻伦理观，对中国几千年的社会有着深远的影响。

一 东周社会变局中的婚礼与两性关系

东周时期，礼崩乐坏，由于社会的巨大变革，通过礼的实践而体现的夫妇伦理，对贵族阶级的婚姻和夫妇关系日渐难以发挥约束作

---

① 王歌雅：《中国婚姻伦理嬗变研究》，中国社会科学出版社，2008，第2页。

用，贵族统治阶级在婚姻和两性生活中违反礼制的现象越来越普遍，导致婚姻乱象丛生。

由于失去礼制的约束，统治者奢侈淫逸，男女淫秽之事屡见于竹帛记载，是时通奸宣淫，朝野不乏。《左传·宣公九年》载陈灵公、孔宁、仪行父三人都与夏姬通奸，"皆衷其衵服，以戏于朝"，公然宣淫于朝。《左传·襄公二十八年》记载，齐国庆封与卢蒲嫳"易内而饮酒"，即交换妻妾宣淫。《左传·昭公二十八年》记载，"晋祁胜与邬臧通室"，即易妻淫乱，淫风之炽，由此可见。甚至周王室也不乏通淫之例，如《左传·僖公二十四年》记载甘昭公通于隗氏。《左传》记载"淫""通""烝""报"之事①，上至王室，下达家国，足可见其普遍性②。春秋之世，宫闱淫乱或为了肉体之欲的满足，或出于更为实际的功利目的，如《左传·闵公二年》记载，鲁庄公死后，庆父"通于哀姜"而谋篡君位；《左传·成公十六年》载叔孙侨如"通于穆姜"，欲谋除去季孙、孟孙两人而"取其室"。如此更加剧了婚姻乱象。

另外，传统的婚姻礼制遭到破坏，典型者乃违反"同姓不婚"的婚姻制度。如晋献公娶戎女狐姬、骊姬，且立骊姬为夫人③，晋平公内"有四姬焉"④。鲁、吴两国同为姬姓国，鲁昭公却娶吴孟姬。⑤ 此外，齐国崔杼和东郭棠姜同属姜姓，崔杼却贪恋棠姜之美色而娶之为妻⑥，如此等等，《左传》等文献记载不一而足。

宗法社会秩序下淫乱的婚姻两性关系造成政治秩序的混乱，也为时人所共睹。例如，鲁国桓公、哀公之死，齐国哀姜的中冓淫乱难辞

---

① 顾颉刚：《由烝、报等婚姻方式看社会制度的变迁》，载《文史》（第14、15辑），中华书局，1982，第1~30页。
② 汪玢玲：《中国婚姻史》，上海人民出版社，2001，第43~51页。
③ 杨伯峻编著《春秋左传注》，第239页。
④ 杨伯峻编著《春秋左传注》，第1221页。
⑤ 杨伯峻编著《春秋左传注》，第1670页。
⑥ 杨伯峻编著《春秋左传注》，第1095~1096页。

其咎；崔杼攻杀庄公，也实由庄公好色而自取其祸。此类因两性关系混乱导致的政治动荡之例，《左传》记载触目皆是。统治者"淫缅毁常"而乱国丧身在当时司空见惯，这不能不引起有识之士的反思。例如，《左传·成公二年》载，申公巫臣曰："贪色为淫，淫为大罚。"《左传·隐公三年》载，石碏将淫列为六逆之一，"淫破义，所谓六逆也"。《国语·晋语一》记载史苏言："好其色，必授之情。彼得其情，以厚其欲，从其恶心，必败国且深乱。"①《左传·昭公二十八年》载，叔向之母说："夫有尤物，足以移人。苟非德义，则必有祸。"这些记载均将政治秩序与社会伦理道德的崩坏归结于淫乱。同时，人们又往往以历史的镜鉴来渲染女色对国家的危害，将三代王朝的灭亡归因于女人，"三代之亡，共子之废，皆是物也"②，妺喜、妲己、褒姒等女性成为国家灭亡的罪魁祸首。《国语·晋语》载晋人史苏的话颇具代表性："昔夏桀伐有施，有施人以妺喜女焉，妺喜有宠，于是乎与伊尹比而亡夏。殷辛伐有苏，有苏氏以妲己女焉，妲己有宠，于是乎与胶鬲比而亡殷。周幽王伐有褒，有褒人以褒姒女焉，褒姒有宠，生伯服，于是乎与虢石甫比，逐太子宜臼，而立伯服，太子出奔申，申人、鄫人召西戎以伐周，周于是乎亡。"③据文献记载，三代之亡皆于女色，是知识精英阶层比较一致的认识。然而，这种建立在历史建构与现实基础上的女色危害论，并没有让男性过多反省自己和约束自己，而是将"唯厉之阶"归结于女性，从而在舆论中人们对美色多怀有敌意，将美女视作尤物，"好女之色，恶者之孽也"④，由此衍生出对女性妖魔化的女祸论。

除了淫乱的两性关系，东周两性关系与政治中引人注目的是女性

---

① 徐元诰：《国语集解》，第 256 页。
② 杨伯峻编著《春秋左传注》，第 1493 页。
③ 徐元诰：《国语集解》，第 250~251 页。
④ 王先谦：《荀子集解》卷 8，第 240 页。

干政。周代社会将女性干政视作政治混乱、家庭不睦、社会失范的祸害之源。《尚书·牧誓》所载著名的"牝鸡无晨。牝鸡之晨,惟家之索"训诫,即其典型之论。这种论调在先秦文献中俯拾即是,不胜枚举。从金文资料来看,王后与贵族妇女在政治领域具有合法的权威,有的作为周王的得力助手,承担着一定的政治功能①,此时女性对政治秩序的影响尚未为烈。而至于春秋时期,贵族妇女干政人数之多,涉及范围之广,社会影响之大,使政治秩序复杂化②。由于嫡庶制与宗法制衰落,贵族家族中妇女与其子往往组成利益集团,争夺继承权,由此不可避免地祸起萧墙,如骊姬杀嫡立庶,导致晋国长期的政治动荡。在政治性婚姻中,在父国利益与夫国利益发生冲突时,许多贵族妇女往往会以损害夫国的利益为代价,造成父权与夫权的矛盾和冲突③,典型者即《左传·桓公十五年》记载雍纠谋于其妇导致被杀的结局。

女性干政造成政治动荡、社会秩序混乱等后果,这也导致从西周中后期一直到春秋战国时期,"禁止妇人干政"的观念不断发酵,以至于齐桓公在葵丘之盟上,乃将"毋以妾为妻,毋使妇人与国事"等列为重要条款。④战国时期,反对妇人干政的社会舆论声音逐渐在扩大。《韩非子·亡徵》认为"女子用国,刑余用事者,可亡也",主张君主应"娱其色而不行其谒,不使私请"⑤。《管子·君臣上》认为:"大臣假于女之能以规主情,妇人擘宠假于男之知以援外权,于是乎外夫人而危太子,兵乱内作,以召外寇,此危君之征也"⑥,故主张

---

① 耿超:《"女祸论"源流考》,《光明日报》2011年4月7日,第11版。
② 王海琴:《春秋时期贵族妇女涉政问题初探》,《青海师范大学学报》1992年第2期,第48~52页。
③ 学者指出春秋时期父权大于夫权,在两者冲突时,女性多倾向于父族利益。比如,《左传·僖公十五年》记载晋穆姬救晋国君,《左传·僖公三十三年》记载秦晋崤之战"文嬴请三帅",等等。论述参见陈筱芳《春秋婚姻礼俗与社会伦理》,巴蜀书社,2000。
④ 李学勤主编《十三经注疏·春秋谷梁传注疏》卷8,第125页。
⑤ 王先慎:《韩非子集解》卷2,第56页。
⑥ 黎翔凤:《管子校注》卷10,第558页。

"妇言不及宫中之事"①。

由于西周春秋社会的婚姻具有宗法性政治婚姻的性质,缔结婚姻乃出于不同势力的利益需要,故如何防止婚姻中女性对政治秩序的戕害,遂成为东周时期知识精英阶层所思考的时代课题。又由于女色、两性淫乱与妇人干政往往纠葛在一起,问题的焦点往往集中在如何防淫这一问题上。

二 夫妇义合与夫妇有别

面对动荡社会中两性关系之乱象,儒家认为造成这种局面的原因在于"婚姻之礼"的毁坏与废弃。《大戴礼记·盛德》篇说:"凡淫乱生于男女无别,夫妇无义。昏礼享聘者,所以别男女,明夫妇之义也。故有淫乱之狱,则饰昏礼享聘也。"②《礼记·经解》云:"昏姻之礼废,则夫妇之道苦,而淫辟之罪多矣。"因此,如何以礼"坊民所淫",就成为乱世之中儒家思考的重要问题。儒家试图以周礼为基础,构筑"礼之本"的婚礼礼仪模式和婚姻伦理价值体系,以期救世于颓废淫靡,重建王道秩序。故正"夫妇之道"受到儒家的空前重视,"经夫妇""正人伦"成为儒家为政之道的重要内容,如《礼记·哀公问》记载鲁哀公问为政之道,孔子回答说:"夫妇别,父子亲,君臣严,三者正,则庶物从之矣。"《荀子·大略》说:"夫妇之道,不可不正也,君臣父子之本也。"③

(一)"夫妇义合"

夫妇之间无"血气之亲","非有骨肉之恩"④,不同于父子之间有

---

① 黎翔凤:《管子校注》卷11,第585页。
② 王聘珍:《大戴礼记解诂》卷8,第144页。
③ 王先谦:《荀子集解》卷19,第495页。
④ 王先慎:《韩非子集解》卷5,第115页。

着天然的血缘关系,而是基于"义合"①。《礼记·昏义》论道:"男女有别,而后夫妇有义;夫妇有义,而后父子有亲;父子有亲,而后君臣有正。"《大戴礼记·盛德》也说:"昏礼享聘者,所以别男女,明夫妇之义也。"这些文献均提到"夫妇有义",并主张男女有别是夫妇之义的前提。郭店简《六德》将父、子、夫定为内位,君、臣、妇定为外位。内位依据仁的原则,即亲亲之恩;外位依据的是义,即尊尊等原则。《六德》又以丧服"为父绝君,不为君绝父。为昆弟绝妻,不为妻绝昆弟。为宗族杀朋友,不为朋友杀宗族"的原则,提出"门内之治恩掩义,门外之治义斩恩",②这反映出儒家重视血缘亲戚之根本地位,同时也表明儒家认为夫妇关系不是建立在血缘亲戚之爱基础上,而是建立是在义的基础上。所谓夫妇有义,也就是夫妇双方所应遵守的伦理道德规范,这种伦理规范是双向的,它与父子之间具有天然血缘关系的伦理规范不同。

由于夫妇义合,婚姻家庭的稳固仰赖于夫妇双方共同努力维系,建立和谐的夫妇关系的伦理原则亦不是仅对妇人单向的要求,而是双向的。《左传·昭公二十六年》提出"夫和而义,妻柔而正",《管子·五辅》要求:"为人夫者敦蒙以固,为人妻者劝勉以贞。"③《礼记·礼运》云:"夫义,妇听。"以上均要求夫"义"。《荀子·君道》:"请问为人夫?曰:致功而不流,致临而有辨。请问为人妻?曰:夫有礼则柔从听侍,夫无礼则恐惧而自竦也。"要言之,在夫妇关系上,先秦儒家尽管重点强调妇人的伦理道德与义务,但并未走向绝对化,而是规定了丈夫之职分与应具有的道德。

---

① 夫妇之间依靠道义的结合,这种观念似乎渊源有自。《左传·桓公十五年》记载,"祭仲专,郑伯患之,使其婿雍纠杀之。将享诸郊。雍姬知之,谓其母曰:'父与夫孰亲?'其母曰:'人尽夫也,父一而已,胡可比也?'"杨伯峻编著《春秋左传注》,第143页。
② 刘钊:《郭店楚简校释》,第109页。
③ 黎翔凤:《管子校注》卷3,第198页。

然而，婚姻关系的巩固，毕竟不能仅仅依靠道义原则，为了维护家庭与宗法宗族的牢固，儒家在夫妻关系中加入了情感的因素。《礼记·哀公问》："昔三代明王之政，必敬其妻子也有道。妻也者，亲之主也，敢不敬与？"虽然夫妇之间并无血缘关系，由于妻将为"社稷主""祖先后"，所以夫妇要相敬相亲，以情义相固来达到琴瑟和谐的目的。在婚姻礼制的建构上，儒家的这一倾向亦为明显。例如婚礼中有夫妇同牢共馔、合卺而酳的仪节，《礼记·昏义》解释道："共牢而食，合卺而酳，所以合体同尊卑，以亲之也。"夫妇共同享用一牲体而不异牲，"欲使壻之亲妇，妇亦亲壻，所以体同为一，不使尊卑有殊也"①，目的是建立夫妻之间的亲密情感。《礼记·郊特牲》解释"壻亲御授绥"之礼说："敬而亲之，先王之所以得天下也。"同样，儒家婚姻之礼中"纳采、问名、纳吉、纳征、请期，皆主人筵几于庙，而拜迎于门外，入揖让而升，听命于庙，所以敬慎重正昏礼也"②，在仪式中加深婚礼主人的谨慎重视心理，从而行事如仪，"所以成男女之别，而立夫妇之义也"，有利于夫妻相亲，家道兴旺。丧服规范方面，妻死丈夫为之服丧，"为妻何以期也？妻至亲也"③。《礼记·丧大记》云："期，终丧不食肉，不饮酒，父在为母为妻"。在礼辞上，如丈夫称呼妻子为"妻""夫人""内子"等，皆含有尊敬、亲爱之义。即使妻妾尊卑不同，礼制也有"国君不名卿老世妇，大夫不名世臣姪娣，士不名家相长妾"的规范④。儒家婚姻伦理"敬妻""亲妻"的主张，可以消解男权社会中由于男尊女卑所造成的紧张，使婚姻关系具有一种温情和敬意，从而保证婚姻的稳固。

---

① 李学勤主编《十三经注疏·礼记正义》卷61，第1620页。
② 李学勤主编《十三经注疏·礼记正义》卷61，第1618页。
③ 胡培翚：《仪礼正义》卷22，第1399页。
④ 李学勤主编《十三经注疏·礼记正义》卷4，第106页。

(二) 夫妇有别

周代普遍实行"同姓不婚"之制,此乃治史者之共识,毋庸展开论述。同姓不婚的原因,从根本上来说,是出于政治上的需要——通过异姓通婚,可以联合本族以外的异姓力量,约"婚姻为兄弟",将他们纳入血缘政治关系的网络之中,通过姻亲关系来增强本族更为广泛的政治力量,同时避免了同姓集团间因婚姻关系而产生纷争①,从而维护和促进政治的稳定。

要顺利推行"同姓不婚"之制,严"男女之别"则是重要的保障,"有同姓不婚之制,而男女之别严。"②"男女有别"的目的在于杜绝男女性接触,防止淫乱之事,从而"坊民所淫,章民之别",保证"同姓从宗合族属"时不亵渎其类,远离"无别无义"的"禽兽之道"③。儒家主张夫妇有别的前提是男女之别,惟有男女有别,才能实现真正的夫妇有义。郭店简《六德》论云:"男女别生言,父子亲生言,君臣义生言……男女不别,父子不亲。父子不亲,君臣无义。"④儒家认识到,人类社会的父子亲亲与君臣尊卑等种种伦理关系,无不建立在男女两性关系的基础之上,因此将严谨男女之别视作确立仁义等伦理的首要前提。

随着婚姻礼制被破坏与家庭、社会秩序的失衡,为杜绝妇人干政,防止两性关系的淫乱,儒家进一步强化了男女之别的伦理,严辨外内成为儒家强烈的礼制主张。如《孟子·万章上》将"男女居室"视作"人之大伦也"⑤,《礼记·仲尼燕居》主张"男女外内,莫敢相逾越",《礼记·内则》认为"礼,始于谨夫妇,为宫室,辨外内"。所

---

① 吕思勉:《中国制度史》,上海世纪出版集团,2005,第187~188页。
② 王国维:《观堂集林》卷10,第451~480页。
③ 李学勤主编《十三经注疏·礼记正义》卷26,第815页。
④ 刘钊:《郭店楚简校释》,第109页。
⑤ 焦循:《孟子正义》卷18,第618页。

谓"辨外内",其内容包括如下几个方面。

第一,出于男女之防,儒家主张从居所空间上严格内外之别,即防止男女两性关系淫乱的门内与门内之辨。

从文献来看,儒家从理论上将美色视为"情""欲",指出要用"礼"防范"色"①,"以礼节欲",要求君子重德轻色。《礼记》中《中庸》《王制》两篇均有"去谗远色"之说,《荀子·乐论》也要求君子"目不视女色"。出于对女色的排斥态度,儒家积极倡导男女内外大防。《礼记·坊记》有很多礼制规定,如"诸侯不下渔色。故君子远色,以为民纪。故男女授受不亲。御妇人则进左手。姑、姊妹、女子子已嫁而反,男子不与同席而坐。寡妇不夜哭。妇人疾,问之,不问其疾。以此坊民,民犹淫泆而乱于族。"在居住空间上,规定男外女内,"男子居外,女子居内。深宫固门,阍、寺守之,男不入,女不出"②,同时要求"外内不共井,不共湢浴,不通寝席,不通乞假"③,从而严格限制两性的接触。另外,在活动空间上,礼制规定妇人的活动不出大门。如《左传·僖公二十二年》云:"妇人送迎不出门,见兄弟不逾阈",《礼记·丧大记》亦云:"妇人迎客、送客不下堂。"这种男女外内之别的具体礼规《礼记·内则》中记载较多,均在活动空间上为女性设置了藩篱,以防范男女淫乱关系的发生。

第二,所谓"辨外内",另外的内涵指男女内外职分的分别。从西周时期,周礼即规定"妇人无外事"④,"男主外,女主内","内政""外政"有别的社会分工模式已经固定。《国语·鲁语下》载,鲁

---

① 曹峰:《"色"与"礼"的关系——〈孔子诗论〉、马王堆帛书〈五行〉、〈孟子·告子下〉之比较》,《孔子研究》2006年第6期,第16~24页。
② 李学勤主编《十三经注疏·礼记正义》卷28,第858~859页。
③ 李学勤主编《十三经注疏·礼记正义》卷28,第836页。
④ 陈立:《白虎通疏证》卷11,第523页。

国公父文伯之母云:"天子及诸侯,合民事于外朝,合神事于内朝;自卿以下,合官职于外朝,合家事于内朝;寝门之内,妇人治其业焉。上下同之。"① 妇人之事主要是门内宫壶之事,包括桑蚕纺绩,务中馈、备酒浆、奉养舅姑、丈夫,生养孩子,协助祭祀等"妇功"之事。即使是宗法社会中的王室贵族妇女以及宗妇,其所掌管的也是内政,而不参与外政②。如《国语·吴语》记载勾践要求其妻子负责内政,"自今日以后,内政无出,外政无入。"韦昭注:"内政,妇职;外政,国事。"③《诗·大雅·瞻卬》:"妇无公事,休其蚕织。"毛传:"妇人无与外政,虽王后犹以蚕织为事。"在夫妇关系上,郭店简《六德》、《礼记·郊特牲》等皆重点强调妇人之事乃在于"事夫",儒家从职分上杜绝妇女参政,要求妇人不参与"门外之治"。也正因为如此,公父文伯之母敬姜才会宣称"寝门之内,妇人治其业焉",而关乎"民事"、"神事"、"官职"和"家事"的"外朝"与"内朝"之事,则非女性"所敢言也"④,从而获得孔子的赞赏。为别内外职责,礼制尚规定"朝不语内"⑤,"男不言内,女不言外"⑥,"外言不入于梱,内言不出于梱"⑦,要求互不干涉,各司其职。再者,儒家还从妇人的职分角度要求妇人必须具备顺从之德⑧,如《礼记·昏义》说:"舅姑入室,妇以特豚馈,明妇顺也","成妇礼,明妇顺,又申之以著代,所以重责妇顺焉也"。妇人顺从之德在宗法社会中对于维护宗

---

① 徐元诰:《国语集解》,第 193 页。
② 《礼记·昏义》:"古者天子后立六宫、三夫人、九嫔、二十七世妇、八十一御妻,以听天下之内治,以明章妇顺,故天下内和而家理。天子立六官、三公、九卿、二十七大夫、八十一元士,以听天下之外治,以明章天下之男教,故外和而国治。"郑玄注:"内治,妇学之法也。"李学勤主编《十三经注疏·礼记正义》卷 61,第 1624 页。
③ 《国语》卷 19,第 623 页。
④ 徐元诰:《国语集解》,第 193 页。
⑤ 马承源主编《上海博物馆藏战国楚竹书》(六),上海古籍出版社,2007,第 316 页。
⑥ 李学勤主编《十三经注疏·礼记正义》卷 28,第 836 页。
⑦ 李学勤主编《十三经注疏·礼记正义》卷 2,第 51 页。
⑧ 参见《仪礼·士昏礼》《礼记·内则》《礼记·昏义》。

族、国家的和谐稳定具有重要的意义,《礼记·昏义》云:"是故妇顺备而后内和理,内和理而后家可长久也。故圣王重之。"通过强化这些伦理原则,妇女的地位被牢牢地局限于闺门之内。

三 男尊女卑与从一而终

男尊女卑是中国父权制社会的大格局,传统认为自西周进入父权制社会,"男尊女卑的观念,遂铁桶一般的铸就了"①。东周时期,儒家对于这一伦理原则从礼制上做了具体规定并做了进一步的理论论证。

这种尊卑关系首先体现在婚姻关系的缔结与取缔等程式中,男方具有主动权。如在离婚方面,男方拥有离婚决定权。《仪礼·丧服》贾公彦疏云"七出"之条为:"七出者,无子一也,淫泆二也,不事舅姑三也,口舌四也,盗窃五也,妒忌六也,恶疾七也。"《大戴礼记·本命》说:"妇有七去:不顺父母去,无子去,淫去,妒去,有恶疾去,多言去,窃盗去。"② 在此婚姻伦理中,丈夫有出妻之由,而妻子显然并没有相应的出夫权利。与"七出"相补充的还有"三不去"规定:"有所取,无所归,不去;与更三年丧,不去;前贫贱,后富贵,不去。"虽然这些规定保证了女方的部分权益,体现出儒家的仁爱之道,但也从侧面反映了男权的主导地位。

男女尊卑之别在丧服制度上也有鲜明体现。《仪礼·丧服传》明确称:"夫,至尊也","夫者,妻之天也","夫,妻之君"。这是夫相对妻而言,其地位至尊为君。因此,在丧服规制中要求妻为夫服斩衰三年。按照礼制,子为父服斩衰,为母则父若亡故服齐衰三年,如果父在而母亡则服齐衰杖期一年。以上服制规定体现出对父权和夫权

---

① 陈东原:《中国妇女生活史》,上海书店出版社,1984,第3页。
② 王聘珍:《大戴礼记解诂》卷13,255页。

的维护，同时也恰恰反映出男女在婚姻关系中的尊卑不同。

男尊女卑的婚姻伦理不仅有礼制来规范，儒家还进一步将之纳入宇宙模式，为之赋予了终极依据。郭店简《成之闻之》说："天降大常，以理人伦。制为君臣之义，著为父子之亲，分为夫妇之辨。是故小人乱天常以逆大道，君子治人伦以顺天德。"①简文将夫妇之别归结于天之常道，乃天经地义。《礼记·丧服四制》云："天无二日，土无二王，国无二君，家无二尊，以一治之也。故父在为母齐衰期者，见无二尊也。"在儒家天人合一的宇宙伦理模式中，人道乃取法于天道，夫拟天，比日，曰阳；妇拟地，比月，曰阴；天尊而处上，地卑而处下，日月东西相从，阴阳相随，是天道之必然②。《周易·系辞上》曰："天尊地卑，乾坤定矣；卑高以陈，贵贱位矣。"《周易·文言》曰："地道也，妻道也，臣道也。地道无成而代有终也。"经过论证，儒家赋予男女尊卑关系以形而上的天道依据，使之成为具有普适性的伦理原则。

婚姻关系中，何者处于主导地位，抑或遵循两性的平等，是婚姻伦理中一个重要的问题。基于周礼男女尊卑传统③，儒家进一步将夫妇关系定位为男主女从，并要求妇人从一而终。

要求妇人从一而终的观念有一个发展的过程。据学者考察，春秋时期的女性改嫁是正常现象，这一时期的夫妻关系较为松散，夫权的支配力远未达到使妻子从一而终的程度④。春秋时期，女子再嫁既没

---

① 刘钊：《郭店楚简校释》，第137页。
② 《礼记·礼器》："大明生于东，月生于西。此阴阳之分，夫妇之位也。"李学勤主编《十三经注疏·礼记正义》卷24，第754页。
③ 西周时期，妻子称丈夫也可称为"辟君""君"（县妃簋，西周中期器，《集成》4269）。如孟姬簋（西周晚期器，《集成》4071）铭文云"其用追孝于其辟君武公"，"辟君"指孟姬的丈夫。《礼记·内则》云"君已食，彻焉"，郑玄注"凡妾称夫曰君"。李学勤主编《十三经注疏·礼记正义》卷28，第866页。妻子称丈夫为"辟君"或"君"反映夫妻关系存在尊卑之别。
④ 陈筱芳：《春秋婚姻礼俗与社会伦理》，巴蜀书社，2000。

有阻力，也不受歧视。而且，据礼制规定，"夫死，妻稚，子幼，子无大功之亲，与之适人"①。另外，为了保证人口再生产，许多诸侯国都设立了管理婚姻的机构以"合独"，帮助鳏寡之人重新组建家庭。而管仲为齐相后规定"士三出妻，逐于境外。女三嫁，入于舂谷"②，可见在当时的社会中离婚后改嫁蔚然成风。然而，材料表明，春秋时期，贞节观念已经萌芽，《左传·庄公十四年》记载，息夫人言："吾一妇人而事二夫，纵弗能死，其又奚言？"《左传·僖公元年》记载，齐人取鲁庄公夫人哀姜而杀之，君子以为齐人杀哀姜太过了，因为"女子，从人者也"。《左传·定公五年》记载，楚国季芈"所以为女子，远丈夫也"。表明妇人不事二夫的观念在上层贵族妇女中开始萌芽。但《春秋》经记载，襄公三十年，宋国发生火灾，宋伯姬因待姆不肯下堂而被烧死。《左传·襄公三十年》记载，"君子"评论此事，认为火灾发生时，"女待人，妇义事也"，伯姬已经嫁为人妇，自可便宜从事。据此评论，可见春秋时对妇人贞节尚未上升到道德高度。至战国时期，社会舆论对妇女贞节呼声渐高，如《管子·五辅》云："为人妻者，劝勉以贞。"③赵襄子以其姊为代王妻，当她得知代王被襄子击杀于酒宴上后，遂"摩笄以自刺"殉夫④。燕将乐毅大破齐国，想让画邑王蠋归附。王蠋宁死不从，说："忠臣不事二君，贞女不更二夫"，遂"自奋绝脰而死"⑤。这些事例表明社会舆论对于贞节烈女的道德认可在增强。

战国时期，儒家在婚姻伦理的建构中，一再强化女性贞节观，并积极为"男主女从"以及妇人"终身不嫁"的主张进行理论例证。为

---

① 胡培翚：《仪礼正义》卷22，第1430页。
② 黎翔凤：《管子校注》卷8，第418页。
③ 黎翔凤：《管子校注》卷3，第199页。
④ 《史记》卷43，第1795~1796页。
⑤ 《史记》卷82，第2457页。

了强化春秋以来的"男主女从"观念,一些婚礼仪节被重新诠释。《仪礼·士昏礼》记载了男子前往女家亲迎"壻乘其车先,俟于门外"的仪节,郑玄注解释为"男率女,女从男,夫妇刚柔之义,自此始也",将男女关系肯定为男率女从。《礼记·郊特牲》又将此伦理上升到了哲学高度:"男子亲迎,男先于女,刚柔之义也。天先乎地,君先乎臣,其义一也……出乎大门而先,男帅女,女从男,夫妇之义由此始也。妇人,从人者也。幼从父兄,嫁从夫,夫死从子。"将夫主妇从与天地、阴阳关系相比附,从而为男主女从这一夫妇伦理提供了形而上的哲学论证,使之成为一种天经地义的真理。

如上文所论,春秋时期,妇人从一而终尚未成为一种道德要求,虽然出现了贞节观的萌芽,但春秋知识阶层并未有人将此上升到理论层面,并未有人解释妇人贞节的合理性依据。战国时期,儒门后学为了构建自己的婚姻伦理体系,从道德伦理等角度提出妇人之职分与妇人之德,为女性"从一而终"提供合理性依据。郭店简《六德》从夫妇双向角度提出妇人之德在于从一而终:"知可为者,知不可为者,知行者,知不行者,谓之夫,以智率人多。智也者,夫德也。能(一)与之齐,终身弗改之矣,是故夫死有主,终身不嫁,谓之妇,以信从人多。信也者,妇德也。"传世文献《礼记·郊特牲》文字与此大略相同,"告之以直信。信,事人也,信,妇德也。一与之齐,终身不改,故夫死不嫁"。"齐",据郑玄注:"谓共牢而食,同尊卑也。"也就是妇人一旦与丈夫同牢而食,就形成齐体关系①,则以信德事夫,终身不嫁。"主"是理解这段简文的一个关键问题。或可解释为神主,此说欠妥。所谓"主",指丈夫死后主祭者。类似说法如

---

① 《仪礼·丧服传》以一体观念来形容夫妻关系:"父子一体也,夫妻一体也,昆弟一体也。"参见胡培翚《仪礼正义》卷22,第1409页。《白虎通·嫁娶》:"妻者,齐也,与夫齐体,自天子下至庶人,其义一也。"参见陈立《白虎通疏证》卷10,第490页。

《礼记·郊特牲》："将以为社稷主。"孔疏云："妻为内主，故有国者，是为社稷内主也。"① 《礼记·哀公问》："妻也者，亲之主也。"孔疏："言妻所以供粢盛祭祀，与亲为主。"② 《穆天子传》："以为殷人主。"郭璞注："谓主其祭祀。"③ 《大戴礼记·曾子天圆》："是故圣人为天地主"，王聘珍注云："主者，主其祭祀。"④ 以上之"主"，均从主祭意义上而言。所谓夫死有"主"，指主夫祭之一家之主，即妇人之嫡长子。因此简文乃"夫死从子"的另外一种表述形式。经过儒家的论证，正所谓因名而生义，因为有夫妻之实，则妇人遵信守德，恪守三从之道成为必须遵守的道德。学界一般认为郭店楚简的抄写年代在战国中期后段，公元前300年左右⑤，考虑到儒家文本的形成、传播等因素，则从一而终思想形成年代更早。由此可以推断，儒家"从一不嫁"观念的形成年代应至迟在战国中期。据此也可以更正一些传统认识⑥。

此后，《仪礼·丧服传》明确提出："妇人有三从之义，无专用之道，故未嫁从父，既嫁从夫，夫死从子。"《大戴礼记·本命》论证道："知可为者，知不可为者；知可言者，知不可言者；知可行者，知不可行者。是故审伦而明其别，谓之知。所以正夫德者。女者如也，子者孳也。女子者，言如男子之教，而长其义理者也。故谓之妇人。

---

① 李学勤主编《十三经注疏·礼记正义》卷26，第815~816页。
② 李学勤主编《十三经注疏·礼记正义》卷50，第1376~1378页。
③ 王贻梁、陈建敏编《穆天子传汇校集释》卷2，第83页。
④ 王聘珍：《大戴礼记解诂》卷5，第100页。
⑤ 参见李学勤《郭店楚简与儒家经籍》，载《中国哲学》（第20辑），辽宁教育出版社，1999，第18页。
⑥ 以前学者认为三从四德的观念应在汉代形成。例如，曹大为《中国历史贞节观的变迁》（《中国史研究》1991年第2期）认为秦汉时期妇女恪守贞节的观念是中国历史上重视贞节的第一个高峰；赵志坚《两汉妇女贞节问题》（《历史教学》1998年第4期）一文认为西汉前期贞节意识已初露端倪，西汉后期刘向在中国思想史上第一次系统而明确地提出了妇女"从一而终"的贞节观念，东汉班昭提出"夫有再娶之意，女无二适之文"，又强化了这种意识。

妇人，伏于人也。是故无专制之义，有三从之道，在家从父，适人从夫，夫死从子，无所敢自遂也。"① 从思想发展的脉络看，《丧服传》《本命》篇无疑晚于郭店简②。

需要指出的是，男尊女卑、妇人遵守信德从一而终这些伦理原则从今日视角分析，无疑与新时代的婚姻伦理是格格不入的，但我们如果以一种"了解之同情"的态度分析这些原则提出的"社会外缘"，则这些原则，无疑从理论上淡化了妇女与父族天然的血缘关系，而将夫妻之义中妇女对丈夫的信德至于重要地位，在实践上可以实现夫族对妇女的绝对控制，从而有效地遏制妇人干政的发生，防止政治权力的转移；也有效地防止两性淫乱关系的发生，实现儒家所谓的"内和"，从而确保社会秩序能够有条不紊地运行。因此，所谓"三从"之道、"从一而终"等伦理原则正是儒家对于东周社会混乱的秩序做出的"积极"回应③，尽管这些婚姻伦理对于中国两千年的妇权不张负有重要责任。

---

① 王聘珍：《大戴礼记解诂》卷 13，中华书局，1983，第 254 页。
② 沈文倬先生依据武威汉简《服传》，认为《服传》"是在《礼记》论礼诸篇的强烈影响下撰作的，其时在秦火前夕"。此说可信。参见沈文倬《汉简〈服传〉考》（下），载《文史》（第 25 辑），中华书局，1985，第 52 页。
③ 《礼记·坊记》："礼，非祭，男女不交爵。以此坊民，阳侯犹杀缪侯，而窃其夫人。故大飨废夫人之礼。"李学勤主编《十三经注疏·礼记正义》卷 51，第 1418~1419 页。

先秦儒家丧礼观及其现代价值

丧礼是与殡殓亡者、举办丧事、居丧祭奠有关的种种仪式礼节，在古代属于凶礼。儒家非常重视丧礼，《孟子·离娄下》甚至称"养生者不足以当大事，惟送死可以当大事"①。儒家丧礼以及对丧礼的诠释主要集中在《仪礼》《礼记》两书中，书中所载丧礼虽然是以周礼为基础发展而来，但经过儒家的系统整理加工与创造性诠释，实际上它体现了儒家的价值观。本文拟对儒家丧礼体现出的理念做一考察，并探讨儒家丧礼观念的现代意义。

一 丧礼的人文精神：不"背死"与"事死如事生"

死亡是每个人面临的必然归宿。对于死亡，人的情感是复杂和矛盾的，交织着恐惧与哀伤，大量的文化人类学材料已经足以证明这点。现代人类学家一般认为丧礼起源于人对亡者鬼魂的恐惧，由此产生祖先崇拜的信仰，在这种心理下，对亡者遗体做一番处理，并举行一套象征悲恸的仪式，希望亡者顺利到达另一个永息的世界中。这就是原始时期丧礼的一般根据，即由"灵魂不死"的信仰，到既怕又爱的双重感情，再以某种形式送亡者去另一个世界。②

---

① 焦循：《孟子正义》卷16，第558页。
② 王夫子：《殡葬文化学——死亡文化的全方位解读》，中国社会出版社，1998，第290页。

儒家对死亡的态度是坦诚的，明确承认"死亡贫苦，人之大恶存焉"①，认为人对亡者存有恐惧与厌恶等消极负面情感。如《仪礼》记载有君临臣丧之礼，《礼记·檀弓下》解释说："君临臣丧，以巫祝桃茢执戈，恶之也，所以异于生也。丧有死之道焉，先王之所难言也。"据郑玄注，君临臣丧之所以巫祝用桃、茢来被殡，举行驱邪仪式，是因"有凶邪之气在侧"。今人林素英亦指出，"周人认为人死而未袭以前的状态是极其不祥的，即使以君王极为尊贵畅旺之气，都需要借助一些巫术以扫除凶邪之气"②。所谓"丧有死之道"，实际上是指人对亡者的恐惧感及厌恶感。郑玄注云："言人之死，有如鸟兽死之状。鸟兽之死，人贱之。圣人不明说，为人甚恶之"，当为切中肯綮之说。尽管如此，但是人之所以为人，就因为人"由仁义行，非行仁义也"③。人乃天地之英，禀承天地之德、五行之秀气，如此尊贵之人类，对待亡亲的态度自然不应等同于鸟兽。因此，《礼记·三年问》提出："凡生天地之间者，有血气之属必有知，有知之属莫不知爱其类"，人若不知道爱其亲，"则是曾鸟兽之不若也，夫焉能相与群居而不乱乎"？儒家认为一个对父母至亲毫无爱心的人必定不会是一个有仁德的人，人无爱亲之心与仁爱之情，则不能"相与群居"，社会秩序也将混乱崩溃。

对于先王所难言的"丧有死之道"虽不忍提及，然却是实情，对此儒家并未回避，而是正视之并以丧祭之礼来化解。例如，丧礼中设殓具、制翣等，目的是防止对亡者产生厌恶之心。个中道理，《礼记·檀弓下》载子游说："人死，斯恶之矣；无能也，斯倍之矣。是

---

① 李学勤主编《十三经注疏·礼记正义》卷22，第689页。
② 林素英：《丧服制度的文化意义——以〈仪礼·丧服〉为讨论中心》，台北：文津出版社，2000，第47页。
③ 焦循：《孟子正义》卷16，第568页。

故制绞、衾,设蒌、翣,为使人勿恶也。始死,脯醢之奠;将行,遣而行之;既葬而食之。未有见其飨之者也,自上世以来,未之有舍也,为使人勿倍也。"子游之说言之甚明。《荀子·礼论》也有相同的说法:"故死之为道也,不饰则恶,恶则不哀。"① 显然,儒家认为丧礼节文的目的是文饰亡者以及死亡这一事实,不使人产生厌恶之情而失去哀敬之心。

东周时期,亡者是否有知,鬼神是否存在,是一个长期争论的话题。在儒家看来,死后世界如何,凭借理性无法知晓,无论逝者无知或有知,死后是否有鬼神,都不是最重要的,关键是生人对于亡者的态度及行为。《礼记·檀弓上》载孔子云:"之死而致死之,不仁而不可为也。之死而致生之,不知而不可为也。"这句话体现了儒家对死亡的基本态度。死亡是人人所必经的自然之道,无可奈何,但对于生者而言,如何对待亲人的死亡,却是至关重要的。一方面,如果认为逝者已去,再无知觉,便全不挂怀,厌恶淡漠待之,甚至草草下葬,了无敬意与哀戚之心,这种人心中必无丝毫的仁慈。欺负亡者以无知而背弃之,对其不敬不哀,如此则等同于禽兽之行。故《荀子·礼论》对于欺慢亡者以无知之人提出严厉的批评:"夫厚其生而薄其死,是敬其有知而慢其无知也,是奸人之道而倍叛之心也……故事生不忠厚、不敬文谓之野,送死不忠厚、不敬文谓之瘠。"因此,生者应"不死其亲"、不"薄死"、不"背死",否则即如同禽兽之行。另一方面,如果全凭心中的天然情感,完全将逝者当作活人看待,则有可能导致"尔则翫,翫则厌,厌则忘,忘则不敬"② 的后果,或者生死不别,完全以生人的用度来随葬死人,形成奢华无度意义上的"厚葬",更甚者做出用活人殉葬等"不仁"之举。这种态度虽然其心可

---

① 王先谦:《荀子集解》卷13,第362页。
② 王先谦:《荀子集解》卷13,第362页。

嘉，却显得非常不智。

先秦时期丧礼的基本原则是"事死如事生"，《左传·哀公十五年》载："事死如事生，礼也"，表明这种观念至少在春秋时期已经形成。儒家则将这种观念发扬光大，从而成为儒家丧礼侍奉亡者的基本原则。可以分两个层面来理解这一原则。

一方面，儒家将"事死如事生"的原则与人"不死其亲"、不"薄死"、不"背死"的仁人之道联系在一起，强化了"不死其亲"的内在情感基础，即人对亲人的本然之情。如《礼记·中庸》即赋予这种原则以情感根据与道德意义，曰："敬其所尊，爱其所亲，事死如事生，事亡如事存，孝之至也。"面对人死亡的现实，人不忍将亲人当作死人看待而背弃之，遂"大象其生，以送其死也"①，希冀如生前一样来继续尽其奉养之孝心。这种明知其人已死，而不忍以死人待之，即孟子所谓不忍之心②。

另一方面，虽然"事死如事生"，但理性告诉人们，毕竟亡者长逝，人鬼异途，于是"生死异礼"遂成为丧礼的另一原则。如据《仪礼·士丧礼》，三日之后则将尸体大殓入殡停放于西阶之上。"殡"之含义，《礼记·檀弓上》解释为："周人殡于西阶之上，则犹宾之也。"周人之制，大殓时仍然以生人视之，故置于阼阶上；殡后则以宾客视之，故停放棺柩于西阶上。再则，生者虽出于自己内心的爱亲之仁而"事死如事生"，但毕竟不能完全等同于事生，故丧葬礼中又不能完全以生人用度来侍奉亡者。如丧葬中使用明器随葬，孔子提出"其曰明器，神明之也"，因为人不忍心以逝者为无知"致死之"，故而以神明待之；但是明器又是"备物而不可用也"③。此种方式乃"知丧道矣"，

---

① 王先谦：《荀子集解》卷13，第366页。
② 钱穆：《论语新解》，第13~14页。
③ 李学勤主编《十三经注疏·礼记正义》卷9，第276页。

明器备物则不"致死""负死"而体现事亲之情,不可用则"不致生"而体现出对死亡的理性认识,如此则解决了"不忍死其亲"与"不致生"的情感和理性的矛盾问题。

综上论述,丧礼虽然是处理亡者的仪式,但儒家丧礼的立意在于生者的不忍之心,以及由此仁人之情而体现的不"背死"、不"薄死"的人道精神。如此,丧礼的重心从对逝者的处理转向对生者道德情感的关注,丧礼成为生者仁义之道的展现,并进而成为儒家推行道德教化的重要礼仪形式。

二 丧尽其哀:丧礼以哀为本

儒家认为丧礼的制作内在根据,即源于人子的仁爱之情及由亲人之丧而激发的自然而然的哀戚之情。这种自然之哀情受到儒家的高度重视,并被视作丧礼的根本原则。这种主张在儒家文献中多有体现,《论语》中孔子曾反复强调孝子之哀,《子张》提出"祭思敬,丧思哀","丧致乎哀而止"①,《八佾》主张"丧,与其易也,宁戚","临丧不哀,吾何以观之哉"。② 在哀情与丧礼节文之间,哀情具有根本地位,所谓"丧礼,与其哀不足而礼有余也,不若礼不足而哀有余也"③。若缺乏哀伤之情,即使丧礼非常完美,礼数非常周到,它也不过是虚文,并无实际意义。

由此,丧礼中孝子的哀戚之情与对亲人的仁爱之心被儒家凸显放大,成为诠释丧葬礼仪的核心关键词。兹举几例加以说明。比如,复礼(招魂礼)本来是求诸鬼神之道的宗教性行为,然《礼记·檀弓下》释为"复,尽爱之道也,有祷祠之心焉",强调复礼是尽爱亲之

---

① 刘宝楠:《论语正义》卷22,第737、745页。
② 刘宝楠:《论语正义》卷3、卷4,第82、137页。
③ 李学勤主编《十三经注疏·礼记正义》卷7,第214页。

情的礼仪形式。另如,《礼记·檀弓下》解释丧礼中不用华丽礼器的原因,"奠以素器,以生者有哀素之心也。唯祭祀之礼,主人自尽焉尔,岂知神之所飨?亦以主人有齐敬之心也。"丧礼中的奠祭,儒家并不认为真的能够为鬼神所享用,其不过是孝子"自尽其心"、舒展孝思而已;祭奠中使用朴素的礼器,也不过是孝子内心哀痛的体现,用于表达其情而已。饭含是将珠玉、贝、米等物置于亡者口中的礼仪,《礼记·檀弓下》认为之所以用生米和贝壳饭含,是因为生者不忍心让逝者空着口离去,因此用美洁之物置于逝者之口。对亡者的随葬品,更是要求"丧尽其礼",不要在殡殓衣物以及随葬明器的数目上有所亏欠。《礼记·檀弓上》记载,子思曰:"丧三日而殡,凡附于身者,必诚必信,勿之有悔焉耳矣。三月而葬,凡附于棺者,必诚必信,勿之有悔焉耳矣。"子思认为对亡亲不可敷衍了事,生者要尽心,对入殓和下葬等丧葬事宜要诚信待之,力争做到"养生丧死无憾"。以上种种丧礼之节文,儒家对其诠释无不强化生者的哀这种本然之情与孝子的爱亲之心,其原因即在于它是人的内在之仁在丧礼中的高度体现。

丧礼中的哀伤本是人自然的真情流露,表达的是自己的真实感情,而不是刻意的作秀。郭店简《语丛三》提出:"父孝子爱,非有为也。"父子之情不是出于人为,而是自然而然之本然之情。"凡人伪,可恶也。""有为""人为"都是违反自然的,因此是不真实的。儒家重视的是真实而无矫饰的本然之情,这才是人的本真存在。郭店简《性自命出》指出哀悲之情乃人之至情,"凡至乐必悲,哭亦悲,皆至其情也。哀、乐,其性相近也,是故其心不远。"[①] 丧祭之礼即对亲人纯真至情之表现。儒家重视哀这种"中心""至情"并将之视作丧礼的根本,因为它是个体成德之基础,实施礼乐教化的根基。儒家

---

① 刘钊:《郭店楚简校释》,第90页。

的礼乐教化之道,主张自然的真情是礼乐教化的基点,而其中的"爱"则肇始于血缘纽带上的亲戚之爱,即所谓"立爱自亲始",进而层层推展,扩大到地缘、政治等关系中,从而形成礼乐教化的演进链条。马王堆帛书《五行》曰:"不亲不爱,亲而后能爱之。不爱不仁,爱而后仁。"① 仁的前提是血缘之亲与建立在血缘基础上的本然之爱这种真情。儒家认为,"君子务本,本立而道生。孝弟也者,其为仁之本与!"② 所以倡导仁义,必须以最基础的血亲之情为起点,而后由内(家)向外(国、天下)推扬扩充,将血缘亲情转化为普遍的道德情感。子女对于父母血缘上具有天生的"僭怛之爱",这是发自心中的仁爱,"中心僭怛,爱人之仁也"③。儒家认为,仁人之心、爱人之仁往往通过丧礼中孝子的内心"僭怛""恻隐"之哀痛得到充分的表现。因此,儒家认为丧礼中无哀戚之心,即意味着不仁不爱,孔子批评宰我反对三年之丧为"予之不仁也"④,其道理即在此。因为没有这种"恻怛之心,痛疾之意",则人之所以为人的根本将丧失殆尽,"嫌于禽兽矣",个人的德性更无从论起;没有这种仁人爱亲之心作为根基,则亲亲、尊尊、贤贤、贵贵等伦理规范将土崩瓦解,儒家的整个礼乐教化体系也将不复存在。这也是儒家强调"礼莫重于丧祭"的根本原因。

丧葬礼就是在这种自然真情基础之上制作出的礼仪法度。人可以凭借丧礼宣泄内心的哀戚之情。例如丧礼中居倚庐与垩室、跳踊、哀哭等,无不是表达这种哀情的方式。然而,孝子若居丧任情导致哀戚过度,或自残形体,或因而羸病,甚且伤生,则有失人性,违背了父母生己之本意,是不孝的行为,亦违背了礼的精神。《礼记·曲礼上》将"不胜丧"的毁瘠之举"比于不慈、不孝",《礼记·杂记下》则

---

① 国家文物局古文献研究室编《马王堆汉墓帛书》(一),第17~27页。
② 刘宝楠:《论语正义》卷1,第7页。
③ 李学勤主编《十三经注疏·礼记正义》卷54,第1474页。
④ 刘宝楠:《论语正义》卷20,第703页。

视"毁而死"为"无子（慈）"，这些均不合于礼道。因此孝子当"毁不危身"，"毁不灭性"，应"节哀顺变"，"丧礼，哀戚之至也。节哀，顺变也。君子念始之者也。"① 身体发肤，受之父母，孝子应体恤先人对自己的生勋、爱护之心，保重自己，不仅可令逝者安心，亦为孝亲之道。因此，孝子应根据时间的推移与丧礼仪节的进展而节制内心的哀情。

从另外一个方面说，丧礼乃"称情而立文"②，即基于人情而制作的节文，它使情感"发而皆中节"而符合中和之道。《荀子·礼论》指出丧礼节文乃"礼之中流"，"粗衰、哭泣、忧戚，所以持险奉凶也。故其立文饰也，至于窆冶；其立粗衰也，不至于瘠弃；其立声乐、恬愉也，不至于流淫惰慢；其立哭泣、哀戚也，不至于隘慑伤生。是礼之中流也"③。丧礼本身即是对自然情感有节制的表达，它的制作体现出对人的关怀与体贴。

因此，儒家所主张的"丧礼尽哀"并不是指哀情歇斯底里的无节制宣泄，儒家也反对任情而行，如子游即称"有直情而径行者，戎狄之道也"④。"丧礼尽哀"的意义是指"循礼以哀"，所谓尽哀，即根据丧礼仪节的进展而尽其哀情。

三 儒家丧礼观的现代价值

研究古礼的意义，不是为发思古之幽情，而是为了探究其化民成德、敦睦群伦的功能；对古礼礼仪节度的考察，绝不是要恢复古制或以古律今，而是为探求其内在的人文精神，以期稽古振今。据上所论，儒家将丧葬之礼的基础建立在血缘亲情基础之上，将丧礼的重心从逝

---

① 李学勤主编《十三经注疏·礼记正义》卷9，第264页。
② 李学勤主编《十三经注疏·礼记正义》卷58，第1556页。
③ 王先谦：《荀子集解》卷13，第363~364页。
④ 李学勤主编《十三经注疏·礼记正义》卷9，第283页。

者转向生者,丧礼成为生者尽爱之道与立孝成德的礼仪。儒家丧礼中的人文理念对于当今社会的丧礼建设仍具有借鉴意义。

其一,儒家丧礼观念体现出对生命价值的深切关怀与对生命尊严的尊重,这一人文精神在当今社会仍然值得珍视。

儒家丧礼是建立在不"背死",尊重逝者这一理念基础上,其"事死如事生"的精神,不是建立在一种宗教信仰或鬼神崇拜之上,而是基于一种生者对逝者尊重的人文理性精神。儒家通过"葬之以礼"的形式,使生者对亡者不"倍之"、不"恶之",使亡者能够"终始俱善"而有尊严地离开,这充分体现了对生命的尊重。同时要求丧不伤生,丧礼本身也是出于保护生者的身心健康而设计,这也充分体现了对生命的尊重与爱护。

儒家丧礼也往往是在细微处体现出人文关怀。例如《论语·乡党》载:"见齐衰者,虽狎必变。"① 看见穿丧服的,虽然关系亲近,也一定改变面色;在马车上,遇到穿丧服的,要行轼礼。《论语·述而》记载,"子食于有丧者之侧,未尝饱也"②,孔子在有丧事的人旁边吃饭,因怀恻隐之心而不曾吃饱过。《礼记·檀弓下》规定"君遇柩于路,必使人吊之"。即使是国君在路上遇见棺柩,也一定要派人前去吊唁。这些礼规皆从细微处体现出对人的尊重与温情。另如《礼记·曲礼上》规定"邻有丧,舂不相。里有殡,不巷歌","临丧则必有哀色,执绋不笑"。遇到邻居家有丧事,不在街巷中唱歌,助葬要面带哀容,不得出现嬉笑不庄重之色。这些委曲礼仪不仅体现了对丧亲之家的尊重,也可增强人与人之间的情感认同,加强社会的凝聚力,对于建立融洽的社会关系具有重要作用。

不可否认,时至今日,仍存在一些不合礼的现象,比如,在一些场

---

① 刘宝楠:《论语正义》卷13,第430页。
② 刘宝楠:《论语正义》卷8,第260页。

合中，丧礼仪式简短粗略，不伦不类，恰似走过场的作秀，更甚者有亲属为财产分割等问题在丧礼上大打出手，导致本来庄严肃穆的丧礼仪式成为生者利益的角逐场，缺乏对亡者基本的尊重；参加丧礼者着装五颜六色，甚至丧礼中浓妆涂抹；更不用说宾客在丧礼过程中谈笑风生，品头评足，缺乏对亡者及其家属的基本尊重。

在儒家看来，心怀恻隐之心而尊重亡者，这是人之所以为人最基本的道德，也是化民成德的根基；人有不忍人之心而不"背死"，能够给亡者以尊严，其实是维护生者之尊严，背弃亡者而"薄死"即意味着贬低自己的道德人格，乃沉沦堕落于禽兽之道。尊重、善待亡者是文明社会里一种高贵的品格，如果对亡者没有最基本的尊重，没有恻隐之心，对亡者之家无基本的同情与哀悼，则一个社会的文明道德体系也会趋于崩溃，醇厚民德也将无处觅踪。儒家丧礼体现出的对生命的温情与尊重，以及对生命尊严的珍视在当今社会具有重要意义。

其二，儒家"慎终追远，民德归厚"的价值理念充分体现了"从人类心情深处立教"的人文理性精神，这种精神在当今社会仍具有现实意义。

在礼家的丧礼话语体系中，强调比较多的是"慎终"，最为著名的是《论语·学而》记载曾子曰"慎终追远，民德归厚矣"。刘宝楠《论语正义》认为此"慎终"，"不止以尽哀言"[①]，主张慎终之情包括敬与哀。上博简《内礼》云："君子之立孝，爱是用，豊（礼）是贵。"[②] 孝道之确立，内则出于爱人之仁，外则合乎礼文。从此角度分析，儒家"慎终"的含义应包括内"丧尽哀敬"与外"丧尽其礼"两个层面。就丧礼节文与内在哀戚之情来讲，二者是不可分割的。若无具体的丧礼节文，则人内心的情感无由表达，内心之哀与仁人之心

---

① 刘宝楠：《论语正义》，第13~14页。
② 马承源主编《上海博物馆藏战国楚竹书》（四），第220页。

无从体现。先秦儒家所定的缜密的丧礼节文，其本身就是人内心道德情感的合理表现，它使孝子得以至诚至敬的报恩态度对待亡者，以宣泄内心的哀思与孝道。人能"丧尽其礼"，方能"尽其哀"；若没有合理的丧礼，则慎终之义无以实现，若不能慎终，则人道未毕，也就谈不上行孝道，谈不上完善的德性人格。

这种本然的哀戚之情以及外在的丧礼节文，对于民众道德的提升具有重要意义。对亲人具有自然之真情，人同此心，心同此理，振古如兹。钱穆论丧祭礼的意义说："生人相处，易杂功利计较心，而人与人间所应有之深情厚意，常掩抑不易见。惟对死者，始是仅有情意，更无报酬，乃益见其情意之深厚。故丧祭之礼能尽其哀与诚，可以激发人心，使人道民德日趋于敦厚。"[①] 丧礼是亲人仁爱之心从内到外的发扬，这种自然的孝性本心可以转化为道德的自觉，成为提升道德修养的一种方式，因此丧礼具有塑造社会成员道德人格的功能。

笔者并不反对"移风易俗""丧事从简"的原则，然认为亦应有度，若只求简易而完全废除宣泄丧亲之情的传统丧葬礼仪，必然导致传统丧礼那种凝聚人心、促进文化认同与群体认同和社会教化等功能的消失。当今社会已步入工业化和信息化社会，既无须以古律今，也无必要完全恢复传统的儒家丧礼形式，但完全抛弃传统丧礼形式，乃至摈弃其精神实质，那么其所承担的文化意义和社会教化功能则成为无源之水，提高人们的道德水平、增强民族凝聚力也就成为空谈。因而建设社会主义精神文明，理应遵循去芜存菁、明体达用的原则，吸收儒家传统丧礼的精华，倡导符合社会主义精神文明的新时代丧礼，这对于提高社会道德水平，增进民族文化认同，仍然有着积极意义。

其三，儒家丧礼中"礼以制中""立中制节"等务实灵活的原则

---

① 钱穆：《论语新解》，第13页。

可以为纠正新时期丧葬弊端提供理论借鉴。

儒家丧礼"立中制节"原则既要求节制哀情,也要求节制丧仪用度。孔子反对奢靡僭越的丧礼,而对于贫困无以为礼的情况,则主张要根据自己的财力量力而行。据《礼记·檀弓下》记载,子路因为自己无钱养父母和为父母办葬礼,而大发感叹:"伤哉,贫也!生无以为养,死无以为礼也",孔子则认为"啜菽饮水尽其欢,斯之谓孝。敛手足形,还葬而无椁,称其财,斯之谓礼"。意思是说孝重在养志,即使以豆羹清水事亲,但能让双亲精神愉快也可称作孝;双亲去世,只要根据自己的财力来办理丧事,这也符合礼的精神。儒家素来强调丧礼的精神主要在于哀伤之情,反对奢靡厚葬。在儒家的丧礼观念中,真正的"隆葬"并不是指动辄靡费无度的不合礼之葬,而是指合礼的葬礼,即所谓"死,葬之以礼"①。

儒家这种务实通达的丧礼观时至今日仍然值得重视。今日,一部分地区的丧礼仍存在丧葬奢侈、形式主义严重等问题,丧礼甚至成为显示生者财富与权力、猎取名声的手段。例如,在丧葬仪式上讲排场、好攀比,坟墓讲风水、显豪华,广占耕地,等等,都与儒家重视丧礼的内在哀戚之情、反对奢华厚葬的丧礼观念相抵触。因而,儒家"务实通达"的丧礼观至今仍具有理论指导意义与现实实践意义。

总之,虽然时代变化,然从丧礼节文中体现出的对生命的尊重与对亲人的至真至情却具有跨越时代的生命力,在当今社会仍是维系社会、凝聚人伦、传承民族文化的重要精神纽带。在构建社会主义和谐社会的进程中,对儒家丧礼理论加以现代诠释,从而使其实现现代转化,这对弘扬儒家传统丧礼的人文精神,充分发挥传统丧礼凝固人心、醇厚民俗的社会功能,对实现社会的和谐无疑具有积极作用。

---

① 刘宝楠:《论语正义》卷2,第46页。

论朱子礼学对《五礼通考》的影响

《五礼通考》，作者秦蕙田（1702～1764），字树峰，号味经，江南金匮（今江苏无锡）人，乾隆元年（1736）科考中一甲三名进士，授编修，入直南书房，累官至刑部尚书。谥文恭。《五礼通考》是一部研究中国古代礼制的重要著作。该书卷帙浩繁，"博大闳远，条贯赅备"①，凡正文262卷，依次为吉礼127卷、嘉礼92卷、宾礼13卷、军礼13卷、凶礼17卷。每一礼又分为若干门类，凡为门类七十有五。此书取材宏富，荟萃百家，内容精博，欲了解中国古代礼制沿革，此书实为最切实用之书；而欲研究中国文化史者，此书亦为必备之书。由于此书之重要性，《五礼通考》颇受人赞誉，或推崇它为"数千百年来所绝无而仅有之书"，"独冠古今"②，晚清曾国藩尝盛赞此书"举天下古今幽明万事，而一经之以礼，可谓体大思精矣"③。今人或称其为"中国古代礼学集大成著作"④，诚为不诬之论。此书编撰之起因与朱熹有很深的渊源，《五礼通考·自序》叙述此书编撰初衷乃鉴于朱子《仪礼经传通解》"未足为完书"，虽然清代徐乾学所编《读礼通

---

① 《清史稿》卷304，中华书局，1977，第10502页。
② 参见顾栋高《五礼通考序》，《景印文渊阁四库全书》本；卢文弨《五礼通考序》，光绪六年江苏书局重刊本。
③ 曾国藩：《圣哲画像记》，载《曾国藩全集·诗文》，岳麓书社，1986，第247~252页。
④ 王炜民：《秦蕙田与〈五礼通考〉》，《阴山学刊》1999年第1期，第47~52页。

考》"规模义例具得朱子本意",但吉、嘉、宾、军四礼尚属阙如,秦蕙田遂决心"一本朱子之意"编撰《五礼通考》。学界对《五礼通考》已有一些研究①,但《五礼通考》与朱子礼学之关系如何?朱子礼学又如何影响《五礼通考》的编撰?回答这些问题对于深入认识《五礼通考》具有重要意义。鉴于学界并未有人措意于此,本文拟对这些问题做一探讨。

一 编撰方式与治礼之法

朱熹不仅是著名的理学家,而且邃于礼学,曾撰《仪礼经传通解》一书,对后来元、明、清三代的礼学研究产生了很大影响。以下试从编撰方式与编撰指导思想两个方面来考察朱子礼学对《五礼通考》编撰的影响。

(一) 编撰方式

在《五礼通考》的编撰方式上,其承袭朱熹《仪礼经传通解》亦十分明显。无论是编撰的取材,还是对礼学聚讼问题的处理方式,甚至编撰的形式,《五礼通考》均受到朱子礼学的影响。

首先,《五礼通考》取材广博,兼采史乘,会通《三礼》,乃受到朱子的影响。唐宋以后,知识界逐渐形成了讲究"会通"的学术研究取向(也是一种研究方法或治学思路)。南宋时期,一方面,朱子深感"礼乐废坏二千余年,若以大数观之,亦未为远,然已都无稽考处"②,意欲会通《三礼》,融贯诸子史书,编次朝廷、公卿、大夫、士、民之礼,建立自己的礼学体系,遂与门人编纂《仪礼经传通解》

---

① 重要者有:林存阳:《秦蕙田与〈五礼通考〉》,《北京联合大学学报》2005年第4期,第25~30页;杨志刚:《秦蕙田〈五礼通考〉撰作特点析论》,载《中国经学论集》,陕西人民出版社,2009,第335~356页;张涛:《〈五礼通考〉史源举要》,《中国文化研究》2011年第3期,第130~136页。
② 黎靖德编《朱子语类》卷33,第2177页。

一书,"欲以《仪礼》为经,而取《礼记》及诸经史杂书所载有及于礼者,皆以附于本经之下,具列注疏、诸儒之说",加以考辨订正。朱熹希望此书既可使传统礼乐"兴起废坠,垂之永久",又可"为圣朝制作之助"①,成为当代之典。另一方面,在《仪礼经传通解》编撰的过程中,朱熹逐渐认识到考察礼制发展沿革的重要性,认为不能仅仅将经注编纂在一起,还需要经史结合,考察礼制的发展变化②。但由于种种原因,朱熹此愿并未实现。其后杨复编纂《续卷祭礼》时,非常注重对祭礼发展演变的历时性考察,但其采择史料的规模与朱子的理想尚有一定差距。秦蕙田对《仪礼经传通解》未尽善之处有清醒的认识,《五礼通考·凡例》称《仪礼经传通解》"第专录注疏,亦未及史乘",有鉴于此,他"遍采纪传,参校志书,分次时代,详加考核"③,按照朝代顺序,对礼制之古今沿革、本末源流进行历史的考察。

其次,考辨礼制,折中诸说,乃遥承朱子之志。朱子撰修《仪礼经传通解》时,曾打算"具列注疏、诸儒之说",希望对聚讼纷纭的礼制问题加以考辨折中。实际上,《仪礼经传通解》尽管也引用宋儒如刘敞、张载、林之奇、程颐、吕大临、陈祥道、陆佃等人之说,但考订辨正并不多,由于种种原因,朱子这一设想并未付诸实施④。朱熹之后,杨复编《续卷祭礼》继朱子遗志,对有关祭礼的诸家异说做了详细的考辨,并阐述己意,多有精妙之论,然在规模与取材方面尚需扩大。秦蕙田将朱熹之愿付诸实施。秦蕙田曾言"通考"之旨:"通考者,考三代以下之经文,以立其本原;考三代以后之事迹,而

---

① 朱熹:《乞修三礼札子》《仪礼经传通解》,载《朱子全书》(第2册),上海古籍出版社、安徽教育出版社,2002,第25~26页。
② 参见殷慧《朱熹礼学思想研究》,湖南大学岳麓书院,博士学位论文,2009,第135~136页。
③ 秦蕙田:《五礼通考·凡例》,味经窝初刻试印本,台北:圣环图书公司,1994。
④ 钱穆曾云:"今本《经传通解》仅附注疏,并无尽取汉晋而下及唐诸儒之说而加以考订辩证之事。"参见钱穆《朱子新学案》,巴蜀书社,1987,第1335页。

正其得失。本原者，得失之度量权衡也；得失者，本原之滥觞流极也。本原之不立，坏于注疏百家之穿凿附会，故积疑生障，必穷搜之，明辨之；得失之不正，紊于后代之私心杜撰，便利自私，至障锢成疑，必备载之，极论之。"①所谓"五礼通考"之"通"，既有历时的通，即每记一制，必上起先秦，下迄明末，古礼今制，靡弗该载；也有共时的通，即每述一义，必网罗众说，加以考辨折中，以定其是非。《五礼通考》广引各种文献，兼收异说，并先儒辩论，附于各条之后，博稽综考，对礼制中的疑难问题进行辨析考证，并以"案语"形式来阐述己见，对难以裁断的礼学问题，则并存阙疑。可以说，秦蕙田以继承朱子之志自勉，对诸儒异说以及各代议礼之论，加以考辨折中，实获朱子之心。

此外，《五礼通考》承继并发扬了朱子编撰礼书的分节法。朱熹在唐代贾公彦《仪礼疏》分节之法的基础上，进一步条理化，将《仪礼》分节附注，《仪礼经传通解》在各种程序仪节后以"右……"来表示出其节目，每节加上标题总括一节内容，条理分明；同时将原来各自为书的注疏，分别附在经文的下面。这种方式，"因事而立篇目，分章以附传记，宏纲细目，于是粲然"②，有利于把握经义，对后代《礼经》研究产生了重要影响③。元代吴澄《三礼考注》、敖继公《仪礼集说》，清代盛世佐《仪礼集编》、吴廷华《仪礼章句》、张尔岐《仪礼郑注句读》等礼学著作皆遵循朱熹的这一研究方法，对经文加以分节。清代的几部通礼性质的礼学著作，如徐乾学的《读礼通考》、江永的《礼书纲目》等礼书也都继承了朱熹的分节这一编纂方式，

---

① 秦蕙田：《答顾复初司业〈论五礼通考书〉》，《清经世文编》，中华书局，1992年影印本，第1363页。
② 江永：《礼书纲目自序》，广雅书局光绪二十一年刊本。
③ 白寿彝：《〈仪礼经传通解〉考证》，载《白寿彝文集·朱熹撰述丛考 中国交通史》，河南大学出版社，2008，第42页。

"虽规模组织不能尽同于《通解》,而大体上,则均由《通解》脱胎者也"①。《五礼通考》将这种编纂方式加以发扬,进一步运用于全书的编撰中,在分类编纂文献之后,也往往以"右……"的形式概括主旨或说明文献的内容,使读者明了大旨。

最后,在"五礼"的内容和范围方面,《五礼通考》注重会通,又于"吉礼"的"宗庙制度"后附以乐律,于"嘉礼"中立"观象授时""体国经野"二门,涉及音乐与天文历算、舆地疆理,内容更为广博。《五礼通考·凡例》云:"《通考》将田赋、选举、学校、职官、象纬、封建、舆地、王礼各为一门,不入五礼;而朱子《经传通解》俱编入《王朝礼》,最为该洽。今祖述《通解》,稍变体例,附于嘉礼之内。"对于这种做法,四库馆臣虽然批评其"虽事属旁涉,非五礼所应该,不免有炫博之意",但也不得不承认:"然周代六官,总名曰礼,礼之用,精粗条贯,所赅本博,故朱子《仪礼经传通解》于学礼载钟律诗乐,又欲取许氏《说文解字》序说及《九章算经》为书数篇而未成,则蕙田之以类纂附,尚不为无据。"②可见,秦蕙田这种将礼学内容扩大的做法乃深受朱子之影响。

(二) 重义理,兼考索,守朱子家法

古之治礼者,或研故训仪节,或阐礼义。《五礼通考》虽然对历代典章制度做了系统的编纂,但此书并非资料的简单纂辑,而是有其宗旨与学术取向。秦蕙田治礼非常重视礼义,强调礼制研究必须探索礼之奥旨与义理,"法古贵知其意"③。《五礼通考》编撰的另一重要参与者方观承,受其叔父方苞影响,治礼亦尤重义理,方观承《五礼通

---

① 白寿彝:《〈仪礼经传通解〉考证》,第43页。
② 永瑢、纪昀主编《四库全书总目提要·五礼通考提要》,中华书局,1997年影印本,第179页。
③ 参见秦蕙田《五礼通考·凡例》。

考序》云:"礼者,群义之文章,协诸义而协,则礼虽先王未之有,可以义断也",意即礼是道德义理的表现形式,即使古未有相关礼仪,亦可据义理而制作新礼。他主张礼仪、名物度数必须以义理为裁断的标准,"名数虽繁,要以义理为之准"。秦、方二人在礼学研究上声气相投,均重视对礼义的探索。这种治礼的取向贯穿于《五礼通考》整部书的编纂中。

秦蕙田非常推崇朱熹的治礼之法,清人多有论此者。王鸣盛《五礼通考序》尝论:"朱子之学,以研究义理为主,而于古今典章制度、象数名物,亦靡不博考之。其纲条之所包络者多,故援据间有未精;而日力不暇给,则书之未成,而有待于补续者亦多。《仪礼经传通解》以经为经,以记为纬。续之者益以丧、祭二礼,规模粲然矣!然熊勿轩《序》称'文公初志,欲取《通典》及诸史《志》、《会要》与《开元》、《开宝》、《政和礼》,斟酌损益,以为百王不易之大法'。则今本犹未之备也。大司寇梁溪秦公味经先生之治经也,研究义理而辅以考索之学,盖守朱子之家法也……书成,人但知为补续徐氏,而公则间语予曰'吾之为此,盖将以继朱子之志耳,岂徒欲作徐氏之功臣哉!'"① 王氏曾襄助蕙田编《五礼通考》,深知他编此书的目的,故此论洵为得当、切中肯綮之语。又,曾国藩论曰:"乾嘉以来,士大夫为训诂之学者,薄宋儒为空疏;为性理之学者,又薄汉儒为支离。鄙意由博乃能返约,格物乃能正心。必从事于《礼经》,考核三千三百之详博,稽乎一名一物之细,然后本末兼该,源流毕贯。虽极军旅战争,食货凌杂,皆礼家所应讨论之事,故尝谓江氏《礼书纲目》,秦氏《五礼通考》,可以通汉宋二家之结,而息顿渐诸说之争。"② 曾

---

① 王鸣盛:《西庄始存稿》卷55,《续修四库全书》(第1434册),上海古籍出版社,2004,第318页。
② 曾国藩:《复夏弢甫》,载《曾国藩全集·书信》,岳麓书社,1990,第1576页。

氏认为《五礼通考》兼采汉学与宋学之长，考据与义理兼备，考据的目的乃在"正心"，意即探求圣人制礼之本义，从而修身成德成圣。此论甚与秦蕙田治礼之意相合。实际上，秦蕙田师法朱子辑礼本意，分类博考礼典，是希望从对礼制的分类考辨中探求圣人制作的本义，"五礼条分缕析，皆可依类以求其义"①。例如《五礼通考》卷22就《春秋》"大雩"书法之奥旨案云："《春秋》常事不书，其书雩者，皆为旱而设也。厥义有三：一则记灾也，一则言大以志其僭也，一则见其时君臣犹有忧旱之心，以别于书大旱、书不雨、书自某月不雨至于某月，而不言雩者之忘民事也。经义宏深，所该者广，传者区区较量于月时之间，岂能通其旨哉！"另如《五礼通考》卷114蕙田案云："程子有只以元妃配享之说，又有奉祀之人是再娶所生，则以所生母配之说，朱子并以为不然，而曰：'凡是嫡母，无先后，皆当并祔合祭。'故知陈舒、韦公肃之议为深得礼意。"在礼制的裁断过程中，以是否合乎礼义作为标准，为探求礼义而考辨礼制，这是秦蕙田治礼的重要特点，《五礼通考》此类例证较多，兹不多举。

古代礼制因袭损益，随时代更，若时代变化则新礼亦不能拘泥而食古不化。"礼可义起"，若据古礼之精神原则，"法古之意"而斟酌古礼，则古礼亦可为制作今礼的资源。但若礼义不明，则制作新礼即成无根之举。故从朱子一直到《五礼通考》编撰者秦蕙田及参与者方观承、宋宗元等人，均重视对礼义的探讨并强调"礼以义起"的理念。

概括论之，自秦汉以来，礼制研究即成专门之学，议礼之家聚讼纷纭，《五礼通考》承朱子之遗意，广泛取材并考辨折中诸说，多有精论，对后世礼学研究大有裨益，尤其作为一部资料宏富的礼学巨著，

---

① 参见《五礼通考》方观承所作序。

秦蕙田能够不限于汇纂资料，而重视探求礼之奥旨，融经义探求于资料编排中，考索与礼义并重，实得朱子治礼之精髓。

二 朱子礼学思想与《五礼通考》之编撰

下面从《周礼》观、尊王思想与治礼目的三个方面来考察朱子礼学思想对秦蕙田编撰《五礼通考》的影响。

（一）《周礼》观

关于《周礼》一书的性质以及成书年代，古代学者众说纷纭，莫衷一是。朱熹根据该书之宏大规模与体例等，认为《周礼》为宗周典制，乃"礼之大纲领"，在《周礼》的成书年代及作者的问题上，朱熹明确认为《周礼》是"周公遗典"，"如《周礼》一书，周公所以立下许多条贯，皆是广大心中流出"，《周礼》《仪礼》为可信之"说制度之书"。针对后人怀疑《周礼》非圣人书以及存在的可疑之处，朱熹认为，即使退而论之，《周礼》或许不是周公亲自撰作，但其大纲、精神及规模均为周公制定，"然大纲却是周公意思"，仍应视为周公所作。① 因此朱熹编撰《仪礼经传通解》时即会通《三礼》，以《仪礼》为经，以《礼记》为传，并将《周礼》视作周代典制而采其内容加以纂辑。

《五礼通考》又如何处理《周礼》这一棘手的问题呢？该书卷首第3案语曰："春秋时博物闳览，好古洽闻之大夫，无如子产、叔向、晏婴、韩起诸人，曾未一见《周官》、《仪礼》，盖周公成文武之德，其追王、郊禘、六官、五礼，诸大经大法，皆藏于王朝，掌于柱下，史官固不得见也。"蕙田认为，《周礼》、《仪礼》乃宗周典制，因一向藏于王朝，故春秋时诸君子未曾得而睹，史官亦不能见到。据此可见

---

① 黎靖德编《朱子语类》卷33、卷86，第850、2912页。

秦蕙田亦认为《周礼》为宗周典制，周公为制作者。另从《五礼通考》卷首第3《礼制因革上》的安排上看，此处将《周礼》置于夏、殷之后，春秋礼制之前，亦可见秦蕙田主张《周礼》所记为宗周煌煌礼典。在《五礼通考》的编撰中，参与撰修的各家秉承朱熹等人《周礼》《仪礼》为周公所制作的观点，将《周礼》一书纳入《五礼通考》，使之成为考察古代礼制的重要支撑文献。不仅如此，在全书的编撰上，《五礼通考》也继承了朱熹"《周礼》为纲"、"《仪礼》为本经"的观念，"吞吐百氏，剪裁众说。盖举二十二史，悉贯以《周礼》、《仪礼》为之统率"①。

（二）尊王思想

宋代诸儒深感政治局势之局促与外邦夷狄之边患，故政治思想中尤重"尊王攘夷"。北宋时期，王安石借助《周礼》推行新政，《周礼》成为变法的理论资源。变法派认为《周礼》为周公所作的致太平之书，并根据《礼记·明堂位》"昔者周公朝诸侯于明堂之位"，认为周公曾摄政称王。而出于尊君意识，反对派如司马光、程颐、苏轼等人则多反对周公称王说，宋儒对周公是否称王之事展开了热烈讨论②。朱熹虽然主张周公作《周礼》，但反对周公称王之说，此态度虽未明言，但朱熹尝论《尚书》云："《康诰》三篇，此是武王书无疑。其中分明说：'王若曰：孟侯，朕其弟，小子封。'岂有周公方以成王之命命康叔，而遽述己意而告之乎？决不解如此。"③ 他将《康诰》等三篇（《康诰》《酒诰》《梓材》）的时代定在了武王时，如此则可将篇中的"王若曰"的"王"解释成武王，从而便与周公没有什么关系了。

---

① 卢见曾：《雅雨堂文集》卷1，《续修四库全书》（第1423册），上海古籍出版社，2002，第454页。
② 刘丰：《周公"摄政称王"及其与儒家政治哲学的几个问题》，《人文杂志》2008年第4期，第36~43页。
③ 黎靖德编《朱子语类》卷79，第2054页。

这样一来，周公也就不可能称王了①。此后杨复编撰《续卷祭礼》，则径直删除了《礼记·明堂位》篇郑玄注的二处"周公"字样，以体现尊王之旨，并云天地祭祀"惟王得行之"。②言外之意，鲁国虽为周公封国，亦不过诸侯，举行郊祀是僭越礼制。

《五礼通考》没有明确地就周公是否摄政称王的问题进行讨论，但在书中也表明了自己的态度。《五礼通考》卷24引《礼记·明堂位》云："天子负斧依，南乡而立。"下引郑玄注："负之言背也。斧依，为斧文屏风于户牖之间，于前立焉。"而郑玄原注作"天子，周公也。负之言背也。斧依，为斧文屏风于户牖之间，周公于前立焉"。《五礼通考》反对周公称王说，遂删去"周公"字样，此与杨复为推崇尊王之意而删除"周公"二字之法异曲同工。

在鲁国郊祀问题上，秦蕙田等编撰者亦承宋儒之论，主张鲁国不应有祭天之礼，鲁国郊祀祈谷、大雩乃僭越之举。例如，《五礼通考》卷21蕙田案语云："先儒论鲁僭郊，义理之正，无如程子、张子；考订证据，以罗氏、陈氏、蒋氏、马氏、杨氏、何氏为最。今以《礼运》之文绎之，则末世僭拟之说为近。"这种严防礼制僭越的裁断，其背后无疑是郊祀非王不得行的理念，鲜明地体现了编撰者的尊王意识。

（三）礼以经世与礼以时为大的思想主张

朱熹治礼具有强烈的现实关怀，他强调礼以时为大，主张根据具体的现实情况采择古礼而用之，并反对拘泥古礼，食古不化。他提出："古礼繁缛，后人于礼日益疏略。然居今而欲行古礼，亦恐情文不相称，不若只就今人所行礼中删修，令有节文、制数、等威足矣。"③欲

---

① 刘丰：《周公"摄政称王"及其与儒家政治哲学的几个问题》，第36~43页。
② 参见叶纯芳《续卷祭礼》，台湾中研院中国文哲研究所，2011，导言，第31~31页。
③ 黎靖德编《朱子语类》卷84，第2177页。

发挥礼学的经世功能，关键在于因时变通地斟酌古制，而不是恪守成规，拘泥于三代之制。朱熹认为，即使"有圣人者作，必将因今之礼而裁酌其中，取其简易易晓而可行，必不至复取古人繁缛之礼而施之于今也。古礼如此零碎繁冗，今岂可行！亦且得随时裁损尔"①，即在制作新礼时，必须遵循与时俱进的原则，制礼作乐必须简单易行，便于推行，故而需要随时损益古礼而变通之。

秦蕙田认为"礼为经世巨典"②，强调治礼的经世目的，这与他继承朱子之志的编撰初衷是一致的。《五礼通考》撰修者对古礼与今俗之间的比较，常常以古礼为依据加以评判，不时以案语形式来针砭非礼之举和当时的鄙陋风俗。例如，该书卷81蕙田案语云"汉立原庙，议者非之。宋乃复袭其名，建立神御殿，至不可数。而以帝王之尊，杂处于浮屠、道家之宇，先王之礼扫地尽矣。《通考》总叙始末最详，存之可以为戒也"，对宋代不能坚持儒家的祭祀礼制加以批评。另如，方观承批判当时的鄙陋祭俗云："唐《开元礼》亦尚有尸，自后尸法亡而像设盛，于是梵宫道院，野庙淫祠，无非土木衣冠，神鬼变相，既立不罢，终日俨然，煽惑愚民，无有限极。以至玉帝天妃亦冕旒环佩而户祝之，则侮天渎神之至矣。乃知古人立尸之意，固甚深远也"（卷5方观承案语）。诸如此例，《五礼通考》中所在多有，充分体现了编撰者对社会现实的关注与治礼以经世的淑世情怀。

但是古礼或因时代的变迁而不适用于现实社会，那么如何处理古礼与新礼的关系？秦蕙田认为礼有因革损益，礼学经世，须以古礼为基础，因时加以变通，"礼以义起，亦与时宜"，在《五礼通考·凡例》与卷首"案语"中秦蕙田表达了这一思想，《凡例》云："班孟

---

① 黎靖德编《朱子语类》卷84，第2178页。
② 秦蕙田：《答顾复初司业〈论五礼通考书〉》，载《清经世文编》卷54，第1363页。

坚云：'王者必因前王之礼，顺时施宜，有所损益。'夫子亦曰百世可知，述礼制因革。"又云："曹褒君臣相得，诚一时之嘉会也。惜乎所撰新礼不能依古损益，多杂谶纬，有虚盛美，可胜慨哉！"此外，涉及朱子《家礼》所载礼仪制度，方观承主张需斟酌裁剪取而行之，他认为，《家礼》"亦有难行之处。朱子为要存古，故段段有宗子行礼。今世宗法已亡，亦无世禄，数传之后，宗子未必贵，贵者不必宗子。祭用贵者之禄，倘支子为卿大夫，而宗子直是农夫，如之何？反使农夫主祭，而卿大夫不得祭也。此当酌一变通之法"。他主张采纳榕村李氏家祭法，"以贵者主祭，而宗子与直祭者同祭"。如此实行，"此亦礼以义起，于随俗之中仍寓存古之意，庶不似俗下祭祀，全然灭裂也"①。总之，古礼或因时代的变迁而不宜全部实行，后人可以法古义而斟酌古礼施行，这种理念也是参与《五礼通考》编撰者的共识。

这里强调的是，《五礼通考》受朱子礼学思想影响，重视礼学研究的经世功能，并不拘于礼经的束缚，强调礼必须与时俱进，这是非常可贵的。

三 《五礼通考》对朱门一系礼说之依归

《周礼·春官·大宗伯》将古礼分为吉、凶、宾、军、嘉五礼，而吉礼为首，《礼记·祭统》亦有"礼有五经，莫重于祭"之说，吉礼为中国古代礼制门类中最重要的一个门类。而涉及祭祀诸多重大问题，古代学者往往是"歧说益纷，几千年间，废兴创革，往往莫之适从"②，于是秦蕙田决定对祭礼内容做一全面系统的清理。职此之故，秦蕙田非常注重对吉礼的探讨，《五礼通考》262卷中，前127卷为吉礼，约占全书规模的一半。因此，《五礼通考》吉礼部分最能体现秦

---

① 参见《五礼通考》卷115方观承案语。
② 参见《五礼通考》卷1蕙田案语。

蕙田对于朱子礼学的态度及其学术取向。[①] 下面主要以《五礼通考》"祭礼门"为例来考察《五礼通考》对朱子礼说之态度。

东汉郑玄遍注《三礼》，建构了一套祭祀体系，对魏晋以后的国家祭祀体系产生了较大的影响。虽然魏晋时期的王肃广驳郑玄之说，但郑说的影响仍然很大。时谚云"宁道周、孔误，不言郑、服非"，即反映了南北朝时期学界对郑玄的推崇。迄至唐代，赵匡、陆淳等人对郑玄之说加以辩驳，宋儒继而大扬其波，程颐、朱熹、杨复等人对郑玄的祭礼体系多有批评。限于篇幅，本文不再详述各祭祀门类的具体内容，而是以表格形式展现《五礼通考》对郑玄说的辩驳与对朱子礼说的态度（见表1、表2）。以下简略叙述《五礼通考》的祭祀体系。

表1 《五礼通考》祭礼部分驳郑一览

折中之说	驳郑	所引诸家
天帝为一	诸儒辨郑氏六天、天帝不同（卷1）	王肃、朱子、程子、杨复、陈祥道、马端临
冬至日为建子之月	诸儒辨郑氏长日至为建卯月（卷1）	马晞孟
冬至郊天为正祭，一岁四郊	论注疏诸家九祭八祭七祭四祭二祭（卷1）	程子、杨复、马端临
郊即圜丘，圜丘即郊	诸儒辨郑氏郊丘不同（卷1）	王肃、马晞孟、陈祥道
禘郊祖宗皆宗庙之祭，圜丘与禘不同	禘郊祖宗皆配天，誉稷分配圜丘郊，圜丘郊名禘祭（卷2）	王肃、赵匡、杨复、马晞孟
玄衣十二章	辨郑氏王服九章：大裘之上有玄衣，玄衣之上有十二章，周止九章。（卷4）	杨复、林少颖

[①] 下面未特殊注明者，引用诸儒之说均出自秦蕙田《五礼通考》，味经窝初刻试印本。

续表

折中之说	驳郑	所引诸家
郑说非	辨注疏天地人三宫不用之律（卷5）	陈祥道、杨复
鲁无冬至郊天	诸儒辨郑氏冬至郊天为鲁礼（卷21）	王肃、叶梦得
鲁正月一郊天	辨郑、王鲁一郊二郊不同（卷21）	—
明堂、大寝异	先儒辨郑注《月令》之非（卷24）	李觏
明堂祭帝止是祭天	先儒辨郑注礼书明堂祀五帝（卷24）	程子、朱子、杨复
明堂无五帝五人神	辨注疏武王配五人神于明堂下（卷24）	王肃、陈祥道、唐仲友
昆仑、神州之号颇为不经，北郊祭地	诸儒辨注疏昆仑、神州两地祇（卷37）	陈祥道、杨复、马端临
方泽所祭地示，亦曰大示。	辨郑氏说地示不同（卷37）	—
社主用石，本《周礼》郑注之说，非有明证；树木以依神，临祭则用木主	论诸家社主用石用木不同（卷42）	陈祥道、邱光庭、程迥
禘乃祭始祖所自出，而以始祖配	辨郑氏三禘之说（卷97）	赵匡、杨复、马端临
禘不兼群庙	辨郑氏禘兼群庙（卷97）	陆淳、赵匡、程子、朱子、杨复
禘于始祖庙	辨郑氏禘各于其庙（卷97）	王肃、赵匡
禘祫皆吉祭	辨郑氏丧毕有祫、祫前有禘（卷97）	杨复
禘非殷祭，祫为殷祭	辨郑氏禘祫皆殷祭（卷97）	杨复
禘祫皆岁岁有之	辨三年一祫、五年一禘（卷97）	林之奇、马端临
禘重于祫	辨郑氏祫大禘小（卷97）	林之奇、杨复

表 2 《五礼通考》构筑的祭礼体系

祭祀门类		《五礼通考》之说	备注
天神	南北郊	南郊圜丘祭天,日月从祀,后稷配	同杨复说
	祈谷	祈谷祭祀上帝,于正月辛日;鲁郊乃僭礼	同杨复说
	大雩	大雩祭祀上帝;	同杨复说
	明堂	明堂祭祀上帝,以文王配享(周公义起之礼,后世不应以父配帝于明堂)	同杨复说
	迎气	祭祀五方帝	同杨复说
	日月	正祭:春分日东郊朝日,秋分日西郊夕月	同杨复说
地祇	地祇	大地有一,夏至北郊方丘祭地	同杨复说
	社稷	社祭土地,稷祭五谷神	同杨复说
宗庙	庙制	天子七庙,文武称宗,不在数中	同朱子说
	立尸	天地无尸	同朱子、杨复说
	昭穆	昭穆不辨尊卑	同朱子说
	禘祫	禘以祭始祖所自出之帝,不王不禘;祫以合祭毁庙未毁庙之主,岁岁有之	同杨复说
	四时时享	祠礿尝烝谓之时享	同杨复说

天神之祭问题中,尤以郊祀为千年聚讼的大问题。宋儒程颐、朱熹、杨复等人对郑玄的郊丘异帝、六天、大雩、明堂等说法提出异议,《五礼通考》"郊祀"门建构的祭礼体系继承了朱子、杨复一系的祭礼体系。

周代的地祇祭祀有大地、社稷、山川等神灵。历代学者聚讼之处主要集中于大地是否有二(大地昆仑皇地祇、神州地祇),以及社稷神灵的属性等问题上,至宋代,这些问题经朱子及弟子们的考论而渐趋明朗,《五礼通考》对郑玄的相关论说做了详细的辨正,并咸宗朱子说。

关于宗庙祭祀,历代学者主要围绕庙制、禘祫、昭穆等问题聚讼不已,郑玄之说尤为先儒所重。在庙制问题上,朱子不赞成郑玄之说,他认为"刘歆说文、武为宗,不在七庙数中,此说是"。《五礼通考》

以朱子说为是,卷58蕙田案语云:"七庙之制,自虞至商已然。殷之三宗百世不毁,不在七世亲庙之数。刘歆之论不可易也,故朱子亦以为是。"关于禘祫祭,郑玄之说凡三解,游移不定:其一,他认为天子祭圜丘、郊曰禘,祭宗庙大祭亦曰禘;其二,三年丧毕举行祫祭,明年举行禘祭,后再行殷祭;其三,祫则合毁庙群庙之主于太祖庙而祭之,禘则增及百官配食者审谛而祭之。鲁礼,三年丧毕而祫,明年而禘。圜丘、宗庙大祭俱称禘。郑说遭到唐代陆质、赵匡等人的反驳,朱子一遵陆质之说,认为:"禘是祭之甚大甚远者,若他祭与祫祭,止于太祖。禘又祭祖之所自出,如祭后稷,又推稷上一代祭之,周人禘喾是也","然又惟天子得如此,诸侯以下不与焉。"其后杨复又做了详细论述,认为:"夫禘,王者之大祭。王者既立始祖之庙,又推始祖所自出之帝,祀之于始祖之庙,而以始祖配之。"《五礼通考》卷97引用并赞成杨复之说,蕙田案语云:"禘以祭始祖所自出之帝,祫以合祭毁庙未毁庙之主,祠禴尝烝谓之时享,皆宗庙之祭也","既分郊丘为二祭,又合郊丘为禘祭,惑误滋甚。王肃发其端,赵氏、杨氏详其辨,诸家从而引伸之,可谓廓如矣。"关于昭穆制度,《五礼通考》卷59方观承案语云:"昭穆之说,自汉以来纷然聚讼,至朱子而始有定论。"可见《五礼通考》并宗朱子说。

从表1可以看出,在一些长期聚讼的祭祀礼制问题上,《五礼通考》受宋儒驳郑风气的影响,对郑说多有抨击,并萃集后儒诸说,以附录形式对郑说集中辩难。引用各家之说也以宋儒居多,解经与辨正郑玄之说以宋儒的经解为主。其中,祭礼中许多重要的问题,朱子多有涉猎且有自己的考证与认识。秦蕙田以继朱子未竟之志自许,对朱子的礼学观点自然是非常重视,有关郊祀、明堂、庙制、禘祫、昭穆等重大礼学问题,《五礼通考》均重点引用朱子之说。出于对朱子的尊崇及受其影响,书中或从朱子之说,或申论朱子之说(如昭穆兄终弟及），或曲为维护朱子之论①。此外，秦蕙田还将司马光《书仪》、朱子《家礼》中的祭礼内容编入"大夫士庙祭"部分，充分体现了秦蕙田对朱子礼学体系中《家礼》一书的尊重与重视。

对朱熹门人之礼说，秦蕙田也高度重视。杨复继朱子之志撰《续卷祭礼》，推阐朱子礼说，也可视作朱子礼学体系，《五礼通考》对杨复礼说也广为征引并多从其说。据表2，《五礼通考》所架构的祭礼体系，与朱子、杨复所架构的祭礼理论体系完全一致，而在明堂、庙制、禘祫、昭穆等许多重要的礼制问题上，秦蕙田《五礼通考》咸宗朱子说，一以朱子为归。

要之，《五礼通考》烙上了深深的宋学之印，具有鲜明的宋学色彩，这与秦蕙田服膺宋儒治礼之法密切相关②。《五礼通考·凡例》曰："汉《艺文志》言礼者十三家。洎及魏晋，师传弟受，抱残守阙，厥功伟焉。至宋元诸大儒出，粹义微言，元宗统会，而议礼始有归宿。"由此可见秦蕙田对宋代诸大儒礼说的尊崇。对朱子的礼学体系，方观承《五礼通考序》言之甚明："三代以下，言礼者必折衷于朱子。"此乃秦蕙田及参与《五礼通考》编撰者的共识，《五礼通考》的学术取向及其鲜明的宋学特色由此可见一斑。

朱子礼学对《五礼通考》编撰产生了重要影响。从《五礼通考》的编撰形式、取材规模以及对朱子礼说的依归可以看出，该书在"规模遗义"上，无疑可以视为朱子礼学之延续和发扬；从治礼的宗旨与学术取向等角度分析，该书可谓一部具有宋学色彩、受朱子礼学影响较深的礼学巨作。

---

① 《五礼通考》卷37宗元案："圜丘、方泽，各自为祭。朱子言之，不一而足。《语类》此条因经文无北郊说，而反取胡五峰之言。若非记录之讹，即是朱子未定之说耳。周氏乃单摘此条，议之而不加别白，尚欠分晓。"

② 《五礼通考》称张载、程颐、朱熹等理学家为子，其余多直称其名，表明编撰者对这些人非常尊重。

切近人伦日用：中国古代曲礼的现代价值

礼乐文明是蕴含中国独特的价值观和人文理念的文明体系，礼是中华民族的文明基因，是中国之所以为中国的核心元素，是华夏文明的标志。古代中国的礼，是物质（礼物）、典章制度（礼制）、践履（礼仪）、伦理思想（礼义）等多层面的统一体，兼具政治、宗教、伦理、道德等多重属性。那么在今天，传统礼制是否具有现代价值，礼如何与现代社会人伦日用相对接，从而发挥其敦睦群伦、教化世道人心的积极作用，下面从传统曲礼与日常社会生活相对接的角度谈些粗浅的看法。

一　曲礼的内在精神与功用

华夏古礼的传统，大致可以分为经礼、曲礼二类。经礼指为了较隆重的特定目的而实行的一整套礼仪，即《三礼》所载的"冠婚丧祭燕射朝聘"等各礼，到魏晋时期又总括为国家政府层面的吉、凶、军、宾、嘉五礼。所谓曲礼，则指日常生活的礼仪规范或从礼仪形式中归纳出来的通则，而不是一整套的仪式[①]。"曲礼"之名首见于《礼

---

① 叶国良:《战国楚简中的"曲礼"论述》，载武汉大学简帛中心主办《简帛》（第4辑），上海古籍出版社，2010，第239~246页。

记》。《礼记·礼器》曰:"故经礼三百,曲礼三千,其致一也。"朱熹《仪礼经传通解》解释为:"所谓曲礼,则皆礼之微文小节,如今《曲礼》《少仪》《内则》《玉藻》《弟子职》篇所记事亲事长、起居饮食、容貌辞气之法,制器备物、宗庙宫室、衣冠车旗之等,凡所以行乎经礼之中者。"① 曲礼为具体细小的仪节,其内容庞杂,既包括与日常生活密切相关的礼仪,也包括有关事亲事长、为人处事、待人接物、修身交友的原则等内容。

曲礼在先秦、秦汉时期即已受到重视,经过唐宋变革,礼制下移,中古以后逐渐在学理与实践两个层面上获得发展。一是家训、家礼类著作不断涌现,家礼的内容主要是家庭成员应遵守的家庭礼法,以及家庭成员的日常起居及婚、丧、冠、祭等礼仪规定,家训则主要是教育后代有关修身为学、为人处世、择友从师、齐家爱国等方面的训诫内容。二是中古以后,为适应对民间的社会教化,民间村规乡约、乡礼大量出现。村规乡约大部分以立教、明伦、敬身为主,注重道德教化,对百姓的日常礼仪规范做了规定。此外,南宋以后,伴随着书院的复兴,各地的大小书院都有自己的学规,其内容多注重修身进德,对学子的日常礼仪也有规定。这些礼仪守则,均为先秦曲礼之苗裔,经过儒家知识分子的以身作范,以及通过童蒙教育与书院教育等方式的推行,对塑造中国人的民族精神,提升民众的道德素质起了重要作用。

曲礼与经礼的精神是一致的,其内在精神是仁爱之心和诚敬之情,其用则是社会的和谐。仁是对他人的关怀、尊重与爱人之仁。《礼记·儒行》说:"礼节者,仁之貌也。"礼仪最核心的要素是要有"仁人之心",无此则礼将流于虚情假意。仁是尊敬别人的情感基础,

---

① 朱熹:《仪礼经传通解》,第28页。

人具有仁爱之心，则在人际关系中会互相礼敬对方、关爱对方，否则，"敬而不爱，非真敬也"①。中国古礼的核心在于敬，礼仪的根本即在于发自内心的真诚与对对方的敬意。《左传·僖公十一年》论述敬的意义说："礼，国之干也；敬，礼之舆也。不敬，则礼不行。"《礼记·曲礼上》开篇即言"毋不敬"。在中国古代，恭敬是人际交往的基本准则，它是一切德行之基础，如《左传·僖公三十三年》说："敬，德之聚也，能敬必有德。"因此，古代人际交往以谦让为重要的践履原则，讲究"自卑而尊人"，"自谦而敬人"。《礼记·曲礼上》说："是以君子恭敬撙节退让以明礼。"儒家要求与人交往时要谦卑自持，尊敬对方。《礼记·曲礼上》说："夫礼者，自卑而尊人。虽负贩者，必有尊也，而况富贵乎？"这种规定与现代社会的民主平等观念颇有契合之处。

二 曲礼与现代生活对接之可能

无论是经礼还是曲礼，都是以恭敬谦让、尊重对方为人际交往原则，故古代曲礼处处体现出对他人体贴入微的设计原则。

譬如，《礼记·曲礼上》说："谋于长者，必操几杖以从之。长者问，不辞让而对，非礼也。"意思是说，求教于长者，一定要携带几、杖跟从；长者问话，一定要谦让后再回答。这种细小礼文的规定体现了对长者的敬重及体贴照顾。

又《礼记·曲礼上》规定："将上堂，声必扬。户外有二屦，言闻则入，言不闻则不入。将入户，视必下。入户奉扃，视瞻毋回。户开亦开，户阖亦阖。"意思是说将要登堂时，要提高自己的声音以告诉室内之人；若室门外有两双鞋，要听到室内人的谈话声，才可以入室；听不到说话声，说明室内人在密谈，就不要擅自进入；进门后，

---

① 黎靖德编《朱子语类》卷23，第564页。

目光要下视,不要东张西望;入门后,原先若虚掩其门的,也要半关上门。这些微文小节体现了尊重他人隐私、谨慎处事的原则。

另如《礼记·曲礼上》规定"望柩不歌","邻有丧,舂不相。里有殡,不巷歌","临丧则必有哀色,执绋不笑"。意即遇到邻里有丧事,则舂米时不唱送杵的号子,不在街巷中唱歌,助葬要面带哀容,不能出现嬉笑之色。这些委曲礼仪体现了对丧家的尊重与体恤,有利于创造出一种充满温情的人际关系。

传统礼仪可以协调人际关系。传统曲礼中有关待人接物、为人处事、人际交往的内容,凝聚了中华民族的生存智慧,是一笔宝贵财富。比如,《礼记·曲礼上》:"君子不尽人之欢,不竭人之忠,以全交也","很毋求胜,分毋求多";《礼记·缁衣》:"可言也,不可行,君子弗言也。可行也,不可言,君子弗行也。"这些礼仪原则在今日处理人际关系时仍不失其参考价值。另如《论语·季氏》说:"益者三友,损者三友。友直,友谅,友多闻,益矣。友便辟,友善柔,友便佞,损矣。"[①] 对于今日人们如何交友更是具有指导意义。

传统曲礼积淀了中华民族尊师重道、尊老爱幼、尊德敬长等传统美德。中国自古即有尊师重道的传统,《礼记·学记》云:"凡学之道,严师为难。师严然后道尊,道尊然后民知敬学。是故君之所不臣于其臣者二:当其为尸则弗臣也,当其为师则弗臣也。"古代除了国家的释奠祭孔典礼外,日常生活中尚有尊师之礼仪。如《管子·弟子职》记载了先秦家塾教弟子之法,乃后世学校、书院制定学规、学范的范本,里面记载了弟子事师、受业、馈馈、洒扫、执烛坐起、进退之礼。历代曲礼性质的著作,如朱熹的《小学》《童蒙须知》均有尊师的礼规。此外,古代曲礼中也有很多具体的尊老礼仪,如《孟子·

---

① 刘宝楠:《论语正义》卷19,第657页。

梁惠王上》提出"颁白者不负戴于道路"①,《礼记·王制》亦要求"班白不提挈","轻任并,重任分",意谓老者年迈体衰,不应再身背重物行走于道路,年轻人应分担其物,以减轻老者的负担。②此外,同长者说话时的声量,也有礼仪规定。如《养蒙便读·言语》规定"侍于亲长,声容易肃,勿因琐事,大声呼叱",《弟子规》说:"低不闻,却非宜"。尊师敬老是文明社会的标志,一个文明社会,必是一个尊师敬老的社会,这些传统美德今日应大力弘扬。

传统曲礼体现了中华民族最深层的精神追求,它旨在实现家庭、社会秩序的和谐,达到一种"四海之内合敬同爱"③的境界。基于此,它重视个体道德人格的培养,重视家庭亲情;反对"穷人欲"的放纵,讲究"立中制节""勤俭节约";崇尚"礼之用,和为贵",追求人际社会的温情和人与人之间敬意。这些内在精神追求与传统礼仪内外一体,共同塑造了中华礼仪之邦优雅从容的气质。

三 曲礼与现代社会生活的有机联系

近代以来,由于中国一系列激进的政治革命和对传统思想文化的批判,加之改革开放后西方文化的强势冲击,中国政治制度、社会生活方式与文化传统的历史连续性均发生了很大程度的断裂,儒学既不再有社会组织体制的支撑和依托,也在一定程度上割裂了它与人伦日用的联系,成为余英时先生所说的"游魂"④。作为儒学重要组成部分的礼仪,它之所以能够发挥教民成德、化民成俗的作用,一个重要原

---

① 焦循:《孟子正义》卷2,第58页。
② 《礼记·祭义》亦要求"斑白者不以其任行乎道路"。李学勤主编《十三经注疏·礼记正义》卷48,第1338页。
③ 李学勤主编《十三经注疏·礼记正义》卷37,第1087页。
④ 余英时:《现代儒学的困境》,载余英时《现代儒学论》,上海人民出版社,1998,第229~235页。

因即在于其切近人伦日用，具有很强的实践性，其价值观已融入百姓日常生活中。故而在探讨传统礼仪的现代价值时，既应着眼于对其人文价值的深入发掘，为现代精神文明建设提供思想道德资源，还要重建传统礼仪和现代生活的有机联系。

中国古代曲礼内容丰富，它与中华民族传统美德构成内在的统一性，如尊老爱幼、尊师敬长、敬让体贴他人、勤劳节俭等美德具有超越历史局限的普适性，在今天的日常生活中仍然需要大力弘扬；传统曲礼内蕴的"父子有亲，君臣有义，夫妇有别，长幼有序，朋友有信"的伦理，经过创造性转化之后，完全可以成为现代社会道德建设可资利用的资源；曲礼体现出的以人为本、仁爱敬人、与人为善、诚信待人等人文主义理念和强烈的人文情怀，在当今社会弥足珍贵，它与现代社会倡导的价值观是一致的，可以与社会主义核心价值观相对接。党的十八大报告强调指出"爱国、敬业、诚信、友善"是公民基本道德规范，这是从个人行为层面对社会主义核心价值观基本理念的凝练。欲使社会主义核心价值观发挥其作用，除了进行思想道德建设外，还必须将抽象的道德原则落实于礼仪这一文化载体，必须重视切近人伦日用、关乎世道人心的现代"曲礼"建设，使之成为涵养社会主义核心价值观的源泉和传承中华民族传统美德的重要载体。这就要求我们对中国传统礼仪认真进行梳理和总结，深入挖掘和阐发优秀传统礼仪的时代价值，继承和发展传统礼仪中蕴含的传统美德，遵循"缘情度势，简约易行"的原则，经过创造性转化与创新性发展，建构起适合民众生活的现代道德礼仪体系，并将中华民族优秀价值观融入日常生活礼仪，通过家庭教育、学校教育、社会教育等形式，发挥其正确的价值导向，实现社会主义核心价值观的内化，从而推进社会主义和谐社会的建立。

针对当今社会存在的拜金主义、功利主义、个人中心主义、缺乏诚信等社会道德滑坡现象，吸取传统曲礼的精华，加强与公民道德有关的礼仪制度建设，尤为迫切。人是文明的产物，礼仪是社会文明程度的高度体现。一个没有道德人文精神、礼仪修养的民族很难自强于世界民族之林，也很难受到世人的尊敬。现代社会，社会公德的培养必须从公民私德开始，公民的私德是建设和谐社会的基础。而礼仪是培育公民私德，提高公民素养的重要方式，传统曲礼中有很多涉及个人道德修养的文字，言近而旨远。如《礼记·曲礼上》云"敖不可长，欲不可从，志不可满，乐不可极"，"临财毋苟得，临难毋苟免"；《礼记·少仪》要求"不窥密，不旁狎，不道旧故，不戏色"；朱熹《家训》说："勿损人而利己，勿妒贤而嫉能。勿称忿而报横逆，勿非礼而害物命。见不义之财勿取，遇合理之事则从。"这种格言类曲礼尚有很多，它们是传统文化的精髓，对于培育个人道德与良善人格具有重要意义，应多加以整理、发掘，应用到社会主义核心价值观的践行中。

传统礼仪以道德为内核。古代德的条目有很多，仁、义、礼、智、信等德行均是个人与他人、社会发生联系时所应遵行的原则，这些德行的落实皆要求个人具有自觉的责任意识与"互以对方为重"（梁漱溟语）的善良之心[①]。在现代社会，无论是培育私德还是公德，关键亦在于弘扬责任意识，发扬传统礼仪中蕴含的"互以对方为重"的伦理原则。否则，现代礼仪也不过是逢场作戏，敬让他人、诚信待人也成为空谈，社会公德建设也将成为空中楼阁。

总之，践行社会主义核心价值观，要汲取传统曲礼的精华，充分将其中蕴含的敬老、尊师、诚信、仁爱、谦让等与时代精神相一致的伦理美德植根于日常生活礼仪中，从而提高公民的道德素质，塑造中华民族礼仪之邦的文化形象，增强文化软实力，实现中华民族的伟大复兴。

---

① 梁漱溟：《人心与人生》，载《梁漱溟全集》（第3卷），山东人民出版社，2005，第738页。

中国传统日常礼仪与当代公民的修身实践

在中国传统社会里,礼是维持良好社会秩序的各种规范的总称。《大戴礼记·本命》记载有"冠、昏、朝、聘、丧、祭、宾主、乡饮酒、军旅"九礼,几乎包括当时政治、社会和家庭等各个领域的礼仪规范。除了国家政治层面的礼制,古代中国人的日常生活与礼也密不可分,礼渗透进人伦日用,无所不在,对中国人具有广泛而深刻的影响。儒家认为道不离人伦日用,在中国的传统社会里,传统日常礼仪是社会价值观的体现,这些日常礼仪的精华,至今仍有一定的价值。

一 中国古代日常礼仪的道德意蕴

传统日常礼仪,古代也称为"曲礼",指日常生活的礼仪规范或从礼仪形式中归纳出来的通则[①],其内容包罗万象。南宋朱熹说:"所谓曲礼,则皆礼之微文小节,如今《曲礼》《少仪》《内则》《玉藻》《弟子职》篇所记事亲事长、起居饮食、容貌辞气之法,制器备物、宗庙宫室、衣冠车旗之等,凡所以行乎经礼之中者。"[②] 曲礼为具体细小的仪节,内容庞杂,既包括与日常生活密切相关的礼仪,也

---

① 叶国良:《战国楚简中的"曲礼"论述》,第239~246页。
② 朱熹:《仪礼经传通解》,第28页。

包括有关事亲尊长、为人处事、待人接物、修身交友的原则等内容。

传统日常礼仪体现了各个层面的道德规范与伦理道德价值，如春风化雨般浸润百姓的日常行为，规范着人们的行为，从而使中国人的人文道德素养得到提高。

（一）社会公德

社会公德主要适用于社会群体的公共生活，是为了社会群体的公共利益而制定的道德规范。有学者认为中国古代社会中公德比较不发达[①]，这种认识是不全面的。古代儒家比较重视个人私德诚为事实，但是并不能认为中国古代就全无针对社会公共生活的礼仪规范。

《礼记·曲礼上》规定："将上堂，声必扬。户外有二屦，言闻则入，言不闻则不入。将入户，视必下。入户奉扃，视瞻毋回。户开亦开，户阖亦阖。"商周时期的建筑布局是，庭后面是堂，堂后是室，堂室位于高台上。将要登堂时，要提高自己的声音以提醒室内之人；若室门外有两双鞋，要听到室内人的谈话，才可以入室；听不到说话声，说明室内人在谈些隐秘之事，就不要擅入；进门后，目光要下视，不要东张西望；原先若虚掩其门的，也要半关上门。这些具体的礼仪规范充分体现出古人对他人隐私的尊重。

另，《礼记·曲礼上》规定"望柩不歌"，"邻有丧，舂不相。里有殡，不巷歌"，"临丧则必有哀色，执绋不笑"。看见有棺柩则不要歌唱，遇到邻居有丧事，则舂米时不唱送杵的号子；遇到街里有丧，

[①] 梁启超《论公德》说："我国民所最缺者，公德其一端也……试观《论语》、《孟子》诸书，……其中所教，私德居十之九，而公德不及其一焉。"参见《梁启超全集》（第一册），北京出版社，1999，第660~661页。费孝通《乡土中国》指出：在中国的城乡生活中，"最大的毛病是'私'。……扫清自己门前雪的还算是了不起的有公德的人，普通人家把垃圾在门口的街道上一倒，就完事了。"参见费孝通《乡土中国》，生活·读书·新知三联书店，1985，第21页。梁漱溟《中国文化要义》说：公德"恰为中国人所缺乏，往昔不大觉得，自与西洋人遭遇，乃深切感觉到"。参见梁漱溟《中国文化要义》，上海古籍出版社，2005，第59页。

则不在街巷中唱歌。绋是拉灵柩的粗大绳索。古礼,"助葬必执绋",帮助办理丧葬时则必定以绳索拉柩,此时不要有快乐的笑声,脸上要有哀戚之色。上博简《三德》提出:"入墟毋乐,登丘毋歌。"① 进入墓地兆域与登上坟丘时不要歌乐。这些委曲礼仪体现了对丧家的尊重与体恤,有利于创造出一种充满温情的人际关系。同时,这些礼仪规定也是培养人的同情心,即孟子所说的恻隐之心。

在社会公共空间中,古礼也规定不要妨碍别人。比如《礼记·曲礼上》说:"登城不指,城上不呼。"要求登上城墙不要指指点点和大声呼喊,否则可能引起城中人的惊慌和疑惑。在公众场合也禁止大呼小叫,高声喧哗。对于在国中公共场合长叹大呼者,《周礼·秋官》设有衔枚氏负责禁止此类行为:"禁叫呼叹鸣于国中者,行歌、哭于国中之道者。"在公共场合大呼小叫、长吁短叹容易惑众惊众,引起别人不必要的猜测,亦给人傲慢无礼之感。

另,《礼记·曲礼上》说:"入国不驰,入里必式(轼)",进入城里时,不要放纵车马奔驰,以避免驰骋的车马伤及行人。

社会公德也体现在共食场合中,《礼记·曲礼上》规定:

> 毋抟饭,毋放饭,毋流歠,毋咤食,毋啮骨,毋反鱼肉,毋投与狗骨,毋固获,毋扬饭,饭黍毋以箸,毋嚃羹,毋絮羹,毋刺齿,毋歠醢。

这些"十四毋"礼仪规范要求人们在做客时,不用手抟饭团来吃,已经抓取的饭、鱼肉等食物不要再放回食器;喝汤时不要喝得满嘴淋漓,不要吃得啧啧作声;不要啃骨头,不要把咬过的鱼肉又放回

---

① 马承源主编《上海博物馆藏战国楚竹书》(五),上海古籍出版社,2005。

盘碗里，不要把肉骨头扔给狗；不要不顾他人而专取食物吃，也不要扇扬热饭；吃蒸黍的饭亦用手不要用筷子；不要大口囫囵地喝汤，也不要当着主人的面加盐梅等调料和菜汤；不要当众剔牙齿，也不要喝腌渍的肉酱。这些礼仪规定，一方面是出于行为举止优雅的考虑，另一方面也是出于尊重他人的考虑。

总之，古代曲礼的规定纤细靡遗，有许多针对公共生活的礼仪规范，体现出古人对社会公德以及公共规范的高度重视。

(二) 职业道德

中国古代的职业道德，主要强调君臣之间的伦理规范。先秦儒家对于君臣之间的道德伦理要求是双向的，臣"以道事君"，"君有道"则"臣事君以忠"。《论语·八佾》："君使臣以礼，臣事君以忠。"[①] 臣对君的忠是因君以礼待臣。

忠是古代职业道德的灵魂，忠的观念是中国传统伦理思想和道德生活的重要支柱。《说文》解释云："忠，敬也，尽心曰忠。从心中声。"段玉裁注曰："敬者，肃也，未有尽心而不敬者。"[②] 忠，指尽心竭力、全身心地投入事业中，其基本内容与要求是真心诚意、尽心竭力地积极为人为事。《国语·晋语二》提出"力有所能无不为，忠也"[③]，《论语》提出"敬事而信"，"居处恭，执事敬，与人忠。虽之夷狄，不可弃也"[④] 等思想，《礼记·学记》提出"敬业乐群"概念，对孔子"居处恭，执事敬"思想做了进一步阐发。这些职业道德中的"忠"，即体现为勤勉尽心尽责地做好自己的本职工作。

就职业道德的忠而言，首先要处理公与私的关系。对君主而言，

---

① 刘宝楠：《论语正义》卷 4，第 116 页。
② 段玉裁：《说文解字注》，第 502 页。
③ 徐元诰：《国语集解》，第 289 页。
④ 刘宝楠：《论语正义》卷 16，第 538 页。

其职务必以民为本，以民众为服务对象。《左传·桓公六年》强调"上思利民，忠也"，《国语·齐语》亦提出"忠信可结于百姓"①。《荀子·大略》说："天之生民，非为君也。天之立君，以为民也。"②对臣子而言，务要廉洁奉公。古人云："无私，忠也"③，"公家之利，知无不为，忠也"④，而"以私害公，非忠也"⑤。

（三）传统美德

中国历来十分重视人伦关系中的道德，要求每个人在人伦关系中都应承担起各自的道德义务。《孟子·滕文公上》提出"五伦"，即"父子有亲，君臣有义，夫妇有别，长幼有序，朋友有信"⑥。《礼记·礼运》主张"十义"，即"父慈、子孝、兄良、弟悌、夫义、妇听、长惠、幼顺、君仁、臣忠"。传统日常礼仪积淀了中华民族尊师重道、尊老爱幼、尊德敬长等传统美德。

中国自古即有尊师重道的传统，古代除了国家的释奠祭孔典礼外，日常生活中尚有尊师之礼仪。如《管子·弟子职》记载了先秦家塾教弟子之法，乃后世学校、书院制定学规、学范的范本，里面记载了弟子事师、受业、馈馈、洒扫、执烛坐起、进退之礼。历代曲礼性质的著作，如朱熹的《小学》《童蒙须知》均有尊师的礼规。

古代日常礼仪中也有很多具体的尊老礼仪，如《孟子·梁惠王上》提出"颁白者不负戴于道路"，《礼记·王制》亦要求"班白不提挈"，"轻任并，重任分"，意谓老者年迈体衰，不应再身背重物行走于道路，年轻人应分担其物，以减轻老者的负担。《礼记·祭义》

---

① 徐元诰：《国语集解》，第 216 页。
② 王先谦：《荀子集解》卷 19，第 504 页。
③ 杨伯峻编著《春秋左传注》，第 845 页。
④ 杨伯峻编著《春秋左传注》，第 328 页。
⑤ 杨伯峻编著《春秋左传注》，第 553 页。
⑥ 焦循：《孟子正义》卷 11，第 386 页。

载:"古之道,五十不为甸徒,颁禽隆诸长者。"五十岁以上的老人不必亲往打猎,但在分配猎物时要得到优厚的一份。《礼记·王制》说:"君子耆老不徒行",意思是说老者出门不再步行,而是行以安车。《礼记·祭义》云:"行,肩而不并,不错则随,见老者则车、徒辟。"若老少并行,肩臂不得并行,少者稍微退在后。少者或乘车,或徒步,若逢见老者则避之。这些规定皆为对老年人的礼遇与优待措施,以体现对老年人的尊重。

(四) 个人品德

传统礼仪作为修身之道,对培养个人的道德素养具有重要意义。

传统礼仪规定人在日常行为方面要按照礼仪规范而行,所谓"非礼勿视,非礼勿听,非礼勿言,非礼勿动"[①],"视听言动"都必须循礼而行,这要求人要有高度的自觉,克己复礼。《礼记·曲礼上》说"道德仁义,非礼不成",道德仁义这些抽象的伦理原则,必须通过具体的行为规范方能体现,礼就是体现道德仁义的具体行为规范,只有在日常生活中践履这些礼仪,才能逐渐体会仁道,并进而内化为个人的道德品质。传统礼仪中有很多涉及个人品德的规范。

《礼记·曲礼上》:"敖不可长,欲不可从,志不可满,乐不可极。"傲慢之心不可滋长,欲望不能放纵,不能让自己志得意满,享乐的行为要适可而止。

《礼记·曲礼上》:"临财毋苟得,临难毋苟免。很毋求胜,分毋求多。疑事毋质,直而勿有。"面对不属于自己的财物,不要随便求取;面临危难,不要苟且偷生。辩论时不要斗气必求胜人,分配东西时不要妄求多占。难以辨别的事情不要遽下断语,已明白的事不要自夸知道。

---

① 刘宝楠:《论语正义》卷15,第484页。

《礼记·少仪》:"不窥密,不旁狎,不道旧故,不戏色。"不窥测别人的隐私,不亲近不正派的人,不揭露别人的老底,不要有嬉笑轻侮的表情。

《礼记·曲礼上》:"礼不妄说人,不辞费。礼不踰节,不侵侮,不好狎。修身践言,谓之善行。行修言道,礼之质也。"礼要求每个人不要随意地取悦别人,也不要说啰唆的空话。在人际交往中,不要逾越节度,不要侵侮他人,也不要特别亲近或喜好某一个人。提高自己的内在修养、践行自己说过的话,谓之善行。身修而言道,就是礼的本质。

这些礼仪规范是传统文化的精髓,对于培育个人道德与优秀人格具有重要意义,应多加以整理,发掘其现代价值,应用到当代社会公民的修身实践中。

二 传统日常礼仪规范蕴含的人文精神

中国传统的礼是外在形式与内在精神的结合,二者互为表里,相辅相成,犹如鸟之两翼,相须为用。礼文等外在的形式是为了表现内在的精神实质,礼的精神实质,古代称为礼之"义"。《左传·桓公二年》:"义以出礼",《左传·僖公二十八年》:"礼以行义"。也就是说,礼仪是以义为内在的精神基础,义是制定礼仪的道理根据。冯友兰说:"礼之'义'即礼之普通原理。"[①] 中国传统礼仪巨细靡遗,往往是在细微处透露出道德精神,它注重从委曲礼仪细节来对人进行道德人格的塑造,培养人的君子风范。传统日常礼仪蕴含的精神原则此不尽述,大致而言,与当代文明生活比较契合的有以下几种原则。

(一) 情感基础:仁爱敬让

传统日常礼仪是以恭敬谦让、尊重对方为原则,故处处体现出对

---

① 冯友兰:《中国哲学史》,中华书局,1961,第414页。

他人体贴入微的设计原则,体现出对他人的仁爱之情。

除了上文所引的一些丧礼规范,《论语·乡党》还规定"见齐衰者,虽狎必变……凶服者式之。式负版者"①。这段话充分体现了古礼的仁道精神,大意是,看见穿丧服的,虽然关系亲近,面色也一定要改变;在马车上,遇到穿丧服的要行轼礼;遇到家中有丧而身服负版之人,也要行轼礼。《论语·述而》记载,"子食于有丧者之侧,未尝饱也"②,孔子在有丧事的人旁边吃饭,因怀恻隐之心而不曾吃饱过。《礼记·檀弓下》记载:"君遇柩于路,必使人吊之。"国君在路上遇见棺柩,也一定派人前去吊唁。这些古礼,均体现出对丧者或丧者之家内心悲哀的尊重。

中国古礼的一个重要践行原则,就是要有发自内心的真诚与对他人的敬意,恭敬是人际交往的基本准则,它是一切德行之基础,如《左传·僖公三十三年》说:"敬,德之聚也,能敬必有德。"《礼记·曲礼上》说:"夫礼者,自卑而尊人。虽负贩者,必有尊也,而况富贵乎?"在与人交往中要尊敬对方,在不损害自己人格尊严的基础上要保持谦卑。即使是贩夫走卒,也一定有值得尊敬之处,更何况富贵之人?这种处理人际关系的准则,有利于社会和谐关系的建立,也与现代社会的平等观念有一定程度的契合。

人际关系中,这种敬的情感是基于人内心具有的仁爱之情,它是在亲亲血缘亲情基础上推扬出的一种博大的情感,即《论语·雍也》所言的"夫仁者,己欲立而立人,己欲达而达人"③。郭店楚简《五行》说:"亲而笃之,爱也;爱父,其继爱人,仁也。"④《孟子·梁惠

---

① 刘宝楠:《论语正义》卷13,第430页。
② 刘宝楠:《论语正义》卷8,第260页。
③ 刘宝楠:《论语正义》卷7,第249页。
④ 刘钊:《郭店楚简校释》,第71页。

王上》云:"老吾老以及人之老,幼吾幼以及人之幼。"① 儒家认为,仅仅爱亲尚不能称作仁,亲亲必须扩大到"仁民""爱物",方为仁。仁是对他人的关怀、尊重与仁爱情感。《礼记·儒行》说:"礼节者,仁之貌也。"行礼者要有"仁人之心",无此则礼将流于虚情假意,丧礼更是如此。仁爱之情是尊敬别人的情感基础,人具有仁爱,则在人际关系中会礼敬对方,关爱对方,否则,"敬而不爱,非真敬也"②。

(二)人际关系的温情和谐

建立在仁爱敬让基础上的传统礼仪,体现出古人在人际交往中具有一种温情与体贴,这相对于冷冰冰的建构政治秩序的国家礼制,更显得具有人情味,更能体现出中国人温柔敦厚的处事风格。

譬如,古礼规定,"贫者不以货财为礼,老者不以筋力为礼"③,要求根据具体情况而行礼,讲究变通性与灵活性。《礼记·礼器》说:"礼也者,合于天时,设于地财,顺于鬼神,合于人心,理万物者也。是故天时有生也,地理有宜也,人官有能也,物曲有利也。故天不生,地不养,君子不以为礼,鬼神弗飨也。居山以鱼鳖为礼,居泽以鹿豕为礼,君子谓之不知礼。故必举其定国之数,以为礼之大经。礼之大伦,以地广狭;礼之薄厚,与年之上下。是故年虽大杀,众不匡惧,则上之制礼也,节矣。"礼的原则即包括要顺应天时,合于人心,要有节度,要因地制宜、因时制宜。

传统日常礼仪要求与人为善,处处关怀他人,而不是"各人自扫门前雪"。《礼记·曲礼上》说:"凡为长者粪之礼,必加帚于箕上,以袂拘而退,其尘不及长者,以箕自乡而扱之。"这里讲的是尊重长者的礼仪。在为尊长打扫时,要用扫帚盖住簸箕,扫的时候用长袖挡

---

① 焦循:《孟子正义》卷3,第86页。
② 黎靖德编《朱子语类》卷23,第564页。
③ 李学勤主编《十三经注疏·礼记正义》卷2,第54页。

着扫的地方，边扫边退，以避免灰尘飞到尊长身上。清扫时，要让簸箕朝着自己。

传统日常礼仪体现了中华民族最深层的精神追求，它旨在实现社会和谐、家庭和谐、群己和谐，达到一种四海之内合敬同爱的境界。基于此，它重视个体道德人格的培养，反对"穷人欲"的放纵，讲究"立中制节"①，崇尚"礼之用，和为贵"②，追求人间的温情和人与人之间的敬意。这些内在精神追求与传统礼仪内外一体，共同塑造了中华礼仪之邦优雅从容的气质。

（三）礼表德里

中国的礼文化是一种道德文化，礼与德的结合是中国礼乐文明的重要特征。春秋以降，儒家以仁释礼，将仁视作礼的灵魂，礼成为人内在德性的外显形式。可以说，传统礼仪是以德为内核，追求秩序的和谐，具有人文精神的道德规范体系。

一方面，礼仪是修身成德的必需工夫，无论是孔子，还是孟子、荀子，均将礼视作个人修身的重要方式。此类论述有："不学礼，无以立"③，"学至乎礼而止矣，夫是之谓道德之极"④，"礼者，所以正身也"，"无礼何以正身"⑤，也就是说，无礼则无德，人没有礼仪，则失去人之所以为人的依据。

另一方面，礼以观德，礼既是一种道德规范，也是一种道德意识的外显形式。礼仪是一种行为道德，它通过人的践履来表现人的内在德性。《左传·僖公二十七年》记载赵衰说礼乐是"德之则"，《国

---

① 王先谦：《荀子集解》卷13，第373页。
② 刘宝楠：《论语正义》卷1，第29页。
③ 刘宝楠：《论语正义》卷19，第668页。
④ 王先谦：《荀子集解》卷1，第12页。
⑤ 王先谦：《荀子集解》卷1，第33页。

语·周语上》内史兴言礼是"所以观忠信仁义"①者,即以礼来观察、考量忠信仁义诸德,视礼为德的判断标准。礼是一种统摄诸德的体系,是德行的集合。礼不以德为基,只能是繁文缛节;但若无礼仪,德又将无从附丽,缺乏实现的载体。

三 传统日常礼仪与现代社会的公民修身

作为儒学重要组成部分的日常礼仪,它之所以能够发挥教民成德、化民成俗的作用,一个重要原因即在于其与每个人的日常生活相贴近,并通过日常践行,潜移默化地内化为百姓日用的伦理价值体系。儒学不是悬隔高挂的空洞说教,不是空谈心性的学问,而是可以指导人生生活的学问,儒学只有融入百姓人伦日用中,方可释放其永久的生命力。因此,中国传统礼仪是否已沦为明日黄花,还是能够继续发挥其道德教化作用,关键是看其是否或者能够在多大程度上切近百姓人伦日用,在社会生活层面发挥其积极意义。故而在探讨传统礼仪的现代价值时,既应着眼于对其人文价值的深入发掘,为现代精神文明建设提供思想道德资源,也要重建传统礼仪和现代生活的有机联系。

当代社会精神文明的创建,需要建立起公民私德与社会公德相互结合的道德体系,这就要求每个人重视修身修德。传统日常礼仪是中华民族的优秀文化资源,曾经在历史上为民族素质的提高发挥过积极作用。礼是节制人情、涵养气质、修身成就的一大关键,现代社会公民应"谨身守礼""博文约礼",以礼修身,提高自身素质。如何反本开新,建立适用于现代生活的礼仪规范,是一重要课题。

礼仪可以分为三类:一是每个人在公共场所应遵循的礼仪准则,

---

① 徐元诰:《国语集解》,第36页。

这属于社会公德内容；二是在人际交往中遵守的礼节与原则；三是个人私生活中应该遵循的礼仪道德规范，这属于私德内容，它重视主体的道德人格修养。

中国传统修身主张"自律道德"，自律强调主体的道德自觉性，包括自我约束控制、自我反省检点等修身工夫。他律则是强调外在规范，重视礼仪的践行，按照礼仪规范严格要求自己。在继承传统礼仪精华的基础上，当代社会应摒弃古代的尊卑贵贱、男女有别等不合当代社会的礼仪规范，建立起以人人平等为基础的礼仪规范。作为现代社会公民，应汲取传统日常礼仪的精华，充分将其中蕴含的敬老、尊师、诚信、仁爱、谦让等与时代精神相符合的伦理美德，融入日常生活礼仪中，从而提高自身的道德素质，塑造中华民族"礼仪之邦"的文化形象。

思孟荀礼学思想比较论纲

春秋战国时期是历史一大变局，传统的社会秩序逐渐崩溃。面对失范的社会秩序，以孔子为代表的儒家，主张"为国以礼"、"为政以德"，希望通过恢复周礼重建秩序。针对当时礼仪的形式化、工具化之弊，孔子为礼注入了新鲜的血液，在礼学思想建构上，孔子摄礼归仁，以仁释礼，使礼建立在亲亲仁爱之情上，它将外在的形式化的礼转化为人道德情感的彰显，从而开启了儒家礼学的内向化之路，这是先秦礼学发展中的一次重大转向，具有重要意义。孔子之后，子思与孟子均提出了自己的救世学说，因二者思想上具有某种一致性，人们往往将其联系在一起，称为"思孟学派"。思孟学派尤其是子思一系的学术思想，由于郭店简的出土，逐渐变得清晰。据简文，子思一系对礼非常重视，并从天人、人性等角度对礼的功能做了深入的阐发。战国后期，比较有影响的儒家代表人物是荀子，针对战国时局，荀子提出了自己的政治学说。王先谦《荀子集解·序》云"荀子论学论治，皆以礼为宗，反复推详，务明其指趣"[1]。荀子"隆礼义而杀诗书"，将礼视为"人道之极也""道德之极"[2]，礼是荀子学说的核心。与孔子、思孟的礼学

---

[1] 王先谦：《荀子集解》，序，第1页。
[2] 王先谦：《荀子集解》卷1，第12页。

思想相比,荀子的礼学思想具有鲜明的时代特色。萧公权指出,荀子之礼虽是沿用旧名,却是古今之义错杂并出,"而三十二篇之中所阐发者,似以今义为多"①。本文拟对思孟荀礼学思想做一粗略的比较。

一 性情与礼

性恶论是荀子礼学思想的基础。在荀子看来,人是欲望的主体,而不是道德或者理性的主体。荀子所谓的性,指人与生俱来的自然属性,"凡性者,天之就也,不可学,不可事"②,它没有经过任何人为的加工与社会的改造,所以荀子称性是"本始材朴"③。

> 散名之在人者:生之所以然者谓之性。性之和所生,精合感应,不事而自然谓之性。性之好、恶、喜、怒、哀、乐谓之情。情然而心为之择谓之虑。心虑而能为之动谓之伪。虑积焉、能习焉而后成谓之伪。正利而为谓之事,正义而为谓之行。④

> 性者,天之就也;情者,性之质也;欲者,情之应也。以所欲为可得而求之,情之所必不免也;以为可而道之,知所必出也。⑤

荀子以情解释性,性与情乃同质。情,指情欲,作为一种人的自然属性,它体现为人饥而欲食、寒而欲暖、劳而欲息等方面的官能欲

---

① 萧公权:《中国政治思想史》,辽宁教育出版社,1998,第105页。
② 王先谦:《荀子集解》卷17,第435页。
③ 王先谦:《荀子集解》卷13,第366页。
④ 王先谦:《荀子集解》卷16,第412~413页。
⑤ 王先谦:《荀子集解》卷16,第428页。

望，以及趋利避害、好荣恶辱等心理欲望。①《荀子·王霸》说："夫人之情，目欲綦色，耳欲綦声，口欲綦味，鼻欲綦臭，心欲綦佚。此五綦者，人情之所必不免也。"人喜欢看最好的颜色，听最动听的声音，吃最好的美味，闻最香的味道，享受最好的休息，荀子认为这些欲望都是目、耳、口、鼻、心的自然的生理需要，是人的情性所不可避免的。

  故人之情，口好味，而臭味莫美焉；耳好声，而声乐莫大焉。②

  苟情说之为乐，若者必灭。故人一之于礼义，则两得之矣；一之于情性，则两丧之矣。③

  夫可以见之明不离目，可以听之聪不离耳，目明而耳聪，不可学明矣。④

荀子承认人情欲存在的合理性，他说："欲不可去，性之具也"，"有欲无欲，异类也"⑤。但是人性贪婪，永不知足，《荀子·荣辱》说："人之情，食欲有刍豢，衣欲有文绣，行欲有舆马，又欲夫余财蓄积之富也，然而穷年累世不知不足，是人之情也。"人之情，饮食想要"刍豢"这样精致的食品，穿衣想要"文绣"这样华丽的服饰，

---

① 徐复观认为，荀子虽然在概念上把性、情、欲三者加以界定，但在事实上，性、情、欲，是一个东西的三个名称，而荀子性论的特色，正在于以欲为性。参见徐复观《中国人性论史》（先秦篇），上海三联书店，2001，第205页。
② 王先谦：《荀子集解》卷7，第217页。
③ 王先谦：《荀子集解》卷13，第349页。
④ 王先谦：《荀子集解》卷17，第436页。
⑤ 王先谦：《荀子集解》卷16，第428、426页。

出行想要"舆马"这样的交通工具，即使这些都满足了，又盼望着积蓄更多的财富，无穷无尽而不知足。

人的情欲虽然是天生的，然而"欲恶同物，欲多而物寡，寡则必争矣"①。大家都爱好或憎恶同样的东西，欲望众多而物质不足，物质不足就产生了争夺。因此如果放纵人们任其本性不加以限制，则人与人之间必然出现暴力残虐，社会大乱。

> 今人之性，生而有好利焉，顺是，故争夺生而辞让亡焉；生而有疾恶焉，顺是，故残贼生而忠信亡焉；生而有耳目之欲，有好声色焉，顺是，故淫乱生而礼义文理亡焉。然则从人之性，顺人之情，必出于争夺，合于犯分乱理而归于暴……用此观之，然则人之性恶明矣。②

好利、疾恶、耳目之欲是人的生理本能，是"生而有之"者，但这些自然人性会导致争夺、残贼生、淫乱，是"偏险而不正，悖乱而不治"的根源。如果完全顺从人的自然天性发展，是不会有辞让、礼义、忠信等道德的。因此，顺从人的本性和情欲，必然会出现争夺，出现违反等级名分、扰乱礼义的行为，最后必然会导致暴乱的发生。因此荀子主张"欲不可去"，但"不可尽"③，为了避免人性之放纵，必须对情欲加以节制，这就必须依靠"礼义"制订出度量分界，以解决人的欲望无限与社会物质有限的矛盾。《荀子·礼论》云：

---

① 王先谦：《荀子集解》卷6，第176页。
② 王先谦：《荀子集解》卷17，第434页。
③ 《荀子·正名》："故治乱在于心之所可，亡于情之所欲。不求之其所在，而求之其所亡，虽曰我得之，失之矣。"王先谦：《荀子集解》卷16，第428页。

礼起于何也？曰：人生而有欲，欲而不得，则不能无求；求而无度量分界，则不能不争；争则乱，乱则穷。先王恶其乱也，故制礼义以分之，以养人之欲，给人之求，使欲必不穷乎物，物必不屈于欲，两者相持而长，是礼之所起也。故礼者，养也……君子既得其养，又好其别。曷谓别？曰：贵贱有等，长幼有差，贫富轻重，皆有称者也。①

荀子的礼的起源论，具有很强的现实性，礼既不是来自天命或天道的启示，也不根植于人性之中，而是人类为了自身的生存发展，调控人性与自然资源矛盾的需要。人性的欲望贪求无度量则导致争端纷乱，这是必然的。礼义通过"分"将社会成员建立在"贵贱""长幼""贫富"差等基础上，将人的欲求限制在"度量分界"之内；礼既有"养人之欲，给人之求"，保证人的欲望得到满足的作用，又有限制人的欲望的作用，礼可以使二者"相持而长"。

荀子认为，人性虽恶，但人性是可以变化的，"性也者，吾所不能为也，然而可以化也；情也者，非吾所有也，然而可为也"②。荀子提出了"化性起伪"的人性改造论。《荀子·礼论》篇说：

性者，本始材朴也；伪者，文理隆盛也。无性则伪之无所加，无伪则性不能自美。性伪合，然后圣人之名一，天下之功于是就也。③

"本始材朴"就是自然的人性，而"文理隆盛"则是后天经过礼

---

① 王先谦：《荀子集解》卷13，第346~347页。
② 王先谦：《荀子集解》卷4，第143~144页。
③ 王先谦：《荀子集解》卷13，第366页。

义规范引导的结果。"今人之性恶，必将待圣王之治，礼义之化，然后皆出于治，合于善也。"① 所谓化性，指改化因人的情欲无节制而造成的恶，将之转化为善。

荀子的化性起伪说具有普遍性，即人人皆可以经过努力将自然人性改造为道德理性，善是后天所为，"人之性恶，其善者伪也"②，都是圣人以礼义教化的结果。譬如，"夫子之让乎父，弟之让乎兄；子之代乎父，弟之代乎兄，此二行者，皆反于性而悖于情也"③，化性起伪必须依赖于后天的外在力量。

> 今人之性恶，必将待师法然后正，得礼义然后治，今人无师法，则偏险而不正；无礼义，则悖乱而不治。古者圣王以人之性恶，以为偏险而不正，悖乱而不治，是以为之起礼义，制法度，以矫饰人之情性而正之。以扰化人之情性而导之也，始皆出于治，合于道者也。今之人，化师法，积文学，道礼义者为君子；纵性情，安恣睢，而违礼义者为小人。④

"化性起伪"之学、积、靡路径均指向了礼义，"故圣人化性而起伪，伪起而生礼义，礼义生而制法度"⑤。

> 凡礼义者，是生于圣人之伪，非故生于人之性也。故陶人埏埴而为器，然则器生于工人之伪，非故生于人之性也。故工人斲木而成器，然则器生于工人之伪，非故生于人之性也。圣人积思

---

① 王先谦：《荀子集解》卷17，第441页。
② 王先谦：《荀子集解》卷17，第434页。
③ 王先谦：《荀子集解》卷17，第437页。
④ 王先谦：《荀子集解》卷17，第434页。
⑤ 王先谦：《荀子集解》卷17，第438页。

虑，习伪故，以生礼义而起法度，然则礼义法度者，是生于圣人之伪，非故生于人之性也。①

荀子认为："凡人之性者，尧、舜之与桀、跖，其性一也；君子之与小人，其性一也。"② 圣君与暴君或"盗首"、君子与小人的自然本性都是一样的。具体来说，"饥而欲食，寒而欲暖，劳而欲息，好利而恶害"，"是禹、桀之所同也"；"好荣恶辱，好利恶害，是君子、小人之所同也"。人人先天就具有趋恶性，圣人"所以异而过众者，伪也"③。

> 凡所贵尧、禹、君子者，能化性，能起伪，伪起而生礼义。然则圣人之于礼义积伪也，亦犹陶埏而生之也。用此观之，然则礼义积伪者，岂人之性也哉！④

圣人与一般人不同的地方，就在于他后天的人为⑤。这种人为，就是以礼"化性"，即通过后天的努力将本性中恶的一面转化为社会道德。

子思、孟子、荀子皆重视人性，都从人性角度来阐发自己的救世之道，但他们对人性的判断截然不同。

思孟学派的礼学理论也是建立在对于人性、情体认基础之上的。在子思学派看来，人道的展开肇始于情，郭店简《性自命出》提出：

---

① 王先谦：《荀子集解》卷17，第437页。
② 王先谦：《荀子集解》卷17，第441页。
③ 王先谦：《荀子集解》卷17，第438页。
④ 王先谦：《荀子集解》卷17，第442页。
⑤ 荀子认为人生而有知，只要能"虚一而静"以达"大清明心"，则能为圣人、为大事业。圣人发动大清明心之后可以制礼义。

"性自命出，命自天降，道始于情，情生于性。"道指人道，礼义是最大的人道，"礼作于情"。既然"道始于情"，那么下面重要的逻辑问题即什么是人情，而欲了解人情，则亦必须探讨人性问题。子思一系认为，人性来自天命，"性自命出"，这就为情赋予了形而上的来源。从逻辑上讲，性来自天命，它拥有不言而喻的善的特质（天是一道德之体），但是人有血气心知，这种"气"是原初之性之欲望的推动力，在外物刺激下，根于人性的好恶喜怒之情气外发而为种种情感样态。《礼记·中庸》直接即情言性，区别未发为性、外发为情。如此，则将人道的着眼点转移到情上。

子思一系将人类社会恶的产生、社会秩序的混乱归于外物的诱导。人性之中具有一种潜在的情欲，人情若得不到合理的外发，则容易导致对身体的伤害以及人性的戕害，更甚者导致物欲横流，出现社会混乱的局面。恶行的产生并非人内在本性的问题，而是外物对于人血气心知的影响产生的，因此必须以礼来规范内在情气的正确走向①，将人情放置于礼的框架内予以约束和规范，以免人情变得毫无节制而使人重回野蛮或蒙昧的原始状态。因此思孟一系进而提出了"礼以治情""礼因人之情而为之节文"等命题，主张以礼节情，从而使之外发为合乎伦理道德的行为。

子思一系认为，人性来自天命，情自性出。情不仅包括情气所发的自然情欲，也包括来自内在之性的道德情感，如人的亲亲之情、爱人之仁等。郭店简《性自命出》云："笃，仁之方也。仁，性之方也。性或生之。忠，信之方也。信，情之方也。情出于性。爱类七，唯性爱为近仁。智类五，唯义道为近忠。恶类三，唯恶不仁为近义。所为

---

① 《论语·泰伯》记载："子曰：'恭而无礼则劳，慎而无礼则葸，勇而无礼则乱，直而无礼则绞'。"参见刘宝楠《论语正义》卷9，第290页。

道者四，唯人道为可道也。"① 性爱，也就是来自人性之中的天赋的道德情感。孟子以人性善展开其理论的架构。他认为："恻隐之心，仁之端也；羞恶之心，义之端也；辞让之心，礼之端也；是非之心，智之端也。"② 恻隐、羞恶、辞让、是非四种情感是仁义礼智的萌芽，善端经过扩充即可为善③。

比较而言，思孟、荀子均将眼光转移到人的"性情"上，都承认人情存在的合理性，不同的是荀子立足于人的生理和相应的社会化管理体系，以欲释情，以情释性，将人自然情欲的泛滥视作恶之来源，主张以礼化性，即以礼来节制人的情欲。

思孟一系则是从礼的生成角度来论礼、情关系，直接从天人、人性角度来阐述。情的内涵，既有本于人性的亲亲之情、性爱之仁爱，也有喜怒好恶等情感，思孟一系将人情的外发视作人心与外物的综合作用，故强调礼对于人情感的能动性，通过礼的作用，将自然情感转化为道德情感。从郭店简《性自命出》"天命之谓性"以及《语从二》"情生于性，礼生于情"④的逻辑看，则是将礼建立在天命基础上，礼具有不容怀疑的先验合理性。子思一系的节情复性、反善复始之论均将礼对情的节制最终指向了道德人性的回归⑤，指向对天命的回应，具有形而上的超越性，这与荀子的化性起伪之说具有根本的不

---

① 刘钊：《郭店楚简校释》，第90页。
② 焦循：《孟子正义》卷7，第234页。
③ 荀子批判孟子的性善论，认为孟子的性善说"是不及知人之性，而不察乎人之性伪之分者也"，"今诚以人之性固正理平治邪？则有恶用圣王，恶用礼义矣哉"，"今孟子曰：'人之性善。'无辨合符验，坐而言之，起而不可设，张而不可施行，岂不过甚矣哉！故性善则去圣王，息礼义矣"。
④ 刘钊：《郭店楚简校释》，第199页。
⑤ 帛书《五行》云："循草木之生（性）□而生焉，而无仁义焉。循禽兽之生（性）则有好恶焉，而无礼义焉。循人之生（性）则巍然知其好仁义也。"草木之性、禽兽之性没有仁义、礼义，只有人之性中才具有仁义。这将仁义、礼义作为人之所以为人的本质，实际上是主张仁义礼智圣等道德出于人性。

同。荀子的化性起伪说的指向是现实的秩序，圣人制作礼的目的是王道政治秩序，人性是所要治理改化的对象。

二 天道与礼的终极之源

荀子的学说是建立在"天人之分"基础上的①，他将天道与人道截然分裂开来，割断了天与人性联系的脐带。荀子将天还原为一自然意义上的天②，他认为天是客观存在的自然界，日月星辰的运行，四时阴阳风雨等变化，都有其运行规律，不以人的意志为转移。《荀子·天论》云：

> 天行有常，不为尧存，不为桀亡。应之以治则吉，应之以乱则凶。强本而节用，则天不能贫；养备而动时，则天不能病；修道而不二，则天不能祸。故水旱不能使之饥渴，寒暑不能使之疾，祆怪不能使之凶。本荒而用侈，则天不能使之富；养略而动罕，则天不能使之全；倍道而妄行，则天不能使之吉。故水旱未至而饥，寒暑未薄而疾，祆怪未至而凶。受时与治世同，而殃祸与治世异，不可以怨天，其道然也。故明于天人之分，则可谓至人矣。③

由这段话可以看出：其一，人世间的治乱与天无关；其二，天的运行有其自然规律，也与人无关；其三，"明于天人之分"，天人各有其分，天有天的职责，人有人的职分，两者悬隔，各不相关。荀子主

---

① "分"为名词。《礼记·礼运》郑玄注云："分，犹职也。"《荀子》此处"分"也应作如是观，即职分、职能。
② 荀子思想中"天人"之间的矛盾，学界对此有不同认识，有学者认为，"荀子的'人'以及人的性情直接来源于天，生降于天"，"荀子的思想并没有脱离孔孟'天生人成'的总框架"。参见欧阳祯人《先秦儒家性情思想研究》，武汉大学出版社，2005，第415页。
③ 王先谦：《荀子集解》卷11，第306~308页。

张人应"不求知天",他认为,人应"物畜而制之","制天命而用之","应时而使之","骋能而化之","理物而勿失之";若"大天而思之","从天而颂之","望时而待之",则失去人的职分,失去人的独立性和能动性。

荀子之天与人世间的道德伦理无关。荀子的天人之分观念瓦解了西周以来的天道、天命观。天道不过是自然现象以及自然所呈现的自然规律,则人道并非天命所使然,天道对于人道也没有什么指导、启示的目的。作为人类伦理道德规范的礼,也自然而然地并不是来自天命。荀子的天论彻底解构了春秋以来礼的形而上本原,礼因此而不再具有任何超越性依据,而变成了纯粹的外在的世俗规范。在荀子看来,"人之所以为人者"主要在于后天之伪。人与动物的最大区别是"义""辨""知"。它们都是后天之伪,其内容包括了人类社会的组织之道、父子之亲、男女之别等规范原则。对此,荀子称之为"人道"。作为"人道之极"的礼不是人性中善良性情的呈现,而是圣王为了化性起伪制作出来的规范,并用来从外部对性情进行强制性约束以合于道德规范。荀子明确提出,"道者,非天之道,非地之道,人之所以道也,君子之所道也。"① 荀子将天与人道一分为二,人道的合理性与天无关,其合理性依据即存在于其社会性、现实性中。

子思学派沿着孔子所未阐发的性与天道,将礼与天命、人性紧紧联系在一起,做了深入的阐发。彭林概括了子思学派的礼学思想:"礼根植于人性,故礼能体现人类最普遍的特性。人性得自天道,故有天然的合理性。情未发谓之性,性既发谓之情。志藏于心,心之所之为志。在物诱情出的过程中,志决定情的趋向。为了对情形成正确的导向,需要通过教育来端正心志,以形成正确的心理定式。但是,

---

① 王先谦:《荀子集解》卷4,第122页。

即使心志与性情都端正而无所偏斜，只要"度"的把握不当，就不能'得其中'，则仍未合于天道。只有将情控制在无过无不及的层次上，才合于天道。为此，要用节文来齐一性情，使人性合于理性，节文就是礼的具体形式。"①

思孟一系将人道之伦理道德与礼文等视作天之所降，人伦道德来自天命。郭店简《成之闻之》认为"天降大常，以理人伦"，认为世间伦理都来自天命。由此来看，天人关系并非悬隔对立，二者之间可以建立联系，《成之闻之》："是故小人乱天常以逆大道，君子治人伦以顺天德。"又云"圣人天德"，即认为对人伦关系的治理乃顺天德；简文"君子慎六位以祀天常"，六位，指《六德》的父子、君臣、夫妇六种伦理，意指君子谨慎遵循人伦，倡导以顺天道，此与"君子治人伦以顺天德"意相同。

子思一系的礼学以内向化或内转为特征，具体表现为内向人性、人情探寻礼乐制作与教化的依据，并从心物关系入手，提出了"礼因人之情而节文""礼以制中"等礼学命题，并进而上达天道，人道与天道通过礼而建立关联，具有内在超越的特质。

孟子认为"仁义礼智，非由外铄我也，我固有之也"②，"君子所性，仁义礼智根于心"③，即人伦道德都植根于人心之中，为人性所固有。《孟子·尽心上》曰："尽其心者，知其性也。知其性，则知天矣。存其心，养其性，所以事天也。夭寿不二，修身以俟之，所以立命也。"④人性之来源，在孟子看来，其终极依据是天。由此，人性具有形而上的正当性，保养本心乃顺天之道。在孟子的性论中，人性之善一方面源于、本于天命，另一方面又可通过尽心、知性、知天的进

---

① 彭林：《始者近情 终者近义——子思学派对礼的理论诠释》，第13页。
② 焦循：《孟子正义》卷22，第757页。
③ 焦循：《孟子正义》卷26，第906页。
④ 焦循：《孟子正义》卷26，第877~878页。

路而上达于天命。在孟子看来，作为伦理道德的礼文，是仁义之道的外在节文。《孟子·离娄上》说："仁之实，事亲是也。义之实，从兄是也。智之实，知斯二者弗去是也。礼之实，节文斯二者是也。乐之实，乐斯二者。"① 孟子将礼视作仁义之节文，并明确将礼建立在血缘亲情基础上。既然礼是建立在人内在的仁心、本心道德情感基础上，且仁乃来自天，则礼文具有了天这一终极性依据，具有神圣性。

总之，思孟学派无论是主张礼生于情，还是礼为外心的发用，都是从内在心性上为礼寻找根据，并把天道作为人道的终极性的超越根源。这与荀子天人之分的思想迥不相侔。

三 人心与礼

战国时期，身心关系成为各家所关注的问题，心乃身之君，心君主宰身体之器官成为共识②。在先秦儒家思想中，心具有道德之心、身体器官、认知之心等含义。但是对于心的性质，儒门内部认识亦有差异。

思孟学派认为心具有枢纽地位，因此非常重视心的功能。性外发而为情，性潜在蕴含着喜怒哀悲之情气，需要外物取之方能转化为情。但是若没有心的作用，那么好恶、喜怒、悲哀之情即使有外物刺激诱导也无由产生，故郭店简《性自命出》说"凡人虽有性，心无定志，待物而后作，待悦而后行，待习而后定"，又说"虽有性，心弗取不出"。也就是说，当性与外物发生作用时，心就成为性情之间的动力枢纽。基于此，心术问题成为思孟礼乐教化理论的重要范畴，如郭店简《性自命出》提出"凡道，心术为主"，主张利用《诗》《书》《礼》《乐》之教来治心、求心，"凡学者

---

① 焦循：《孟子正义》卷15，第532~533页。
② 如《管子》四篇、《荀子·解蔽》等。

求其心为难,从其所为,近得之矣,不如以乐之速也。虽能其事,不能其心,不贵。求其心有伪也,弗得之矣。"① 要之,以郭店简《性自命出》为代表的儒门后学,认识到心是人性与人情之间的媒介,主张以礼格心、规范心、引导心志,从而求得恒心(一心),使外发之情合乎中道。

基于身心二者之间的君臣主属关系,思孟学派即主张发挥内在心的主动性,从而实现内心对身体情欲的主宰调控。这种思想往往将身、心视作二元之物,身体之种种欲需要内心的主宰管控。马王堆帛书《五行》分为"大体"与"小体",大体(心)悦仁义之道,小体喜欢声色美味逸豫等,具有各种欲望②。郭店简《五行》论说身体与心之间的关系云:"耳、目、鼻、口、手、足六者,心之役也。心曰唯,莫敢不唯;诺,莫敢不诺;进,莫敢不进;后,莫敢不后;深,莫敢不深;浅,莫敢不浅。"③ 耳、目、鼻、口、手、足既是感知外物的器官,也是表达情感的工具,皆受役于心,听从心的指挥;没有心志的参与和指向,则身体亦无法发出相应的行为。从逻辑上分析,外在的礼仪节文可以节制人情,但既然心为中枢主宰身体,并且心具有悦仁义的特性,则确立一能够绝对管控身体行为的道德之心,即内在的德性,即成为自然而然的要求,故修心亦为确保身体行为合理性的必要手段,故以简帛《五行》为代表的子思一系从身心关系入手,基于"心为贵"的认识,提出了慎独的内在道德修养说,要求发挥人的内在的主观能动性,主张谨慎一心,从而确保外在身体行为能够符合礼仪规范,达到道德情感与外在礼仪相互圆融的状态。

---

① 刘钊:《郭店楚简校释》,第100页。
② 庞朴:《帛书五行篇研究》,齐鲁书社,1980,第63页。
③ 刘钊:《郭店楚简校释》,第72页。

孟子进而提出了良心学说。《孟子·告子上》云："虽存乎人者，岂无仁义之心哉？其所以放其良心者，亦犹斧斤之于木也，旦旦而伐之，可以为美乎？"① 良心，即良善之心、仁义之心，本植于人性，又称为本心：

> 所以谓人皆有不忍人之心者，今人乍见孺子将入于井，皆有怵惕恻隐之心，非所以内交于孺子之父母也，非所以要誉于乡党朋友也，非恶其声而然也。②

孟子的仁政主张是建立在由己及人的外推路数上的，而仁政的理论基础即人所具有的"恻隐之心"，而不是外在的功利性目的。仁义道德并不是外在的，而是人心所固有的，仁义乃与生俱来的人的良知良能，孟子曰："人之所不学而能者，其良能也。所不虑而知者，其良知也。孩提之童，无不知爱其亲者；及其长也，无不知敬其兄也。亲亲，仁也。敬长，义也。无他，达之天下也。"③ 爱亲敬长乃人的本能，能够如此施行即是仁义，能够将此仁义扩充而达之天下，亲亲而仁民爱物。

荀子也以心为其哲学的基点。但是，两人在心的认识上却有分歧。孟子所说的仁义之心为道德之心，是道德本体（德性主体），而荀子之智虑思辨之心为认知之心，是认知主体④。在荀子理论中，心乃思维感知之心，但是在其政治理论中也处于核心枢纽地位。如徐复观先生所说，"心知是善通向恶的通路"⑤。荀子主张人性可化，但人

---

① 焦循：《孟子正义》卷23，第775页。
② 焦循：《孟子正义》卷7，第233页。
③ 焦循：《孟子正义》卷26，第897~899页。
④ 蔡仁厚：《孔孟荀哲学》，台湾：学生书局，1984，第405页。
⑤ 徐复观：《中国人性论史》（先秦卷），第210页。

何以化性？其理据是什么？荀子认为，其关键就是心。

> 凡禹之所以为禹者，以其为仁义法正也。然则仁义法正有可知可能之理，然而涂之人也，皆有可以知仁义法正之质，皆有可以能仁义法正之具，然则其可以为禹明矣。今以仁义法正为固无可知可能之理邪？然则唯禹不知仁义法正，不能仁义法正也。将使涂之人固无可以知仁义法正之质，而固无可以能仁义法正之具邪？然则涂之人也，且内不可以知父子之义，外不可以知君臣之正。不然。今涂之人者，皆内可以知父子之义，外可以知君臣之正，然则其可以知之质，可以能之具，其在涂之人明矣。今使涂之人者，以其可以知之质，可以能之具，本夫仁义之可知之理，可能之具，然则其可以为禹明矣。今使涂之人伏术为学，专心一志，思索孰察，加日县久，积善而不息，则通于神明，参于天地矣。故圣人者，人之所积而致矣。①

> 心有征知。征知，则缘耳而知声可也，缘目而知形可也，然而征知必将待天官之当簿其类然后可也。②

> 情然而心为之择谓之虑。心虑而能为之动谓之伪。虑积焉、能习焉而后成谓之伪。③

心有认识、判断、抉择的能力，心有知。荀子认为，一切物都是可以加以认知的，"可以知，物之理也"，所以，礼义也是可以加以认

---

① 王先谦：《荀子集解》卷17，第443页。
② 王先谦：《荀子集解》卷16，第417页。
③ 王先谦：《荀子集解》卷16，第412页。

知的,"仁义法正有可知可能之理"。认知必须要靠心。《荀子·性恶》说:"今人之性,固无礼义,故强学而求有之也;性不知礼义,故思虑而求知之也。"人性中无礼义道德之质,故必须要靠人心思虑来求之;人虽然有知道之能,也必须依心而知,"治之要在于知道。人何以知道?曰:心"①。道即礼义,所以,"知道"也就是知礼义之道,"知道"是成就道德、成就圣人的前提。

对人的情欲,心具有掌控的能力,"故欲过之而动不及,心止之也。心之所可中理,则欲虽多,奚伤于治!欲不及而动过之,心使之也。"② 心对于身来说,心具有自主能力,《荀子·解蔽》说:"心者,形之君也,而神明之主也,出令而无所受令,自禁也,自使也,自夺也,自取也,自行也,自止也。"心完全是一种自我意识和自主意志,使之而不可使,役之而未可役。对于道来说,心也有主宰功能,"心也者,道之工宰也。道也者,治之经理也","故治乱在于心之所可,亡于情之所欲。"③ 也就是说具有思虑功能的心在社会治理中起着决定性的作用。

心虽然具有知道、制欲的能力,但是未必都能沿着正确的方向,"有中理","有不中理"。所以荀子也重视"心术",认为不同的心术会导致不同的结果。荀子的"心"非道德性的本体,不能如孟子主张的将道德知心向外扩充,而要使心的认知能够沿着正确的方向发展④,使心能够具有正确选择善恶的能力,这就必须倚赖外在的力量。⑤ 因

---

① 王先谦:《荀子集解》卷15,第395页。
② 王先谦:《荀子集解》卷16,第428页。
③ 王先谦:《荀子集解》卷16,第428页。
④ 《荀子·非相》:"故相形不如论心,论心不如择术。形不胜心,心不胜术。术正而心顺之,则形相虽恶而心术善,无害为君子也;形相虽善而心术恶,无害为小人也。"王先谦:《荀子集解》卷4,第72~73页。
⑤ 荀子认为诚不足以正知,思也不足以正知,因为人的心性不具有道德性,故不能如孟子那样强调内在的道德性扩充,德性主体可以具有主动性。这就必须倚赖外在的礼。

此，荀子也主张礼调节和控制人的情欲，"使其欲利不克其好义"，使人心能"知道"，能沿着正确的方向。他说："凡治气养心之术，莫径由礼，莫要得师，莫神一好。"① 礼非人性所固有，所以必须由学而达礼。荀子的"养心"不同于孟子反求诸己的内省式"养心"②，荀子视养心为由外至内的过程，以学为主，以学养心，学习的主要内容就是礼。他说："学恶乎始？恶乎终？曰：其数则始乎诵经，终乎读礼；其义则始乎为士，终乎为圣人"，"故学至乎礼而止矣，夫是之谓道德之极"③。

由于对心的解释与认识不同，思孟荀在道德修养路径上也不同。

思孟一系重视心的主动性，认为心之思在成德中具有关键作用。如郭店简《五行》云："思不精不察，思不长不形。不形不安，不安不乐，不乐无德。"④ 思是有德的逻辑前提，是成德的工夫。如学者指出，"思被看作德行内在化的必由之路。正是通过思，仁义礼智等才和心建起了内在的联系，从而进一步地呈现在人的整个生活世界中"⑤。孟子所谓之心，一是思考之器官，是人之"大体"。通过思，人的德性生命得以确立，"仁义礼智，非外铄我也，我固有之也，弗思耳矣"。一是人之本心，即天赋之良心，它通过心之思而呈现、保持扩充，"学问之道无他，求其放心而已矣"⑥，"诚者，天之道也；思诚者，人之道也"⑦。孟子肯定人内在的善性与良心，主张人德性的培育不必寻求外部的支持，只需返回到人内在的本心⑧，彰显人的本性，

---

① 王先谦：《荀子集解》卷1，第26页。
② 荀子反对孟子的修养路径，《荀子·劝学》说："吾尝终日而思矣，不如须臾之所学也。"王先谦：《荀子集解》卷1，第4页。
③ 王先谦：《荀子集解》卷1，第11、12页。
④ 刘钊：《郭店楚简校释》，第70页。
⑤ 王博：《中国哲学史·先秦卷》，北京大学出版社，2011，第531页。
⑥ 焦循：《孟子正义》卷23，第786页。
⑦ 焦循：《孟子正义》卷15，第509页。
⑧ 王博：《中国哲学史·先秦卷》，第522~538页。

故而重视内心之思。

而荀子认为人性是趋向恶的，人心不过是认知器官，无德性之质，不存在所谓的良心（或本心），因此必须倚赖外在的力量来矫治人性，确保心的正确"知道"的能力，故重视外在之学，将礼外化为制度的形式，以制度的强制性而达到个人道德上的自觉，这与重视"反身而诚"的思孟之学存在很大的差异。

四　治道与礼

荀子从社会学角度论述了礼的起源问题，建立了他的礼义起源论。与思孟学派从天道、人心与性情等角度来论述礼治的必要性、合理性不同，荀子从人类社会的群体性角度阐述了社会组织的建立必须依赖礼义的原则。

荀子认为，人与禽兽的差别在于人类能够组成社会群体，来共同抵御自然，发展壮大自己，从而维持社会的良性发展。荀子说：

> 力不若牛，走不若马，而牛马为用，何也？曰：人能群，彼不能群也。人何以能群？曰：分。分何以能行？曰：义。故义以分则和，和则一，一则多力，多力则强，强则胜物，故宫室可得而居也。故序四时，裁万物，兼利天下，无它故焉，得之分义也。故人生不能无群，群而无分则争，争则乱，乱则离，离则弱，弱则不能胜物，故宫室不可得而居也，不可少顷舍礼义之谓也。①

人在力气与生理等很多方面都不如动物，但是牛马等缘何为人所用？原因就在于人能够结合成群体，从而凝聚力量变得强大。荀子说：

---

① 王先谦：《荀子集解》卷5，第164页。

> 人之生，不能无群，群而无分则争，争则乱，乱则穷矣。故无分者，人之大害也；有分者，天下之本利也；而人君者，所以管分之枢要也。故美之者，是美天下之本也；安之者，是安天下之本也；贵之者，是贵天下之本也。①

> 离居不相待则穷，群而无分则争。穷者患也，争者祸也。救患除祸，则莫若明分使群矣。②

人类社会组成群体必须以分别为原则，否则就会引起人之间的争夺，酿成祸患，为了消除祸患，故"明分"就成为必要。荀子言分，就是要"推礼义之统，分是非之分，总天下之要"③。所谓"分"，一是指社会的职业分工。荀子主张各种职业各尽职分、各尽其责，才是王道，荀子云："明分职，序事业，材技官能，莫不治理"④。《荀子·王制》说"农农、士士、工工、商商一也"，士农工商各尽其职是一贯原则；只有不同的职业和层级各尽其责，社会才可以达到至平状态，"农分田而耕，贾分货而贩，百工分事而劝，士大夫分职而听，建国诸侯之君分土而守"是"百王之所同"、"礼法之大分"。⑤ 二是指社会分层而形成的名分，具体而言指社会分层的贵贱尊卑以及亲戚宗族中长幼、亲疏等身份定位。人与禽兽之别就在于社会群体能够辨别，在辨别基础上形成"分"："然则人之所以为人者，非特以二足而无毛也，以其有辨也……夫禽兽有父子而无父子之亲，有牝牡而无男女之

---

① 王先谦：《荀子集解》卷6，第179页。
② 王先谦：《荀子集解》卷6，第176页。
③ 王先谦：《荀子集解》卷2，第49页。
④ 王先谦：《荀子集解》卷8，第239页。
⑤ 王先谦：《荀子集解》卷7，第214~215页。

别。故人道莫不有辨"①。

与思孟思想不同，荀子从社会财富分配的角度，论证了礼对于社会财富的调控作用。荀子认为，由于人类"欲多而物寡"，物质财富与人的欲望二者之间势必产生矛盾，"势位齐而欲恶同，物不能澹则必争，争则必乱，乱则穷矣"②，为了防止社会秩序混乱，物质资料的分配不能采取平均主义，社会财富的分配必须是"惟齐非齐"，应该根据"分"来分配社会物质资源，使"贫富轻重皆有称"③，从而使天下富足，所谓"兼足天下之道在明分"，这才是"养天下之本"④。

> 故先王案为之制礼义以分之，使有贵贱之等，长幼之差，知愚、能不能之分，皆使人载其事而各得其宜，然后使慤禄多少厚薄之称，是夫群居和一之道也。⑤

财富分配的原则就是依据礼义，确定社会人群的分别莫大于礼，"明分使群"，"不可少顷舍礼义"⑥。荀子提出"制礼义以分之，以养人之欲，给人之求"⑦，按照贵贱之等、长幼之差、智愚、能不能，分配物质生活资料，有区别地满足人类欲望，"使欲必不穷于物，物必不屈于欲，两者相持而长"⑧。

荀子的社会层级分配财富理论具有一定的开放性。他主张"尚贤

---

① 王先谦：《荀子集解》卷3，第78~79页。
② 王先谦：《荀子集解》卷5，第152页。
③ 王先谦：《荀子集解》卷6，第178页。
④ 王先谦：《荀子集解》卷5，第152页。
⑤ 王先谦：《荀子集解》卷2，第70页。
⑥ 王先谦：《荀子集解》卷5，第165页。
⑦ 王先谦：《荀子集解》卷13，第346页。
⑧ 王先谦：《荀子集解》卷13，第346页。

使能",坚持"德必称位,位必称禄,禄必称用"①的标准,禄位以德为标准,从而将财富的分配与德结合起来。他反对"爵赏逾德""以世举贤"的世卿世禄制度,"先祖当贤,后子孙必显,行虽如桀、纣,列从必尊,此以世举贤也。……虽欲无乱,得乎哉?"②礼是判定社会层级地位的标准,荀子主张:"虽王公士大夫之子孙,不能属于礼义,则归之庶人。虽庶人之子孙也,积文学,正身行,能属于礼义,则归之卿相士大夫。"③礼成为社会阶层流动的标准原则,也是确保财富分配不平之平的原则。

但是,外在节文、仪式的繁缛,容易导致人情的疏离,如果社会群体的组合仅仅依赖职业、尊卑贵贱的"分",则会让社会人群相互疏离,因此社会之组成还需要人与人之间的情感的交融。

子思学派主张礼的原则不仅是尊卑贵贱之等,还要建立在仁爱之情的基础上,围绕亲亲、尊尊的伦理原则来维系社会群体,主张以孝悌情感为基础,以宗法亲情向外推扬从而达到社会秩序的和谐。上文已论,不赘述。

荀子则将礼变成了基于外部权威、强制性的政治规范,礼是一外在的、政治组织的原则与工具,通过礼将社会建构成一整齐有序的有机体。荀子将礼视作治国的总纲,礼成为规范性强大的政治制度。因此,荀子总是从政治治理的角度来强调礼的重要性,"礼义者,治之始也"④,"隆礼贵义者,其国治"⑤。荀子的礼,是体现人之职业名分、尊卑、贵贱、贫富之别的礼义制度,是为了解决物质财富与人性欲望矛盾而制定出的"度量分界",是一种等级分配原

---

① 王先谦:《荀子集解》卷6,第178页。
② 王先谦:《荀子集解》卷17,第452页。
③ 王先谦:《荀子集解》卷5,第148~149页。
④ 王先谦:《荀子集解》卷5,第163页。
⑤ 王先谦:《荀子集解》卷10,第270页。

则。因为没有内在的道德自觉、内在之仁爱之情的推动，荀子的礼就成为纯粹外在的社会规范，为了维持礼的有效性，礼成为人道最高的准则，治理国家的根本大法，具有至上性和绝对性：

  故绳者，直之至；衡者，平之至；规矩者，方圆之至；礼者，人道之极也。①

  礼也者，理之不可易者也。②

  礼者，治辨之极也。③

  礼者，人主之所以为群臣寸尺寻丈检式也。④

这种意义上的礼，已经具有后世法的强制性特征。

---

① 王先谦：《荀子集解》卷13，第356页。
② 王先谦：《荀子集解》卷14，第382页。
③ 王先谦：《荀子集解》卷10，第281页。
④ 王先谦：《荀子集解》卷4，第145~146页。

先秦儒家礼乐文明的
内涵及其特质

中华民族素有"礼仪之邦"的美誉,礼是中华民族的文明基因。礼乐文明是蕴含中国独特的价值观和人文理念的文明体系,它是中国之所以为中国的核心元素,是华夏文明的标志。法国启蒙思想家孟德斯鸠指出,中国社会"把宗教、法律、风俗、礼仪都混在一起。这四者的箴规,就是所谓的礼教"①,"中国人的生活完全以礼为指南"②。法国人加略利(Callery)以一个外国人的视角写道:"礼是中国人所有思想的集中体现……中国人的情感靠礼仪得到满足,他们的责任靠礼仪来实现,他们的善恶靠礼仪来评判,人与人之间的自然关系,主要是礼仪上的联系。一言以蔽之,这是一个由礼仪来控制的民族,每个人都是作为一个道德、政治和宗教的人而存在,存在于个人与家庭、社会和宗教的复杂关系中。"③ 这从一个西方"他者"的视角做出的评价,可以看出礼在华夏民族生活中的地位。

一 儒家礼乐文明的内涵

西周时期,周公制礼作乐,建立了粲然齐备、"郁郁乎文哉"的

---

① 孟德斯鸠:《论法的精神》,张雁深译,商务印书馆,1978,第313页。
② 孟德斯鸠:《论法的精神》,第316页。
③ Arthur Henderson Smith, *Chinese Characteristics*, Fleming. H. Revell Company, 1899, p.171.

礼乐制度，并注入了道德精神。春秋以降，礼崩乐坏，以孔子为代表的儒家面对周文疲敝，"对当时的礼乐实践作出哲学上的重新阐释"①，以仁释礼，为礼赋予了内心情感基础。同时，通过创造性诠释与改造，儒家将贵族阶层的礼乐下达，使其成为一种具有普遍性的礼乐文化，而知书达礼的君子也成为中国人的道德人格典范，礼乐教化也成为中国古代推行政教的主要方式。

第一，儒家礼乐文明是以德为精神内核，追求秩序的和谐，具有人文精神的文化体系。

周革殷命后，西周王朝制礼作乐，以周公为代表的统治者为礼制注入了德的灵魂，礼与德的结合是宗周礼乐文明的重要特征。《左传·文公十八年》记载，鲁国太史克说："先君周公制周礼，曰：'则以观德，德以处事，事以度功，功以食民'。"也就是说，德是立身处事的行为准则，而礼是将德付诸具体可行的行为规范，是德的外在表现形式。《国语·周语上》内史兴言礼是"所以观忠信仁义"者②，《左传·僖公二十七年》说："礼乐，德之则也。德义，利之本也。"德体现为礼，礼乐又是德之判断标准，由礼乐来观察德。"礼乐皆得，谓之有德"③。礼与德是一体之两面的关系。德与礼的关系，可以概括为：德乃礼之本，礼乃德之文；礼为文，德为质；礼文乃德之体现，德乃礼文的精神原则。荀子隆礼，"学至乎礼而止矣，夫是之谓道德之极"④。礼是一种统摄诸德的体系，是德行的集合。基于此，王国维精辟地指出："天子、诸侯、卿、大夫、士者，民之表也；制度典礼者，道德之器也。"⑤

---

① 余英时：《轴心突破和礼乐传统》，第402页。
② 徐元诰：《国语集解》，第36页。
③ 李学勤主编《十三经注疏·礼记正义》卷37，第1081页。
④ 王先谦：《荀子集解》卷1，第12页。
⑤ 王国维：《观堂集林》卷10，第475页。

春秋以降，儒家以仁释礼，将仁义视作礼的灵魂，礼成为人内在德性的外显形式。经过儒家的改造，礼从西周春秋时期的德政意义转化为伦理意义上的概念。可以说，礼属于行为活动的范畴，是一种行为道德，它通过行为来表现礼所蕴含的道德。而如果礼乐无德之内涵，则礼乐成为虚文缛节，"薄于德，于礼虚"。但是，离开礼仪，道德又将缺乏实现的载体。德与礼文，二者相得益彰，这样才能构成完整的礼。

作为礼乐文明重要组成部分的乐，在儒家看来，它并不是满足人感官娱乐的艺术形式。儒家主张乐是有德之音，德是乐的灵魂。《礼记·乐记》云："天下大定，然后正六律，和五声，弦歌诗颂，此之谓德音，德音之谓乐。"即乐必须有内在的道德内涵，故《礼记·乐记》云："乐者，通伦理者也"，"德者，性之端也。乐者，德之华也"。乐是德之外发①，是内蕴深情的艺术形式。战国郭店儒简《尊德义》云："德者，且莫大乎礼乐。"②简文是说没有比礼乐更能充分体现德的了。由于乐内具深厚的道德之质，儒家认为乐可以"象德"，可以"观德"，"乐者，所以象德也"，"乐观其深矣"，③可以用之教化万民。

儒家礼乐文明以德为内核，体现出鲜明的人文精神。人文精神的核心是以人为本，它尊重人的生存尊严与生存价值，维护人的尊严与生存价值。儒家认为古礼的制作，缘于以人为贵的人本主义思想。人乃天地之英，五行之秀气。《礼记·礼运》提出："故人者，其天地之

---

① 所谓"德"，郭店简《五行》云："善，人道也；德，天道也。""德"为天道，礼乐为德的表征，则礼乐亦是天道的体现。所谓"圣"，郭店简《五行》云："圣人知天道也。"圣人是知天道的人。圣是知天道、具有天德之人。而圣人制作的礼乐具有毋庸置疑的正当性、合法性。
② 刘钊：《郭店楚简校释》，第123页。
③ 李学勤主编《十三经注疏·礼记正义》卷37，第1103、1106、1111页。

德,阴阳之交,鬼神之会,五行之秀气也。"《荀子·王制》亦谓人"最为天下贵"。荀子认为人之所以贵,在于人有仁、义和礼,仁、义、礼是人的本质。① 礼仪的设计体现出对人尊严的尊重,以及对他人的敬与爱。《礼记·儒行》说:"礼节者,仁之貌也。"礼仪最核心的要素是要有"仁人之心"与发自内心的真诚敬意,无此则礼将流于虚情假意。《礼记·曲礼上》开篇即言"毋不敬"。恭敬是人际交往的基本准则。《礼记·曲礼上》说:"是以君子恭敬撙节退让以明礼",强调与人交往时要谦卑自持,尊敬对方。《礼记·曲礼上》说:"夫礼者,自卑而尊人。虽负贩者,必有尊也,而况富贵乎?"礼是对他人的尊敬,即使是卑贱之人也有尊严,要对其加以尊敬,这句话很能体现出儒家礼的人文精神。

第二,礼乐文明是一种建立在情基础上的文化体系,情为礼之本构成了儒家礼学理论的根基。

儒家主张"礼缘人情而作"。郭店简《性自命出》提出"礼作于情,或兴之也",《语丛一》上有"礼因人之情而为之节文",《语丛二》云"情生于性,礼生于情,严生于礼"。② 《礼记·坊记》提出"礼者,因人之情而为之节文,以为民坊者也"的命题。

儒家主张礼有"礼之文"和"礼之本"③,礼要建立在人的仁爱之情基础上。《论语·八佾》记载,孔子说:"人而不仁,如礼何?人而不仁,如乐何?"④《礼记·乐记》主张礼的制作乃"本之情性,稽之度数,制之礼义"。《荀子·大略》说:"礼以顺人心为

---

① 王先谦:《荀子集解》卷5,第164~165页。
② 荆门博物馆编《郭店楚墓竹简》,第194~203页。
③ 曹建墩:《上博简〈天子建州〉"礼者,义之兄"章的礼学阐释》,《孔子研究》2014年第4期。
④ 刘宝楠:《论语正义》卷3,第81页。

本。故亡于礼经而顺人心者,皆礼也。"① 主张礼的合理性在于其顺应人心。

思孟一系将礼乐的依据,归为人自然的道德情感,以人内在的本然之情作为礼之本,从而赋予礼以内在的德性意义。《孟子·离娄上》说:"仁之实,事亲是也;义之实,从兄是也;智之实,知斯二者弗去是也。礼之实,节文斯二者是也"②,"仁者,人也,亲亲为大;义者,宜也,尊贤为大。亲亲之杀,尊贤之等,礼所生也。"③ 孟子将礼视作仁义的节文。

儒家尤其重视丧祭礼,因为诚敬与哀戚最能体现人的本然之情。《礼记·问丧》说:"哭泣无时,服勤三年,思慕之心,孝子之志也,人情之实也。"《礼记·三年问》:"三年之丧何也?曰:称情而立文。"礼乐贯穿着人伦之情,《韩诗外传》卷四:"爱由情出谓之仁,节爱理宜谓之义,致爱恭谨谓之礼,文礼谓之容。"所谓"礼之本",即人自然的本然之情,即人之所以为人的仁爱之情,郭店简《语丛二》提出"礼生于情",即最确切的表述。"道始于情",儒家的礼乐教化之道乃基于"礼之本"而展开,情为礼之本构成了儒家礼学理论的根基。④

儒家的礼乐教化之道,主张必须以最基础的血亲之情为起点,而后由内(家)向外(国、天下)推扬扩充,从而将血缘亲情转化为普遍的道德情感。儒家的仁爱观念,既承认"爱有差等"的生活实情,又通过"推扩"的功夫,超越这种差等之爱,走向"一视同仁"。所谓"推扩",就是推己及人、推人及物。例如,《论语·学而》云:

---

① 王先谦:《荀子集解》卷19,第490页。
② 焦循:《孟子正义》卷15,第532~533页。
③ 李学勤主编《十三经注疏·礼记正义》卷52,第1440页。
④ 曹建墩:《从礼制到礼学:先秦儒家对礼义的探寻》,《河北学刊》2015年第2期,第46~50页。

"泛爱众。"①《论语·雍也》:"己欲立而立人,己欲达而达人。"②《孟子·尽心上》认为,"君子之于物也,爱之而弗仁;于民也,仁之而弗亲。亲亲而仁民,仁民而爱物"。《孟子·梁惠王上》:"老吾老以及人之老,幼吾幼以及人之幼。"这也就是所谓的博爱。由对亲之爱,扩展而为对世人之爱,措诸为政,则泽被天下,仁及自然万物,实行仁政。这些论述,体现出儒家礼乐文明的人文精神。

第三,中和之道是儒家礼乐的价值追求。

礼乐最突出的价值诉求是追求社会秩序的和平和谐。《论语·学而》说:"礼之用,和为贵。"③《周礼·地官·大司徒》提出"以五礼防万民之伪而教之中,以六乐防万民之情而教之和",《周礼·天官》大宰之职用礼典"以和邦国,以统百官,以谐万民"。

不可否认,儒家的礼乐秩序是建立在尊卑贵贱等级基础上的。《礼记·坊礼》说:"夫礼,坊民所淫,章民之别。"《礼记·乐记》说:"礼义立,则贵贱等矣。"礼仪制度的"分别"功能体现于各方面,如君臣上下之分,尊卑贵贱等级之别,贫富财富之分,职业之别,等等。但是社会群体"分别"是手段,"合同异"则是目的,礼乐的功用是要建立稳定和谐的政治社会秩序。儒家认为礼乐的辩证关系是"乐统同,礼辨异"④。乐是出自内在的真情,其"始者近情",功能为"敦和"人情;礼是外在的节文,可以别贵贱、尊卑,"终者近义",其功能在于"别宜"社会群体。礼乐的功能,《礼记·乐记》:"礼者,殊事合敬者也。乐者,异文合爱者也。礼乐之情同,故明王以相沿也。"礼之用,在于明辨人道之差异;乐涵泳人内心的道德情感,乐

---

① 刘宝楠:《论语正义》卷1,第18页。
② 刘宝楠:《论语正义》卷7,第249页。
③ 刘宝楠:《论语正义》卷1,第29页。
④ 李学勤主编《十三经注疏·礼记正义》卷38,第1116页。

之用，在于统一协同人之情感。

礼乐所要达到的"和"有几个层面。首先，和表现为"君子和而不流"的身心之和。儒家提出"礼以制中""立中制节"等原则，《礼记·仲尼燕居》："敬而不中礼谓之野，恭而不中礼谓之给，勇而不中礼谓之逆。"礼是文质的统一，完美的礼必须文质和谐，"情文俱尽"。如《论语·雍也》："子曰：'质胜文则野，文胜质则史。文质彬彬，然后君子'。"[1] 孔子认为应该文质并重，才能成为理想的君子。

其次，礼乐的目的是实现人伦关系的和谐共处。儒家将社会关系分为君臣、父子、兄弟、夫妻、朋友五伦，不同人伦之间应遵循各自的伦理原则，才能和谐相处。郭店简《六德》提出，"父圣子仁"，"夫智妇信"，"君义臣忠"[2]。和谐关系依靠孝悌、忠恕、诚信、恭敬、智勇等这些道德原则来维持，以礼的践履来实现。为了实现社会秩序的和谐，儒家着重提出以忠恕之道作为处理人际关系的纲领。所谓忠恕之道，忠，是尽己之心；恕，是由己及人。"不仅'己所不欲，勿施于人'，而且要'己欲立而立人，己欲达而达人'。"[3] 简言之，忠恕之道即诚意尽心，推己及人。从"外推"路径说，也就是《论语·雍也》所言"己欲立而立人，己欲达而达人"[4]；从反求诸己的思路说，即《论语·卫灵公》所言"其恕乎！己所不欲，勿施于人"[5]。

和的最高境界，是"道并行而不相悖"的"天人之和"，即《周易》的"太和"。《礼记·乐记》云："大乐与天地同和，大礼与天地

---

[1] 刘宝楠：《论语正义》卷7，第233页。
[2] 刘钊：《郭店楚简校释》，第109页。
[3] 杨宽：《战国史》，上海人民出版社，1998，第492页。
[4] 刘宝楠：《论语正义》卷7，第249页。
[5] 刘宝楠：《论语正义》卷18，第631页。

同节。和，故百物不失；节，故祀天祭地。明则有礼乐，幽则有鬼神。如此，则四海之内，合敬同爱矣。"礼乐之和的内涵，是通过礼乐教化使天地宇宙与人类各安其位、各正性命，人类通过礼乐与天地合德，实现人与天地万物的和谐。

二 儒家礼乐的特质

儒家礼乐具有自己的文化结构、文化精神和文化气质。儒家礼乐的特征可以概括为如下几方面。

其一，儒家将礼乐视作君子修身进德之方式，礼乐不仅是治民之道，而且与君子人格道德修养联系在一起。

孔子提出"克己复礼为仁"①，要求君子"不学礼，无以立"②，君子"博学于文，约之以礼，亦可以弗畔矣夫"③，其意义在于：一方面，它将西周、春秋时期仅局限于贵族阶层的礼，扩展至不同阶层的群体，尤其是突破了"礼不下庶人"的规定，将礼下移至庶人，礼的社会基础更为广泛，礼从贵族之官学下移为士君子之学；另一方面，礼从政治性的贵族道德约束规范变为士君子践行仁道，成就人德性的必需工夫，这就确立了礼作为修身之学的价值意义。如《礼记·中庸》云"齐明盛服，非礼不动，所以修身也"，"齐庄中正，足以有敬也"，容貌端正，遵循礼节，便可修身而达于至德。

礼是修身的方式，它可以通过节制人的情感来实现。在儒家看来，人类天生具有情欲，人类情欲具有合理性，《礼记·礼运》："何谓人情？喜、怒、哀、惧、爱、恶、欲，七者弗学而能。"但是人的血气之情若不加以节制，对自己与社会秩序，均会产生不利的结果。人的

---

① 刘宝楠：《论语正义》卷15，第483页。
② 刘宝楠：《论语正义》卷19，第668页。
③ 刘宝楠：《论语正义》卷15，第504页。

情感应该与天道一样,处在阴阳和谐的至中境界。但是人性不能自发企及于至中之地,因此需要礼之节文来齐一性情,使人性合于理性,节文就是礼的具体形式。① 文明社会中,礼仪乃节制情感的节文,《礼记·檀弓下》将"直情而径行"视作戎狄之道,与文明社会的"礼道"不同。礼治人情的方式,包括对真情美情的兴发倡扬,对人自然生理情欲的裁制,使情欲控制在合理范围内,等等。礼之节文使情感"发而皆中节",从而符合中和之道。总之,儒家反对放纵情欲、"直情而径行",认为此非礼道,但儒家并不主张灭性情,而是承认情存在的合理性,只不过需要以礼治情。礼与情之间的关系,一则是以礼保护情,一则是礼以节制情,从而"发乎情止乎礼",使二者达到"情文俱尽""文质相谐"的理想状态。

此外,儒家提出了慎独的内在道德修养之说,要求发挥人的主观能动性。所谓慎独,即慎心,指谨敬其内心,专任为一,即一心,也即《中庸》所讲的诚。一心即恒心,有恒心则有恒德,即后来孟子所说的"仁心"。这就是儒家的修心之学,儒家修身之学转向内外仁礼兼修的路径。

礼乐都是培育德性人格的方式。儒家认为,"乐内礼外",礼乐相互协调发挥作用,则性情可以得中和之美。礼以治外,旨在规范人的行为举止,使之处处中节,符合德的要求;乐以治内,重在涵泳人内心的道德情感。例如,《礼记·仲尼燕居》曰:"夫礼,所以制中也。"《荀子·儒效》:"曷谓中?曰:礼义是也。"《礼记·文王世子》:"乐,所以修内也,礼,所以修外也。礼乐交错于中,发形于外,是故其成也怿,恭敬而温文","礼乐皆得,谓之有德。德者得也。"礼乐相辅相成,君子以之成就内在德性。

---

① 彭林:《始者近情 终者近义——子思学派对礼的理论诠释》,第3~14页。

礼也是人借此向自我本性回归的方式，礼仪是人性实现的方式，人是礼仪的存在，所以《礼记·冠义》云"人之所以为人者，礼义也"，《大戴礼记·劝学》说："无礼不立。"儒家为礼赋予了修身成德的功能，这使礼具有更为广阔的存在空间。

其二，礼学是具有强烈的实践性、经世性的经济治民之学。儒家礼学是一种重视实践、崇尚道德教化、主张以礼乐化民成俗的经世之学。

中国的古礼，从来不是书斋内的玄思空谈，它是一种具有强烈实践性的文化体系。许慎《说文解字》解释说"礼者，履也"，也就是说礼仪重在践行。

儒家倡导德治主义，主张以礼治国，治民之道必须以德礼，教化百姓必须由仁义之道来引导。郭店简《尊德义》云："为故率民向方者，唯德可"，"德之流，速乎置邮而传命"，是说唯德可以率民走向常道。《孟子·尽心上》指出："善政不如善教之得民也。善政，民畏之；善教，民爱之。善政得民财，善教得民心。"[①]儒家的教化乃礼乐之教，通过礼乐对百姓实行温和的教化，使百姓"绝恶于未萌，而起敬于微眇"，"日徙善远罪而不自知"[②]。郭店简《性自命出》指出："教，所以生德于中者也。"通过礼乐对人实行温和的教化，将儒家伦理规范内化，转化为人们的内在品质与性格，即培育人的内在德性。儒家主张，政治的核心即在于推行礼乐教化，"寓治于教化"，政治就是教化。在这一思路下，政治就是道德人格的推衍，社会治理过程即为政者道德感化的过程。儒家将君子修身与为政贯通，将政治建立在道德基础上，礼既具有个体的修身成德功能，又具有礼乐教化的政治功能。

---

① 焦循：《孟子正义》卷26，第897页。
② 王聘珍：《大戴礼记解诂》卷2，第22页。

儒家的礼乐教化之道是一种从上至下的教化方式。实行礼乐教化，在上位者具备道德是关键，只有德备方可推行教化，故在上位者需要"求己""反本"，"以身服善"，教化百姓应以执政者正己修身为根本。故《大学》提出"自天子以至于庶人，一是皆以修身为本"，"修己"是求仁成德的进路，"安人"的实质则是将仁外推之别人。儒家礼学不外"修己"与"安人"的忠恕之道。

礼是一种文明优雅的生活方式，它倡导一种朴素、文雅的符合礼乐教养的生活，力图通过礼仪教化让人举手投足都符合礼乐规范。"文化"的过程，就是不断摒弃人类的粗俗野蛮的习气，而实现精神人格的细致化和艺术化的过程。儒家德治主义的治国模式，体现为崇尚礼乐教化的文教政治，它不仅确立了一种礼乐生活模式，而且开启了一种礼乐教化的文化模式，其核心内容即以礼乐教化天下。因此礼乐文明是一种人文意义上的礼乐教化、礼乐制度、道德教化的综合文化共同体。它是以礼乐制度为基础，推行自上而下的礼乐教化传播模式。周人的"文化"，即以礼乐文德、文教化成天下，从而使民德归于淳朴。《周易·贲·象》谓："刚柔交错，天文也。文明以止，人文也。观乎天文，以察时变；观乎人文，以化成天下。""人文"指的是诗书、礼乐、法度等；"化"，指是教化、教导天下百姓并使之改变，"成"指实现文治昌明。文明之化，便是文化。"人文化成"的核心在于强调文德礼教。

总之，儒家的礼学是以君子的修身进德为起点，以推行自上而下垂教的礼乐教化方式，以创建礼宜乐和的理想社会为宏伟目标，以礼乐整合人伦关系的一种文化体系。

其三，儒家礼乐是一种主张经权相济，与时俱进的开放文明体系，具有较强的自我更新能力。

开放性首先体现在礼乐文明能够顺应时代的变化，与时俱进，从而具有很强的适应性。殷周礼制因袭损益,至于周代发展成"郁郁乎文哉"的礼乐文明。张焕君指出,从历史的发展看,无论是学术层面上的礼学,还是实践层面上的礼制,都并非一成不变,而是与时迁移、因袭损益的。① 《论语·为政》记载,孔子说:"殷因于夏礼,所损益,可知也;周因于殷礼,所损益,可知也。其或继周者,虽百世,可知也。"② 孔子"观殷夏所损益",以期"后虽百世可知也"③。

礼乐文化的开放性还体现在《礼记·礼器》提出"礼,时为大"的主张上。《礼记·礼运》说:"故礼也者,义之实也。协诸义而协,则礼虽先王未之有,可以义起也。"礼乐文明以与时俱进为大,礼需要根据时代的变化做出调适,"礼以义起,亦与时宜"。"礼,时为大"思想的提出,揭示了礼的生命力之所在。中国古代儒家士大夫一再强调礼学欲发挥其经世功能,必须以古礼为基础,根据时代变化加以变通,而不能抱残守缺,顽固不化,这是古代知识精英的共识。如西汉叔孙通曰:"五帝异乐,三王不同礼。礼者,因时世人情为之节文者也。故夏、殷、周之礼所因损益可知者,谓不相复也。"④《汉书·礼乐志》说:"王者必因前王之礼,顺时施宜,有所损益。"⑤ 宋代朱熹也主张在制作新礼时,必须遵循与时俱进的原则,因时变通地斟酌古制,而不是恪守成规,拘泥于三代之制,制礼作乐必须简单易行,便于推行。他提出:"古礼繁缛,后人于礼日益疏略。然居今而欲行古礼,亦恐情文不相称,不若只就今人所行礼中删修,令有节文、制数、

---

① 张焕君:《制礼作乐——先秦儒家礼学的形成与特征》,中国社会科学出版社,2010。
② 刘宝楠:《论语正义》卷2,第71页。
③ 《史记》卷47,1982,第1936页。
④ 《史记》卷99,第2722页。
⑤ 《汉书》卷22,第1029页。

等威足矣。"① 欲发挥礼学的经世功能，关键在于因时变通，斟酌古制，而不是恪守成规，拘泥于三代之制。

儒家主张，礼乐在实践中要因地制宜，讲究权变。儒家礼学的与时俱进体现在经权之道上。"经"是价值规范，是原则性；"权"，即通权达变，是保持常经、常道，在不违背原则的情况下讲求灵活性。《论语·子罕》记载，孔子说："可与共学，未可与适道；可与适道，未可与立；可与立，未可与权。"②《孟子·尽心上》："执中无权，犹执一也。所恶执一者，为其贼道也，举一而废百也。"③"执一"就是机械死硬地对待原则，其结果是"举一而废百"。孟子将僵硬、毫无灵活性的斥为"贼道"。权变之道即要求审时度势，依据原则变通处置。《礼记·中庸》称"时中"："君子之中庸也，君子而时中。"所谓"时中"，即要求与时俱进而处"中"。

体现在礼学上，"时"即要求礼因时而变，从而持中守正。"时中"要求君子审时度势、与时更新、随时之宜，在坚持礼的基本原则与精神的情况下，保有"中道"。《礼记·礼器》说："礼也者，合于天时，设于地财，顺于鬼神，合于人心，理万物者也。是故天时有生也，地理有宜也，人官有能也，物曲有利也。故天不生，地不养，君子不以为礼，鬼神弗飨也。居山以鱼鳖为礼，居泽以鹿豕为礼，君子谓之不知礼。故必举其定国之数，以为礼之大经。礼之大伦，以地广狭；礼之薄厚，与年之上下。是故年虽大杀，众不匡惧，则上之制礼也，节矣。"这段话说明了儒家礼学具有灵活性，而不是僵硬的规范约束。它指出，在礼的践履中，要顺应天时，通达地理，合于人心，要因时制宜、因地制宜的行礼，而不能拘泥于礼的条文。这充分体现

---

① 黎靖德编《朱子语类》卷84，第2177页。
② 刘宝楠：《论语正义》卷10，第358页。
③ 焦循：《孟子正义》卷27，第918~919页。

了儒家礼学的开放性。

　　由于中国上古文明的独特发展路径①，古代中国很早就走上了以农耕为本位的经济形态，以文明的传播与生根为扩展生存空间的方式，以文化融合为整合多民族的方式，以道德为协调社会秩序原则的独特文明发展模式②，并影响决定了华夏民族的文化性格，华夏礼乐文明成为一个以天下为视野③，以文化为核心，主张以礼乐教化为推行其文明价值观方式的文明体系。

　　儒家礼乐文明，主张以推行文明教化为方式，从而臻于"协和万邦"的大治之境。《尚书·尧典》提出"克明俊德，以亲九族，九族既睦。平章百姓，百姓昭明，协和万邦"④，要求以德来亲睦九族、协和万邦，求得天下的普遍和谐。儒家区分中国与夷狄是从文化上来强调的，不是从种族上来强调的。夏、夷不是一成不变的，"夷狄而进于中国则中国之"。正是在这种夷夏观的指导下，春秋战国时期的所谓南蛮与东夷都"进于中国则中国之"，融合于华夏民族之中。扬雄《法言·问道》认为中国与夷狄是以"礼乐"来区分的，"无则禽，异则貉"⑤。因此儒家的中国是一个文化中国，是一个建立在礼乐基础上的文明政治共同体。这种开阔的胸怀体现出礼乐文明的开放性与包容性，而不是狭隘、封闭的种族主义。

---

① 张光直指出，中国早期社会的文明进程是连续的，而不是断裂。早期国家的特征是"家国同构"，非血缘组织的"国"由血缘组织的"家"发展而来，家国同源，君权来自父权。参见张光直《中国青铜时代》，第484~496页。侯外庐指出，中国从氏族社会走向文明社会，保留旧有氏族血缘关系来建立国家组织，可以称之为"早熟"文明。参见侯外庐《中国思想通史》，人民出版社，1957，第1~17页。
② 郭沂：《从古代中国的天下一体化看当代全球化趋势》，《哲学动态》2006年第9期，第21~27页。
③ 《礼记·大学》提出修身、齐家、治国、平天下之道，儒家以"平天下"为旨归。
④ 孙星衍：《尚书今古文注疏》卷1，第6~8页。
⑤ 汪荣宝：《法言义疏》卷6，第122页。

数字与中国古代礼乐文化的建构

在中国古代，数字不仅运用于计算，而且还承载着深刻的文化内涵和社会秩序建构功能。尤其在周礼体系中，数字的礼制建构功能更为明显。一方面，礼乐体系继承了早期的数字神秘传统，使数字成为构筑礼制架构的重要环节；另一方面，对数字文化功能和内涵的诠释被纳入传统的天道观念体系进行阐发，成为儒家礼制诠释系统中的一部分。本文拟讨论数字与礼乐制度构建的关系，揭橥并分析礼制体系中对一些数字的崇尚现象。

一 数字序列与奇偶数组合

数字在礼乐文化构建中最基础的功能，是以数字的多少昭示尊卑、贵贱、感情的亲疏、礼的隆杀等，数字具有参与编码礼制等级序列的功能。这种礼制功能体现在数字的等差和等比序列上，突出反映这一点的是《周礼》等文献记载的命数制度。《周礼·春官·典命》云：

> 典命掌诸侯之五仪，诸臣之五等之命。上公九命为伯，其国家、宫室、车旗、衣服、礼仪，皆以九为节。侯伯七命，其国家、宫室、车旗、衣服、礼仪，皆以七为节。子男五命，其国家、宫

室、车旗、衣服、礼仪，皆以五为节。

王之三公八命，其卿六命，其大夫四命。及其出封，皆加一等。其国家、宫室、车旗、衣服、礼仪亦如之。凡诸侯之适子，誓于天子，摄其君，则下其君之礼一等；未誓，则以皮帛继子男。公之孤四命，以皮帛眂小国之君，其卿三命，其大夫再命，其士一命，其宫室、车旗、衣服、礼仪，各眂其命之数。侯伯之卿大夫士亦如之。子男之卿再命，其大夫一命，其士不命，其宫室、车旗、衣服、礼仪，各眂其命之数。

《大戴礼记·朝事》所言命数制度基本上与《周礼》所言相同。命数制度实质上是政治权力运用数字的层级序列来昭显人的尊卑、贵贱、亲疏等，其功能是使等级秩序结构序列化，所谓"贵贱有别，尊卑有序，上下有差也"①。命数其实是一个象征，象征礼制等级链条中不同级别的贵族所应处的"位"，数字是不同等级身份贵族"位"的表象。《礼记·中庸》要求每个人"不出其位"，也就是安于其身份。不同贵族对于命数的破坏，直接造成礼制的破坏和对自己"位"的僭越。《论语·八佾》记载的鲁国季氏"八佾舞于庭"，即季氏违背了其身份不应用的数字等秩。

此类数字序列在礼制中运用极其常见，不妨列举如下，以做分析说明。

公问羽数于众仲。对曰："天子用八，诸侯用六，大夫四，士二。夫舞，所以节八音而行八风，故自八以下。"（《左传·隐公五年》）

---

① 王聘珍：《大戴礼记解诂》卷12，第225页。

上公之礼，执桓圭九寸，缫藉九寸，冕服九章，建常九斿，樊缨九就，二车九乘，介九人，礼九牢，其朝位宾主之间九十步……飨礼九献，食礼九举……

诸侯之礼，执信圭七寸，缫藉七寸，冕服七章，建常七斿，樊缨七就……二车七乘，介七人，礼七牢，朝位宾主之间七十步……飨礼七献，食礼七举……

诸伯执躬圭，其他皆如诸侯之礼。

诸子执谷璧五寸，缫藉五寸，冕服五章，建常五斿，樊缨五就，二车五乘，介五人，礼五牢，朝位宾主之间五十步……飨礼五献，食礼五举。(《周礼·秋官·大行人》)

聘礼，上公七介，侯伯五介，子男三介，所以明贵贱也。(《礼记·聘义》)

天子饭九贝，诸侯七，大夫五，士三。士三月而葬，是月也卒哭；大夫三月而葬，五月而卒哭；诸侯五月而葬，七月而卒哭。士三虞，大夫五，诸侯七。(《礼记·杂记下》)

国君七个，遣车七乘。大夫五个，遣车五乘。(《礼记·檀弓下》)

君锦冒黼杀，缀旁七。大夫玄冒黼杀，缀旁五。士缁冒赪杀，缀旁三。凡冒，质长与手齐，杀三尺。①(《礼记·丧大记》)

《礼记·昏义》建构的天子六宫包括三夫人、九嫔、二十七世妇、八十一御妻；六官包括三公、九卿、二十七大夫、八十一元士等，这两组数字以三为公比的等比递增序列。

《国语·周语下》说乐律："纪之以三，平之以六，成于十二，天

---

① 如果按照降杀以两的原则，则周天子应"缀旁七"。

之道也。夫六，中之色也。"① 《大戴礼记·明堂》："明堂者，古有之也。凡九室，一室而有四户、八牖，三十六户，七十二牖。以茅盖屋，上圆下方。"② 这两组数字是以二为公比的等比序列。

如此等等，礼书中的相关记载比比皆是。可以看出，礼制系统中的命数可以分为两个系统。第一，以奇数系统为主，以轴心概念为主，三、五、七、九等数字形成等差序列，用于构建礼制等级关系。此类奇数系统以五行为象征和设立数字等差的依据。第二，以偶数系统为主，以剖分概念为主。二、四、六、八等形成等差序列，但是在实际的礼制运作中，如上所言，往往渗入天道观念的因素，对于四、六等数字比较崇尚。此类偶数系统以阴阳、四方与天地四时为象征和设立数字等差的依据。这些等差序列以"降杀以两"为原则。

《周礼》中还有另外一套数字系统，《周礼·夏官·弁师》规定：天子冕十二旒，旒十二玉；诸侯之旒九，九玉；卿、上大夫七旒、七玉；大夫五旒、五玉。周代数字层级以三、五、七、九、十二为一组，如果按照等差为二、降杀以两的原则，应该是十一、九、七、五、三。但是，"十一"因象征功能的极度弱化而极少在周礼体系中使用，"十二"又因为是天数，故多被用作周天子使用的礼数。

不难看出，周代通过爵命和数字系统构筑了一个等级严格的礼制系统，其中，等差数字序列系统是维持和保证等级结构必不可少的。《礼记·礼器》曰：

礼有以多为贵者。天子七庙，诸侯五，大夫三，士一。天子

---

① 《国语》卷3，第132页。
② 王聘珍：《大戴礼记解诂》卷8，第149页。

之豆二十有六，诸公十有六，诸侯十有二，上大夫八，下大夫六。诸侯七介七牢，大夫五介五牢。天子之席五重，诸侯之席三重，大夫再重。天子崩，七月而葬，五重八翣。诸侯五月而葬，三重六翣。大夫三月而葬，再重四翣。此以多为贵也。

　　有以少为贵者。天子无介，祭天特牲……天子一食，诸侯再，大夫、士三，食力无数。大路繁缨一就，次路繁缨七就，圭璋特，琥璜爵。鬼神之祭单席。诸侯视朝，大夫特，士旅之。此以少为贵也。

通过数字的多少，周代礼制构建了尊卑有等的差等秩序。数字系统对于复杂庞大的周代礼制的建构功能之一即体现在此。

由于特殊原因，数字序列会呈现特殊形式，如摄盛现象对数字序列造成一定的影响。摄盛指行礼者使用的礼仪器物度数等超越其等，即礼仪中超越自己的等级身份而使用礼器、车服等。这种超越其等级身份的限制在礼制允许的范围内，也可称之为"合礼"的越等。据礼书记载，摄盛对于数字系统的影响主要表现在婚礼和丧礼上。如漆车（《仪礼·士昏礼》称为"墨车"）为大夫所乘之礼车，但士在举行婚礼时亦得用之；另如《仪礼·既夕礼》记载大遣奠使用五鼎，"陈鼎五于门外"，郑玄注："士礼，特牲三鼎，盛葬奠加一等，用少牢也。"士平常祭祀先祖，使用三鼎，但因为丧礼大遣奠为盛礼，故摄盛用五鼎。在特殊情况下，丧礼的规制也可以有加等，《左传·僖公四年》记载："许穆公卒于师，葬之以侯，礼也。凡诸侯薨于朝、会，加一等；死王事，加二等。于是有以衮敛。"杜预注："男而以侯礼，加一等。衮衣，公服也，谓加二等。"许穆公因为以身殉职故其礼加等，依据礼制，诸侯在朝会时去世则可以礼加一等。

另外，《礼记·礼器》有"经而等""放而不致"的原则，这些原则也导致数字的使用呈现复杂的面貌。

所谓"经而等",郑玄注:"谓若天子以下至士庶人为父母三年。"体现在数字序列上,即各层级的人虽然尊卑有异,但均可以使用相同的礼数,无等差之别。

何谓"放而不致"?例如《仪礼·特牲馈食礼》记载,士祭祖时,"尸俎:右肩、臂、臑、肫、骼,正脊二骨、横脊、长胁二骨、短胁。"郑玄注:"士之正祭礼九体,贬于大夫,有并骨二,亦得十一之名。合少牢之体数,此所谓放而不致者。"按照礼制规定,士的地位比大夫低下,故贬而不用脡脊、代胁。但是由于礼不夺正(士卑于大夫,用牲体数目贬于大夫,但是牲体正脊、正胁不能贬而不用,称为"礼不夺正"),故而士得以使用正脊、正胁。士用牲体九个,但正脊用二骨,长胁也用二骨,凑成十一体之数,礼家称此为"放而不致"。鱼俎用十五尾鱼,与大夫祭祖礼的尸俎用鱼数目相同,礼家称为"经而等",即尊卑皆用同一数。

二 古礼中礼数的象征意义及诠释

在人类的肇始阶段,人们对于数字起源感觉神秘,多归功于圣人或远古时期伟大帝王所创作,如《世本》云:"容成作历,黄帝作数。"在世界各地,普遍存在对数字产生神秘感而尊崇的现象。中国的《周易》中的河图洛书即反映了先民对数字的尊崇。古巴比伦人则盛行着神秘数信仰,认为某些数概念是构成宇宙的圣数;古印度文化中,特别崇尚某种神秘圣数,认为这些圣数是宇宙的奥秘。几乎所有的民族早期文化中,数——尤其是某些与宇宙的创生相关的圣数——具有特别神秘而神圣的地位。先民们认为这些数即是宇宙的奥秘,至神至圣,故而有各种数崇拜和数禁忌现象出现。一些关于数的理论,带有浓厚的"泛神"色彩,在某种意义上可以将其归纳为宗教哲学。①

如果从发生学的角度来看,在雏形时期,中国古代许多数字具有圣数的意义。此后,数字被纳入整个礼制构建系统,不同数字在整个礼乐文化体系中所承载的礼制功能各不相同,然而数字的"圣数"的文化功能仍然作为集体无意识而被保留在对数字的诠释和功能认知上。

据学者研究,殷商时期已经具有了相当完整的空间秩序概念,甲骨卜辞中四方风名和方位的概念已经证明这点。② 空间秩序概念的存在以及礼制结构的等级化皆需要数字的建构功能,从目前最早的甲骨卜辞记载来看,数字已经承载对宗教祭祀的主体的身份和亲属感情确认的功能。例如,甲骨卜辞中有许多对于不同先公、先王用牲数目的占卜,不同的数字暗示着不同等秩的神灵所应该享用的牺牲数目。甲骨文的占卜数字意味着,殷商时期数字已经被纳入殷商礼制文化的构建中。不唯如此,在考古出土的殷商墓葬以及祭祀遗迹中,青铜礼器的数量组合以及祭祀牺牲的数字组合,反映出商人对于数字的奇偶观念业已形成,并且数字奇偶观念被纳入礼制构建的范畴。根据统计,殷人在祭祀的时候,最常用的是一、三、五,其他数字比较少用,诸多研究表明,殷人对于数字有自己的喜好。这种喜好不应当被简单看作一种表面现象,其有更深刻的文化背景在支撑。③

礼经过夏商两代的发展,至周代而臻于完备,周人以建立在分封基础上的宗法制度为核心,构筑了繁缛而复杂的礼乐制度。它以血缘

---

① 张开焱:《中国文化元编码的形成及其历史基础》,《东方丛刊》2000年第4期,第1~12页。
② 冯时:《天文考古学》,社会科学文献出版社,2001,第167~190页。
③ 董艳艳:《试论祭祀卜辞中的数字观》,《古籍整理研究学刊》2002年第6期,第53~56页。

亲情为基础，力图建立一种层级和谐的社会秩序。"名位不同，礼亦异数。"① 数之于礼，如经纬之于织机，起着维系等级礼制的功能。古人对数的功能有非常深刻的认识。

  天六地五，数之常也。(《国语·周语下》)②

  凡人神以数合之，以声昭之，数合神和，然后可同也。故以七同其数，而以律和其声，于是乎有七律。(《国语·周语下》)③

  夫德，俭而有度，登降有数，文、物以纪之，声、明以发之。(《左传·桓公二年》)

  故必举其定国之数，以为礼之大经。(《礼记·礼器》)

  是故先王本之情性，稽之度数，制之礼义。(《礼记·乐记》)

  故先王以土与金木水火杂，以成百物。是以和五味以调口，刚四支以卫体，和六律以聪耳，正七体以役心，平八索以成人，建九纪以立纯德，合十数以训百体。(《国语·郑语》)④

  物生有两、有三、有五、有陪二。故天有三辰，地有五行，体有左右，各有妃耦，王有公，诸侯有卿，皆有二也。(《左传·昭公三十二年》)

  欲知道不可以不知仁，欲知仁不可以不知义，欲知义不可以不知礼，欲知礼不可以不知数。数者，礼之序也，分于至微，等于至著，圣人之道，知序则几矣。⑤

---

① 杨伯峻编著《春秋左传注》，第207页。
② 徐元诰：《国语集解》，第89页。
③ 徐元诰：《国语集解》，第126页。
④ 徐元诰：《国语集解》，第470页。
⑤ 蔡沈：《洪范皇极内篇》卷1，《景印文渊阁四库全书》本，台湾商务印书馆，1986。

数字在周礼体系中的建构构能之一，是数字在礼乐文化系统中被赋予象征意义。限于篇幅，下面依据儒家礼学文本的论述来阐述周礼中具有基础性象征意义的数字，并概括其对礼制的构造意义，其他含义或哲学论证不赘述。

(一) 数字一、二

一是数字的起始。殷商时期，"一"已具有凸显王权至高无上的意味。① 周代，"一"也是至高王权的象征，如《礼记·曾子问》曰："丧有二孤，庙有二主，礼与？孔子曰：天无二日，土无二王，尝禘郊社，尊无二上，未知其为礼也。""一"成为一种至上权威与秩序的象征，并与宇宙天穹直接关联。②

在周礼的诠释体系中，"一"是礼产生的本原。《礼记·礼运》云："是故夫礼必本于大一，分而为天地，转而为阴阳，变而为四时，列而为鬼神。"孔颖达解释为："谓天地未分，混沌之元气也。极大曰大，未分曰一。"③《荀子·礼论》："贵本之谓文，亲用之谓理，两者合而成文，以归大一，夫是之谓大隆"，"凡礼，始乎悦，成乎文，终乎悦校。故至备，情文俱尽；其次，情文代胜；其下，复情以归大一也。"太一使礼具有了本体意义，是周礼的终极性理论依据，它使礼具有了神圣性。

"二"是对立的二元。出于对宇宙世界秩序的体认，二元对立的观念集中体现在阴阳这对哲学范畴中。天地、阴阳的二元观念成为礼乐文化系统中尊卑、贵贱、男女、君臣、夫子、兄弟、夫妇等人伦关系建立的理论依据。此类论述比比皆是。例如《礼记·昏义》云：

---

① 胡厚宣：《释"余一人"》，《历史研究》1957年第1期，第75~78页。胡氏后又有《重论"余一人"问题》（收入《古文字研究》第6辑）一文。
② 葛兆光：《众妙之门——北极、太一、太极与道》，《中国文化》（第3辑），香港中华书局，1990。
③ 李学勤主编《十三经注疏·礼记正义》卷22，第707页。

"男女有别，而后夫妇有义；夫妇有义，而后父子有亲；父子有亲，而后君臣有正。"

《周礼》中，往往以阴阳二元来划分礼的类别。《周礼·天官·内宰》有"以阴礼教六宫，以阴礼教九嫔"，"佐后立市"，"祭之以阴礼"；《周礼·地官·牧人》有"凡阳祀，用骍牲，毛之；阴祀，用黝牲，毛之"；《春官·大宗伯》有"以天产作阴德"，"以地产作阳德"。

（二）数字三

"三"的象征意义，《老子》第四十二章云："三生万物。"① 《史记·律书》："数始于一，终于十，成于三。"② 对于三的神秘性质，学者多认为来源于对天、地、人三才的认识③。杨希枚、张开焱等学者皆对三的编码功能和神秘意义有很好的论述。④ 在礼乐文化中，三也是构建礼仪体系的基础性数字符号。

"三"的构建功能是礼制中"礼成于三"的原则，此类论述在礼书中俯拾皆是。例如，行为礼仪的"三"，《仪礼》诸篇有三让、三揖、三辞；《大戴礼记·朝事》："介绍而传命，君子于其所尊，不敢质，敬之至也。三让而后传命，三让而后入庙门，三揖而后至阶，三让而后升，所以致尊让也"⑤；三年之丧（《礼记》诸篇）；三踊（《仪礼·士丧礼》）；饮酒、燕礼三献等（《仪礼·乡饮酒礼》）；祭祀三饭（《仪礼·特牲馈食礼》）；卜筮不过三（《礼记·曲礼上》）；对双亲、君王有三谏之礼（上博简《内礼》《礼记》《公羊传·庄公二

---

① 楼宇烈校释《老子道德经注校释》，第117页。
② 《史记》卷25，第1251页。
③ 张开焱：《中国文化元编码的形成及其历史基础》，第1~12页；俞晓群：《中国数术探秘》，生活·读书·新知三联书店，1994，第243页；李零：《中国方术续考》，第91页。
④ 张开焱：《中国文化元编码的形成及其历史基础》，第1~12页。
⑤ 王聘珍：《大戴礼记解诂》卷12，第233~234页。

十四年》）；礼有三本，"故礼，上事天，下事地，尊先祖而隆君师，是礼之三本也"（《荀子·礼论》）；三月教成，三月庙见成妇（《仪礼·士昏礼》）；三年大比（《周礼》）；等等。

儒家对"礼成于三"的诠释有两点。其一，这种原则或取法于天、地、人三才的观念。《礼记·三年问》云："上取象于天，下取法于地，中取则于人。"其二，取法于人情和节文，"三年者，称情而立文，所以为至痛极也。"

（三）数字四

考古发现以及研究表明，古代中国很早就有了四方观念[①]。殷商甲骨卜辞记录无可置辩地证明殷人已经有了完整的空间观念。四方和中央的划分，以及四方风卜辞皆表明这些观念似乎还可以向上追溯更为久远的渊源。现代学者研究表明，殷人尚无四季的划分，只有春秋二季的划分[②]，到了周代，四季观念已经很成熟。礼制体系中数字"四"有象征四方、四时的含义。比如，射礼中发四箭，象征有事于四方。《仪礼·乡射礼》载"将乘矢"，郑玄注："将，行也。行四矢，象有事于四方。"《礼记·内则》："三日，卜士负之。吉者宿齐，朝服寝门外，诗负之。射人以桑弧蓬矢六，射天地四方。"长沙子弹库《楚帛书》："四神相戈（代），乃步以为岁，是唯四时……炎帝乃命祝融以四神降，奠三天，□维思敷，奠四极。"[③] 帛书内容是讲四神推步而分四时，四时正而后四神降下正（奠，定也；定，正也）三天[④]（二分二至的太阳周日视运动轨迹，外衡、中衡、内衡），定四极（四方之极，四极正而四方正）。帛书中的四方神分处于四极（方隅），司

[①] 冯时：《中国古代的天文与人文》，中国社会科学出版社，2006，第1~61页。
[②] 常玉芝：《殷商历法研究》，吉林文史出版社，1998。
[③] 参见李零《中国方术考》，第177~196页；李学勤《楚帛书中的古史与宇宙论》，载李学勤《简帛佚籍与学术史》，江西教育出版社，2001，第47~55页。
[④] 连劭名：《长沙楚帛书与中国古代的宇宙论》，《文物》1991年第2期，第44页。

日月运行和长短，权能包括正四时和定三天与四极。①

（四）数字五

关于数字五在礼乐体系中的地位，其理论依据是四方和中央相结合的"五位"观念以及五行理论。② 五行理论，前贤时哲有很多精湛的研究，兹不赘述。数字五对于礼制系统的建构和诠释具有很大的影响③，由于受五行思想影响，东周秦汉的礼仪也被"五行化"。例如，《大戴礼记·曾子天圆》说："圣人立五礼以为民望，制五衰以别亲疏，和五声之乐以导民气，合五味之调以察民情，正五色之位，成五谷之名。序五牲之先后贵贱。"④ 祭祀有"五祀"。《左传·昭公二十九年》载，蔡墨曰："社稷五祀，是尊是奉。木正曰句芒，火正曰祝融，金正曰蓐收，水正曰玄冥，土正曰后土。"《周礼·春官·大宗伯》："以血祭祭社稷、五祀、五岳。"五祀位于社稷之下、五岳之上，属于地祇，属于五行之神。

睡虎地秦简中五祀的祭日，体现出受五行思想的影响，例如，"祠五祀日，丙丁灶，戊己内中土，[甲]乙户，壬癸行，庚辛门"（《日书》乙种40二）。五行和五祀相配的模式，睡虎地秦简《日书》乙种已比较确定。按照天干所配五行，丙丁属火，南方，祭灶；戊己属中央土，祭内中土（中霤）；甲乙属木，东方，祭祀户；壬癸属水，北方，祭行；庚辛属西方金，祭门。

受五行思想影响，《礼记·月令》以数字五构建礼制体系，如五季（《礼记·月令》）、五祀（《礼记·月令》等等）、五戎（《礼记·月令》）等。

---

① 参见李学勤《楚帛书中的古史与宇宙论》，第47~55页。
② 李零：《中国方术续考》，第91页。
③ 彭林：《〈周礼〉的主体思想与成书年代研究》，中国社会科学出版社，1991，第44~63页。
④ 王聘珍：《大戴礼记解诂》卷5，第101页。

（五）数字六

数字六的象征含义是天地四方（六合）。在《周礼》中，对六非常崇尚，这是一个值得注意的现象。

1. 六冕与六服

天子礼服有六冕，《周礼·春官·司服》："祀昊天上帝则服大裘而冕，祀五帝亦如之；享先王则衮冕；享先公、飨、射则鷩冕；祀四望、山川则毳冕；祭社稷、五祀则希冕；祭群小祀则玄冕。"

王后有六服，《周礼·天官·内司服》云："内司服掌王后之六服，袆衣、揄狄、阙狄、鞠衣、展衣、缘衣，素沙。"

2. 饮食

饮食有六谷、六牲、六齍等，礼器有六尊、六彝：

> 凡王之馈，食用六谷，膳用六牲，饮用六清。（《周礼·天官·膳夫》）

> 食医掌和王之六食、六饮、六膳、百羞、百酱、八珍之齐。（《周礼·天官·食医》）

> 庖人掌共六畜、六兽、六禽，辨其名物。（《周礼·天官·庖人》）

> 辨六齍之名物与其用，使六宫之人共奉之。辨六彝之名物，以待果将。辨六尊之名物，以待祭祀、宾客。（《周礼·春官·小宗伯》）

3. 乐律

六乐：《云门》《咸池》《大韶》《大夏》《大濩》《大武》。

六律：《周礼·春官·大师》有"掌六律、六同以合阴阳之声"；《周礼·春官·典同》有"典同掌六律、六同之和，以辨天地、四方、阴阳之声"。

4. 巫术宗教

祭祀用六牲，《周礼·地官·牧人》："牧人掌牧六牲，而阜蕃其物，以共祭祀之牲牷。"

六梦，一曰正梦，二曰噩梦，三曰思梦，四曰寤梦，五曰喜梦，六曰惧梦（《周礼·春官·占梦》）。

《周礼·春官·大祝》有"六祝""六辞""六号"：

大祝掌六祝之辞，以事鬼神示，祈福祥，求永贞：一曰顺祝，二曰年祝，三曰吉祝，四曰化祝，五曰瑞祝，六曰筴祝。掌六祈，以同鬼神示：一曰类，二曰造，三曰襘，四曰禜，五曰攻，六曰说。作六辞，以通上下、亲疏、远近：一曰祠，二曰命，三曰诰，四曰会，五曰祷，六曰诔。辨六号：一曰神号，二曰鬼号，三曰示号，四曰牲号，五曰齍号，六曰币号。

《周礼·春官·龟人》有六龟："龟人掌六龟之属，各有名物。天龟曰灵属，地龟曰绎属，东龟曰果属，西龟曰雷属，南龟曰猎属，北龟曰若属，各以其方之色与其体辨之。"

秦王朝建立后，按照五行思想建立了秦代礼制体系，《史记·秦始皇本纪》记载：

始皇推终始五德之传，以为周得火德，秦代周德，从所不胜。方今水德之始，改年始，朝贺皆自十月朔。衣服旄旌节旗皆上黑。数以六为纪，符、法冠皆六寸，而舆六尺，六尺为步，乘六马。更名河曰德水，以为水德之始。刚毅戾深，事皆决于法，刻削毋仁恩和义，然后合五德之数。①

据五行学说，水之生数为一、成数为六。秦始皇崇尚水德，尚六，凡符、法冠的度数都为六寸；车舆宽六尺；一步六尺长，驾车用六匹马。

5. 政事

治国有六典，分别为治典、教典、礼典、政典、刑典、事典（《周礼·天官·太宰》）。

交往有"六瑞""六挚""六玉"，《周礼·春官·大宗伯》记载：

> 以玉作六瑞，以等邦国。王执镇圭，公执桓圭，侯执信圭，伯执躬圭，子执谷璧，男执蒲璧。以禽作六挚，以等诸臣。孤执皮帛，卿执羔，大夫执雁，士执雉，庶人执鹜，工商执鸡。以玉作六器，以礼天地四方。以苍璧礼天，以黄琮礼地，以青圭礼东方，以赤璋礼南方，以白琥礼西方，以玄璜礼北方。

教化万民有"六政""六俗""六德""六行""六艺"，《周礼·地官·大司徒》云：

> 以保息六养万民：一曰慈幼，二曰养老，三曰振穷，四曰恤贫，五曰宽疾，六曰安富。以本俗六安万民：一曰媺宫室，二曰族坟墓，三曰联兄弟，四曰联师儒，五曰联朋友，六曰同衣服。
> ……
> 以乡三物教万民，而宾兴之。一曰六德：知、仁、圣、义、

---

① 《史记》卷6，第237~238页。

忠、和。二曰六行：孝、友、睦、姻、任、恤。三曰六艺：礼、乐、射、御、书、数。

教育贵族子弟有"六艺""六仪"：

> 而养国子以道。乃教之六艺：一曰五礼，二曰六乐，三曰五射，四曰五驭，五曰六书，六曰九数。乃教之六仪：一曰祭祀之容，二曰宾客之容，三曰朝廷之容，四曰丧纪之容，五曰军旅之容，六曰车马之容。（《周礼·地官·保氏》）

六的象征意味在《仪礼·觐礼》中体现得甚为明晰：

> 为宫方三百步，四门坛十有二寻，深四尺，加方明于其上。方明者，木也，方四尺，设六色：东方青，南方赤，西方白，北方黑，上玄下黄。设六玉：上圭下璧，南方璋，西方琥，北方璜，东方圭。

彭林精辟地指出，这些实际是根据天地四方所包含的五行理论构建的系统。① 其根本目的在于使礼制等级序列具有天道自然的依据，并期望以数与天道感通。

（六）数字八

数字八在礼制体系中象征着八方，它的空间构成是合二"四"（四方和四隅）。这种象征对于礼制系统的构筑，如《大戴礼记·本命》云：

---

① 彭林：《〈周礼〉主体思想与成书年代研究》，第44~63页。

阴穷反阳，阳穷反阴，辰故阴以阳化，阳以阴变。故男以八月而生齿，八岁而毁齿，一阴一阳，然后成道，二八十六，然后情通，然后其施行……八者，维纲也，天地以发明，故圣人以合阴阳之数也。①

礼数被赋予了神秘的宇宙含义。

（七）数字九、十

九为阳数。王逸《九辩章句》："九者，阳之数，道之纲纪也。"② 九是政治结构中金字塔顶所使用的数字，它象征最高政治权力核心的无上权威，也是等级序列数字中最高的一级。周礼体系中用九之例，上文已征引。

而十因为是盈数的原因，礼乐文化中很少用其构筑等级化的数字序列。其主要功能在于"进位"。殷商时期的数字是十进位制的③，而五为小单位。

十和九的象征功能，《礼记·丧大记》："小敛布绞，缩者一，横者三。君锦衾，大夫缟衾，士缁衾皆一，衣十有九称。"郑玄注："十九称，法天地之终数也。"案《易·系辞》云："天一地二，天三地四，天五地六，天七地八，天九地十"，可知天数终于九，地数终于十。在礼制体系中，数字十一般表示年龄的层级数。《礼记·乡饮酒义》："乡饮酒之礼，六十者坐，五十者立侍，以听政役，所以明尊长也。六十者三豆，七十者四豆，八十者五豆，九十者六豆，所以明养老也。"

---

① 王聘珍：《大戴礼记解诂》卷13，第251~252页。
② 洪兴祖：《楚辞补注》卷8，第182页。
③ 陈梦家：《殷墟卜辞综述》，中华书局，1988，第109页。

（八）数字十二

十二为天之大数，乃天道之象征。《左传·哀公七年》："周之王也，制礼，上物不过十二，以为天之大数也。"杜预注："天有十二次，故制礼象之。"天最尊崇，故礼数也以十二为不可逾越之数。周代礼制中，用数字十二，象征遵循天道：

> 戴冕璪十有二旒，则天数也。乘素车，贵其质也。旂十有二旒，龙章而设日月，以象天也。天垂象，圣人则之。郊所以明天道也。（《礼记·郊特牲》）

> 制十有二幅，以应十有二月。（《礼记·深衣》）

> 五行，四时，十二月，还相为本也。五声，六律，十二管，还相为宫也。五味，六和，十二食，还相为质也。五色，六章，十二衣，还相为质也。（《礼记·礼运》）

需要提及的是七、十一这两个数字。这两个数字象征意味"弱化"，因而不被重视。尤其是十一更由于象征意义的极度弱化，在整个建构周礼的数字体系中地位甚低。而"七"这个数字主要是和三、五奇数形成等级序列，以建构等差层级的礼制系统。

昭显尊卑等级关系和建构礼制体系的另一种数字组合方式是奇数和偶数组合而形成的序列。文化人类学研究表明，奇数、偶数的概念在古代具有十分特殊的含义。考古发现和礼书记载皆表明这种奇偶组合方式具有重要性。例如，出土的两周青铜礼器的奇偶组合上，鼎为奇数，常与偶数簋配用[1]，奇数鼎配偶数簋的数字序列体现了人在等

---

[1] 俞伟超、高明：《周代用鼎制度研究》，载俞伟超《先秦两汉考古学论集》，文物出版社，1985。

级链环中所处的位置。

礼乐文化体系的诠释也赋予奇偶数组合特殊的含义。在古代数字体系中，基本天数有一、三、五、七、九，为阳数；二、四、六、八、十为地数，为阴数。基本的天地数"所以成变化而行鬼神"，"以通神明之德"。《礼记·郊特牲》云："鼎俎奇而笾豆偶，阴阳之义也。"孔颖达疏云："鼎俎奇者，以其盛牲体。牲体动物，动物属阳，故其数奇。笾豆偶者，其实兼有植物，植物为阴，故其数偶。"①在儒家的诠释系统中，奇偶数目的搭配不仅象征身份等级的高低，还象征阴阳合德之义。

据上论述，数字构建礼乐文化的原则可以概括为三点。一是序列。可以称之为建构礼制的最根本原则，在后世诠释中也有象征含义。二是象征。对宇宙时空秩序的效仿，包括天地的空间秩序、四时运行、天体的运行等。三是现实生活的实用原则，强调依据人的情性而建构数字序列。

中国礼乐文化体系中数字的编码意义，其深刻的功能是为复杂的礼乐文化结构提供终极性的理论依据，即为礼乐制度存在的合法性寻求自然的天道依据。所谓"凡礼之大体，体天地，法四时，则阴阳，顺人情，故谓之礼"②。数字系统具有的这种神秘特性不仅为礼乐文化赋予了神圣性，而且使礼乐文化的礼仪和程式具有了特别的象征意义。《礼记·郊特牲》所云"戴冕璪十有二旒，则天数也"，以"十二"象征天道的十二个时辰和十二个月。《礼记·乡饮酒义》阐发数字的象征意义道："宾主，象天地也。介僎，象阴阳也。三宾，象三光也。让之三也，象月之三日而成魄也。四面之坐，象四时也。"数字本身和宇宙自然的关联使礼数象数化。

---

① 李学勤主编《十三经注疏·礼记正义》卷25，第775页。
② 李学勤主编《十三经注疏·礼记正义》卷63，第1672页。

礼因为乃圣人取法天地之道而制作①，有天经地义的合法性，故遵守礼也即遵循天道。杨希枚指出："古代社会的人类，尤其是统治该社会的帝王人主，因认为'天地交感'而'万物化生'为宇宙大自然的常道，人类社会行为必须符合这一常道，才可以达成行鬼神、通幽明、与天地同德同化的目的。所以，就利用这类原具象征天地交感意义的'参天两地'神秘数来参备事治。就这样，古代社会也就成为无往而非神秘数字的一个神秘数字世界，一个神秘数字的复合体。"②礼制体系中使用数字象征，更重要的是，可以凭借象征体系以达到交通天地宇宙的理想境界。中国古代，与天地宇宙自然的"天人合一"是人们的理想追求，所谓"与天地合德"，数字的神秘意义也在于此。

数字在先秦社会所具有的神秘性、权威性，由于得到宇宙天地秩序的支持，而拥有一种天然的合理性和一种不容置疑的意味。③数字在礼乐文化体系中具有的象征意义，在儒家的诠释体系中，被赋予了取法宇宙秩序的神秘性，这种神秘性来自渊源很久远的文化传统。中国古代，规范而有序的宇宙是这种文化体系的意义和价值源泉④，对于人类社会的理解及诠释，宇宙始终是终极境域。然而，数字体系的根本功能仍然是为礼的社会终极关怀而服务，数字神圣性的论证以及构建层级序列，其目的是礼乐背后的深层价值伦理核心。这种本质的价值诉求使礼制体系中的数字逐渐道德伦理化、抽象化（礼制化）。

不可否认，在儒家礼乐文化体系中，也多少存在用数字预测吉凶的内容，但是这种吉凶的征兆被纳入礼乐文化"德"的诠释系统，

---

① 《礼记·礼运》："故圣人作则，必以天地为本，以阴阳为端，以四时为柄，以日星为纪，月以为量，鬼神以为徒，五行以为质，礼义以为器，人情以为田，四灵以为畜"，"是故夫礼必本于天，殽于地，列于鬼神，达于丧、祭、射、御、冠、昏、朝、聘"。李学勤主编《十三经注疏·礼记正义》卷21，第698、662页。
② 杨希枚：《先秦文化史论集》，中国社会科学出版社，1995，第720页。
③ 葛兆光：《中国思想史》（第2卷），第61页。
④ 葛兆光：《中国思想史》（第2卷），第61页。

大大瓦解和削弱了数字的数术功能。《礼记·郊特牲》云："礼之所尊，尊其义也；失其义，陈其数，祝史之事也。故其数可陈也，其义难知也。知其义而敬守之，天子之所以治天下也。"儒家强调数字本身的礼义和其政治功能。可以说，正是由于数字本身被赋予了太多礼乐文化的价值观念和伦理道德因素，以及最终服务于礼制的政治教化功能，儒家对于礼数的诠释最终没有和数术合流而滑向神秘主义。

秦汉以后，遵循天道思路，礼乐制度逐渐向自然主义方向发展，礼数的方方面面被纳入天地、阴阳五行系统中诠释，呈现象数化的趋势，以阴阳天地之数来比附解释礼，要求圣人行事要符合阴阳之数，成为秦汉以后礼学的一个重要内容。由于这种诠释充满了形式上的比附，在研究礼制时必须要加以甄别其论证的可靠性。

三代礼器符号学论纲

礼器是从日常生活用器中独立出来，用于祭祀、丧葬、朝聘、宴享等礼典中，具有特殊的礼制功能，表征一定的礼制意义及文化内涵的器物。礼制的精神内涵由礼器体现出来，即所谓"器以藏礼"。礼器可以表示使用者的身份地位和尊卑贵贱，用于"明贵贱，辨等列"。礼器是等级制度的物化形式，它象征着使用者的权力和地位。《左传·宣公三年》《史记·武帝纪》《汉书·郊祀志》等古代文献记载"九鼎"即象征至高无上的王权。礼器在商周社会具有重要的政治意义与文化象征意义，所以孔子说："唯器与名，不可以假人。"①

一　礼器符号的分类

礼器是使用性与表意性的结合体。为了对礼器进行详细的考察，下面对礼器做出初步的分类。这种分类也是一种粗略的分类，礼器的特性往往兼具几种，比较复杂。实际上，任何一种符号，即使是纯符号，也有其使用性，没有一种纯使用事物不能成为符号，没有一种纯符号载体不能成为使用物。

---

① 杨伯峻编著《春秋左传注》，第788页。

(一) 功能型器物

功能性器物是社会生活方式以及意识形态的物质根基。功能性器物与人的关系，决定了人与人的关系。功能是器物的基本属性，在礼仪场合中，这些器物具备轴心功能，可以满足最基本的功能需求，譬如青铜鼎可以用于烹煮和承载牲肉，簋可以用来盛饭食，盘、匜可以用于洗手洁净等。

商周时期的青铜礼乐器，从使用功能上可以分为饮食器、水器、祭器、仪仗器以及乐器等。食器包括炊器和饮食器，主要有鼎、鬲、甗、簋、盂、簠、盨、敦、豆、铺、盆等。酒器包括饮酒器和盛酒器，主要有爵、角、斝、觚、觯、觥、尊（包括鸟兽尊）、卣、壶、瓿、方彝、缶等。水器主要有盘、匜、盉、盂等。乐器主要有铙、钟、钲、铎、錞于、鼓等。这些礼乐器在礼典中具有使用功能，是为了礼典而制作的器物。

礼器的功能，作器时或有铭文加以说明。例如，西周铜器武生鼎铭文云："武生乍其羞鼎，子孙孙永宝用之"（《集成》2522、2523）；宽儿鼎铭文云："唯正八月初吉壬申，苏公之孙宽儿择其吉金自作食鼎，眉寿无期，永保用之"（《集成》5.2722）。

一些宗庙重器，制作时也具有使用功能，但更重要的还是其象征性的政治功能。

> 诸侯之封也，皆受明器于王室，以镇抚其社稷，故能荐彝器于王……其后襄之二路，鍼钺、秬鬯，彤弓、虎贲，文公受之，以有南阳之田，抚征东夏，非分而何？夫有勋而不废，有绩而载，奉之以土田，抚之以彝器，旌之以车服，明之以文章，子孙不忘，所谓福也。（《左传·昭公十五年》）

> 秦伯使西乞术来聘，且言将伐晋。襄仲辞玉，曰："君不忘

先君之好，照临鲁国，镇抚其社稷，重之以大器，寡君敢辞玉。"（《左传·文公十二年》）

西周分封时，周天子分给受封诸侯彝器及玉圭等重器，宗庙重器具有镇抚社稷的功能，是政治权力的象征。

（二）精神型器物

精神型器物是一种精神满足意义上的器物，具有装饰、艺术、怀旧、道德化、趋利辟邪等属性。

譬如，商周时期的一些青铜器、玉器并不具有实际用途，而是作为玩好，称为弄器，它们可以给人带来精神上的愉悦。例如，东周器智君子鉴自名"弄鉴"（《铭图》15065），弄为玩好之意，为陈设以供赏玩之器，由此可推测有些雕镂精美之鉴，可能用作陈设之器。

玉器除了实际的礼仪需要外，也有的作为弄器。《国语·楚语下》记载王孙圉云玉器为弄器："若夫白珩，先王之玩也。"[①] 天星观楚简云："择良日归玉玩、折车马于悲中"（天星观34）。

（三）身份型器物

身份型礼器是商周社会贵族阶层着力建构的物品谱系。那些带有身份记号的器物，比如贵族的高级车马、高层级女性佩戴的组玉佩、容刀、象征身份的服饰、佩戴的饰物等，构成了另一种功能偏移，这些价格昂贵的奢侈品，成为身份等级的符号。这些表征身份的礼器，隐含着一种不可言喻的求索——希望他人对物品的主人怀有尊敬的心理。这些身份型器物彰显出拥有这些礼器的人是一个"人物"。

周代有"文物昭德"的提法，《左传·桓公二年》曰："文、物以

[①] 徐元诰：《国语集解》，第 527 页。

纪之，声、明以发之，以临照百官。百官于是乎戒惧，而不敢易纪律。"《左传·文公六年》记载：

> 古之王者，知命之不长，是以并建圣哲，树之风声，分之采物，著之话言，为之律度，陈之艺极，引之表仪，予之法制，告之训典，教之防利，委之常秩，道之礼则，使毋失其土宜，众隶赖之而后即命。圣王同之。

杜预注："旌旗衣服，各有分制。"孔疏："采物，谓采章物色。旌旗衣服，尊卑不同，名位高下，各有品制。天子所有，分而与之，故云分之。"① 身份型器物的使用被限定在礼制范畴内，彰显了人的身份地位，并且可以起到规范社会秩序的功能。

先秦社会中，彰显身份的礼器比较多，比如圭、璧、权杖等。

圭、璧的大小尺寸有严格的礼制规定，用于彰显、区别贵族的不同身份地位，《周礼·春官·典瑞》云："王晋大圭，执镇圭，缫藉五采五就，以朝日。公执桓圭，侯执信圭，伯执躬圭，缫皆三采三就，子执谷璧，男执蒲璧，缫皆二采再就，以朝觐宗遇会同于王。"《考工记·玉人》云："玉人之事，镇圭尺有二寸，天子守之；命圭九寸，谓之桓圭，公守之；命圭七寸，谓之信圭，侯守之；命圭七寸，谓之躬圭，伯守之。"

爵杖是等级、地位和权势的标志。《仪礼·丧服》："杖者何？爵也。"《周礼·秋官·伊耆氏》："掌国之大祭祀，共其杖咸。军旅，授有爵者杖。共王之齿杖。"齿杖即王赐予老者之杖，校年时授之，故名齿杖。

---

① 阮元校《左传正义》卷19上，第1844页。

四川三星堆一号祭祀坑出土一件金杖，全长1.42米，直径2.3厘米，净重500克。用捶打好的金箔，包卷在一根木杆上，木杆早已碳化，只剩下完整的金箔。金杖的一端，刻有图案，共分三组。靠近端头的是两个前后对称、头戴五齿高冠、耳戴三角形耳坠、面带微笑的人头像。另外两种图案相同，上方是两支两头相对的鸟，下方是两条两背相对的鱼。它们的颈部都叠压着一根似箭翎的图案。① 此杖应为代表权力与地位的爵杖。

1978年在曲阜鲁故城遗址发掘出一具错金银铜杖首，造型生动优美，铸造精良②，当为爵杖之类。1986年湖北荆门包山2号墓出土一件手杖，以龙为首、以凤为镈，纹饰华美。整杖由铜首、镈和髹漆积竹木秘三部分构成，杖首横卧一龙，吐舌为握，饰错金银的卷云纹等。杖末端金属套的镈部铸凤鸟形。整器龙凤呈祥、气势轩昂，学者推测此杖应是一根象征身份和等级的爵杖。③

（四）仪式型器物

在所有的器物类型中，仪式型器物具有最高的精神性，它出现于仪典型场合，在人与人或人神交接中扮演角色，成为功能偏移最严重的一类。

譬如，在一些仪式中，斧钺往往扮演着重要的角色。青铜钺，它的前身石钺应是从斧类生产工具演变而来，后来成为武器以及"大辟之刑"的刑具，并逐渐演变为象征军事权威的仪仗用器。钺作为仪仗用器，象征持有者具有生杀予夺的权力。在西周金文和《尚书》、《左传》、《史记》等文献中，都记载了商周时期的君王以弓矢斧钺赐予大

---

① 四川省文管会等编《广汉三星堆遗址一号祭祀坑发掘简报》，《文物》1987年第10期，第4页。
② 参见山东省文物考古研究所等编著《曲阜鲁故城》，齐鲁书社，第156页。
③ 冯少龙：《包山二号楚墓"龙首杖"试析》，载《包山楚墓》，文物出版社，1991，第504~507页。

臣或诸侯，以此象征授予其征伐大权。《史记·殷本纪》："汤自把钺以伐昆吾，遂伐桀。"① 西周虢季子白盘铭："赐用钺，用征蛮方。"《史记·殷本纪》记载商王命周文王征伐时，"赐弓矢斧钺，使得征伐，为西伯"。《诗经·商颂·长发》："武王载旆，有虔秉钺，如火烈烈，则莫我敢曷。"《礼记·王制》："诸侯赐弓矢，然后征；赐铁钺，然后杀；赐圭瓒，然后为鬯。"《周礼·夏官·司马》："若师有功，则左执律，右秉钺以先，恺乐献于社。"甲骨文金文中"王"字像斧钺形，也是从钺的征伐权象征意义衍生而来。②

圭是外交朝聘礼中常用的礼器。周人较重视交往之礼，故无论是在个人之间的人际交往还是在诸侯国间的外交关系中，必执挚相见③。在聘、觐等礼中，以玉圭、玉琮、玉璋、玉璧等瑞玉作为行礼之先导，是以挚的形式来表达诚敬之心。所谓挚，乃拜见对方时所执的礼物，《仪礼·士相见礼》云："挚，冬用雉，夏用腒。"郑玄注："挚，所执以至者，君子见于所尊敬，必执挚以将其厚意也。"周代人际交往以及国家之间的交往用挚，不同等级的贵族其挚也不同，用于彰显贵贱、尊卑、男女之别，如《礼记·曲礼下》："凡挚，天子鬯，诸侯圭，卿羔，大夫雁，士雉。"《周礼·夏官·射人》云："其挚：三公执璧，孤执皮帛，卿执羔，大夫执雁。"《礼记·郊特牲》："执挚以相见，敬章别也。"郑玄注："言不敢相亵也。"尊卑不同，其挚各异，也是防止百姓产生亵渎之心，从而扰乱尊卑、贵贱、男女之别。一般情况下，行相见礼、聘礼、觐见礼时还要还挚。例如《仪礼·士相见礼》记载"主人复见之以其挚"，也就是主人在回见时还挚。诸侯之间的聘礼，则待使者将要返回时，"君使卿皮弁还玉于馆"，此即还挚。

---

① 《史记》卷3，第95页。
② 林沄：《说王》，载《林沄学术文集》，第1~3页。
③ 关于先秦赞见礼，参见杨宽《赞见礼新探》，载杨宽《西周史》，第790~819页。

几席虽然是常用的日常用器,但在礼仪中常常具有特殊的象征意义。《周礼·春官·司几筵》云:"掌五几、五席之名物,辨其用,与其位。"五几指玉几、雕几、彤几、漆几、素几。几的使用有严格规定。《周礼·春官·司几筵》曰:

> 凡大朝觐、大飨射,凡封国、命诸侯,王位设黼依,依前南乡设莞筵纷纯,加缫席画纯,加次席黼纯,左右玉几。祀先王、昨席亦如之。诸侯祭祀,席蒲筵缋纯,加莞席纷纯,右雕几;昨席莞筵纷纯,加缫席画纯,筵国宾于牖前亦如之,左彤几。甸役则设熊席,右漆几。凡丧事,设苇席,右素几。其柏席用萑黼纯,诸侯则纷纯,每敦一几。凡吉事变几,凶事仍几。

贾公彦疏云:"左右玉几唯王所凭,雕几以下非王所凭","王则立不坐,既立又于左右皆有几,故郑注立而设几优至尊也"。《周礼》中,几的使用等级分明:天子左右设玉几,左右玉几象征王权至尊无上的地位。雕几以下乃诸侯及卿大夫等所用,诸侯雕几,孤用彤几,卿大夫用漆几,丧事用素几。设时或左或右。

祭器是用于祭祀典礼中的器物,具有神圣性。《礼记·王制》规定:"有圭璧金璋,不粥于市。命服命车,不粥于市。宗庙之器,不粥于市。牺牲,不粥于市。戎器不粥于市。"宗庙祭器是不流通于市的。平常,大夫"祭器未成,不造燕器",在制作器具的时候,首先要造祭器。祭器是不允许带出国境的。《礼记·曲礼下》说:"大夫、士去国,祭器不踰竟。大夫寓祭器于大夫,士寓祭器于士。"大夫由于种种原因离开故国,须将祭器寓寄在相同地位的人那里,以便回来时可以继续用祭器祭祀先祖神灵。《礼记·曲礼下》规定:"无田禄者不设祭器,有田禄者先为祭服。"只有大夫以上社会地位的人才有能力来准备祭器,《礼记·王制》称:"大夫祭器不假",《礼记·礼运》中又补充性地规定:"大夫具官,祭器不假,声乐皆具,非礼也。"这是说有田禄(即有采邑),即所谓"有宰、食力"的大夫可以造祭器,但不必准备齐全,还得向人借用;至于无田禄的大夫和士,不得自造祭器,只得向人借,不借是非礼。

商周社会制作了各种类型的仪式型器物。东周时期,儒家希望利用礼器来架构一套贯通天人的礼制体系,而制定了种种礼器的规范。《礼记》一书对礼器的材料、形制、色彩、尺寸、方位、方向及人器关系做了各种规范,还对礼器在不同礼典中的象征意义做了全面的阐述,提出了礼器的数量多少、高大低矮、质文华素等各有其适应的礼仪场合。

(五)混合型器物

实际上,上述各类器物的类型之间会发生互渗和置换,器物的功能往往并不是单一的,比如宗庙重器,既有使用功能,又是身份象征。

譬如青铜鼎,除了象征王权的九鼎,西周春秋时期,一些诸侯也铸造象征政权的大鼎。《左传·桓公二年》记载:"夏四月,取郜大鼎于宋。戊申,纳于大庙。"先秦灭国,迁其重器置于自己的宗庙内。

另如商周时期,玉器的功能也是复杂多元的。玉器被认为是交接鬼神,具有神秘特性之物,以之祭祀可以御除不祥。《国语·楚语下》记载,观射父云:"玉、帛为二精。"[①] 玉帛被视作精物,具有神秘的功能。《山海经·西山经》曰:"黄帝乃取密山之玉荣,而投之钟山之阳。瑾瑜之玉为良,坚粟精密,浊泽而有光,五色发作,以和柔刚。天地鬼神,是食是飨。君子服之,以御不祥。"[②] 玉器被认为是山川之

[①] 徐元诰:《国语集解》,第520页。
[②] 袁珂:《山海经校译》,上海古籍出版社,1985,第29页。

精。《大戴礼记·劝学》解释说:"玉居山而木润,渊生珠而岸不枯","珠者,阴之阳也,故胜火;玉者,阳之阴也,故胜水"①。这种观念认为玉乃山渊之精华,故服玉可以消除不祥;玉具有生水润物的功能,故可消除水旱之灾。关于玉为精物的原因,《吕氏春秋·尽数》曰:

> 精气之集也,必有入也。集于羽鸟与为飞扬,集于走兽与为流行,集于珠玉与为精朗,集于树木与为茂长,集于圣人,与为夐明。②

此说认为宇宙万物和人的精神智慧,是由精气集聚而生成的。所谓山川之精,乃所赋予之精气。裘锡圭指出,用玉的原始意义来源于"玉有精"的观念。在周人的观念里,虽然万物皆有精气,但玉、帛是能够有效地提供强健魂魄所需的"精物",玉、帛所含之精较之其他事物更为丰富,而周人重视玉的重要原因之一"就是他们认为玉含有的精多",借玉之精来抵御不祥或吸收玉之精③。祭祀用玉的原始意义或同此有关。《国语·楚语下》:"玉足以庇荫嘉谷,使无水旱之灾,则宝之;龟足以宪臧否,则宝之;珠足以御火灾,则宝之。"韦昭注:"玉,祭祀之玉。""珠,水精,则以御。"④可见祭祀奉献神灵之玉具有禳除水旱灾害之功能。《易·说卦》中有"乾玉之美,与天合德",此处与天地合德,盖指玉也有可以通天地灵性的巫术功能。

至周代,随着人文理性以及道德理性的勃兴,玉器被礼制化,成为周代贵族阶层聘享行礼之物。经过周人的重新诠释,玉被认为具有

---

① 王聘珍:《大戴礼记解诂》卷7,第134页。
② 陈奇猷:《吕氏春秋新校释》卷3,第139页。
③ 裘锡圭:《稷下道家精气说的研究》,载《文史丛稿——上古思想、民俗与古文字学史》,上海远东出版社,1996,第33页。
④ 《国语》卷18,第581~582页。

君子之德。《管子·水地篇》："夫玉之所贵者，九德出焉。"① 《老子》第七十章："圣人被褐怀玉"②，指君子有怀玉之德。周代玉器制度中，圭璧乃尤为重要者。周礼中圭璧之用，"轻财而重礼也"。《礼记·郊特牲》："束帛加璧，往德也。"礼乃德之表，所谓重礼，即是重德。圭璧加束帛是主要行礼用器，目的在于表达诚信之德，郭店简《性自命出》："币帛，所以为信与征也。"③《礼记·郊特牲》："大夫执圭而使，所以申信也"，珪以质信。《仪礼》经文中，朝聘之礼，圭是重要的符信，为高级贵族所挚。周代君臣、诸侯之间崇尚"信"，挚者，所以表信。据文献记载，诸侯受王命发遣，有命圭为信物。《诗·大雅·崧高》："王遣申伯，路车乘马。我图尔居，莫如南土。锡尔介圭，以作尔宝。往近王舅，南土是保。"又如《左传·文公十二年》记载，"郕……大子以夫钟与郕圭来奔"。郕太子携郕国信物出奔，足见圭之意义。卿大夫亦有命圭，《左传·哀公十四年》："司马牛致其邑与珪焉而适齐。"杜预注："珪，守邑信物。"此圭盖为诸侯与卿大夫之间的信物。

二　器物的表象

材质、形制、装饰（纹饰）、色彩等元素，构成了礼器的表象。《管子·七法》："义也，名也，时也，似也，类也，比也，状也，谓之象。尺寸也，绳墨也，规矩也，衡石也，斗斛也，角量也，谓之法。"④ 这些元素，都有一定的节度法则，对于礼器具有重要的形塑作用。礼器通常采用外显的表现形式，《礼记·礼器》中以器物数量的

---

① 黎翔凤：《管子校注》卷14，第815页。
② 楼宇烈校释《老子道德经注校释》，第176页。
③ 刘钊：《郭店楚简校释》，第96页。
④ 黎翔凤：《管子校注》卷2，第106页。

多寡、体量的大小、尺寸的高低、装饰的华丽与朴素，来论证礼器在不同礼仪场合的各种礼制意义。大致说来，作为礼器，其制作的材质和形制相对固定，在礼仪场合中的用途、功能也相对较为固定，并且在礼典中，礼器的使用具有程序化的特征。

（一）器形

器形（方圆、长短、高矮等）是器物表象构成的基本元素。商周时期的礼器器形，往往在形制上极尽构思之精巧，并赋予形制一些特殊的理念，形成了独特的器形政治。

其一，在商周礼制体系中，礼效法天地是一个重要的原则，礼器的器形也具有此特点。《周礼·春官·大宗伯》载："以玉作六器，以礼天地四方：以苍璧礼天，以黄琮礼地，以青圭礼东方，以赤璋礼南方，以白琥礼西方，以玄璜礼北方。"祭祀按照象类原则。古人认为天圆色苍，因此圆形的苍璧专用于祭天；地方色黄，于是用方形之黄琮礼地。青圭上尖下方，其色葱绿，意为初春万物萌生，东方为青色，象征万物生长，于是用青圭来祭祀东方之神。半圭为璋，喻示夏日作物快要成熟，南方为赤色，于是用赤色璋供奉南方之神。虎有猛威，喻深秋肃杀，西方在古代五行观念中，其色为白色，于是用白色玉虎祭祀西方之神。冬天为敛藏的季节，北方在古人五行观念中其色为黑色，于是以黑色玉璜敬北方之神。

《礼记·月令》中礼器也与四时有关联，器物的形状与四时行令相互符合，从而符合天地四时的特性。例如，春天，其器"疏以达"，郑玄注："器疏者刻镂之，象物当贯土而出也。"夏天，其器"高以粗"，郑玄注："粗犹大也。器高大者，象物盛长。"中央土，其器"圜以闳"，郑玄注："器圜者，象土周匝于四时。闳读如纮。纮谓中宽，象土含物。"秋天，其器"廉以深"，郑玄注："器廉以深，象金伤害物入藏。"冬天，其器"其器闳以奄"，郑玄注："器门而奄，象物闭藏也。"

制器尚象是商周社会礼器制作的一大传统。《礼记·仲尼燕居》："是故宫室得其度，量鼎得其象。"周代礼器制作的"象"，其一是自然界之物象，如马、牛、羊、犀牛等。《周礼·春官·小宗伯》有六尊之名，"辨六尊之名物，以待祭祀宾客"。《周礼·春官·司尊彝》："司尊彝，掌六尊、六彝之位。"六尊为牺尊、象尊、壶尊、著尊、大尊、山尊六种不同形状的尊，六彝为鸡彝、鸟彝、斝彝、黄彝、虎彝、蜼彝等。

晋侯墓地M114出土一件凤鸟尊，尊呈伫立回首的凤鸟形，头微昂，圆睛凝视，高冠直立。禽体丰满，两翼上卷，鸟背依形设盖，盖钮为小鸟形。双腿粗壮，爪尖略蜷。凤尾下设一象首，惜象鼻残缺，依据象首曲线分析，象鼻似该内卷上扬，与双腿形成稳定的三点支撑，凤鸟颈、腹、背饰羽片纹，两翼与双腿饰云纹，翼、盖间饰立羽纹，以雷纹衬地，尾饰华丽的羽翎纹。鸟尊的盖内和腹底铸有铭文"晋侯作向太室宝尊彝"（《铭图》11713），可证其确为宗庙礼器。《周礼》之虎彝，即今考古出土之虎形铜尊。陕西宝鸡出土了一件青铜虎尊，通高25厘米、长75厘米，背有长方孔，失盖，遍体饰斑纹。①

其二，古人仰观天文，俯察地理，器物制作依据天地之象，模仿宇宙模式。如《考工记·辀人》："轸之方也，以象地也。盖之圜也，以象天也。轮之辐三十，以象日月也。盖弓二十有八，以象星也。龙旂九斿，以象大火也。鸟旟七斿，以象鹑火也。熊旗六斿，以象伐也。龟蛇四斿，以象营室也。弧旌枉矢，以象弧也。"这种取象宇宙模式的象征主义是中国古代器物制作的重要指导思想。《国语·周语下》

---

① 朱凤瀚：《中国青铜器综论》，第183页。

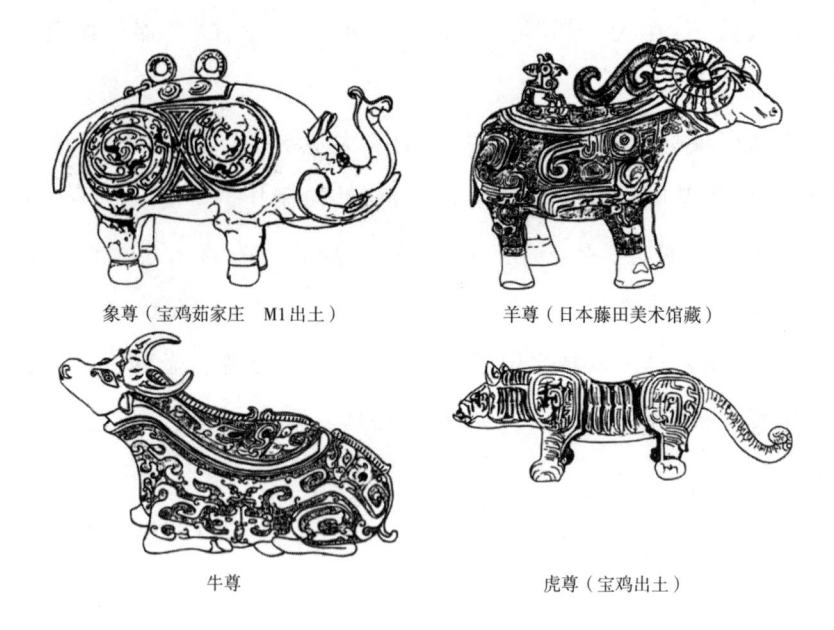

象尊（宝鸡茹家庄 M1出土）　　　羊尊（日本藤田美术馆藏）

牛尊　　　　　　　　　　　虎尊（宝鸡出土）

图1　出土文物器形

资料来源：朱凤瀚：《中国青铜器综论》，上海古籍出版社，2009，图3、图41、图42。

说："厘改制量，象物天地，比类百则，仪之于民，而度之于群生。"①点明了取象制物的政治意义。

（二）材质

器物的材质也是表象语法中的重要部分。从材质的重要程度来看，商周时期，青铜与玉是重要的制作礼器的材质。礼器尤其是玉礼器、青铜礼器均非一般平民所拥有，这些贵重礼器属于贵族所用之物，具有表征等级贵贱的功能。

玉礼器主要有璧、琮、圭、璋等。东南地区的良渚文化遗址中出土大量的玉琮、玉璧，尤其是玉璧、玉琮上雕刻的大量"神人兽面"图案，是祖先神形象的浓缩。

---

①　徐元诰：《国语集解》，第95页。

新石器时代的礼器除了玉礼器外，尚有陶制礼器。夏商周三代以来的重要礼器，有不少可以在大汶口文化和山东龙山文化中找到渊源。例如，鼎在三代是象征社稷的"重器"。大汶口文化和山东龙山文化的陶鼎非常发达。豆在大汶口文化中也很发达。大汶口文化大墓中出土的典型器物有觚形器、各式各样的鼎、镂孔圈足豆、双鼻壶、背壶、实足鬶、兽形鬶、高柄杯、大口尊等，多属祭祀鬼神的礼器；山东龙山文化的蛋壳黑陶，有很大一部分属于酒器，这类薄如蛋壳的精美器皿，有许多没有使用过的痕迹，恐怕真的用来喝酒，也很容易损坏，可以推论，它与贵重的玉器一样，很可能是一种显示身份的礼器。二里头文化的陶鬶、盉，来源于王湾三期文化，而王湾三期文化的鬶来源于大汶口文化。不仅如此，盉、斝等礼器也与东方的鬶有亲缘关系，由此可见东方礼器对中原的影响。

在夏商周社会中，青铜礼器被统治者用来祭天祀祖、歌颂功德、宴飨宾客，并且用于随葬。青铜器作为权力的象征，不仅在宗庙的祭祀和鬼神的自然祭拜中充当重要的角色，而且在日常生活中，更是贵族身份、等级和地位的象征，是"国家政权、等级制度的物化形式"。

(三) 色彩

周代有"正色"和"间色"之说。青（即蓝色）、赤、黄、白、黑称为"五色"，也是本色、原色。混合原色得到多次色如青黄之间的绿，赤白之间的红，青白之间的碧，以及紫、骊黄等色，称为"间色"。间色也称为"奸色"，即不纯正之色。在周代礼制文化体系中，正色尊于间色。《论语·乡党》说："君子不以绀緅饰，红紫不以为亵服。"[①] 意思是说不用绀青色和緅色镶衣边，家常衣服不用浅红和紫色。《论

---

① 刘宝楠：《论语正义》卷12，第387页。

语·阳货》:"恶紫之夺朱也。"① 《孟子·尽心下》云:"恶紫,恐其乱朱也。"② 在人们看来,眼花缭乱的间色,实乃扰乱了正色。

周代玄黑和朱赤两种正色被视为吉色,通用为贵族的礼服或朝服之色,至平民世俗社会亦多尚之。古人以正色为贵,而视由正色相杂产生的间色为卑。《礼记·玉藻》云:"玄冠朱组缨,天子之冠也……玄冠丹组缨,诸侯之齐冠也。玄冠綦组缨,士之齐冠也","士不衣织。无君者不二采"。《荀子·富国》亦云:"诸侯玄裷衣冕。"《列子·说符》记载,杨朱之弟"衣素衣而出","衣缁衣而反"。③ 说明在春秋战国时玄黑和朱赤两种正色,被尚为吉色。

色彩具有道德和心理上的暗示意味。周代礼制体系中,白色往往与丧事凶事联系在一起。例如,《礼记·玉藻》:"年不顺成,则天子素服。"穿素服乃以丧礼待之,以示内心悲哀。若国内山川崩裂,国君也应以凶礼自处,穿素服。例如,《左传·成公五年》载,晋国梁山崩,"君为之不举,降服、乘缦、彻乐、出次,祝币,史辞以礼焉",即属此例。《礼记·文王世子》记载国君公族中有被执行死刑者,则"公素服,不举,为之变,如其伦之丧。无服,亲哭之"。

周代礼器之色与五色象类。《考工记·画缋》记载:"画缋之事,杂五色。东方谓之青,南方谓之赤,西方谓之白,北方谓之黑,天谓之玄,地谓之黄。"《左传·桓公二年》:"五色比象,昭其物也。"杜预注:"车服器械之有五色,皆以比象天地四方,以示器物不虚设。"《国语·周语中》:"服物昭庸,采饰显明,文章比象。"韦昭注:"比象,比文以象山、龙、华虫之属也。"④

---

① 刘宝楠:《论语正义》卷20,第697页。
② 焦循:《孟子正义》卷29,第1031页。
③ 张湛:《列子注》卷8,《诸子集成》(第3册),中华书局,1954,第98~99页。
④ 徐元诰:《国语集解》,第60页。

周代颜色似乎也有等秩之别，如周代舄有三等，赤舄为上，黑舄、白舄次之。《周礼·天官·屦人》："掌王及后之服屦，为赤舄、黑舄。"郑玄注曰："王吉服有九，舄有三等：赤舄为上，冕服之舄。《诗》云'王锡韩侯，玄衮赤舄'，则诸侯与王同。下有白舄、黑舄。王后吉服六，唯祭服有舄"玄舄为上，袆衣之舄也。下有青舄、赤舄。"贾公彦疏："（王及诸侯）白舄配韦弁、皮弁，黑舄配冠弁服。"天子的下裳纁朱色，舄与裳同，故赤舄为上。赤舄亦用于赐予臣下，金文中有云："赐赤舄"（《集成》2817、4467、4468、9723、9724）。

此外，《考工记·玉人》载："天子用全，上公用龙，侯用瓒，伯用将。"天子用纯色玉制作礼器，上公用杂色玉石制作礼器，侯用质地不纯的玉石制作礼器，伯用玉石各一半的质料制作礼器。

《礼记·玉藻》记载："君子于玉比德焉。天子佩白玉而玄组绶，公侯佩山玄玉而朱组绶，大夫佩水苍玉而纯组绶，世子佩瑜玉而綦组绶，士佩瓀玟而缊组绶。"此也是以玉色来别尊卑、身份差等。

三代颜色各有崇尚，据说殷商尚白，周人尚赤。《礼记·郊特牲》："周人尚赤。"颜色是权力体系自我确认的重要表征。

（四）刻镂纹饰

礼器必须符合礼制法度，反对奇技淫巧的奇器。《礼记·月令》载："陈祭器，按度程，毋或作为淫巧，以荡上心，必功致为上。"《礼记·王制》规定"奇技奇器以疑众，杀"。奇技淫巧和奇器应包括对礼器不合法度的纹饰雕镂。

礼器的文与质具有不同的象征意义。

在周代礼仪中，贵质尚朴是重要的价值观。《大戴礼记·礼三本》论道："大飨尚玄尊，俎生鱼，先大羹，贵饮食之本也。"[1]《礼记·礼

---

[1] 王聘珍：《大戴礼记解诂》卷1，第18页。

器》:"醴酒之用,玄酒之尚;割刀之用,鸾刀之贵;莞簟之安,藁鞂之设。"《礼记·郊特牲》:"醯醢之美,而煎盐之尚,贵天产也。割刀之用,而鸾刀之贵,贵其义也。声和而后断也。"人可以喝可口的醴酒,献给神的只有玄酒;作为养器的割刀便于切割,但宗庙之中只能使用作为神圣化身的鸾刀;莞簟舒服,神却只能享用粗朴的禾秆编织的席。

周代祭祀中,愈是祭祀尊贵的神灵,其仪节愈朴质无华,使用的祭品愈简陋,用于事神的器具愈质朴、粗窳。如《礼记·郊特牲》云:

笾豆之荐,水土之品也。不敢用常亵味而贵多品,所以交于神明之义也,非食味之道也。先王之荐,可食也,而不可耆也。卷冕、路车,可陈也,而不可好也。《武》壮,而不可乐也。宗庙之威,而不可安也。宗庙之器,可用也,而不可便其利也。所以交于神明者,不可以同于所安乐之义也。

祭祀品物,不在于日常食用的亵味,而贵其品物众庶,多乃祭祀者内心敬之体现。为交接于神明,则依神道而行之,故以质朴之物奉献给神灵。宗庙祭祀的祭品荐羞虽然可食用,但质而无味,并不是人们爱吃的;祭祀中衮服和冠冕、乘用的路车,也只是陈列给神看的,并不可经常使用而以为荣耀;宗庙虽然威严,但非安居之所;《大武》舞虽然雄壮,也不是供人娱乐的;宗庙祭器,虽可以用于祭祀,但日常使用则不便利。

另如郊祀是于南郊扫地而祭,并不设置祭坛,祭器用质朴的陶器与瓢,皆不用华美的祭器。如《礼记·郊特牲》云:"扫地而祭,于其质也。器用陶匏,以象天地之性也","祭天,扫地而祭焉,于其质而已矣。"

周礼中的这一现象，体现了周代社会的价值取向与道德诉求，这一价值取向即试图以古朴的文化形式昭示"报本反始""不忘本"的价值观念。

然而，考古出土的大量商周青铜礼器、玉器以及漆木器等，与礼书记载的尚质观恰恰相反，无论是青铜礼器繁缛的纹饰还是繁复的造型，均体现出礼以文、以高大为贵的价值取向。这也符合人之常情，特权贵族阶层往往要占据优质资源以满足其物质享乐欲望。《史记·礼书》记载：

> 人体安驾乘，为之金舆错衡以繁其饰；目好五色，为之黼黻文章以表其能；耳乐钟磬，为之调谐八音以荡其心；口甘五味，为之庶羞酸咸以致其美；情好珍善，为之琢磨圭璧以通其意。故大路越席，皮弁布裳，朱弦洞越，大羹玄酒，所以防其淫侈，救其雕敝。是以君臣朝廷尊卑贵贱之序，下及黎庶车舆衣服宫室饮食嫁娶丧祭之分，事有宜适，物有节文。①

用青铜制作的礼器，各层级贵族的礼器的造型、质量、尺寸以及数量都会有差异，从而成为彰显身份之物。

（五）语境场所

与表象相关的是具体的语境，其中也包括器物所处的场所，这些是决定器物功能和寓意的重要因素。② 譬如，在朝觐礼中，周天子的屏风上绘黑白斧纹，设于户牖之间。《尚书·顾命》："狄设黼扆缀

---

① 《史记》卷23，第1158页。
② 鲍德里亚指出，居室中的权力关系取决于器物所处的位置。参见鲍德里亚《物体系》，林志明译，上海人民出版社，2001。

衣。"伪孔传："扆，屏风，画为斧文，置户牖间。"①《周礼·春官·司几筵》："凡大朝觐、大飨射，凡封国、命诸侯，王位设黼依。"依乃屏风，其特征是上绘有斧形，以示威严。《史记·鲁周公世家》："周公之代成王治，南面倍依以朝诸侯。"裴骃《集解》引郑玄曰："斧依，为斧文屏风于户牖之间，周公于前立也。"②《礼记·曲礼下》曰："天子当依而立。"《礼记·明堂位》："天子设斧依于户牖之间。"郑玄注："依，如今绨素屏风也，有绣斧文，所示威也。"堂上的户牖之间是尊贵之位，屏风上有斧纹，象征王权的威严，置于户牖之间，此处就是权力中心。

在周代祭祖礼中，室中西南隅谓之奥，为室中隐奥处。室中四隅以奥为最尊，此处是主人生时坐卧处，祭祀时是尸坐的地方。《礼记·曲礼上》说："为人子者，居不主奥。"奥是室内的主要祭祀之所，《论语·八佾》载，王孙贾问曰"与其媚于奥，宁媚于灶，何谓也？"③《仪礼》记载的士大夫祭祖礼，均在室中奥处布席，陈设祭品。

（六）礼数与数字组合

礼器的组合以及礼器的数目组合是重要的编码方式，通过这些方式加以编码，从而建构出意义。

礼数的核心是"名位不同，礼亦异数"，指不同身份、地位的人应享有的待遇规格，一般有明确的规定。礼器的使用是尊卑贵贱的象征，具有差等性。例如，《周礼·春官·大宗伯》记载，天子执镇圭，长一尺二寸；公执桓圭，长九寸；侯执信圭，长七寸；伯执躬圭，长七寸；子执谷璧，男执蒲璧。

---

① 《尚书正义》卷18，第728页。
② 《史记》卷33，第1519~1520页。
③ 刘宝楠：《论语正义》卷3，第100页。

礼器中数字序列彰显尊卑等级差别。《公羊传·桓公二年》何休注："礼祭，天子九鼎，诸侯七，卿大夫五，元士三也。"① 据《仪礼》记载的诸侯之士、大夫祭祀祖先之礼，大夫用五鼎，士用三鼎，《仪礼·少牢馈食礼》："羹定，雍人陈鼎五：三鼎在羊镬之西，二鼎在豕镬之西。"

考古发现也反映了当时礼器的礼数有严格的礼制规定。三门峡市上村岭虢国墓地 M2011 出土 7 件波曲纹列鼎、1 件缠体龙纹鼎、1 件重环纹鼎，还有形制纹饰、大小均相同的 S 形窃曲纹簋等。从出土八簋看，此墓可能为太牢九鼎配八簋之制。三门峡市上村岭虢国墓地 M2010 出土文物包含一组形制、纹饰相同而大小依次递减的 5 件鼎，形制、大小、纹饰相同的 4 件簋等。虢国墓地 M2006、M2013、M2006 出土形制、纹饰均同而大小依次递减的 3 件列鼎、2 件盨等。此墓应为牲三鼎配二簋之制，盨代簋。墓葬年代为西周末年，墓主为孟姞。M2013 出土形制基本相同而大小依次递减的 3 件鼎、2 件簋等。此墓应为牲三鼎配二簋之制，簠代簋。虢国墓地 M1052 出土 7 件列鼎、6 件簋。根据戈铭，可知此墓墓主为虢太子，墓葬年代为两周之际。虢国墓地 M1706、M1810 各出土一组 5 列鼎、4 簋等。两墓各有随葬 5 辆车、10 匹马的车马坑。墓葬年代为两周之际。②

礼器的组合与数字都是礼器作为符号生成意义的编码方式。这些符号编码的礼制意义经社会约定成为共同的认同，从而发挥整合社会

---

① 李学勤主编《十三经注疏·春秋公羊传注疏》卷 4，第 74 页。
② 河南省文物考古研究所、三门峡市文物工作队：《三门峡虢国墓》（第 1 卷），文物出版社，1999；中国科学院考古研究所：《上村岭虢国墓地》，科学出版社，1959，第 28～30、35、37 页；河南省文物考古研究所、三门峡市文物工作队：《三门峡虢国墓地 M2010 的清理》，《文物》2000 年第 12 期，第 7～9 页；河南省文物考古研究所、三门峡市文物工作队：《上村岭虢国墓地 M2006 的清理》，《文物》1995 年第 1 期，第 5～7 页；河南省文物考古研究所、三门峡市文物工作队：《三门峡虢国墓地 M2013 的清理》，《文物》2000 年第 12 期，第 24～25 页。

秩序的作用。

三　礼器符号的特征

礼器不同于日常用器，它与日常所用的燕器存在一定的差异，分析夏商周三代的礼乐制度，礼器具有以下几个方面的特征。

（一）规范性与仪式性

礼器的规范性体现于如下几个方面，首先是礼器的长、宽、高以及重量等具有一定的标准。比如，古人喝酒用的酒器，其容量大小有严格规定，《礼记·礼器》说："宗庙之祭，贵者献以爵，贱者献以散；尊者举觯，卑者举角。"这几种酒器，据古代学者解释，容量为一升的酒器为爵，二升的为觚，三升的为觯，四升的为角，五升的为散。

其次，礼器的陈设摆放以及使用等皆有规范要求。例如，商周时期的宗庙彝器，平常放在宗庙中，这些重器平时是不允许用于行旅出行以及其他用途的。①

不同功能的礼器，如鼎有烹煮之鼎与升牲体之鼎，它们在祭祀与丧礼中陈设的位置以及面向皆有严格的规定。

（二）神圣性

礼器已经从日常用器中独立出来，使用于特定的场合，它体现了礼仪的神圣，故礼器的收藏、使用等环节有许多礼仪，体现出它区别于世俗用器的这一特质。比如，周代的"莘器""九鼎""分器"等礼制，商周的青铜彝器陈列于宗庙，这些皆具有神圣的意味。

祭器与礼器是既有区别也有联系的两个不同概念，在先秦礼学

---

① 《左传·定公十年》："且牺、象不出门，嘉乐不野合。"杜预注："牺、象，酒器，牺尊、象尊也。"参见杨伯峻编著《春秋左传注》，第1578页。

中，人们将日常生活用器划分为祭器与养器两部分，又将礼器划分为祭器与明器两部分。《礼记·檀弓上》曰：

> 仲宪言于曾子曰："夏后氏用明器，示民无知也。殷人用祭器，示民有知也。周人兼用之，示民疑也。"曾子曰："其不然乎！其不然乎！夫明器，鬼器也；祭器，人器也。夫古之人，胡为而死其亲乎？"

祭器在这里既是人用之器皿，又是先祖之用器，它既是礼器的一种，又是生活用器的一种。这一点充分反映出礼器"以养生送死，以事鬼神上帝"①的双重特点。

祭祀之前，"宫室既修，墙屋既设，百物既备"②，即祭器无不完备，且其大小容量均有度数，制作精美，以显恭敬之意。"祭服敝则焚之，祭器敝则埋之"③，焚埋意味着人不再使用，这样不会亵慢鬼神之物。《礼记·曲礼上》记载："君子虽贫，不粥祭器；虽寒，不衣祭服；为宫室，不斩于丘木。"宗庙祭器作为侍奉祖先的器物，其归属性是祖先，只有在特定的时空中才出场，与日常生活处于一种隔离状态，这正是保持其神圣性的前提条件。

祭器神圣，还因为它是与先祖神灵交通的媒介。张光直曾指出，中国古代文明的一个显著特色，是政治权力的获得与加强的一个重要手段便是对巫术的独占，对沟通天人关系巫术的占有，对晋见祖先机会的独占④。巫术手段包括青铜礼器、玉器、仪式、乐舞等，最高统

---

① 李学勤主编《十三经注疏·礼记正义》卷21，第669页。
② 李学勤主编《十三经注疏·礼记正义》卷47，第1317页。
③ 李学勤主编《十三经注疏·礼记正义》卷3，第85页。
④ 张光直：《中国古代王的兴起与城邦的形成》，载张光直《中国考古学论文集》，生活·读书·新知三联书店，1999，第384~400页。

治者通过对这些巫术手段的垄断，赋予其政治统治的合法性与神圣性。

（三）象征性

礼器的使用具有礼制内涵和意义，它是一种表征特定意义的文化符号，是一种表意符号，是一种秩序的象征。例如，《礼记·郊特牲》说："束帛加璧，往德也"，"执挚以相见，敬章别也"。至于为人所熟知的九鼎，更是象征着至高无上的王权，是王权的象征符号，是国之重器。重器之重，实非重量之重，是针对其政治和精神意义——法律、道德、规范等而言的。

使用何种礼器行礼，以及礼器如何组合使用，都传达着礼义的信息。礼器的名称、数量、组合、用途，每每有很深的寓意。

关于礼器的象征意义，下文还要谈到。

（四）政治性

商周时期，等级尊卑制度无形而必须以外在之物与礼仪所彰显。辨别尊卑贵贱之礼的外在形式有二：一是仪，所谓"以仪辨等，则民不越"[1]；二是物，包括礼器以及车服宫室等。《左传·庄公十八年》记载："王命诸侯，名位不同，礼亦异数，不以礼假人。"《左传·哀公七年》记载："君若以礼命于诸侯，则有数矣。"此所谓礼之数，指彰显等级尊卑的名物度数、礼仪法度等。

周代对服物采章有严格的礼制规定，《左传·宣公十二年》："君子小人，物有服章。贵有常尊，贱有等威，礼不逆矣。"《礼记·坊记》："夫礼者，所以章疑别微，以为民坊者也。故贵贱有等，衣服有别，朝廷有位，则民有所让。"《管子·立政》："度爵而制服，量禄而用财。饮食有量，衣服有制，宫室有度，六畜人徒有数，舟车陈器有禁。修生则有轩冕、服位、谷禄、田宅之分，死则有棺椁、绞衾、圹

---

[1] 孙诒让：《周礼正义》卷18，第705页。

垄之度。"① 具体而言，衣食住行等生活中的礼数皆有制度规定。周代各等级间有严格的政治隶属关系，都用名物度数各方面因素结合成的制度化形式规定下来。《左传·桓公二年》云："君人者，将昭德塞违……夫德，俭而有度，登降有数，文、物以纪之，声、明以发之，以临照百官。百官于是乎戒惧，而不敢易纪律。"此所谓度、数、文、物、声、明等，都是用来表现等级差异的各种规定。《左传·隐公五年》："凡物不足以讲大事，其材不足以备器用，则君不举焉。君，将纳民于轨物者也。故讲事以度轨量谓之轨，取材以章物采谓之物。不轨不物，谓之乱政。乱政亟行，所以败也。"轨，乃礼仪法度；物，显示文采之物。政治秩序与规范要依赖物来彰显，君主的任务即制定规范，使用物来规定尊卑贵贱的等级秩序。《国语·周语上》："古者，先王既有天下，又崇立上帝、明神而敬事之，于是乎有朝日、夕月，以教民事君。诸侯春秋受职于王，以临其民。大夫、士日恪位著，以儆其官。庶人、工、商各守其业，以共其上。犹恐其有坠失也，故为车服旗章以旌之，为贽币瑞节以镇之，为班爵贵贱以列之，为令闻嘉誉以声之。"② 各阶层的人各有其职责，车服、旌旗、玉瑞等即具有彰显职责的功能。

周代有命圭制度。《诗·大雅·崧高》记载，宣王封赐申伯时言"锡尔介圭，以作尔宝"；西周康王即位仪式上，"太保承介圭"③，介圭即大圭，实为周王分封诸侯的一种权力象征。《国语·吴语》："命圭有命，固曰吴伯。"《史记·晋世家》记载"削桐叶为珪以与叔虞"④，珪为命圭。《诗·大雅·韩奕》又云"韩侯入觐，以其介圭，

---

① 黎翔凤：《管子校注》卷1，第76页。
② 徐元诰：《国语集解》，第33~34页。
③ 孙星衍：《尚书今古文注疏》卷25，第502~503页。
④ 《史记》卷39，第1635页。

入覲于王。"西周时期周天子赐给诸侯命圭，其实是赋予诸侯一定的政治权力，介圭是一种符信。

用仪物彰显等级差别，并具有约束作用，使各等级的人守其位，则政治、社会秩序稳定。因此作为彰显身份的"礼物"不可轻易更改。《国语·周语中》记载，晋文公重耳称霸诸侯后，野心膨胀，于是向周王室"请隧焉"，周王拒绝不许，曰：

> 亦惟是死生之服物采章，以临长百姓而轻重布之，王何异之有？今天降祸灾于周室，余一人仅亦守府，又不佞以勤叔父，而班先王之大物以赏私德，其叔父实应且憎，以非余一人，余一人岂敢有爱？先民有言曰：'改玉改行。'叔父若能光裕大德，更姓改物，以创制天下，自显庸也。而缩取备物，以镇抚百姓，余一人其流辟于裔土，何辞之与有？若由是姬姓也，尚将列为公侯，以复先王之职，大物其未可改也。叔父其懋昭明德，物将自至，余何敢以私劳变前之大章，以忝天下，其若先王与百姓何？何政令之为也。若不然，叔父有地而隧焉，余安能知之？①

"死生之服物采章，以临长百姓而轻重布之"，即隧这类物乃彰显身份等级贵贱之物，是彰显贵族之爵位、德行之物，若没有这些物，则天子与普通百姓并无二致。仪物与政治法度息息相关，仪物用于维持"百度"。因此，《左传·成公二年》说：

> 唯器与名，不可以假人，君之所司也。名以出信，信以守器，器以藏礼，礼以行义，义以生利，利以平民，政之大节也。若以

---

① 徐元诰：《国语集解》，第52~53页。

假人,与人政也。政亡,则国家从之,弗可止也已!

名,乃名分,此"器"乃广义上的器,即"物"。名分与物相符即合礼,否则非礼。礼是"国之干""政之舆"①,名器乱则礼乱,礼乱则政乱。名器与政治关系重大,故不可不慎。

西周金文中册命赐物有祭酒及圭瓒、冕服及服饰、车及车饰、马及马饰、旌旗、兵器、土田、臣民等。尤其是舆服更彰显等级制度。礼器是周礼体系的物质形态体现,重要的有青铜礼器、玉器等。按照等级不同,"礼物"有数量、质地、形制、颜色、纹绘等细节的不同,各类之间又有组合之不同。周代社会,一方面,通过车马舆服、礼器等礼仪象征符号表征政治层级;另一方面,这些礼仪符号又进一步维系了这种宗法政治等级。

无论是何种特质,商周时期的礼器都是从属于、服务于礼制这个上层建筑的,发挥其政治功能是非常重要的内容,政治性是其核心属性。

四 礼器符号的意义

寓意,亦可从语言学的角度称之为语义,指器物所具有的特定文化含义。没有任何寓意的器物是裸器,它们只有实用功能,并不具有象征意义。为礼器增加寓意乃其"符号化"的过程。

(一) 原生性寓意

非功能性礼器是一种具有意味的符号,具有象征意义(寓意)是其重要属性。在象征体系中,礼器往往被赋予情感的表达寓意。

典型者如祭器本来具有神圣性,是祭祀用事神的器物,具有使用

---

① 杨伯峻编著《春秋左传注》,第338、1063页。

性功能，在具体的礼仪场景中，又具有象征功能。祭器是用于祭祀神灵的器物，其铸造本身即有表达对神灵的尊敬崇拜之意义。而在使用过程中，一些祭器不仅用于祭祀礼典中，还用于宾客之礼、燕飨等礼。《礼记·坊记》说："敬则用祭器。"郑玄注："有敬事于宾客则用之，谓飨食也。盘、盂之属为燕器。"在宾客燕飨礼中，为了体现对宾客的尊敬，则使用祭器。相同的记载又见于《礼记·表记》："君子敬则用祭器。"从而这些礼器被赋予敬爱等情感的象征意义。

在一些礼典中，故意使用一些特殊的礼器以象类天地之性，并借此与天交接。《礼记·郊特牲》："扫地而祭，于其质也。器用陶匏，以象天地之性也。"《礼记·郊特牲》："祭之日，王被衮以象天。戴冕璪十有二旒，则天数也。乘素车，贵其质也。旂十有二旒，龙章而设日月，以象天也。天垂象，圣人则之，郊所以明天道也。""天垂象而圣人则之"，取法效仿天之象，乃圣王所专擅。在政治运作中对天象模拟效仿的象类原则乃顺天的方式。《汉书·郊祀志》云："帝王之事莫大乎承天之序，承天之序莫重于郊祀，故圣王尽心极虑以建其制。"① 郊祀中的象类原则，可以彰显君权的神圣至上性，并以此向天下宣示君权的独尊。另外，因为天道与人事的吉凶祸福有神秘的联系，君王法天道行人事，可以获得上天的佑助，并凭借象征体系沟通宇宙，从而实现天人秩序的和谐。②

（二）增加寓意

作为符号的礼器，在其制作、使用以及传播过程中，其象征意义不断被增加或改变，被赋予新的意义。

商周时期的青铜礼器在制作时便被赋予了使用功能。但是，器物

---

① 《汉书》卷25下，第1254页。
② 如《国语·周语下》云："凡人神以数合之，以声昭之，数合神和，然后可同也。"徐元诰：《国语集解》，第126页。

主人不满足于此，往往会通过命名、题写、说明、铸造象物等方式，来对本来零度寓意的器物进行加注，从而赋予礼器更多的意义，以扩展它的意义空间。

题写是重要的寓意加注方式。在器物命名完成之后，在器物上印刻字词是最常见的手法。殷商时期，贵族将值得庆耀的事迹铭刻记载于铜器上，如殷商时期的作册般铜鼋记载了商王射获鼋的事。① 西周铜器铭文很多是记载先祖之功德勋烈，希望后世子子孙孙能够永宝用之，例如多友鼎、不其簋、虢季子白盘、师同鼎等。《左传·襄公十九年》载臧武仲云："夫铭，天子令德，诸侯言时计功，大夫称伐……且夫大伐小，取其所得，以作彝器，铭其功烈以示子孙，昭明德而惩无礼也。"天子铭德不铭功，诸侯举动得时有功可以铭诸宗庙彝器，大夫讨伐别人有功，也可以铭刻。《礼记·祭统》有一段话说明了青铜祭器铭文的意义：

> 夫鼎有铭，铭者自名也，自名以称扬其先祖之美，而明著之后世者也。…铭者，论撰其先祖之有德善、功烈、勋劳、庆赏、声名，列于天下，而酌之祭器，自成其名焉，以祀其先祖者也。显扬先祖，所以崇孝也。身比焉，顺也；明示后世，教也。夫铭者，一称而上下皆得焉耳矣……古之君子论撰其先祖之美，而明著之后世者也，以比其身，以重其国家如此。

铭文具有纪念性质。周人在彝器上铭刻先祖"功烈、勋劳、庆赏"等美善之事，是为章明先祖的功烈文德②，"明示后世"，教化子

---

① 李学勤《作册般铜鼋考释》，朱凤瀚《作册般鼋探析》，王冠英《作册般铜鼋三考》，均载《中国历史文物》2005年1期，第4~13页；宋镇豪：《从新出甲骨金文考述晚商射礼》，《中国历史文物》2006年第1期，第10~18页。

② 《史记·卫康叔世家》："赐卫宝祭器，以章有德。"《史记》卷37，1982，第1590页。

孙后人。总之,铭文所记内容不外功与德,从而使青铜彝器有明德劝诫的道德教化意义。彝器上的铭文,不仅是一种文体,而且是器物主人通过文字陈述,使器物越过实用功能的边界,向精神性领域转移,由此形成功能偏移,而使该器物转变为精神性器物。器物铭刻先祖之功伐以及所受的册命赏赐,并将彝器陈放于宗庙中。这些彝器具有可读性,铭文虽然是记载先祖之功业,但是其也是对后世子孙的勉励。《墨子·兼爱下》:"以其所书于竹帛,镂于金石,琢于槃盂,传遗后世子孙者知之。"孙诒让间诂:"《吕氏春秋·求人》篇云:'功绩铭乎金石,著于盘盂'。"①

晋侯铜人为圆雕跽坐形男性人像,身材清秀,戴平顶帽,直鼻细眼,口用浅线条刻画,上身赤裸,腰带下垂,条状敝膝,双手反背身后。铜人身前有铭文曰:"唯五月,淮夷伐格,晋侯搏戎,获厥君㝬师,侯扬王于兹"(《铭图》19343)。这个铜人是晋侯所俘获君长的形象。之所以制作成铜人,一是称扬周天子,二是纪念晋侯之功绩与声威,并可起到威慑戎狄的作用。

西周盠尊铭文记载,周王当政的某年甲申日,举行了一次盛大的执驹之礼,在典礼上,周王赏赐给贵族盠两匹小马驹,盠接受赏赐后,称颂周王并没有忘记旧宗小子。为颂扬周王的美德,同时也为了纪念这件事,盠铸造了驹尊(《集成》11.6011,《铭图》21.11812)。这件器物的纪念性非常明显,因为周王赏赐马驹,于是制作成马驹形尊,并铭刻记载之。

从上述例子可知,殷周时期,器物不仅通过铭刻文字的方式,而且通过制作成形象的物象给人直观的印象。经过器物的"说明",并辅助以生动形象的造型,礼器的意义空间得到拓展,成为具有纪念性

---

① 孙诒让:《墨子间诂》,第120~121页。

的器物。

礼器符号的意义必须经过社会规约，从而产生共同的认同。譬如，鼎本来是用来烹煮食物的功能性器物，商周时期，鼎变为身份的象征物，九鼎也成为王权的象征物。《左传·宣公三年》记载：

> 楚子伐陆浑之戎，遂至于洛，观兵于周疆。定王使王孙满劳楚子。楚子问鼎之大小、轻重焉。对曰："在德不在鼎。昔夏之方有德也，远方图物，贡金九牧，铸鼎象物，百物而为之备，使民知神、奸。故民入川泽、山林，不逢不若。螭魅罔两，莫能逢之，用能协于上下，以承天休。桀有昏德，鼎迁于商，载祀六百。商纣暴虐，鼎迁于周。德之休明，虽小，重也。其奸回昏乱，虽大，轻也。天祚明德，有所厎止。成王定鼎于郏鄏，卜世三十，卜年七百，天所命也。周德虽衰，天命未改，鼎之轻重，未可问也。"

《史记·封禅书》："禹收九牧之金，铸九鼎。皆尝亨鬺上帝鬼神。遭圣则兴，鼎迁于夏商。周德衰，宋之社亡，鼎乃沦没，伏而不见。"① 鼎由其最初的使用功能，经过不断被增加象征意义，逐渐成为象征王权的符号，也成为德的象征，更成为获得天命的象征。也正因为它象征天命，拥有九鼎也就意味着获得天命，故楚子才有问鼎之举，后来君王对九鼎展开了激烈的争夺②。汉代以后，青铜鼎的重新发现，往往被视作祥瑞。③

---

① 《史记》卷28，第1392页。
② 《战国策·秦策一》："据九鼎，按图籍，挟天子以令天下，天下莫敢不听，此王业也。" 缪文远：《战国策新校注》卷3，巴蜀书社，1998，第89页。
③ 汉武帝元鼎元年，得鼎汾水上，乃改元为元鼎。唐开元十一年，获鼎，改河中府之县名为宝鼎县。

另外，一些具有特殊意义的器物，是事后在不同叙事中又被重新追加了意义。商周时期的"禁"即经过了象征意义的追加。禁是一种陈置酒器的案形器座，铜制或木制。《仪礼》中记载，很多礼仪中设禁，禁是比较常用的承酒器，广泛用于各种礼仪场合。根据郑玄注，使用禁的目的在于戒贪饮而不失礼。今人也有将禁的使用与西周禁酒联系在一起的。①

（三）改写寓意

寓意有时不仅被追加或叠加，而且被改写，原来的寓意不再使用，而是用全新的寓意加以替换。

以明器为例。关于丧葬随葬器物，其原初意义在东周时已不太清楚了。《礼记·檀弓上》记载：

> 仲宪言于曾子曰："夏后氏用明器，示民无知也。殷人用祭器，示民有知也。周人兼用之，示民疑也。"曾子曰："其不然乎！其不然乎！夫明器，鬼器也；祭器，人器也。夫古之人，胡为而死其亲乎？"

明器的最初意义应是作为死者的随葬品，至于其是否真的体现出生者对死亡的看法，很难得到证实。但是经过曾子的重新诠释，其意义被改写为生者情感的表达。

礼器寓意被改写的另外一个例子是庸器。《周礼·春官·序官》载"典庸器"，郑玄注：

> "庸，功也。"……郑司农云："庸器，有功者铸器铭其

---

① 任常中：《两周禁棜初探》，《中原文物》1987年第2期，第127页。

功。"……《春秋传》曰:"以所得于齐之兵,作林钟而铭鲁功焉。"

周代庸器另有一种意义,《周礼·春官·典庸器》云:"掌藏乐器、庸器。及祭祀,帅其属而设筍虡,陈庸器。"郑玄注:"庸器,伐国所藏之器,若崇鼎、贯鼎及以其兵物所铸铭也","陈功器,以华国也。"以征伐战利品作为庸器,并在祭祀时陈列之以为荣耀。

上海博物馆收藏了一件战国郾王职壶,铭文记载:"唯郾王职,践阼承祀,乇几三十,东讨毁(?)国。命日任午,克邦残城,灭齐之获。"① 据铭文,此壶是攻占齐国后所获之物。战国陈璋壶有两件,方壶铭文记载:"唯王五年,郑易陈得再立事岁,孟冬戊辰,大臧(藏)钱孔(?)陈璋内伐郾胜邦之获"(《集成》15.9730)。圆壶铭文记载:"唯王五年,郑易陈得再立事岁,孟冬戊辰,齐臧(藏)钱孔(?)陈璋内伐郾胜邦之获"(《集成》16.9975)。这两件壶是伐燕邦所获得之物。陈璋两壶铭文跟郾王职壶铭文都记载该器是伐灭对方国家而获得的战利品,这几件器都是庸器。

庸器本来是实用礼器,当其被作为战胜品,经过再铸刻铭文的题写方式,其寓意被改写为记载战功荣耀,成为具有纪念意义的纪念性礼器。

(四)礼器符号意义的延续与去符号化

在礼器符号的发展演变过程中,其意义有的会随着时间,经过社会约定而加以延续,从而形成传统。比如中国古代对鼎的象征意义的认同以及对玉器象征意义的传承,形成了几千年源远流长的鼎文化与

---

① 周亚:《郾王职壶铭文初释》,载《上海博物馆集刊》(第 8 期),上海书画出版社,2000,第 144~150 页。

玉文化。

随着时代的变迁，礼器符号意义也会发生变化，主要是"去符号化"或"物化"。① 礼器在历史发展过程中，其意义或缩小，或者提供对符号意义的另一种特殊解释。春秋战国以后，礼制体系失去了王权体制语境，礼器的一些意义在缩小、消失或改写。：

东周时期，随着旧等级制度的瓦解，诸侯、卿大夫竞相僭越，礼器组合与礼数组合象征的原有等秩意义也消失了，随之而起的是重新约定的新的象征意义，这在考古出土的青铜器上体现得比较明显；而原来象征王权的礼器，也随着诸侯、卿大夫的僭越丧失了其象征王权的意义。

礼器去符号化的另外一个表现是礼器的世俗化。随着社会观念的变迁，礼器符号逐渐物化，如礼器降解为财物，成为财物意义上的财宝。如：

> 齐侯使宾媚人赂以纪甗、玉磬与地。（《左传·成公二年》）
> （齐侯）赂晋侯以宗器、乐器。（《左传·襄公二十五年》）
> 徐子及郯人、莒人会齐侯，盟于蒲隧，赂以甲父之鼎。（《左传·昭公十六年》）

由于武力的胁迫，诸侯以宗庙礼器贿赂强国，礼器也随之成为一种单纯的财物。

五　礼器符号意义的传播

象征性社会互动理论，指人与人之间通过传递象征符号和意义而

---

① 所谓"去符号化"，即让符号载体失去意义，降解为使用物。参见赵毅衡《符号学：原理与推演》，南京大学出版社，2016，第30页。

相互作用和相互影响的过程。① 礼器作为一种符号，其传播主要是意义的传播。符号传播学理论告诉我们，意义传播与交换的前提是双方要有共通的意义空间。共通的意义空间有两层含义，一是对传播中使用的语言文字等符号含义的共通的理解；二是大体一致或接近的生活经验和文化背景。共通的意义空间为传播奠定了基础，使传播能够顺利进行。② 这一理论对于我们考察上古时期礼器的传播很有启发意义。

考古学上的文化交流与传播，是以器物为符号的传播，文化传播活动是以器物为媒介的符号传播活动。从考古学上分析，一定区域内所使用的礼器以及墓葬、丧葬礼俗存在一致性，可以说明同一文化或政治共同体内具有大致统一或相近的礼仪，这也可以说明政治权力阶层在政治共同体内推行同一礼仪制度以维护并强化其统治。在山东龙山文化遗址的大墓中，海岱区泗水尹家城和临朐西朱封遗址中都发现了面积超过 20 平方米的大型墓葬③，其中的蛋壳陶、玉钺等玉器、白陶器、黑陶罍等已属礼器。墓主人的身份特殊、地位显赫，应是当时某小国的"国王"或王室重要成员④。从随葬品的组合来看，贵族大墓中高柄杯、鼎、鬶的组合形式已基本固定。例如，西朱封和尹家城虽属不同地区、不同类型，但其大墓中都有这种礼仪性陶器组合⑤。这说明此时礼器已得到贵族群体的广泛认同，成为表征身份等级的象征物。

襄汾陶寺遗址的大墓中，出土了彩绘龙盘、陶瓶、陶簋及鼍鼓等；

---

① G. H. 米德：《心灵、社会与自我》，霍桂桓译，华夏出版社，1999。
② 郭庆光：《传播学教程》，中国人民大学出版社，1999，第 53 页。
③ 山东大学考古教研室：《泗水尹家城》，文物出版社，1989；山东省文物考古研究所：《临朐西朱封龙山文化重椁墓的清理》，《海岱考古》（第 1 辑），山东大学出版社，1989，第 219~224 页；中国社会科学院考古研究所山东工作队：《山东临朐朱封龙山文化墓葬》，《考古》1990 年第 1 期，第 587~594 页。
④ 严文明：《中国王墓的出现》，《考古与文物》1996 年第 1 期，第 24~26 页。
⑤ 于海广：《山东龙山文化大型墓葬分析》，《考古》2000 年第 1 期，第 61~67 页。

在良渚文化遗址的一些大墓中，出土了薄胎黑陶礼器以及玉琮、玉钺、玉璧等。这些都说明，在同一考古学文化内，贵族阶层的礼仪制度具有统一性。尤其是良渚文化分布区内，祭坛形制呈现出一致性，而良渚文化的玉器，如玉钺、玉琮、玉璧、玉璜、玉冠形器、玉三叉形器等礼器，其形制、文化宗教内涵和社会功能，在横跨浙江、江苏和上海三省市的大范围的良渚文化分布区里，也显示出一致性，玉礼器成为如此大范围地区的公共礼仪用品。这可以说明区域性的礼器已经趋于规范化和制度化，并具有广泛的公共性。此外，在良渚文化分布的广大地域内，神徽的表现形式极其一致，则说明宗教信仰具有高度一致性，良渚邦国内信奉一个统一的神，宗教信仰的外在形态就是刻在玉器上的"神人兽面像"。礼器与宗教信仰的趋同表明文化共同体内存在高度文化认同，也说明在上层权贵阶层中，宗教祭祀礼仪具有很大的趋同性。

礼器是践行礼仪的载体，具有礼制内涵和意义，它是一种文化意符，是表征特定意义的文化符号。龙山时期，不同的考古学文化具有不同的礼器系统。例如，从玉礼器分析，以石家河文化为代表的南方苗蛮集团所用玉礼器与中原华夏集团、海岱龙山文化的东夷集团存在很大的差异，这反映出南北各族群集团之间在礼制形成初期的区域性差异。有学者认为龙山时代的礼器，地域分歧性还很强，各擅胜场，不相为用，与商周青铜礼器比较，尚不够普遍化[1]。这表明在龙山时期，无论鲁、豫、晋、陕、陶寺或良渚，甚至在同一地区或文化类型中尚未出现明显的礼制规范格局，在中国境内尚未有统一的礼仪制度，而是具有地域性的"初级阶段的礼制"，这也反映出各地对礼器尚未有共同的文化认同。

---

[1] 杜正胜：《从三代墓葬看中原礼制的传承与创新——兼论与周边地区的关系》，载《中国商文化国际学术讨论会论文集》，中国大百科全书出版社，1998，第220页。

与龙山中后期相对应的尧舜禹时期，中原华夏集团与周边部族邦国有着紧密频繁的交往，在相互交流中，公共礼器体系以及"公共礼仪"在逐渐形成，对礼仪的共同认同也在逐渐深入。文献材料表明，在尧舜禹时期，玉器已经从沟通人神的宗教功能，逐渐向世俗化方向发展，承载社会政治功能的瑞玉成为当时各族群以及部落之间会盟、缔结婚姻等关系的礼器。如《左传·哀公七年》说："禹合诸侯于涂山，执玉帛者万国。"玉帛成为被中原华夏集团与其他邦国所认可的具有象征意义的"公共礼器"，成为建立与维持方国之间友好关系的礼器。《尚书·尧典》记载，舜时"辑五瑞，既月乃日，觐四岳群牧，班瑞于群后"，"岁二月，东巡守，至于岱宗，柴，望秩于山川，肆觐东后。协时月正日，同律度量衡。修五礼、五玉、三帛、二生、一死贽，如五器，卒乃复"①。与文献记载相吻合，龙山时期，部分玉礼器如玉琮、玉璧、玉钺等成为不同考古学文化的"公共礼器"②，具有"共通的意义空间"。

黄河流域的玉礼器具有一定的共性，牙璋是典型之例。目前所知最早的玉牙璋分别发现于陕西神木石峁遗址、山东海阳司马台遗址和山东临沂大范庄遗址，基本上是在中原地区黄河中下游一带。其中，山东龙山文化的两处遗址出土的牙璋，形制较为简单，只有一对齿牙，或仅为齿突而非齿牙；而陕西的中原龙山文化遗址中发现的牙璋（包括出土和征集），数量巨大，器形普遍较大，均超过30厘米，装饰方法也较山东龙山文化的牙璋丰富得多。二里头文化时期，牙璋得到进一步发展，并形成较为独特的风格。齿牙进一步增多，繁复、美观，以张嘴兽头为栏是本期牙璋的独特风格，而且镶绿松石。可以说，此

---

① 孙星衍：《尚书今古文注疏》卷1，第42~47页。
② 石峁曾经出土大量玉器，很多玉器却被进行改制甚至破坏，在功能和使用方式上也与原来不同。不少玉器发现时插在城墙的石缝中，或者插在其他地区不见的一种可能是墓葬或者祭祀遗迹的方坑中，这些现象背后显然是与中原文化完全不同的文化观念。

时的牙璋已发展到极致。玉牙璋的分布表明，当时开始出现王朝认同、文化认同和礼制认同的格局。

文化交流不仅仅在技术、贸易等经济层面上展开，更主要是在思想、制度、政治以及统治权术的层次上进行的。① 排除战争掠夺与商业交换的因素，山东海岱文化的礼器与陶寺文化礼乐器相同，表明在两者在文化以及思想意识方面的交融程度在加深，两种文化礼器的交流具有"共通的意义空间"，同时也可说明陶寺文化的礼仪制度吸取了海岱龙山文化，不同区域的考古学文化之间开始形成共同的礼制文化认同。

再以西周时期的青铜礼器为例来说明。

周朝立国之初，周统治者为了统治万邦，确立以王室为核心的政治架构，推行封建制，广封宗亲与异姓功臣，有力地维护了王权。西周推行的政治封建制度，除了政治上具有强化王权的功能外，其实也是一种特殊形式的"文化殖民"，它将周人的价值观与意识形态推进渗透到各个封建国家②，从而确立周礼在政治与文化上的主导地位。在"普天之下，莫非王土；率土之滨，莫非王臣"③的思想意识中，华夏诸国保持了对周王室的政治认同，奉之为天下共主；在文化上，周王国通过各种礼典来强化孝悌、养老等伦理规范与意识，周礼以及周礼蕴含的意识形态为各国贵族阶层认同，周礼成为政治认同、文化认同的符号。周礼制度的实施，促进了周王国统一的文明化进程。

经过宗周社会几百年的文化扩张与文化同化，因具有共同的周文化传统、价值观，和彼此的频繁交往，各诸侯国之间保持了文化的共

---

① 赵辉：《以中原为中心的历史趋势的形成》，《文物》2000年第1期，第41~47页。
② 在分封过程中，周公要求那些受封诸侯在治理诸侯国的过程中要"启以商政，疆以周索"或"启以夏政，疆以戎索"。
③ 李学勤主编《十三经注疏·毛诗正义》卷13，第797页。

性和联系。其结果是促进了不同族群的融合，文化同质性日趋加强[①]，从而不仅华夏诸侯国对"德礼"政治模式以及周礼文化生活方式形成了深层次的认同，而且华夏之外的族群对周礼文教也产生了共同的文化认同[②]。譬如，从西周青铜礼器看，在周文明范围内，青铜礼器与墓葬礼制，具有高度的统一性，青铜礼器的形制、铭文内容等都高度一致。这一方面反映了西周文化的高度一统性，另一方面也是周王朝在各诸侯国强制推行周礼制的结果。

另以海岱考古为例，山东海岱区是一个族群融合的大熔炉，原本各自有源头的东夷族、殷人与处于统治地位的周人族群，在接触、碰撞、迁徙以及政治军事的强制作用下，加快了融合的速度与揉拌力度。周人对海岱的经略，以推行王朝礼制为主，辅以政治联姻，又允许各国保持一定程度的礼俗，经过长时间的文化融合，东夷族群对周礼形成了较高程度的认同，如济阳刘家台子逄国遗存、长清仙人台邿国、莱阳纪国等墓葬均发现了典型的西周铜器，说明不迟于西周中期，王朝礼制已经推行至海岱区全境，海岱旧国的上层贵族接受了周礼[③]，周礼浸润影响较深。

[①] 西周中期以后，很多殷人礼俗基本消失，西周考古越来越趋于同一，表明周礼的教化成效显著。
[②] 如《左传·僖公二十一年》记载，成风曰："崇明祀，保小寡，周礼也。"参见杨伯峻编著《春秋左传注》，第392页。
[③] 邵望平：《邵望平史学·考古学文选》，山东大学出版社，2003，第177~178页；栾丰实：《东夷考古》，山东大学出版社，1996，第368页。

后　记

　　本书是近些年学习古代礼制的总结，尽管文章显得很幼稚，但敝帚自珍，还是不揣谫陋，野人献曝，希望获得师友们的指正。

　　本书的完成，离不开诸位师友的帮助。感谢业师彭林先生近年来的殷殷鼓励，使我能够静下心来读读经书，聆听古人的教诲。也感谢业师曹锦炎先生多年来的指导。此外，还要感谢上海师范大学的汤勤福教授，浙江大学的贾海生教授、李志荣教授、陶磊教授，武汉大学的杨华教授，他们给了我很多的帮助，他们的言传身教使我终身受益。本书在写作过程中，还得到齐航福、张涛、吴毅强、岳晓峰、杨奉联等挚友的帮助。

　　本书部分文章在《孔子研究》《清华大学学报》《浙江学刊》《江海学刊》《中原文化研究》等刊物发表，在此非常感谢这些期刊提供了论文发表的机会。

　　近几年来，尤其得到中国社会科学院历史研究所王震中教授、刘源教授、徐义华教授、王泽文教授等诸位先生的帮助，在此一并致谢！

2017 年 12 月 1 日

图书在版编目(CIP)数据

先秦古礼探研 / 曹建墩著. -- 北京：社会科学文献出版社，2018.9
ISBN 978-7-5201-3227-5

Ⅰ.①先… Ⅱ.①曹… Ⅲ.①礼仪-制度-研究-中国-先秦时代 Ⅳ.①K892.9

中国版本图书馆CIP数据核字（2018）第179692号

先秦古礼探研

著　　者 / 曹建墩

出　版　人 / 谢寿光
项目统筹 / 高明秀
责任编辑 / 郭红婷　刘学谦

出　　版 / 社会科学文献出版社·当代世界出版分社（010）59367004
　　　　　地址：北京市北三环中路甲29号院华龙大厦　邮编：100029
　　　　　网址：www.ssap.com.cn
发　　行 / 市场营销中心（010）59367081　59367018
印　　装 / 三河市尚艺印装有限公司

规　　格 / 开　本：787mm×1092mm　1/16
　　　　　印　张：24　字　数：310千字
版　　次 / 2018年9月第1版　2018年9月第1次印刷
书　　号 / ISBN 978-7-5201-3227-5
定　　价 / 98.00元

本书如有印装质量问题，请与读者服务中心（010-59367028）联系

版权所有 翻印必究